计量经济学

主　编　张建强　向其凤
副主编　冀小明　张红星

科学出版社
北　京

内 容 简 介

本书是在编者十几年教学经验的基础上，博采国内外多部优秀教材所长，编撰而成．本书理论相对系统且理论与实践兼顾．

本书的主要内容包括：计量经济学的诞生与发展、经典单方程计量经济学模型的理论与方法、放宽基本假定的单方程计量经济学模型、随机时间序列模型、协整与误差修正模型、离散选择模型以及面板数据模型等初级和中级计量经济学的基本内容．

本书可作为本科学生学习计量经济学课程的教材，也可作为相关教师的教学参考书．

图书在版编目（CIP）数据

计量经济学/张建强，向其凤主编．—北京：科学出版社，2018.8
ISBN 978-7-03-057347-6

Ⅰ. ①计… Ⅱ. ①张… ②向… Ⅲ. ①计量经济学-教材 Ⅳ. ①F224.0

中国版本图书馆 CIP 数据核字（2018）第 093264 号

责任编辑：王 静／责任校对：张凤琴
责任印制：赵 博／封面设计：陈 敬

科学出版社出版
北京东黄城根北街 16 号
邮政编码：100717
http://www.sciencep.com
三河市春园印刷有限公司印刷
科学出版社发行 各地新华书店经销

2018 年 8 月第 一 版 开本：720 × 1000 1/16
2025 年 8 月第八次印刷 印张：21 1/4
字数：428 000
定价：54.00 元
（如有印装质量问题，我社负责调换）

前　言

计量经济学是一门以经济学理论、行为科学理论为基础和灵魂, 以统计学方法和数学方法为工具, 以揭示现实经济活动中数量规律为目标的新兴经济学分支. 计量经济学是进行经济学实证分析的重要手段和工具, 是第二次世界大战后发展最为迅速的经济学分支. 诺贝尔经济学奖获得者, 著名经济学家萨缪尔森 (P. A. Samuelson) 曾经讲过: 第二次世界大战后的经济学是计量经济学的时代. 掌握计量经济学方法可以帮助我们增强进行经济学定量分析的规范性.

计量经济学, 1930 年诞生于美国, 经历了 20 世纪 30—40 年代的发展与完善, 50 年代的大发展, 70 年代的危机, 70 年代后期开始的突破与升华, 现已成为现代经济学的重要组成部分.

计量经济学作为学校课程, 20 世纪 60 年代在欧美国家, 已经成为经济学专业学生的必修课程. 诺贝尔经济学奖获得者, 著名计量经济学家克莱因 (R.Klein) 在他的教材*A Textbook of Econometircs*序言中曾经写下这样的话语: 在大多大学和学院中, 计量经济学的讲授已经成为经济学课程表中最有权威的一部分. 在国内, 随着改革开放的开启和进程的推进, 一部分大学于 20 世纪 80 年代初、中期, 开始在经济学类专业中开设计量经济学 (当时多被称为经济计量学). 1998 年 7 月, 国家教育部核定经济学类专业 8 门核心课程, 计量经济学位列其中, 其在经济学本科学生培养中的地位获得极大提高. 现在, 国内大学普遍将计量经济学列为经济学类专业学生必修课程, 极大地推动了该课程的教学与研究.

本书由 9 章课程内容和附表组成.

第 1 章, 绪论. 主要介绍计量经济学的概念、学科的发展历史、学科体系和学科性质；讲授计量经济学模型构建过程、计量经济学的应用领域等内容. 其主要作用在于帮助学生了解计量经济学研究问题的整体程序、在学习和应用过程中细节定位和方向把握.

第 2 章、第 3 章, 讲述经典线性回归模型理论与方法. 第 2 章为一元线性回归模型, 第 3 章为多元线性回归模型. 主要介绍计量经济学模型的经典假定、模型参数估计、模型的经济学检验与统计学检验方法和模型的预测应用等内容. 这些都是计量经济学中最为基础的内容. 这两章的目的在于帮助学生掌握初级计量经济学的核心内容, 并为后续内容的学习奠定基础.

第 4 章 ~ 第 7 章, 介绍一系列放宽基本假定的单方程模型方法. 第 4 章为异方差性, 第 5 章为自相关性, 第 6 章为多重共线性, 而第 7 章为内生解释变量. 这些章节分别介绍了当同方差性、不自相关、解释变量不相关和解释变量为非随机变量等经典假定被违背的含义, 产生的背景和原因, 对模型参数估计、统计检验和应用的影响, 检测方法以及补救和解决的方法. 这些章节的目的在于帮助学生掌握模型诊断和改进方法的能力, 以扩大计量经济学模型适用范围.

第 8 章, 时间序列计量经济学模型. 介绍协整理论这一现代计量经济学内容. 主要讲授时间序列平稳性的概念、单位根检验、单整性检验和协整性检验以及误差修正模型等现代计量经济学内容. 这一章旨在帮助学生了解学科现代内容, 更为重要的是使学生掌握当代计量经济学建模的规范：协整检验与分析. 此外还介绍了传统时间序列模型：AR 模型、MA 模型、ARMA 模型以及 ARIMA 模型的识别、参数估计与检验方法等内容.

第 9 章, 单方程模型的几个专门问题. 介绍虚拟解释变量模型、虚拟被解释变量模型 (离散选择模型) 和面板数据模型理论与方法. 讲授虚拟变量的概念、虚拟解释变量设置原则、引入模型方式以及作用；介绍属于微观计量经济学范畴的离散选择模型产生的背景, Probit 模型和 Logit 模型等常见模型的参数估计和检验方法. 最后, 对现代计量经济学中一种较为重要的模型 —— 面板数据模型理论与方法做简单介绍. 目的在于拓展模型的形式和应用.

从诞生、发展到现在, 计量经济学无论是理论研究还是实际应用都离不开计算机软件技术的支持. 学习并熟悉一种计量经济学软件, 对于计量经济学的学习和应用都十分重要. 能够满足计量经济学要求的计算机软件应该说不止一种, 如 SAS, SPSS, Minitab, Stata, R 以及 EViews 等, 每一种软件都有自身的优点和不足. 考虑到计量经济学分析的专门需求, 对于初学者而言 EViews 相对更为合适. EViews 当下的最新版本已经发展到 EViews9.0, 考虑软件易得性和常规分析的需要, 结合教学环境的匹配性, 我们在本书中选择 EViews6.0. 所有计算操作和计算结果均是基于 EViews6.0 给出的.

国内的计量经济学教材大致分为两种类型, 一种侧重于计量经济学理论的系统性和完整性, 另一种则侧重于案例和实际应用, 这两种类型各有优缺点. 考虑到教学对象为非数量经济学专业学生的特点, 我们将本书定位于二者之间, 在照顾到计量经济学理论与方法相对完整的前提下, 将更多注意力和篇幅放在特定计量经济学模型适用背景和模型构建的实际过程上. 尽可能让读者通过本书的阅读与学习, 能够较快动手构建基本计量经济学模型, 解决实际问题, 同时也能够将学到的方法改造、变换后去解决新问题.

云南财经大学向其凤副教授承担第 8 章撰写任务, 云南财经大学张红星副教授、西南民族大学冀小明副教授和原云南财经大学马晓兰讲师编写第 4 章、第 5 章部分内容. 其余内容由云南财经大学张建强副教授编写, 全书由张建强负责统筹、统稿和修订.

在本书编写、出版过程中得到云南财经大学统计与数学学院、科学出版社等相关单位和个人的大力支持和热心帮助, 在此, 我们对他们表示衷心感谢! 另外, 我个人 (张建强) 要特别感谢西南财经大学庞皓教授! 正是他所编写的《计量经济学》引领我进入计量经济学. 特别感谢清华大学李子奈教授! 他所编写的《计量经济学》帮助我提高对这门学科的认知. 当然, 我们要感谢我们所教授过的所有学生! 正是教学相长的过程深化了我们对于计量经济学的认知和理解.

最后, 虽然我们已经竭尽全部能力, 希望将本书做的尽可能完善, 但鉴于我们能力有限, 书中必定存在不足. 恳请读者批评指正, 望不吝赐教, 我们万分感激!

编　者

2017 年 12 月于云南财经大学秋园

目　　录

第 1 章　绪　　论

学习任何一门课程, 首先必须明确的问题是: 这门学科的性质、研究对象、学科体系以及应用领域等问题. 本章将对这些问题作较为系统地介绍.

1.1　计量经济学的产生与发展

了解计量经济学学科产生与发展的过程有助于建立和培养学习兴趣. 这一节, 我们将围绕这一问题进行介绍.

1.1.1　计量经济学

计量经济学属于什么学科? 可以解决什么样的问题? 我们通过以下两个例子予以引入.

问题 1　金融经济学告诉我们, 银行贷款额 Y 与贷款利率 R 之间有关系, 具体讲, 利率上升贷款额随之下降, 利率下降则贷款额随之增加. 但是却无法回答当利率 R 由 6% 下降至 5.5% 时, 贷款额 Y 会从利率为 6% 时的数额增加到多少. 计量经济学将通过建立贷款额 Y 与利率 R 之间回归模型的方法, 把二者间的具体关系呈现在人们面前, 进而计算出贷款额的平均数额.

问题 2　经济学教师在讲授产出 Y 与投入的要素资本 K、劳动力 L 之间的关系, 进一步进行经济学分析时往往直接写下一个关系式如

$$\hat{Y} = 1.2246K^{0.58}L^{0.42}$$

这里有一个易于被人忽视的问题是: 参数值为什么是这些, 而不是其他的? 或者说, 这些参数的数值是如何得出的? 这些问题, 都可以通过学习计量经济学获得解答.

那么, 计量经济学究竟是什么? 应该如何定义它呢? 关于这个问题, 学界并没有取得完全一致的看法. 我们在这里只给出其中比较有代表性的几种说法.

首先, 应该推荐的是计量经济学奠基人, 挪威经济学家弗里希 (R. Frisch) 在《计量经济学》杂志发刊词中给出的定义: **用数学方法探讨经济学可以从好几个方面着手, 但任何一个方面都不能与计量经济学混为一谈. 计量经济学和经济统计绝非一码事; 它也不同于我们所说的一般经济理论, 尽管经济理论大部分具有一定的数量特征; 计量经济学也不应该视为数学应用于经济学的同义语. 他还说: 经验表明, 统计学、经济理论和数学这三者对于真正理解现代经济生活的数量关系来说,**

都是必要的, 但本身并非是充分条件. 三者结合起来就是力量, 这种结合便构成了计量经济学. 由此可见, 本学科的奠基人弗里希将计量经济学定义成为经济理论、统计学和数学三者的结合.

其次, 美国现代经济辞典认为: 计量经济学是用数学语言来表达经济学理论, 以便通过统计方法来描述这些理论的一门经济学分支.

再次, 著名经济学家萨缪尔森 (P. A. Samuelson)、库普曼斯 (T. C. Koopmans) 和斯通 (R. Stone) 在 1954 年计量经济学家评审委员会报告中指出, 计量经济学可以定义为: 根据理论和观测的事实, 运用合适推理方法使之联系起来同时推导, 对现实经济现象进行数量分析.

此外, 国内多数计量经济学教科书普遍采用这样的定义: 计量经济学是经济学理论、统计学和数学结合, 融合之后形成的新兴经济学分支或者边缘学科.

最后, 计量经济学是以揭示经济活动中客观存在的数量关系为内容的经济学分支学科.

根据多年教学实践和研究的认知, 我们认为计量经济学可以通俗地被定义为: 用随机数学模型再现或者模拟经济系统、经济行为的经济学学科分支.

需要指出的是上述这些都可以作为计量经济学的定义, 但却不能说哪一个是唯一正确的或者说最重要的. 我们将它们同时给出的目的是希望在帮助大家初步认识计量经济学的同时, 也能够持有这样一种观念, 那就是并不存在关于计量经济学的唯一定义.

在了解过关于计量经济学的定义后, 当然应该对于这个学科的诞生与发展作一个简要介绍.

1.1.2 计量经济学的诞生与发展

中文 "计量经济学" 译自英文 "Econometrics ", 而 Econometrics 一词最初由挪威经济学家、第一届诺贝尔经济学奖获奖者弗里希于 1926 年仿照 "生物计量学 (Biometrics)" 率先提出.

至于学科诞生的标志时间, 有三种说法. 一是 1926 年, 当年弗里希提出 "Econometrics " 这一名词. 二是 1930 年 12 月, 弗里希和丁伯根 (J. Tinbergen) 等经济学家在美国克利夫兰成立国际计量经济学会. 三是由计量经济学会创办的学术刊物 *Econometrica* 于 1933 年正式出版发行, 这一出版物标志着计量经济学作为一个独立学科正式诞生. 而学界认可度较高的是第二种说法.

计量经济学自诞生之日起, 就显示了极其旺盛的生命力. 一方面, 其自身的内容与体系不断扩张和完善. 第二次世界大战结束后, 具体来讲是 20 世纪 40—50 年代, 随着计算机技术日益普及与经济学实践的发展, 计量经济学获得迅速发展. 到 60—70 年代又出现较大扩张, 至 80 年代, 经典计量经济学的发展达到了较为完善的境界; 80 年代之后, 随着半参数模型、非参数模型、协整理论的出现、动态计量经济学理论的提出、面板数据理论的发展以及空间状态模型等方法的不断涌现, 计量经济学自身的知识体系与方法理论获得了空前的繁荣与完善. 另一方面, 计量经济学的应用层次不断提升, 从早期主要用于验证传统经济理论和经济预测, 逐渐扩展到结构分析、政策模拟和发展经济理论等. 除此之外, 其应用的领域也由早期的金融与宏观经济领域逐渐拓展到微观经济领域.

与国外相比, 计量经济学在中国的普及和发展是相对滞后的, 20 世纪 80 年代初期, 其较早出现在一部分较有远见的大学课程表中, 而大面积进入大学课程是在 20 世纪 90 年代后期, 随着教育部关于经济学专业核心课程的推行才到来的. 至于受到经济学界普遍重视则是 20 世纪 90 年代末期甚至是 21 世纪初期才呈现的.

1.1.3 计量经济学的学科地位

对于计量经济学在经济学学科中的地位, 出发的角度不同也许会有不同结论. 我们以为可以从几个不同的侧面来理解.

首先, 著名计量经济学家、诺贝尔经济学奖的获奖者克莱因在计量经济学教科书*A Textbook of Econometrics*序言中的评价是: **计量经济学已经在经济学科中居于最重要的地位**. 他还说过: **在多数大学和学院中, 计量经济学的讲授已经成为经济学课程表中最有权威性的一部分**. 也许, 这不能证明太多, 毕竟, 克莱因是计量经济学的圈内人士. 而著名经济学家、诺贝尔经济学奖的获奖者萨缪尔森则直言: **第二次世界大战之后的经济学是计量经济学的时代**. 这应该可以被认为是没有偏见的客观评价 (萨缪尔森是数学素养很高的经济学家, 却不是计量经济学的圈内人士)!

其次, 从诺贝尔经济学奖获奖情况看, 第一届诺贝尔经济学奖的获奖者不是他人, 正是计量经济学的奠基人弗里希与丁伯根; 在全部经济学奖的获奖者中有 12 人缘于对计量经济学的直接贡献而获奖, 另有约 30 位获奖者在他们的研究中使用了计量经济学方法. 诺贝尔经济学奖对于计量经济学的特别抬爱, 毫无疑问是对计量经济学在经济学中地位的最佳肯定.

再次, 历任国际计量经济学会会长中, 有超过 20 人曾获诺贝尔经济学奖, 这既可以说明经济学界对计量经济学的重视, 也充分体现了计量经济学这一新成员对于经济学的影响与贡献.

最后, 中国经济学界对于计量经济学的认识和态度也从另一个侧面反映了计量经济学在经济学中的地位. 20 世纪 80 年代初, “Econometrics” 被译作 “经济计量学”, 等于说这是一门汇集了各种经济定量方法的杂学; 而今 “计量经济学” 已经成为统一的译法, 这表明中国经济学界已经普遍接受了计量经济学是经济学分支. 在中国经济学界有较高影响的经济学刊物《经济研究》所刊文章中涉及计量经济学内容的文章在 2004 年之前寥寥可数, 而今刊登的文章中完全不涉及计量经济学方法的文章却是屈指可数的. 当前, 许多管理学类专业的博士学位论文中, 是否使用计量经济学模型已经成为论文能否通过开题答辩的主要尺度之一.

总而言之, 计量经济学是经济学的重要分支, 而且正在成长为经济学学科中最为活跃、日渐显赫的学科分支.

1.1.4　计量经济学的学科体系

计量经济学作为一个诞生时间较短的学科, 其诞生时间、地点、人物与事件无疑是确定的, 但是其来源却不是唯一的, 不同的来源形成了各具特色的内容. 计量经济学作为一个新兴学科诞生至今有 80 余年, 自身也处在不断发展、丰富和进步中. 其内容与学科初创时相比发生了巨大变化, 使得计量经济学的体系日益庞大, 结构不断复杂. 本书不打算, 也不可能介绍计量经济学的全部内容, 但为帮助读者认识计量经济学的基本概貌, 同时也是为明确本书的定位, 有必要对计量经济学的学科体系进行简单介绍.

1. 广义计量经济学与狭义计量经济学

计量经济学, 按照其研究问题所使用的方法不同, 分为广义计量经济学和狭义计量经济学.

广义计量经济学是指以经济学理论为基础, 借助统计学和数理统计学的定量分析手段研究经济现象的定量方法的总称, 主要包括回归分析方法、投入产出分析法、时间序列分析方法、运筹与优化等. 国外部分名为 *Econometrics* 的教科书中, 通常包含了上述内容. 这些分析方法, 虽然同属计量经济学范畴, 也都是经济理论、统计学和数学的结合, 但彼此的差异和区别是不言而喻的.

狭义计量经济学, 就是一般意义之下的计量经济学. 其目的是揭示现实经济现象中的因果关系, 分析工具则主要依赖回归分析方法. 本书介绍的主体内容是这一意义之下的计量经济学.

2. 初级、中级与高级计量经济学

按照内容深度不同, 计量经济学通常可以被分为初级、中级和高级三个层级. 初级计量经济学的主要内容包括数理统计学基础知识和经典线性单方程计量经济学模型理论与方法. 中级计量经济学的主体内容则是以矩阵为描述手段的经典线性单方程模型的理论与方法、经典线性联立方程模型理论与方法, 外加传统的应用模型. 高级计量经济学的主体内容包括现代非经典计量经济学模型理论与方法, 以及应用等.

本书的定位以初级计量经济学为主. 主要介绍初级计量经济学方法, 介绍部分中级和高级计量经济学的内容, 选取的标准为既要反映学科研究发展的前沿, 又与初级部分密切相关.

3. 经典计量经济学与非经典计量经济学

从严格的意义上讲, 划分这二者的标准是多维度的, 至少包含时间、模型特征、建模导向以及数据类型等几个方面, 但计量经济学学界更为普遍接受和采纳的标准是时间标准. 通常认为, 诞生于 20 世纪 70 年代以前的内容归属经典计量经济学, 70 年代之后发展起来的归为现代计量经济学.

现今所言的经典计量经济学 (classical econometrics) 主要包括 20 世纪 70 年代之前发展成熟, 并获得广泛应用的内容.

(1) 其理论与方法部分有如下共同特征.

A. 模型类型：使用随机模型；B. 模型导向：以经济理论为导向建模；C. 模型结构：变量之间的关系为线性关系或者可以被线性化, 属于因果回归分析模型, 解释变量地位平等, 模型具有明确的表达形式和显性参数；D. 数据类型：以截面数据和时间序列数据为主, 假定被解释变量为连续型随机变量并且服从正态分布；E. 参数估计方法：主要采用最小二乘法和最大似然法, 仅使用样本数据.

(2) 其应用部分有如下特征.

A. 方法论基础：实证分析、经验分析和归纳分析等；B. 应用的形式：结构分析、经济预测、政策评价、检验与发展经济理论等；C. 应用领域：生产、消费、需求、投资、货币需求以及宏观经济等.

非经典计量经济学 (unclassical econometrics) 通常是指 20 世纪 70 年代之后发展的理论、方法以及应用模型, 又被称为现代计量经济学. 主要包括：微观计量经济学模型、非参数计量经济学模型、时间序列计量经济学模型与面板数据 (平行数据) 计量经济学模型等. 同样可以从模型类型、模型导向、模型结构、数据类型和参数估计方法等几个方面, 对非经典计量经济学的问题进行分类.

本书主体定位于经典计量经济学, 同时介绍部分非经典计量经济学内容. 这样定位的理由是：① 经典计量经济学理论与方法是计量经济学的基础；② 目前应用最广泛的模型依旧是经典计量经济学模型；③ 经典计量经济学更能适应本科学生的基础；④ 非经典计量经济学中一部分内容 (如属于时间序列计量经济学的协整理论) 已然成为经典计量经济学研究问题的学术规范之一；⑤ 对部分非经典计量经济学的介绍有助于本科学生了解本学科前沿性内容.

4. 微观计量经济学与宏观计量经济学

按照研究对象不同, 计量经济学又被区分为微观计量经济学 (microeconometrics) 和宏观计量经济学 (macroeconometrics).

“微观计量经济学” 一词首次出现于 2000 年诺贝尔经济学奖公报 (《微观计量经济学和微观数据》) 中, 需指出的是其内容出现时间早于公元 2000 年. 该年度的获奖人赫克曼 (J. Heckman) 和麦克法登 (D. Mcfadden) 正是缘于对微观计量经济学所做出的原创性贡献而获奖. 该公报将微观计量经济学的内容界定为: 对个人和家庭的经济行为进行经验分析. 而微观计量经济学的组成部分, 即微观计量经济学主要内容有: 面板数据模型理论与方法、离散选择模型理论与方法和选择性样本模型 (也称受限样本数据模型) 等.

当今的宏观计量经济学与早年的计量经济学几乎是同义词, 但是其研究内容与研究方法发生了变化, 在原有基础上增加了单位根、协整理论和动态计量经济学. 2003 年诺贝尔经济学奖获奖者、单位根和协整理论的主要创始人格兰杰 (C. W. J. Granger) 与在动态时间序列分析领域做出杰出贡献的著名计量经济学学者斯托克 (J. H. Stock) 分别以 *Macroeconometrics-Past and future* (宏观计量经济学 —— 过去与未来) 和 *Macroeconometrics*(宏观计量经济学) 为题发表综述性文章, 他们都认为单位根和协整理论是宏观计量经济学的重要组成部分 (这两篇文章刊登于 2001 年纪念 *Journal of Econometrics* 发行 100 期的纪念专辑上).

5. 理论计量经济学与应用计量经济学

按照在计量经济学中的地位和作用不同, 计量经济学也常被区分为理论计量经济学和应用计量经济学.

理论计量经济学主要作用包括: 证明已经在使用的方法的科学性和新方法的发展与发现. 应用计量经济学的作用是运用现有的计量经济学方法去解决特定领域具体的经济定量分析问题.

1.2　计量经济学研究问题的步骤

计量经济学研究问题有自身的特点, 因而形成了自己研究问题的程序. 明确这些步骤, 可以在研究过程中少走弯路, 找到正确的模型, 有效实现研究目的. 计量经济学建立模型的步骤一般应该包括: 理论模型设定、样本数据收集、模型参数估计、模型检验等四步.

1.2.1　理论模型设定

什么是**计量经济学模型**? 简单地说, 就是**由变量、参数所组成的随机数学方程或者方程组**. 具体讲, 计量经济学模型是将研究对象与影响的因子以及无法测定的随机误差项, 通过参数和数学运算符号连接起来的随机数学方程或者方程组. 下面是几个简单的计量经济学模型.

例 1.2.1　居民消费支出 Y 与居民可支配收入 X 之间的随机方程

$$Y = \alpha + \beta X + \mu \tag{1.2.1}$$

其中, Y—— 被解释变量; X—— 解释变量; α, β—— 参数; μ—— 随机误差项.

例 1.2.2 产出 Y 与投入要素资本 K、劳动力 L 之间的随机方程

$$Y = AK^{\alpha}L^{\beta}\mathrm{e}^{\mu} \tag{1.2.2}$$

其中, Y—— 被解释变量; K, L —— 解释变量; A, α, β —— 参数; μ—— 随机误差项.

例 1.2.3 国内生产总值 Y 与居民消费 C、投资 I 以及政府支出 (购买)G 之间的方程组

$$\begin{cases} C = \alpha_0 + \alpha_1 Y + \mu_1 \\ I = \beta_0 + \beta_1 Y + \mu_2 \\ Y = C + I + G \end{cases} \tag{1.2.3}$$

可见, 计量经济学模型可以是线性的也可以是非线性的, 可以只包含一个方程 (称为单方程模型) 也可以是包括多个方程的方程组 (联立方程模型), 随机误差项则分为显性误差项 (例 1.2.1— 例 1.2.3 的前两个方程) 和隐性误差项 (例 1.2.3 的第三个方程).

随机误差项的引入是计量经济学模型的一个重要特征, 其包含的**主要内容**有:

(1) **未被纳入模型的次要变量.** 如例 1.2.1 中忽略的利率 R 与通胀率等.

(2) **没有纳入模型的定性变量.** 如例 1.2.1 中没考虑的前景预期等.

(3) **某些未知因素的影响.** 任何事物, 现有知识体系对它认知都存在未知性.

(4) **测量误差的影响.** 统计学告诉我们, 任何调查都存在调查误差.

(5) **模型形式的不当或者偏误.** 如例 1.2.1 的形式本该是二次函数或者幂函数.

(6) **数据的残缺.**

设立随机误差项的理由或者原因有: 一、**出于节约的考虑**. 引入较多的变量往往导致费用升高和时间耗费增加. 二、**计量经济学对于模型简化的考虑和安排**. 过多的解释变量反而可能导致模型效率下降. 三、**认知的局限性**. 测量误差的不可避免以及经济行为的未知性和不确定性.

理论模型是指参数尚未估计前, 变量之间的逻辑关系式. 理论模型的设定包括三项内容: 变量选择、变量间数学关系式的确定、确定参数的理论预期 (拟定参数的数值范围等).

1. 变量的选择

根据研究目的, 选择一个适当的变量 (或者指标) 来表征研究对象, 即经济学关系中的 "果", 在单方程模型中一般称为**被解释变量**(explained variable). 选择适当的变量 (一个或者多个) 来表征影响研究对象的因子, 这就是经济学关系中的 "因", 在单方程模型中一般称为**解释变量**(explanatory variable). 为了叙述方便, 我们有时将解释变量与被解释变量统一称为变量, 而不加区别.

例如, 研究居民消费问题, 可以选择居民消费总额作为被解释变量, 选择国内生产总值或国民总收入作为影响消费的收入因子.

为了使得变量选择有利于建立合理、科学的模型, 在变量选择时应该注意以下几个细节.

(1) **正确理解并把握经济现象中暗含的经济学理论与经济行为规律, 根据研究对象的不同选择合适、重要的解释变量**. 比如研究居民消费, 解释变量应该为居民收入; 而要研究装备制造业的产出, 那么解释变量就应该选择固定资产投资额; 研究国家税收总额, 合理的解释变量应该是国内生产总值以及产业结构; 而要研究一个国家的进口总额, 应该考虑的解释变量是国内生产总值以及外汇汇率等. 很明显, 解释变量只是影响被解释变量中那些重要的变量, 而非所有.

(2) **选择变量时必须考虑数据的可得性, 数据获得的便利性和成本的低廉性**. 这意味着研究人员一定要对社会经济统计学有比较透彻的理解. 计量经济学的核心是用样本数据对模型包含的参数进行估计, 揭示变量之间的数量关系, 因此, 选择的变量必须是包括在统计指标体系中、来源可靠, 同时可以对外公开的指标. 比如, 我们研究关于国家生产能力的问题, 资产应该是一个合理的解释变量, 但这却是国家核心机密, 不可对外公开, 也就是不可得的. 又比如, 研究居民的税收负担, 从经济学逻辑上讲, 应该选择的变量是纳税额和居民的实际收入, 其中的实际收入事实上是不易获得的. 再比如, 研究失业率 LWR 与私营企业小时工资 HS 之间的关系, 私营企业小时工资没有可以直接使用的现成数据, 只能自己调查, 而且这样也必然花费大量费用.

(3) **要保证所有入选变量都是必需的、不可替代的, 也就是不同解释变量之间应该是独立的**. 直观地看, 选择的解释变量越多, 模型的解释能力越强, 但事实上是, 选入太多的变量之后变量之间可能相互掩盖和干扰, 反而可能产生相反的效果. 因此, 出于技术上的要求, 计量经济学希望选择的解释变量之间彼此独立. 比如, 研究居民消费支出, 同时使用居民总收入与居民可支配收入作解释变量就是一个失败的变量组合, 因为, 居民总收入与居民可支配收入之间高度相关、不独立. 至于变量之间不独立会产生什么样的不良后果, 我们将在第 6 章中详细介绍. 必须承认的是, 要做到选择的解释变量之间完全相互独立是不易做到的, 一般的做法是, 先将符合经济理论逻辑的、能收集到数据的变量都考虑在内, 然后通过检验的方法逐个确认、筛选、剔除, 逐渐实现变量之间的独立性.

最后, 变量的选择应该考虑经济学、统计学和数学的相关要求; 而且绝对不可能一蹴而就, 一般需要经过多次反复和比较才能做到符合要求.

2. *确定模型的数学形式 (即数学表达式)*

数学形式是变量之间联系的具体形式, 也是将变量、参数以及随机误差项等计量经济学模型要素组合起来的工具, 最终形成数学表达式 (关系式), 它是参数估计方法的主要依据, 这是选择完变量之后必须进行的. 确定数学形式的主要途径有以下三种.

(1) **借鉴数理经济模型**. 基于经济学理论, 数理经济学对于变量之间常见的数学关系已经有了较为充分的研究与概括, 我们选择和设定函数形式时能够参考和借鉴. 诸如生产函数、消费函数、需求函数、拉弗曲线、飞利浦斯曲线等. 但是, 我们应该特别注意两点: 一、计量经济学模型与数理经济学模型的差别, 计量经济学模型包括随机误差项而数理经济学模型却不含随机误差项, 如著名的 Cobb-Douglas 生产函数的数理经济模型为

$$Y = AK^{\alpha}L^{\beta}$$

而它的计量经济学模型一般是

$$Y = AK^{\alpha}L^{\beta}\mathrm{e}^{\mu}$$

二、实证研究日益受到经济学研究的推崇和重视, 一个性质良好的计量经济学模型必须能对过去的经济行为做出很好的解释. 一方面要求我们要重视经济理论, 又不能唯经济理论是从; 另一方面又要求我们在参数估计和模型检验过程中反复修改、不断完善理论模型设计, 得到一个既可以获得较好经济学解释又可以充分反映变量之间已经发生的历史数据的良好模型. 单独依赖任何一方面, 想要获得成功都是不可能的.

(2) **参考前人或者其他研究者的经验**. 借鉴他人的研究成果, 既可以汲取他人成功的经验, 同时还可以避免走弯路. 尤其是特定领域的名家、大师对于他们研究的领域往往有远超常人的智慧和经验, 在探索和他们的研究领域相同的问题时, 更应该很好借鉴他们的成功经验.

(3) **参考变量之间的散点图或相关图来进行选择**. 借鉴统计学中关于相关图或者散点图的方法, 绘制解释变量与被解释变量间的散点图 (使用 EViews 6.0 可以通过菜单自动生成), 借助图形显示的近似函数表达式来确定计量经济学模型的数学形式也是常用的方法之一, 而且这种方法正在被越来越多地使用. 这种方法的优点是可以避免传统经济学理论的约束, 某些情况下甚至可能发展经济学理论; 同时可以保证模拟结果与样本间的高度一致性.

由于样本本身的随机性以及研究人员认识的局限性, 适合于同一组数据的数学形式多数情况下不可能唯一, 实际中通常分别选取不同形式, 分别予以估计, 然后根据评价的标准从中选择最佳的一个.

3. 拟定参数的理论预期

理论模型中的未知参数通常具有特定的经济学含义, 应该在模型参数估计之

前, 根据经济学理论对于参数合理的取值等做出判定或者预设, 进而形成对模型进行经济学检验的依据. 需要指出的是, 对参数进行理论预期的设定是计量经济学模型区别于统计学模型的重要特征.

正确理解未知参数的经济学含义, 是正确确定参数的理论预期的关键. 参数理论预期主要是由经济学逻辑关系规定的, 同时也应该参考过往同类问题的统计规律, 但应该肯定的是它不由数学关系式决定.

参数的理论预期应该包括: 符号、范围和关系等三项基本内容. 例如根据绝对收入假说, 有居民消费支出 Y 与居民可支配收入 I 间的计量经济学模型为

$$Y=\beta_0+\beta_1 I+\mu$$

参数的理论预期应该这样考虑, β_0 是居民维持生存必需的基本支出 (经济学中称之为自发性消费) 的平均数, 故而 $\beta_0>0$ (具体数值只能根据特定地区、历史、经济条件等因素而定); 而参数 β_1 则应该被视为平均边际消费倾向, 因此, $0<\beta_1<1$.

又比如, 在 Cobb-Douglas 生产函数

$$Y=AK^{\alpha}L^{\beta}\mathrm{e}^{\mu}$$

中, 共计有 A,α,β 三个参数. 其中的 α,β 分别为资本、劳动的产出弹性, 所以

$$0<\alpha<1,\quad 0<\beta<1$$

再考虑要素自由流动带来的行业或地区平均利润的形成, 从而导致规模报酬不变, 于是

$$\alpha+\beta\approx 1$$

最后, 因为参数 A 是广义技术进步效率系数, 故而 $A>0$.

1.2.2 样本数据搜集

样本数据是估计未知参数进而形成计量经济学模型的基础和依据, 没有样本数据就不可能得出参数估计值. 其质量的好坏直接影响模型的最终质量, 必须综合经济学的要求和统计学 (尤其是统计实践) 的可能, 以专业的态度认真、细致地做好样本数据的搜集工作, 为参数估计奠定成功的基础.

如何理解 "样本数据" 的含义呢? ① 多数总体 (研究对象) 的规模巨大, 出于费用与技术的约束, 我们只能观察其中的一部分 (许多时候, 甚至只是很小一部分) 以获取数据 (标准的样本概念), 并完成参数的估计. ② 即便对于比较小的总体, 我们对它的观察也仅仅只是一种近似的测量和再现 (近似于样本).

1. 计量经济学中常用的数据

当前, 计量经济学建模中常用的数据主要有: 时间序列数据、截面数据、面板数据和虚拟变量数据等四种类型.

时间序列数据 (time series data) 是将同一组被解释变量与解释变量在不同时间条件的数据依时间先后顺序排列而得到的数据 —— 观测的对象不变, 而数据由于时间的改变而不同. 例如 1978—2017 年我国国内生产总值 GDP 与固定资产投资总额 CI 构成的数据. 这类数据通常数量多, 而且是统计数据中相对比较易于获得的数据, 计量经济学建模中使用非常广泛. 使用过程中应该注意以下问题:

(1) 样本范围内经济行为的一致性问题. 经济行为具有明显的时间性和阶段性, 由于时间序列数据跨越的时间距离往往隐藏着经济行为的不一致性, 这必须予以重视. 如在 1978—2017 年我国国内生产总值 GDP 与固定资产投资总额 CI 构成的数据, 表面看样本量达到 40, 是个大样本, 但是我们应该注意到, 40 年间, 由于投融资体制的改革, 国家作为投资主体的地位不断弱化, 私人投资的份额不断提升. 因此, 这组数据中的投资行为有明显的不一致.

(2) 不同样本点之间样本数据的可比性问题. 例如对以价值指标形态出现的数据, 由于价格有不断升高的趋势, 造成不同时间的数据不能等量齐观的问题. 对于这类问题, 应该寻找相关价格指数对数据进行换算以解决可比性的问题. 对以实物单位统计的数据而言, 虽说没有价格的干扰, 但应该注意到技术进步造成了不同时间的同一实物也不宜对比的问题 (这类问题的研究也是目前的热点之一). 当然, 还有一个问题, 那就是不同时期统计口径要一致.

(3) 样本观测值分散程度不足的问题. 事物的变化始终是一个由量变的累积逐渐形成质变的过程, 许多变量的变动在短期之内是不明显的; 而且短期内事物的变化往往不具统计稳定性, 不能满足计量经济学揭示长期、稳定关系的要求. 比如, 技术进步是一个漫长而缓慢的过程, 通常需要 10 年, 甚至更长时间才能显现出来, 如果我们只有 5 年的数据, 那么所建立的模型就不能反映变量的真实变动.

(4) 随机误差项的自相关性问题. 使用时间序列数据作样本去估计模型的参数, 容易产生随机误差项的自相关性. 这一问题将会在第 5 章中进行专门讨论.

截面数据 (cross-section data) 是指同组的解释变量与被解释变量在相同时间条件下于不同观测对象上取得的统计数据 —— 数据的变动源自于空间位置的不同. 例如, 100 个家庭在 2017 年 12 月的收入与消费支出数据, 就是典型的截面数据. 这类数据既可以来源于国家、行业的调查也可以出自委托调查或者自行调查. 它也是计量经济学的常用数据之一, 选择、调查得当时, 它不失为一种灵活性高、适应性好且针对性强的好数据.

使用过程中须注意下面几个问题: 一是样本与总体 (研究对象) 的一致性问题,

即要求样本与总体必须一致. 例如, 职工收入与支出的数据就不适合建立居民收入与支出的计量经济学模型, 原因是居民中一部分并无工作, 也就没有纳入职工收入与支出统计的范围; 同时, 居民与职工的消费行为有着较为明显的差异, 也不符合经济行为一致性的要求. 二是随机误差项的异方差性问题. 使用截面数据作样本, 易于发生随机误差项的异方差性 (可能出现若干不良后果), 这一问题留待第 4 章再做专门介绍.

面板数据 (panel data) 是时间序列数据与截面数据相结合的统计数据. 它是不同空间的多个对象的时间序列数据或者说是依时间顺序排列的截面数据. 例如, 31 个省 (自治区、直辖市) 固定的 2000 户居民家庭 1998—2017 年的可支配收入与通讯费用数据. 这类形式的数据在近二十年来计量经济学研究中使用的频率逐渐增加.

虚拟变量数据 (dummy variables data) 也称为二进制数据, 一般取 0 或 1(此处的数值不表示大小而只是表示状态, 0 表示否定, 1 表示肯定). 虽然, 时间序列数据和截面数据这两种数值化数据是计量经济学建立模型中使用最多的数据, 但是在现实的经济学问题与实践中, 还有一些定性的因子会对被解释变量有贡献. 例如, 性别 S 这一定性因子是除收入 I 之外影响机主的通信费用 F 的另一因子, 为此, 我们可以定义

$$S = \begin{cases} 0, & \text{女} \\ 1, & \text{男} \end{cases}$$

将性别引入模型, 可以使得建立的模型更接近真实状况. 此处的性别 S 就是一个虚拟变量. 虚拟变量的本质是一种人工变量, 变量取值由人为规定, 其主要的作用是为了表征某些非数量化的政策和条件等定性因素对被解释变量的影响.

需要指出的是, 样本数据的收集往往是与计量经济学模型的理论模型设计同步进行的.

2. 对样本数据的要求

高质量的数据才可能保证建模的成功, 而数据质量不高却可能完全摧毁此前的所有努力. 那么高质量的数据体现在哪些方面呢? 基本的要求是: 完整性、准确性、可比性和一致性等四个方面.

完整性也叫做完备性, 其主要含义是模型涉及的所有变量的样本数据必须整齐完备、没有缺失. 这是对样本数据的基本要求, 因为, 唯此才能保证数据的基本功效得以发挥. 不然, 轻则导致数据的功效减弱, 而重则可能导致参数估计无法进行. 然而, 我国经济正处在全方位转型时期, 或因统计制度不健全导致数据错漏, 或因统计制度变更导致数据统计口径和含义不同, 也会由于早期认识不足而缺失某些变量的数据. 总之, 数据完备性不好很常见, 处理原则与方法是 “设法尽量保全”. “缺

失数据”如果处在时间序列数据的首尾两端, 而且样本量充足则可以考虑去除; 如果发生在中间, 而且缺失的项数又不多则应该选择用统计技术修复; 对于截面数据而言, 如果缺失出现在样本数据 (大小) 的两端或者虽然出现在中间且不十分重要, 而样本量又充足, 可以考虑剔除, 但如果出现在中间且位于“承前启后”的地位则必须设法修补.

准确性是数据的生命, 具体讲就是样本数据的结果与经济实际本身是一致的, 或者说测量结果与客观存在相一致. 准确性是计量经济学对数据最基本的要求, 我们无法设想, 使用调查不准确甚至是错误数据估计模型, 进而依据这样的模型去分析相关经济问题所可能导致的局面. 当然, 数据的准确性主要取决于调查机构的数据质量, 但是研究者也必须发挥自身的主观积极性, 依据自身的专业素养和经验对于数据的准确性进行判断、评价和核实, 有时甚至需要进行修订.

可比性, 可以理解为统计指标或者数据的统计口径一致, 是计量经济学模型研究中经常被忽视的问题. 这主要包括以下三个方面.

(1) 研究对象的空间范围应该保证可比. 例如研究四川省 1990—2017 年财政收入与 GDP 的关系, 就应该注意到该时间段内重庆升格为直辖市的事实.

(2) 变量之间的统计口径必须保持可比. 例如, 研究铁路的客货运输产出, 那么投入要素就只能包括直接用于客货运输的资本和劳动, 而不可以将对旅游、酒店等的资本和劳动投入计算在内.

(3) 计量单位应该可比. 特别需要注意的是, 使用价值指标时间序列数据时, 按照当年价格计算的数据之间是不可比的. 比如固定资产的时间序列就不可以按市值计算, 而应该换算成不变价格计算. 当然, 对于实物单位统计的时间序列则应该注意到不同时间的实物效用的差异. 例如, 当今的一台个人电脑的性能可能远远超过 20 年前的一台小型计算机.

一致性的基本含义应该包含样本区间经济行为的一致性和样本数据与总体之间的一致性. 关于这一点, 在变量选择中已有较为清楚的叙述, 在此就不再重复.

1.2.3 模型参数估计

模型参数估计, 是把反映变量之间一般关系的理论模型转化成为反映特定数据之间具体关系的过程, 是将模型由抽象的理论模型转化成为具体模型的阶段, 也就自然的成为计量经济学的核心内容.

严格地讲, 参数估计并非是一个单纯的统计技术问题, 具体包括识别 (特定于联立方程模型而言)、估计方法的选择 (根据数据的特征从不同的参数估计方法中选定一个合适的方法, 实施参数估计. 比如满足经典假定的最好用普通最小二乘法, 具有异方差性的数据应该选择加权最小二乘法) 以及软件选取等三个问题.

与统计学相一致, 我们将估计参数用的公式称为估计量, 而把代入数据后求得的参数具体数值叫作估计值. 在不致产生歧义的时候将二者统称为估计.

1.2.4 模型检验

参数估计之后, 把抽象的模型转化成为具体的模型, 是否就意味着可以直接用于分析具体经济学问题了呢? 回答是否定的, 只有那些正确解释 (揭示) 了经济变量之间真实关系、同时具有稳定统计性质的模型才能够用于实际问题的分析. 要回答这些问题, 只能对模型进行检验之后才会有相对清楚的答案. 一般而言, 按照检验的内容, 计量经济学模型的检验分为经济意义检验、统计学检验、计量经济学检验和模型预测与模拟检验等四项内容. 但需要注意, 这并不是检验的顺序.

1. 经济意义检验

检验的是参数估计结果的经济意义的合理性. 实现的方法是, 将参数的实际估计值与其理论预期作比较, 如果二者一致, 则模型可以通过经济意义检验; 二者相悖则不能通过经济意义检验. 需要说明是, 只有当一个模型中的所有参数, 至少是关键的参数都可以通过检验时模型整体才能通过检验. 具体的检验包括:

(1) 检验参数估计的符号. 例如, 企业银行贷款模型估计结果如下:

$$\mathrm{TL} = 199.87 + 15.25R + e$$

其中, TL 为企业的银行贷款额, R 为银行贷款年利率, e 为残差. 利率前的参数估计值为正, 表明贷款年利率越高, 企业的银行贷款额越多, 这与经济行为的规律表述相悖 (其理论预期是负的), 所以该模型不能通过经济学意义的检验.

(2) 检验参数的取值范围. 例如, 基本消费品需求模型估计结果如下:

$$\ln Q = 244.27 - 1.44 \ln P + e$$

其中, Q 是基本消费品的需求量, P 为商品价格. 那么价格前的参数为商品的需求价格弹性, 经济学理论告诉我们其数值应该是负的, 而且绝对值应该小于 1, 即其理论预期应该是 $(-1,0)$. 估计值的符号正确, 但是取值超出理论预期. 所以该模型也不能通过经济学意义的检验, 必须重新收集数据并估计.

(3) 检验参数之间的关系. 例如, 某行业的生产函数模型的估计结果如下:

$$\hat{Y} = 1.4562K^{0.75}L^{0.55}$$

其中, Y 为产品的产量, K, L 分别为投入的资本与劳动力. 参数估计值 0.75, 0.55 分别为资本、劳动的产出弹性, 它们的理论预期值为 $(0,1)$, 显然它们都在此范围之内, 可以分别通过检验. 但是, 经济学理论同时告诉我们, 在一个开放的市场环境里, 它们二者之和应该接近于 1, 而估计值的和为 1.30 与理论预期相悖. 因此, 这个模型是否能通过经济学意义检验需进行进一步分析.

计量经济学模型揭示的是经济系统或者活动中的数量关系, 是对这种关系的再现与模拟, 参数估计所得到的模型应该符合经济学的基本逻辑关系. 如果模型的参数估计与经济学逻辑相悖, 那么说明模拟失败, 模型不合理, 是不可用的. 故而, 计量经济学模型的经济学意义检验是对模型的根本性检验. 也就是说, **如果模型不能通过经济学意义的检验, 那么, 无论其他检验的结论如何完美都没有意义.**

2. 统计学检验

本质上讲, 计量经济学模型揭示的是经济变量之间的统计关系, 方法的理论基础是统计学, 因而, 只有稳定的关系才有统计学价值. 这种关系是否稳定的确定依赖于统计学检验, 目的在于检验模型的统计可靠性. 计量经济学模型研究中使用最为广泛的检验有拟合优度检验、变量显著性检验和方程整体显著性检验等三种. 应该指出的是, **统计学检验是对计量经济学模型可靠性的评价, 是计量经济学模型检验的核心部分和固定内容, 统计学检验已经成为计量经济学模型研究的规定内容.** 这是一个纯粹的统计学过程.

3. 计量经济学检验 (或检测)

统计学检验是建立在关于模型的一系列严格假定获得满足的基础上的, 这些假定的满足程度决定了统计学检验结论的信度与效度, 计量经济学检验的目的就是检验和确认这些假定被满足的程度. 检验的内容有: 异方差性检测、自相关性检测、多重共线性检验、模型设定偏误检验、平稳性检验、协整性检验等.

4. 模型预测与模拟检验

预测是计量经济学模型研究的主要内容和目的, 实施之前必须对模型的相关性能进行确认. 模型预测检验的主要目的就在于验证参数估计的稳定性和对样本容量变化时的敏感程度, 确认模型是否可以适用于样本观测值范围以外区域, 即模型是否具备超样本的特性.

检验方法具体包括: ① 使用扩大了样本范围和样本量的数据再次估计参数, 检验新旧估计量之间的差异性. 只有可以通过预测检验的模型方能用于后续分析. ② 将模型用于被解释变量 (或内生变量) 样本范围以外的实际预测, 对预测值与实际值进行比较和检验. ③ 将影响因子的样本数据代入估计所得的方程, 求得被解释变量 (或内生变量) 的拟合值, 进而比较拟合值与实际值之间的差异. **或者应该说, 预测检验是将结果与目标进行对比的检验.**

顺便指出, 以上四种检验各有自身的作用和功能, 它们之间不能够相互替代. 一种理想的状态是使用能够通过所有检验的计量经济学模型去分析具体的经济问题.

1.2.5 相关软件

随着学科本身的发展, 计量经济学的方法体系日益复杂、计算量不断扩张, 本学科对计算机的依赖程度不断提高. 很难想象, 离开计算机的辅助计量经济学会是什么样的. 必须承认的是, 正是有了计算机提供的便利, 计量经济学的许多专门方法才得以创造与应用. 当然, 也可以说计量经济学在自身发展过程中不断提出新的问题和新的需求也在一定程度上丰富了计算机软件. 现在流行的许多计算机软件都可以完成与实现计量经济学的某些特定目标和要求, 但也必须看到, 不同的软件的优点和局限性不同, 我们应该学会根据所要实现的目标选择恰当的软件.

1. EViews

EViews 是 QSM 公司研发并推出的一种计量经济学专用软件, 是 Econometrics Views 的简写, 已经从最初的 EViews 3.1 版本升级到了目前的 EViews 9.0 版本, 是该公司更早时间推出的 TSP 的 Windows 升级版. 该软件具有数据处理、图形工具、统计分析、模型估计、预测与模拟等功能, 兼具菜单式操作与命令两种形式. 与其他软件相比, 其最大的优越性在于强大的计量经济学专门分析与检验功能. 可以说, EViews 是目前流行面最广的计量经济学软件之一. 本书将选择这一软件的 EViews 6.0 版本介绍计量经济学中各种分析与估计方法在计算机环境中实现的技术路径.

2. SAS

这是一种经典的统计分析工具, 自 1976 年推出至今在统计领域的应用始终长盛不衰, 尤其是在北美地区. 20 世纪 80 年代进入中国, 在国内有一定市场. 但是, SAS 自身售价高昂、且要求使用者具备较强编程能力, 故未将它作为本书的参考软件来介绍.

3. SPSS

SPSS 是国内目前最为流行的统计分析软件, 是国内许多机构和公司首选的统计分析工具, 市场上关于 SPSS 的使用指南一直紧跟 SPSS 的升级而不断修订出版, 应该说使用环境相对较好. 然而, SPSS 的优势主要在描述统计分析和多元统计分析方面, 实现计量经济学目标的功能稍弱.

除了上述软件外, 还有 GAUSS、PC-GIV、MATLAB、Minitab、Stata 以及 R 等软件可供选择, 不在这里一一详述.

1.3 计量经济学模型的应用

虽说计量经济学模型是计量经济学的核心, 甚至可以讲是研究的主要成果, 但却不是这门学科的目的, 至少不是唯一目的. 要实现计量经济学模型研究的全部目的、最大限度发挥其功效, 就必须在模型基础上发展其他分析方法, 扩展其应用的领域. 就目前而言, 计量经济学模型的应用主要集中在: 结构分析、经济预测、政策评价与模拟、检验和发展经济学理论等方面.

而必须注意的是, 投入这些应用之前必须对模型进行完整的检验, 只有能够通过检验的模型才具有实际应用的价值.

1.3.1 结构分析

事先需要说明的是, 这里所说的结构有广义和狭义之分. 狭义的结构是指在统计学中, 建立在结构相对指标基础上的构成关系, 而广义结构除了结构相对指标对应的结构关系外还包括了变量之间的依存关系, 且更倾向于后者. 需要声明的是, 计量经济学所涉及的结构分析是广义的. 因此, **结构分析是对经济现象中的变量之间的相互关系的分析与研究**. 具体研究解释变量发生变化时对被解释变量 (研究对象) 产生的影响.

研究的具体内容 (或方法) 是: 边际分析、弹性分析、乘数分析与比较静力分析等. 鉴于西方经济学已经对边际分析、弹性分析和乘数分析作过相对详尽的介绍, 对比较静力分析的介绍较少, 因此, 这里主要介绍比较静力分析.

这是一种比较经济系统不同平衡位置之间的联系、研究经济系统从一个平衡点转变到另一个平衡点的过程中变量变化, 研究系统某个变量或者参数改变对其他变量和参数的影响的经济分析方法的集合. 显然, 边际分析、弹性分析与乘数分析仅仅是比较静力分析的特例.

1.3.2 经济预测

寻找经济预测的工具和手段一直是推动计量经济学发展最主要的原动力之一, 计量经济学从诞生的那一天起, 经济预测就是它的基本职能. 所谓预测, 就是根据历史的数据和现实的状况找出经济现象背后隐藏的规律, 然后将这种规律投射到未来 (或样本以外), 对经济现象未来的可能结果做出推测. **计量经济学模型的预测应用是特指, 把影响因子 (解释变量) 的预测值代入计量经济学模型以得出研究对象 (被解释变量) 近似结果的过程**. 例如, 以下关于企业流通费用率 TFR (%) 与销售收入 SR(万元) 的计量经济方程:

$$\widehat{\mathrm{TFR}} = 24.3576 - 0.0017\mathrm{SR}$$

假设已经通过了所有必需的检验, 且预计下一年度的销售收入为 8760 万元, 那么可以得到流通费用率的预测值为 $9.4656\%(= 24.3576 - 0.0017 \times 8760)$.

以上关于预测的叙述表明, 预测须建立在有稳定规律而且经济结构不会发生较大变化的前提下, 因此, 对于预测应该采取比较谨慎的态度, 在对未来的变化有预见的同时应该有预测误差必然出现的准备. 计量经济学在面对 1973 年和 1979 年两次 "石油危机" 时没有做出适当的反应已经充分地证明了这一点的重要性. 一种可行的做法是将其他预测方法与计量经济学模型预测结合起来.

1.3.3　政策评价与政策模拟

各国央行在利率调高之前, 必须考虑的问题是: 利率调高到特定水平后, 将会促使多少货币回笼. 又比如, 政府提出失业率目标之后, 必须面对的问题是: 与就业相关的变量或者相关因素, 例如投资 I、政府支出 GF 分别应该达到一个什么规模, 才能保证目标失业率的实现. 设想如下的情形, 在自然科学领域 (如物理或化学), 如果我们想知道温度提高到 90℃溶液的浓度是多少, 则可以通过实验直接获得结论. 然而这在经济学领域确是无法实现的, 原因在于, 经济领域的研究对象处在现实的经济环境中, 无法对其施加人为控制, 或者说我们无法建立一个经济学实验室. 假如我们贸然进行经济学实验, 并将这些政策直接运用于经济实践, 它带来的社会效应难以预料、由此可能带来负面影响的代价是我们无法承担的. 一种现实的做法是, 收集同类问题的样本数据, 借助统计学的方法构建一个关于这些变量之间的近似的数学关系式 —— 计量经济学模型, 再进行我们需要的分析. 例如, 收集关于失业率 LWR(%) 与投资额 I(亿元)、政府支出预算 GF(亿元) 数据, 找出它们之间近似的数学式. 假设这个关系的估计结果为

$$\widehat{\mathrm{LWR}} = 8.2600 - 0.0941I - 0.0454\mathrm{GF}$$

然后, 可以将一组预计的政策组合, 如投资额 $I = 50$ 亿元和政府预算支出 $\mathrm{GF} = 20$ 亿元, 代入上述方程, 可以得出失业率 $\widehat{\mathrm{LWR}} = 2.1950\%$, 然后再代入另一组预计的投资额 $I = 30$ 亿元和政府支出预算 $\mathrm{GF} = 30$ 亿元, 得出失业率 $\widehat{\mathrm{LWR}} = 4.0750\%$, 继续代入其他可能的投资与预算组合得出相应的失业率, 进而评价不同政策的效果. 这是一般所说的**政策评价**.

或者, 还可将希望实现的失业率代入方程, 找出可能的投资与预算组合. 例如政府提出的失业率的控制目标为 $\mathrm{LWR} = 3.8000\%$, 那么可以得出:

$$\widehat{\mathrm{GF}} = 98.2379 - 2.0727I$$

再将可能的投资额代入模型, 就可以求得不同的政府支出预算, 比较不同预算政策的优劣之后做出选择. 这就是通常所说的**政策模拟**.

此外, 还可以将以上所得的计量经济学模型与现有的优化理论结合起来, 找出投资与政府支出之间的最优组合, 作为政策选项.

在这个过程中, 计量经济学模型就扮演了一个 "**经济政策实验室**" 的角色.

1.3.4 检验和发展经济学理论

经济学的发展经历了早期的经验总结, 中间阶段的理论框架构建与推演, 再到后来的数学演绎. 其理论体系与规律应该是现实经济现象再现, 绝不能容忍对经济现实的扭曲. 哲学告诉我们, “实践是检验真理的唯一标准”, 因此判断经济理论是否正确的方法就是用来自经济实践的经济数据来进行评价. 而计量经济学正好是经济学理论和经济活动数据相结合的理想工具, 如果根据经济理论与行为规律设定的理论模型, 在经历数据收集、参数估计后得出的模型与经济学理论的结论一致, 则可以印证经济学理论的正确性. 反之, 如果建立的模型得到的结果与经济学理论预测的结果相悖, 而计量经济学模型研究的方法本身并无不当, 那么经济现象的实际就推翻了原有的经济学理论, 根据模型揭示的规律和关系可以对原有经济学理论进行修订与重建.

这实际上就是计量经济学功能不同的两面: ① **检验理论**, ② **发展理论.**

综上, 还要指出的是, 绪论的主要功能是帮助大家建立起一个关于本学科的基本方向感, 正如手握一个罗盘, 可以避免因身陷具体技术与细节的 “森林” 而迷失方向. 正因为如此, 即使读者暂时不能理解绪论的部分内容也没有关系, 亦不必去比较不同教科书绪论的不同.

练 习 题 1

1.1 如何正确理解计量经济学、经济学理论、统计学和数学的关系? 为什么说计量经济学是一门经济学学科?

1.2 数理经济学模型与计量经济学模型之间的联系和区别.

1.3 什么是计量经济学? 它与经济数学分析方法有什么区别?

1.4 分别给出一个截面数据、时间序列数据、面板数据和虚拟变量数据的例子.

1.5 为什么说经济活动不能进行试验?

1.6 简述计量经济学模型建立的步骤. 其核心内容是什么?

1.7 计量经济学模型检验的内容有哪些? 哪部分检验是纯技术性的?

1.8 计量经济学模型的主要应用领域有哪些? 比较静力分析的含义是什么?

1.9 计量经济学模型参数估计方法的选择应该考虑哪些方面?

1.10 对以下计量经济学模型进行经济学检验:

(1) $\widehat{\mathrm{DKE}} = 2300 + 0.2568\mathrm{DKL}$, 其中, DKE 为贷款额, DKL 为贷款年利率.

(2) $\widehat{\mathrm{TAR}} = 120.12 - 0.1235R + 2.3456R^2$, 其中, TAR 为税收总额, R 为税率.

(3) $\ln \hat{Q} = 123.45 + 1.12 \ln I$, 其中, Q 为生活必需品消费量, I 为居民可支配收入.

1.11 应该如何理解计量经济学模型中引入的随机误差项?

1.12 应该如何理解理论计量经济学与应用计量经济学的关系?

第2章　一元线性回归模型

一元线性回归模型, 是计量经济学模型中最为简单的一种, 这一类模型构建过程比较直观, 是学习、掌握与理解更为高级和更为复杂模型的基础.

2.1　回归分析概述

计量经济学的研究对象为现实经济活动中变量之间的数量关系, 我们有必要整理、回顾统计学和数理统计学关于这类关系的相关内容与方法.

2.1.1　变量间的相互关系

社会经济活动中的经济变量之间的关系大致可以分为两类. 一类是**确定性关系**, 即当一个或一组变量 (即解释变量) 的数值给定后与之相关的变量 (即被解释变量) 的数值是唯一确定的. 比如, 某人应税所得额、所得性质和税率确定后, 应缴税额随之确定. 又比如, 某种商品的销售收入和成本确定后, 销售利润即随之确定. 这类关系就是通常所说的函数关系, 这类关系在经济变量中存在的面不广, 对它们的研究也无须使用统计学和计量经济学方法, 所以这一般不属于计量经济学的研究对象.

另一类为**相关关系**, 其特征为当解释变量的数值变动时与之相关的被解释变量的数值随之变动, 但却无法根据解释变量的数值给出被解释变量的唯一确定的数值. 如, 居民可支配收入与消费支出, 随着可支配收入增加消费支出也增加, 但给定可支配收入后, 消费支出并不能唯一确定. 又比如, 企业利润额与资本周转次数之间的关系, 一方面资本周转次数增加, 利润随之增加, 但给定资本周转次数后, 利润额却不能够唯一确定. 再比如, 贷款额与贷款利率和经济增长率预期之间的关系等. 这类关系的特点是, 一方面被解释变量数值随着解释变量数值变化而变化, 另一方面, 解释变量数值给定后被解释变量的数值并不能够唯一确定. 我们将**变量之间这种非确定性数量依存关系称之为统计相关关系, 简称为相关关系**. 这类关系在经济变量中广泛存在, 对它们的研究和分析需要同时使用统计学、经济学和数学, 是计量经济学的主要研究对象.

2.1.2 相关关系的种类

为今后讨论与叙述方便, 我们将统计学对相关关系的几种分类在这里做一个简单的回顾.

按照涉及变量数目, 相关关系分为简单相关和复相关. 简单相关, 也称为单相关, 指两个变量间的相关. 例如, 税率与税收额、失业率与工资率 (单位时间工资额) 以及薪酬与专业工作年限之间的关系等. 复相关是指至少三个变量间的相关关系. 例如, 消费支出与收入和预期通胀率的关系. 又比如, 产出与资本投入和劳动力投入之间的关系等.

按相关的方向, 相关关系分为正相关和负相关. 解释变量数值增加, 被解释变量数值随之增加的为正相关. 例如, 可支配收入与消费支出; 利润率与资本周转次数等. 解释变量数值增加被解释变量数值随之减少的为负相关. 如, 正常商品的需求量与单价; 贷款规模与利率; 职业培训时间与差错率等.

按相关的形式, 相关关系分为线性相关与非线性相关. 对简单相关而言, 若散点分布在一条直线附近则为线性相关, 若散点分布在一条曲线附近则为非线性相关. 一般而言, 若解释变量的改变量固定时, 被解释变量的改变量相对固定, 则为线性相关, 否则为非线性相关.

按相关的程度, 相关关系分为完全相关、不相关和不完全相关. 如果解释变量变化, 被解释变量的改变量几乎唯一确定则为完全相关 (特别说明函数关系属于完全相关, 反之不然). 如果解释变量变化, 被解释变量的改变量完全不能确定 (二者的变化几乎完全没有规律), 则为不相关. 需要说明的是, 此两种情况更多存在于理论上, 现实经济活动中很少见. 介于此二者之间的相关为不完全相关, 实际当中所涉及的相关关系几乎都是此类相关.

按相关的真实性, 相关关系分为真相关与伪相关. 逻辑、数据都相关称为真相关. 例如, 单位成本与生产量; 营业额与流通费用率以及货币需求量与价格指数等. 逻辑无关, 但数据相关的称为伪相关. 例如, 印度的劳动者人数与我国的 GDP; 城镇居民可支配收入与农村居民纯收入之间的相关. 如果对伪相关的变量构建回归模型, 则模型注定发生 "伪回归 (对没有逻辑因果关系的变量建立计量经济学模型, 而且模型表现出较高的拟合优度)", 这是计量经济学建模过程中应该避免的问题.

2.1.3 相关分析

如果我们仅希望对相关关系存在的形式、方向以及程度进行分析、确认, 那么可以使用相关分析来达到目的. 分析工具包括: 逻辑分析、相关表、相关图 (散点图、散布图) 和相关系数. 其中, 前三种为辅助性手段, 而起决定性作用的是相关系数.

在线性相关的前提下, 刻画两个变量之间相关方向和相关程度的相对数, 称为

简单相关系数. **相关系数分为总体相关系数和样本相关系数两种**. 总体相关系数定义为

$$\rho = \frac{\operatorname{Cov}(X,Y)}{\sqrt{\operatorname{Var}(X)}\sqrt{\operatorname{Var}(Y)}} \tag{2.1.1}$$

其中, $\operatorname{Cov}(X,Y)$ 为 X 与 Y 的协方差, $\operatorname{Var}(X)$, $\operatorname{Var}(Y)$ 分别为 X 与 Y 的方差. 但是通常是未知的. 更多时候, 使用样本相关系数

$$r = \frac{\sum_{i=1}^{n}\left(X_i-\bar{X}\right)\left(Y_i-\bar{Y}\right)}{\sqrt{\sum_{i=1}^{n}\left(X_i-\bar{X}\right)^2}\sqrt{\sum_{i=1}^{n}\left(Y_i-\bar{Y}\right)^2}} \tag{2.1.2}$$

它是由 $\operatorname{Cov}(X,Y)$, $\operatorname{Var}(X)$, $\operatorname{Var}(Y)$ 各自的无偏估计构造而成. 统计学告诉我们, 样本相关系数具有如下性质和特点:

(1) 取值范围: $-1 \leqslant r \leqslant 1$.

(2) 对称性: 两个变量之间的相关系数只有一个值.

(3) $r>0$, 正相关; $r<0$, 负相关.

(4) $|r|=1$, 完全相关.

(5) $r=0$, 不 (线性) 相关.

于是, $|r|$ 越接近于 1, 表明线性相关程度越高; $|r|$ 越接近于 0, 表明线性相关程度越低.

我们需明确指出, 使用相关分析方法研究相关关系的经济变量, 是无法完全满足计量经济学需求的. 主要的问题在于: 相关系数无法给出变量之间具体的数量依存关系式.

2.1.4　回归的起源

回归分析的基本思想和方法以及 “回归 (regression)” 一词的来历要归功于英国生物统计学家高尔顿 (F. Galton, 1822—1911). 高尔顿与其学生、现代统计学奠基人之一的皮尔逊 (K. Pearson, 1856—1936) 在研究父亲身高与儿子身高遗传问题时, 调查了 1078 对父亲与成年儿子的身高数据. 计算父亲身高与父亲平均身高差、成年儿子身高与儿子平均身高差后进行比对, 发现父亲的身高差总体上大于儿子的身高差, 并得出结论: 儿子身高有回归到平均身高的趋势. 皮尔逊进一步使用这一调查数据构建了儿子身高关于父亲身高的回归方程

$$\hat{Y} = 33.73 + 0.516X$$

该方程表明, 父亲的身高每增加 1 单位, 其成年儿子的身高平均只增加 0.516 单位, 这可以解释为: 高个父亲确有生出高个儿子的趋势, 但父亲身高增加 1 个单

位, 儿子身高仅只增加约半个单位. 反之, 矮个父亲的确存在生出矮个儿子的趋势, 但父亲的身高降低 1 单位, 儿子的身高仅只减少约半个单位. 即子代身高存在回归到平均身高的趋势. 自不必赘言, 儿子身高与父亲身高之间的关系是相关关系.

当然, 今天对于相关关系的研究已经远远超出父子身高的范畴, 变量之间的关系未必总是具有这种 "回归" 的含义, 但我们依旧将这种研究方法称为 " 回归", 以此表达对高尔顿的敬意和纪念.

2.1.5　回归分析

具有相关关系的变量之间有一部分存在因果关系, 对于这类关系, 可以使用回归分析 (regression analysis) 研究它们之间的关系. 例如经济学理论告诉我们, 消费支出与可支配收入之间不仅存在相关关系, 而且是因果关系, 即可支配收入变化是消费支出变化的原因. 此时, 可以通过回归分析描述、研究二者之间的依存关系式, 即可以考察可支配收入的变化所引起的消费支出平均变化.

从形式上看, 假设变量 X 和 Y 之间存在相关关系, 那么当解释变量 X 的数值给定后, 对应的被解释变量 Y 的数值不是一个, 而本质上是带有特定分布的一个随机变量, 当 X 数值给定时 Y 的分布称为条件分布, 对应的数学期望称为条件数学期望, 记为 $E(Y \mid X)$. 如图 2.1.1 所示.

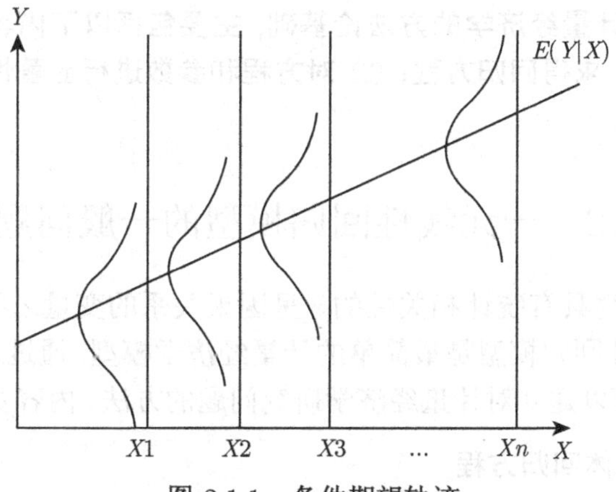

图 2.1.1　条件期望轨迹

从图形可以看出, 虽然对应于 X 的给定数值 Y 的数值不确定, 但是其条件期望 $E(Y \mid X)$ 的数值却是唯一的, 也就是说, 用函数描述 X 与 Y 之间的关系是不可能的, 但用一个函数表示条件期望 $E(Y \mid X)$ 与 X 之间的关系是可能做到的. 概率论与数理统计学将 $E(Y \mid X)$ 与 X 之间的图形对应的函数关系定义为回归方程 (或回归函数), 记为

$$E(Y \mid X) = f(X) \tag{2.1.3}$$

不同内容经济变量关系的区别主要表现在 $f(X)$ 表达式不同, 对计量经济学而言, 我们重点关注 $f(X)$ 究竟是线性的还是非线性的. 需要指出的是, " 线性" 一词在此处有两种不同含义: 一是关于变量线性, 另一种是关于参数线性. 而在计量经济学范围内, "线性" 通常是指后一种含义. 按照这一含义, 以下回归方程:

a. $E(Y \mid X) = \beta_0 + \beta_1 X$

b. $E(Y \mid X) = \beta_0 + \beta_1 X^2$

c. $E[\ln(Y \mid X)] = \beta_0 + \beta_1 \ln X$

d. $E(Y \mid X) = \beta_0 + \sqrt{\beta_1} X$

e. $E(Y \mid K, L) = AK^{\alpha} L^{\beta}$

前三个是线性回归, 后两个则不是. 请读者思考判断的依据是什么?

回归分析是研究一个变量关于另一个或一些变量之间依存关式的理论与方法. 其目的在于通过后者的已知或者设定数值, 去估计或预测前者的 (总体) 均值. 前者称为被解释变量或因变量 (dependent variable), 后者 (一个或一些变量) 称为解释变量或自变量 (independent variable). 顺便指出, 计量经济学的单方程模型中所称的 " 变量", 一般区分为被解释变量和解释变量.

回归分析构成计量经济学的方法论基础, 主要包括以下内容: ① 根据样本观测值估计模型参数, 求得回归方程; ② 对方程和参数进行显著性检验; ③ 回归方程的应用等.

2.2　一元线性回归模型的一般问题

回归分析是研究具有统计相关性的、呈因果关系的变量之间平均变化关系的有效工具. 一元线性回归模型是最简单的计量经济学模型, 通过对一元线性回归模型的学习与认识, 可以建立对计量经济学研究问题的方法、内容及特点的基本认识.

2.2.1　一元线性总体回归方程

通过前面的叙述我们知道, 用一个函数描述有相关关系变量之间的关系是不能现实的, 但是可以用一个函数来描述被解释变量平均值与解释变量之间的关系.

例 2.2.1　假定一个城镇社区由 100 个家庭组成, 以下是该社区 100 个家庭月人均可支配收入 X 与月人均消费支出 Y 的分组数据 (表 2.2.1).

从表 2.2.1 中可看出, 随着可支配收入增加, 消费支出总体上是增加的, 但由于其他因素影响的存在, 虽然一些家庭可支配收入相同, 但不同家庭的人均消费支出之间却存在差异, 即可支配收入与消费支出这二者之间的关系是相关关系. 同时, 因

为数据为全面调查数据, 数据是完备的, 相应于给定的人均可支配收入 X 而言, 人均消费支出 Y 的分布是确定的. 即在**给定条件 X 的条件下 Y 的分布**(conditional distribution) 是确定的. 例如, $P(Y=700|X=750)=1/7$. 所以, 人均可支配收入 X 给定值的条件下, 可以得到人均月消费支出 Y 的**条件均值**(conditional mean) 或**条件期望**(conditional expectation). 例如, $E(Y|X=750)=679.71$. 表 2.2.2 给出了 11 组家庭人均月可支配收入水平与人均月消费支出的条件概率、条件期望.

表 2.2.1 人均月可支配收入与人均月消费支出数据 单位/元

家庭人均月可支配收入	750	1150	1550	1950	2350	2750	3150	3550	3950	4350	4750
家庭人均月消费支出	630	700	925	1321	1504	1603	1710	1951	2070	2160	2517
	640	745	1002	1401	1517	1678	1855	2156	2180	2348	2567
	670	775	1036	1406	1558	1708	1966	2189	2490	2463	2767
	695	795	1051	1419	1584	1723	2020	2256	2520	2663	2917
	700	810	1074	1428	1598	1803	2096	2269	2620	2863	2987
	708	850	1170	1441	1618	1821	2108	2298	2638	3043	3247
	715	880	1264	1461	1728	1898	2126	2326	2665	3223	3367
		924	1366	1491	1798	1911	2268	2511	2738	3313	3467
			1396	1511	1828	2033	2399	2591	2940		
				1521	1868	2193	2450	2653			
						2313					

表 2.2.2 可支配收入水平与人均消费支出条件概率、条件期望

可支配收入	750	1150	1550	1950	2350	2750	3150	3550	3950	4350	4750
条件概率	1/7	1/8	1/9	1/10	1/10	1/11	1/10	1/10	1/9	1/8	1/8
条件期望	680	900	1220	1440	1660	1880	2100	2320	2540	2760	2980

注: 条件期望计算结果, 采用四舍五入处理为整数.

将此二组数据 (X,Y), $(X,E(Y|X))$ 绘制为图 2.2.1.

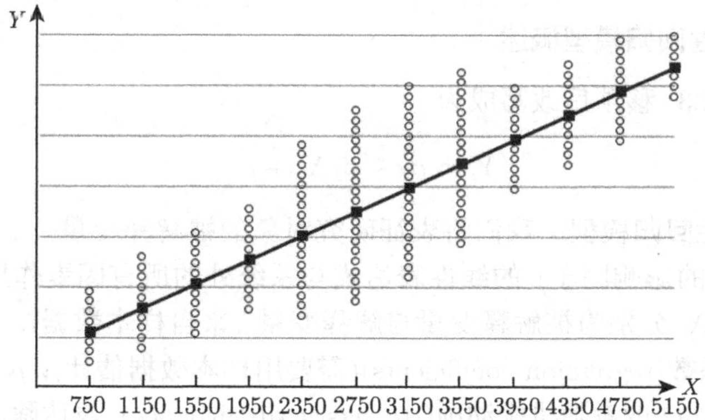

图 2.2.1 家庭可支配收入与支出

由此可以看出：① 虽然相同收入的不同家庭的消费支出之间存在差异，但总体而言，随着可支配收入的增加，人均消费支出在增加；② 人均消费支出的条件期望，正好落在一条正斜率的直线上. 于是，二者之间的关系可以表述为

$$E(Y \mid X) = \beta_0 + \beta_1 X \tag{2.2.1}$$

或者

$$\hat{Y}_i = \beta_0 + \beta_1 X_i \tag{2.2.2}$$

这就是**一元线性回归方程**(因其图像是平面上的一条直线，故也被叫作回归直线)，其中 $\hat{Y}_i$ 为 Y_i 的回归 (估计) 值，可以将其视作 Y_i 的近似值或者是 $E(Y \mid X)$ 的精确值. 其中 β_0 在几何上相当于回归直线的截距，表示 $X = 0$ 时，被解释变量的平均数值；β_1 在几何上相当于回归直线的斜率，**称为 Y 关于 X 的回归系数，其意义是：当解释变量 X 每增加一个单位时被解释变量 Y 平均变动的单位数.** 其中，β_0，β_1 统称为未知参数，需要用样本数据估计.

2.2.2　随机误差项

回归方程揭示了给定解释变量条件下被解释变量条件均值的数值，而被解释变量的个别数值未必等于条件均值. 如在例 2.2.1 中，回归方程揭示的是，人均可支配收入给定的条件下，某一组家庭人均消费支出的平均值或者期望值，个别家庭的人均实际消费支出与条件均值之间是存在差异的. 记

$$\mu = Y - E(Y \mid X) = Y - (\beta_0 + \beta_1 X) \tag{2.2.3}$$

此即**随机误差项，它是被解释变量个别数值与其条件期望的差值，是一个无法观测的随机变量，是回归模型中除函数以外的其他因素对被解释变量的影响之和.**

随机误差项在计量经济学中具有特别重要的地位和作用. 它的性质、分布直接影响计量经济学模型的参数估计和统计检验等.

2.2.3　一元线性回归模型概述

我们将 (2.2.3) 移项后改写成为

$$Y_i = \beta_0 + \beta_1 X_i + \mu_i \tag{2.2.4}$$

称之为**一元线性回归模型**. 我们将表征研究对象的被解释变量 Y，表示为解释变量 X(唯一考虑的影响因子) 的线性表达式与系统外的所有因素作用总代表 μ 之和. 其中 Y 和 X 分别为被解释变量与解释变量 (来自样本数据)；β_0，β_1 为**未知参数或者回归系数**(regression coefficients)(需要用样本数据估计)；μ 叫作**随机误差项**(stochastic error) 或者**随机扰动项**(stochastic disturbance)，表达除 $\beta_0 + \beta_1 X_i$ 以外所有因素对 Y_i 的全部影响 (通常应该理解为是不可观测的).

2.2.4 一元线性样本回归方程与回归模型

用样本数据估计 (2.2.1) 中的未知参数 β_0, β_1 后, 可以将 (2.2.1) 改写成为

$$\hat{Y}_i = \hat{\beta}_0 + \hat{\beta}_1 X_i \tag{2.2.5}$$

称之为**一元线性样本回归方程**. 其中, $\hat{\beta}_0$, $\hat{\beta}_1$ 分别为 β_0, β_1 的估计量 (或者估计值). 不难理解, Y_i 与其回归值 $\hat{Y}_i$ 一般也不相等, 记

$$e_i = Y_i - \hat{Y}_i = Y_i - \left(\hat{\beta}_0 + \hat{\beta}_1 X_i\right) \tag{2.2.6}$$

e_i 被称为**残差或剩余**(residual)(是 Y_i 的实际值与回归 (估计) 值之间的差值), 可以将其视作为随机误差项的估计值. 将 (2.2.6) 移项后可得

$$Y_i = \hat{\beta}_0 + \hat{\beta}_1 X_i + e_i \tag{2.2.7}$$

称之为**一元线性样本回归模型**.

我们把 (2.2.4) 称为**总体回归模型**(PRM—population regression model) 简称为回归模型, 而将 (2.2.7) 叫作**样本回归模型**(SRM—sample regression model). 将 (2.2.1)、(2.2.2) 称为**总体回归方程**(PRE-population regression equation), 简称为回归方程, 而将 (2.2.5) 称为**样本回归方程**(SRE—sample regression equation).

2.2.5 一元线性回归的数据特征

设计计量经济学模型, 首先应该考虑经济理论的规范和要求, 但也要考虑数据的统计特征. 究竟什么样的数据和适于建立一元线性回归模型呢?

第一, 影响研究对象的因子 (或主要因子) 只考虑一个, 换言之, 只有一个被解释变量 Y 与一个解释变量 X. 第二, 解释变量 X 的改变量为常数时, 被解释变量 Y 对应的改变量也接近于一个常数; 或者 $X-Y$ 的散点图中的点分布在一条直线附近.

例 2.2.2 一组银行贷款年利率 $R(\%)$ 与企业贷款额 DT 之间的设计数据如下 (表 2.2.3).

表 2.2.3 年利率与贷款额数据

$R/\%$	7.50	7.25	7.00	6.75	6.50	6.25
DT/亿元	220	230	242	254	263	274

首先在 EViews 中建立一个工作文件: 双击 EViews 图标进入 EViews 主页, 在菜单中依次点击 File/New/Workfile, 接下来在对话框 “Workfile Range” 下的 “Workfile Frequency ” 选择数据形式:

Annual (年度)	Weekly(周数据)
Quarterly(季度)	Daily(每周 5 天日数据)
Semi Annual(半年)	Daily(每周 7 天日数据)
Monthly(月度)	Undated or Irregular(不注明日期或不规则的)

如果是 1978—2017 年的年度数据, 选择 "Annual", 并在 "Start Date" 中输入数据开始的年份 1978, 在 "End Date" 中输入数据的结束年 2017, 点击 " OK". 本例为非时间序列数据, 我们选择数据形式为 Undated or Irregular, 在 Observation 框内输入 6, 在 EViews 命令框内直接键入 " data R DT", 回车出现数据编辑框 "Group", 然后在 "R" "DT" 下输入数据. 点击 "File/Save As", 出现 "Save As" 对话框, 在 " 保存在" 后选择所要保存的位置, 在 "Directories" 输入文件名 (本例为 DTR), 点击 " 保存".

其次根据文件的保存位置, 找到相应文件 "DTR", 双击 "DTR", 选中变量名, 点击右键, 再点击 "open/as group", 依次点击 " View/Graph/Scatter/fit line/regression line" 可得如下散点图 (图 2.2.2).

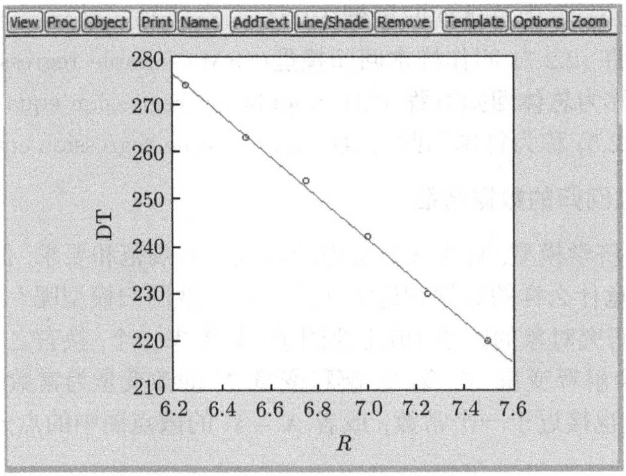

图 2.2.2 利率与贷款额散点图

由图 2.2.2 可见, 多数样本点都集中分布在一条直线附近, 可以选择一元线性回归模型 (前提是, 金融经济学不反对)

$$\mathrm{DT} = \beta_0 + \beta_1 R + \mu \quad (\beta_0 > 0,\ \beta_1 < 0)$$

描述企业贷款额 DT 与银行贷款年利率 R 间的关系.

2.3 一元线性回归模型的参数估计

选定模型之后还必须对模型中的参数实施估计, 才能得出具体的模型. 在参数估计之前我们应该明确如下两个问题:

第一, 依据数据的特征或者模型的特点, 选择合适的估计方法 (比如普通最小二乘法、加权最小二乘法、最大似然法、矩法等). 第二, 确定估计的对象或内容, 即哪些参数是需要估计的. 我们指出: 对于线性回归模型而言, 参数估计的内容包括: 回归系数与随机误差项方差等两项.

2.3.1 一元线性回归模型的假定

不同的参数估计方法对于模型总有一些相应的要求, 以下假设主要是针对普通最小二乘法提出的, 其目的在于保证在假定被满足的背景下, 普通最小二乘法能够估计参数, 并保证估计量拥有良好的统计学性质.

1. *为保证参数估计能够进行的假定*

国内外多数教科书都认为, 使用普通最小二乘法估计一元线性回归模型的参数, 如果对估计量的质量没有要求, 那么, 假定是不必要的, 这实际上是错误的. 以下三项假定, 对于普通最小二乘法而言, 即使对参数质量毫无要求也是必需的.

假定 1 模型是线性回归模型. 模型确实是关于参数的一元线性回归, 即

$$Y_i = \beta_0 + \beta_1 X_i + \mu_i$$

或者更为准确地讲, 模型关于参数是线性的.

假定 2 解释变量存在变异. 解释变量观测值存在变异性, 即

$$\sum_{i=1}^{n} \left(X_i - \bar{X}\right)^2 > 0$$

假定 3 观测数据的组数 (样本容量) 不小于所要估计的未知参数个数 (此处指回归系数的个数, 不含随机误差项方差).

2. *为保证参数估计性质必需的基本假定*

很明显, 仅能够估计参数, 对于计量经济学而言是不够的. 我们还希望参数估计能够具有较好的统计性质, 为保证参数的普通最小二乘估计量具有良好的统计学性质, 我们需要以下七项基本假定.

假定 4 模型设定无偏误. 模型数学形式设定和变量的选择是正确的.

假定 5　零均值. 在解释变量 X 的数值给定的条件下, 随机误差项的数学期望为零, 即

$$E\left(\mu_i \mid X_i\right)=0, \quad i=1, \cdots, n$$

假定 6　同方差. 随机误差项的方差在所有的样本点上保持同一个常数, 即

$$\operatorname{Var}\left(\mu_i \mid X_i\right)=\sigma^2, \quad i=1, \cdots, n$$

即随机误差项的方差不随解释变量的改变而变化.

假定 7　随机误差项不自相关. 不同样本点对应的随机误差项之间不线性相关, 即

$$\operatorname{Cov}\left(\mu_i, \mu_j \mid X_i, X_j\right)=0, \quad i \neq j$$

假定 8　在重复抽样中解释变量 X 是固定的. 或者更为专业地讲, X 为非随机变量.

假定 9　随机误差项与解释变量不相关. 即

$$\operatorname{Cov}(X, \mu \mid X)=0$$

假定 10　解释变量样本方差的极限为正常数. 即

$$\lim_{n \rightarrow+\infty} \frac{\sum_{i=1}^{n}\left(X_i-\bar{X}\right)^2}{n}=Q \quad(Q>0)$$

假定 10 的作用在于, 避免选择具有持续上升或持续下降的变量序列作为解释变量而导致 "**伪回归问题**(spurious regression problem)" 的发生. 这里的假定 5— 假定 8, 通常被学界称之为高斯假定, 最早由德国数学家高斯 (J. Gauss) 提出. 也有人称之为高斯–马尔可夫假定, 或者经典假定. 满足这些假定的线性模型称为**经典线性模型** (classical linear regression model, CLRM).

3. 统计检验必需的假定

使用样本数据估计参数而构建的模型, 对其进行统计稳定性或可靠性检验是必要的, 假设检验总是建立在特定抽样分布基础上, 这就需要对模型的统计分布提出要求.

假定 11　正态性. 随机误差项服从正态分布, 即

$$\mu_i \sim N\left(0, \sigma^2\right), \quad i=1,2, \cdots, n$$

顺便指出, 根据中心极限定理, 只要样本容量足够大, 正态性假定是易于满足的. 但其他假定则未必, 因此对这些假定的检验就成为计量经济学模型研究的必要内容.

2.3.2 参数的普通最小二乘估计

参数估计本身不是目的, 因此参数估计之前需要事先明确追求的目标是什么, 追求的目标不同, 参数估计的方法也不同. 回归分析的主要目的是使用估计的方程拟合被解释变量的数值, 因此, 一个合理的标准就是: **Y_i 的回归估计值 $\hat{Y}_i$, $i=1,2,\cdots,n$ 与实际值 Y_i, $i=1,2,\cdots,n$ 之间的总误差最小**. 选择残差平方和

$$\mathrm{RSS}=\sum_{i=1}^{n}\left(Y_i-\hat{Y}_i\right)^2=\sum_{i=1}^{n}\left(Y_i-\hat{\beta}_0-\hat{\beta}_1X_i\right)^2$$

来度量 $\hat{Y}_1,\hat{Y}_2,\cdots,\hat{Y}_n$ 与实际值 $Y_1,Y_2,\cdots,Y_n$ 之间的总误差. (问题: 为什么不用 $\sum\limits_{i=1}^{n}\left(Y_i-\hat{Y}_i\right)$ 度量?)

普通最小二乘法的原理就是选择 β_0,β_1 的估计值 $\hat{\beta}_0,\hat{\beta}_1$ 使得残差平方和 RSS 取其最小值, 即

$$\mathrm{RSS}=\sum_{i=1}^{n}\left(Y_i-\hat{Y}_i\right)^2=\sum_{i=1}^{n}\left(Y_i-\hat{\beta}_0-\hat{\beta}_1X_i\right)^2=\mathrm{Mini}$$

运用微分学原理, 求 RSS 关于 $\hat{\beta}_0,\hat{\beta}_1$ 的最小值点, 可以得到 β_0,β_1 的最小二乘估计量 (OLSE) 为

$$\begin{cases}\hat{\beta}_1=\dfrac{n\sum X_iY_i-\sum X_i\sum Y_i}{n\sum X_i^2-\left(\sum X_i\right)^2}\\ \hat{\beta}_0=\bar{Y}-\hat{\beta}_1\bar{X}\end{cases}\tag{2.3.1}$$

注释 求 RSS 关于 $\hat{\beta}_0,\hat{\beta}_1$ 的一阶偏导数并令其为零.

$$\begin{cases}\dfrac{\partial(\mathrm{RSS})}{\partial\hat{\beta}_0}=\dfrac{\partial\left[\sum\left(Y_i-\hat{\beta}_0-\hat{\beta}_1X_i\right)^2\right]}{\partial\hat{\beta}_0}=2\sum\left(Y_i-\hat{\beta}_0-\hat{\beta}_1X_i\right)(-1)=0\\ \dfrac{\partial(\mathrm{RSS})}{\partial\hat{\beta}_1}=\dfrac{\partial\left[\sum\left(Y_i-\hat{\beta}_0-\hat{\beta}_1X_i\right)^2\right]}{\partial\hat{\beta}_1}=2\sum\left(Y_i-\hat{\beta}_0-\hat{\beta}_1X_i\right)(-X_i)=0\end{cases}$$

整理化简可以得到一元线性回归的正规方程组

$$\begin{cases}n\hat{\beta}_0+\sum X_i\hat{\beta}_1=\sum Y_i & (1)\\ \sum X_i\hat{\beta}_0+\sum X_i^2\hat{\beta}_1=\sum X_iY_i & (2)\end{cases}$$

用行列式求解得

$$\hat{\beta}_1 = \frac{n\sum X_iY_i - \sum X_i \sum Y_i}{n\sum X_i^2 - \left(\sum X_i\right)^2}$$

代入 (1) 可以求得

$$\hat{\beta}_0 = \frac{\sum Y_i}{n} - \hat{\beta}_1 \frac{\sum X_i}{n} = \bar{Y} - \hat{\beta}_1 \bar{X}$$

从而可得参数的普通最小二乘估计量为

$$\begin{cases} \hat{\beta}_1 = \dfrac{n\sum X_iY_i - \sum X_i \sum Y_i}{n\sum X_i^2 - \left(\sum X_i\right)^2} \\ \hat{\beta}_0 = \bar{Y} - \hat{\beta}_1 \bar{X} \end{cases} \tag{a}$$

有时, 该估计量也可以表示为以下的积差形式

$$\begin{cases} \hat{\beta}_1 = \dfrac{\sum \left(X_i - \bar{X}\right)\left(Y_i - \bar{Y}\right)}{\sum \left(X_i - \bar{X}\right)^2} = \dfrac{\sum x_i y_i}{\sum x_i^2} \\ \hat{\beta}_0 = \bar{Y} - \hat{\beta}_1 \bar{X} \end{cases} \tag{b}$$

其中 $x_i = X_i - \overline{X}$, $y_i = Y_i - \overline{Y}$, 注意到

$$\sum \left(X_i - \bar{X}\right)\left(Y_i - \bar{Y}\right) = \sum X_iY_i - \frac{\sum X_i \sum Y_i}{n}$$

$$\sum \left(X_i - \bar{X}\right)^2 = \sum X_i^2 - \frac{\left(\sum X_i\right)^2}{n}$$

就可以从 (a) 推出 (b).

此外, 由于被解释变量 Y 的分布、参数估计量的分布都依赖于随机误差项 μ 的方差, 因此, 有必要对随机误差项 μ 的方差 $\mathrm{Var}(\mu) = \sigma^2$ 进行估计. 但是, 残差平方和中并未直接出现 σ^2, 不可能从中导出估计式. 基于统计学关于估计量无偏性的要求, 则 σ^2 的无偏估计量为

$$\hat{\sigma}^2 = \frac{\mathrm{RSS}}{n-2} = \frac{\sum\limits_{i=1}^{n} e_i^2}{n-2} = \frac{\sum\limits_{i=1}^{n}\left(Y_i - \hat{Y}_i\right)^2}{n-2} \tag{2.3.2}$$

相应的, $\hat{\sigma} = \sqrt{\hat{\sigma}^2}$ **称为回归 (估计) 标准误差**, 表示被解释变量回归值与其实际值之间平均相差的数值 (在 EViews 输出为 "S. E. of regression").

注释　因为

$$y_i = Y_i - \bar{Y} = \left(\beta_0 + \beta_1 X_i + \mu_i\right) - \left(\beta_0 + \beta_1 \bar{X} + \bar{\mu}\right) = \left(\mu_i - \bar{\mu}\right) + \beta_1 x_i$$

又因为

$$\hat{y}_i = \hat{Y}_i - \bar{Y} = \left(\hat{\beta}_0 + \hat{\beta}_1 X_i\right) - \left(\hat{\beta}_0 + \hat{\beta}_1 \bar{X}\right) = \hat{\beta}_1 x_i$$

于是

$$e_i = y_i - \hat{y}_i = (\mu_i - \bar{\mu}) - \left(\hat{\beta}_1 - \beta_1\right) x_i$$

从而

$$\begin{aligned}\sum e_i^2 &= \sum \left[(\mu_i - \bar{\mu}) - \left(\hat{\beta}_1 - \beta_1\right) x_i\right]^2 \\ &= \sum (\mu_i - \bar{\mu})^2 + \left(\hat{\beta}_1 - \beta_1\right)^2 \sum x_i^2 - 2\left(\hat{\beta}_1 - \beta_1\right) \sum (\mu_i - \bar{\mu}) x_i\end{aligned}$$

故有

$$\begin{aligned}E\left(\sum e_i^2\right) = &E\left[\sum (\mu_i - \bar{\mu})^2\right] + \sum x_i^2 E\left[\left(\hat{\beta}_1 - \beta_1\right)^2\right] \\ &- 2E\left[\left(\hat{\beta}_1 - \beta_1\right) \sum (\mu_i - \bar{\mu}) x_i\right]\end{aligned}$$

其中

$$E\left[\sum (\mu_i - \bar{\mu})^2\right] = E\left[\sum (\mu_i)^2 - \frac{\sum (\mu_i)^2}{n}\right] = \sum E(\mu_i)^2 - \frac{1}{n} E\left(\sum \mu_i\right)^2$$

$$= \sum \sigma^2 - \frac{1}{n} E\left(\sum \mu_i^2 + 2\sum_{i \neq j} \mu_i \mu_j\right) = n\sigma^2 - \frac{1}{n}\left[\sum E(\mu_i)^2 + 2\sum_{i \neq j} E(\mu_i \mu_j)\right]$$

$$= n\sigma^2 - \frac{1}{n}\left[\sum \sigma^2 + 2\sum_{i \neq j} 0\right] = n\sigma^2 - \frac{1}{n} \times n\sigma^2 - 0 = (n-1)\sigma^2$$

$$\sum x_i^2 E\left(\hat{\beta}_1 - \beta_1\right)^2 = \sum x_i^2 \mathrm{Var}(\hat{\beta}_1) = \sum x_i^2 \frac{\sigma^2}{\sum x_i^2} = \sigma^2$$

$$-2E\left[\left(\hat{\beta}_1 - \beta_1\right) \sum (\mu_i - \bar{\mu}) x_i\right] = -2E\left[\frac{\sum x_i \mu_i}{\sum x_i^2}\left(\sum x_i \mu_i - \bar{\mu} \sum x_i\right)\right]$$

$$= -2E\left[\frac{\left(\sum x_i \mu_i\right)^2}{\sum x_i^2}\right] = -2E\left[(\hat{\beta}_1 - \beta_1)^2 \sum x_i^2\right] = -2\sum x_i^2 E(\hat{\beta}_1 - \beta_1)^2$$

$$= -2\sum x_i^2 \frac{\sigma^2}{\sum x_i^2} = -2\sigma^2$$

所以

$$E\left(\sum e_i^2\right) = (n-1)\sigma^2 + \sigma^2 - 2\sigma^2 = (n-2)\sigma^2$$

亦即

$$E\left(\hat{\sigma}^2\right)=E\left(\frac{\sum e_i^2}{n-2}\right)=\frac{1}{n-2}E\left(\sum e_i^2\right)=\frac{1}{n-2}\left(n-2\right)\sigma^2=\sigma^2$$

故而 $\hat{\sigma}^2=\dfrac{\sum e_i^2}{n-2}$ 是 σ^2 的无偏估计.

至此, 一元线性回归模型的参数估计的内容结束. 实现的方法有手工计算和使用软件估计 (如 EViews 的参数估计功能) 两种.

例 2.3.1 利用表 2.2.2 关于银行贷款年利率 $R(\%)$ 与企业贷款额 DT(亿元) 的数据估计一元线性回归方程.

解 例 2.2.1 分析表明, 可以用一元线性回归模型

$$\mathrm{DT}=\beta_0+\beta_1 R+\mu\quad(\beta_0>0,\ \beta_1<0)$$

描述二者间的关系 (请读者思考: 为什么以 R 作解释变量?), 以普通最小二乘法估计参数.

方法 1 手工实现.

先计算中间数据: 将 $n=6$, $\sum\limits_{i=1}^{6}R_i=41.25$, $\sum\limits_{i=1}^{6}R_i^2=284.6875$, $\sum\limits_{i=1}^{6}\mathrm{DT}_i=1483$, $\sum\limits_{i=1}^{6}\mathrm{DT}_i^2=368625$, $\sum\limits_{i=1}^{6}(R_i)(\mathrm{DT}_i)=10148$ 代入公式 (2.3.1)

$$\begin{cases}\hat{\beta}_1=\dfrac{n\sum\limits_{i=1}^{n}R_i\mathrm{DT}_i-\sum\limits_{i=1}^{n}R_i\sum\limits_{i=1}^{n}\mathrm{DT}_i}{n\sum\limits_{i=1}^{n}R_i^2-\left(\sum\limits_{i=1}^{n}R_i\right)^2}=\dfrac{6\times 10148-41.25\times 1483}{6\times 284.6875-41.25^2}=-43.5429\\ \hat{\beta}_0=\overline{\mathrm{DT}}-\hat{\beta}_1\overline{R}=1483\div 6-(-43.5429)\times 41.25\div 6=546.5241\end{cases}$$

从而可以写出样本回归方程

$$\widehat{\mathrm{DT}}_i=546.5241-43.5429R_i$$

误差项方差的估计值:

因为

$$\begin{aligned}\mathrm{RSS}&=\sum\mathrm{DT}_i^2-\frac{\left(\sum\mathrm{DT}_i\right)^2}{n}-\hat{\beta}_1^2\left(\sum R_i^2-\frac{\left(\sum R_i\right)^2}{n}\right)\\&=368625-1483^2\div 6-[(-43.5429)^2(284.6875-41.25^2\div 6)]\\&=3.10449\end{aligned}$$

所以

$$\hat{\sigma}^2 = \frac{\text{RSS}}{n-2} = \frac{3.10449}{6-2} = 0.7761$$

方法 2 使用 EViews 的参数估计功能. 操作如下, 先建立一个 " Work file", 依次点击 "Quick /Estimate Equation", 在 "Equation Specification" 对话框内键入 "DT C R"(注意: 变量之间一定加空格), 点击 "OK" 即得到如下输出结果 (图 2.3.1).

View | Proc | Object | Print | Name | Freeze | Estimate | Forecast | Stats | Resids

Dependent Variable: DT
Method: Least Squares
Date: 10/30/16 Time: 09:14
Sample: 1 6
Included observations: 6

Variable	Coefficient	Std. Error	t-Statistic	Prob.
C	546.5238	5.802748	94.18362	0.0000
R	-43.54286	0.842413	-51.68825	0.0000

R-squared	0.998505	Mean dependent var	247.1667
Adjusted R-squared	0.998131	S.D. dependent var	20.38055
S.E. of regression	0.881017	Akaike info criterion	2.845721
Sum squared resid	3.104762	Schwarz criterion	2.776308
Log likelihood	-6.537164	Hannan-Quinn criter.	2.567853
F-statistic	2671.675	Durbin-Watson stat	2.202016
Prob(F-statistic)	0.000001		

图 2.3.1 参数普通最小二乘估计

从中可以看出被解释变量 (dependent variable) 为 DT, 解释变量为 C ($C \equiv 1$) 和 R, 回归系数 (coefficient) 估计值分别为

$$\hat{\beta}_0 = 546.5238 \qquad (C \text{ 对应的回归系数})$$

$$\hat{\beta}_1 = -43.5429 \qquad (R \text{ 对应的回归系数})$$

从而可以写出样本回归方程:

$$\widehat{\text{DT}}_i = 546.5238 - 43.5429 R_i$$

从输出结果可得, 残差平方和 (residual sum of squared) 为

$$\text{RSS} = 3.104762$$

故

$$\hat{\sigma}^2 = \frac{\text{RSS}}{n-2} = \frac{3.104762}{6-2} = 0.7762$$

二者的计算结果基本一致, 其间的差异可以视作为计算舍入误差.

2.3.3 参数的最大似然估计

与追求被解释变量的拟合值与实际值之间的总误差最小的普通最小二乘法不同, 最大似然估计 (maximum-likelihood, ML) 方法的基本原理是: **选择参数 β_0, β_1 的估计值 $\hat{\beta}_0, \hat{\beta}_1$, 使得样本 (X_1, Y_1), (X_2, Y_2), $\cdots$, (X_n, Y_n) 出现的概率 (可能性) 最大.**

若解释变量 X 可控、随机误差项正态分布以及随机误差项不自相关, 则根据数理统计学的知识可以构建以下的似然函数:

$$\begin{aligned} L(Y, \beta_0, \beta_1, \sigma^2) &= \prod_{i=1}^{n} \frac{1}{\sqrt{2\pi}\sigma} \exp\left\{ -\frac{(Y_i - \beta_0 - \beta_1 X_i)^2}{2\sigma^2} \right\} \\ &= \left(2\pi\sigma^2\right)^{-\frac{n}{2}} \exp\left\{ -\frac{\sum_{i=1}^{n}(Y_i - \beta_0 - \beta_1 X_i)^2}{2\sigma^2} \right\} \end{aligned}$$

用微分学求极值点的方法可以得回归系数的估计量为

$$\begin{cases} \hat{\beta}_1 = \dfrac{n\sum X_i Y_i - \sum X_i \sum Y_i}{n\sum X_i^2 - \left(\sum X_i\right)^2} \\ \hat{\beta}_0 = \bar{Y} - \hat{\beta}_1 \bar{X} \end{cases}$$

随机误差项方差的估计量为

$$\hat{\sigma}^2 = \frac{\sum_{i=1}^{n} e_i^2}{n} = \frac{\sum \left(Y_i - \hat{Y}_i\right)^2}{n} = \frac{\text{RSS}}{n}$$

注释　因为似然函数为

$$\begin{aligned} L(Y, \beta_0, \beta_1, \sigma^2) &= \prod_{i=1}^{n} \frac{1}{\sqrt{2\pi}\sigma} \exp\left\{ -\frac{(Y_i - \beta_0 - \beta_1 X_i)^2}{2\sigma^2} \right\} \\ &= \left(2\pi\sigma^2\right)^{-\frac{n}{2}} \exp\left\{ -\frac{\sum_{i=1}^{n}(Y_i - \beta_0 - \beta_1 X_i)^2}{2\sigma^2} \right\} \end{aligned}$$

两边同取对数 ln 得对数似然函数 $\ln L$ (因为 $\ln L$ 与 L 有相同的极值点)

$$\ln L = -\frac{n}{2}\left[\ln(2\pi) + \ln \sigma^2\right] - \frac{1}{2\sigma^2}\sum (Y_i - \beta_0 - \beta_1 X_i)^2$$

分别求 $\ln L$ 关于 $\beta_0, \beta_1, \sigma^2$ 的一阶偏导数并令其等于零, 即有

$$\begin{cases} \dfrac{\partial \ln L}{\partial \beta_0} = 0 - \dfrac{1}{2\sigma^2} \sum 2(Y_i - \beta_0 - \beta_1 X_i)(-1) = 0 \\ \dfrac{\partial \ln L}{\partial \beta_1} = 0 - \dfrac{1}{2\sigma^2} \sum 2(Y_i - \beta_0 - \beta_1 X_i)(-X_i) = 0 \\ \dfrac{\partial \ln L}{\partial \sigma^2} = -\dfrac{n}{2\sigma^2} + \dfrac{1}{2\sigma^4} \sum 2((Y_i - \beta_0 - \beta_1 X_i)^2 = 0 \end{cases}$$

化简并整理可得

$$\begin{cases} n\beta_0 + \sum X_i \beta_1 = \sum Y_i & (1) \\ \sum X_i \beta_0 + \sum X_i^2 \beta_1 = \sum X_i Y_i & (2) \end{cases}$$

以及

$$n\sigma^2 = \sum (Y_i - \beta_0 - \beta_1 X_i)^2 \qquad (3)$$

从而可得参数的最大似然估计

$$\begin{cases} \hat{\beta}_1 = \dfrac{n\sum X_i Y_i - \sum X_i \sum Y_i}{n\sum X_i^2 - \left(\sum X_i\right)^2} \\ \hat{\beta}_0 = \bar{Y} - \hat{\beta}_1 \bar{X} \end{cases}$$

而误差项方差的最大似然估计

$$\hat{\sigma}^2 = \frac{\sum \left(Y_i - \hat{\beta}_0 - \hat{\beta}_1 X_i\right)^2}{n} = \frac{\sum \left(Y_i - \hat{Y}_i\right)^2}{n} = \frac{\sum e_i^2}{n}$$

计量经济学模型的参数估计方法, 除普通最小二乘法和最大似然法之外, 还有矩法、累积法等方法可供选择, 这里不再一一赘述.

最后顺便指出, 在上述估计量中我们可以将解释变量 X 用它的函数替代, 参数估计量仍然有类似结果. 如我们以 X^2 替代 X 之后, 可以将参数的普通最小二乘估计量表示为

$$\begin{cases} \hat{\beta}_1 = \dfrac{n\sum X^2 Y - \sum X^2 \sum Y}{n\sum (X^2)^2 - \left(\sum X^2\right)^2} \\ \hat{\beta}_0 = \bar{Y} - \hat{\beta}_1 \overline{X^2} \end{cases}$$

因此, 今后在**计量经济学模型研究中凡提及“线性”只需“关于参数线性”即可, 而不必“关于变量线性”**(如果是当然好, 但不是必须的).

2.3.4　普通最小二乘估计量的统计性质

参数估计量自身应该具备良好统计学性质, 才可能保证模型具有稳定的统计性质. 那么, 估计量应该具备什么样的统计学性质呢?

首先, 我们对数理统计学关于参数估计量的评价标准进行一个回顾. 理想的标准包括: ① **线性性**, 要求估计量是某个随机变量的线性组合. ② **无偏性**, 要求参数估计的数学期望等于被估计参数的真值. ③ **有效性**, 要求参数估计在所有无偏估计量中方差最小. ④ **一致性**, 样本容量趋于无穷大时, 参数估计值与真值之间无限接近几乎必然. 必须指出, 一致性是所有性质中最为基本的, 是估计量必备的性质.

定理 (高斯–马尔可夫定理)　在经典假定被同时满足的条件下, 回归系数的普通最小二乘估计是其最佳线性无偏估计(best linear unbiased estimator, BLUE), 即:

(1) **线性性**　$\hat{\beta}_1=\sum k_iY_i$, $\hat{\beta}_0=\sum c_iY_i$.

证明　证明 $\hat{\beta}_0$, $\hat{\beta}_1$ 均为 $Y_1, Y_2, \cdots, Y_n$ 的线性组合.

$$\begin{aligned}\hat{\beta}_1&=\frac{\sum x_iy_i}{\sum x_i^2}=\frac{\sum x_i(Y_i-\bar{Y})}{\sum x_i^2}=\frac{\sum x_iY_i-\bar{Y}\sum x_i}{\sum x_i^2}=\frac{\sum x_iY_i}{\sum x_i^2}\\&=\sum\frac{x_i}{\sum x_i^2}Y_i\quad(\text{因为}\sum x_i=0)\end{aligned}$$

记 $k_i=\dfrac{x_i}{\sum x_i^2}$, 则有

$$\hat{\beta}_1=\sum k_iY_i$$

即 $\hat{\beta}_1$ 是 $Y_1, Y_2, \cdots, Y_n$ 的线性组合. 而且, $\sum k_i=0, \sum k_iX_i=1$. 类似地

$$\hat{\beta}_0=\bar{Y}-\hat{\beta}_1\bar{X}=\bar{Y}-\bar{X}\sum k_iY_i=\sum\left(\frac{1}{n}-\bar{X}k_i\right)Y_i$$

记 $c_i=\dfrac{1}{n}-\bar{X}k_i$, 则 $\hat{\beta}_0=\sum c_iY_i$, 即 $\hat{\beta}_0$ 是 $Y_1,Y_2,\cdots, Y_n$ 的线性组合.

(2) **无偏性**　$E(\hat{\beta}_0)=\beta_0$, $E(\hat{\beta}_1)=\beta_1$.

证明　因为

$$\begin{aligned}\hat{\beta}_1&=\sum k_iY_i=\sum k_i\left(\beta_0+\beta_1X_i+\mu_i\right)=\beta_0\sum k_i+\beta_1\sum k_iX_i+\sum k_i\mu_i\\&=\beta_1+\sum k_i\mu_i\quad\left(\text{因为}\ \sum k_i=0,\ \sum k_iX_i=1\right)\end{aligned}$$

于是

$$E\left(\hat{\beta}_1\right)=E(\beta_1)+E\left(\sum k_i\mu_i\right)=\beta_1+\sum k_iE\left(\mu_i\right)=\beta_1+\sum k_i\times 0=\beta_1$$

即

$$E\left(\hat{\beta}_1\right)=\beta_1.$$

所以$\hat{\beta}_1$是β_1的无偏估计量.

类似地有

$$E\left(\hat{\beta}_0\right)=E\left(\bar{Y}-\hat{\beta}_1\bar{X}\right)=E\left(\bar{Y}\right)-\bar{X}E\left(\hat{\beta}_1\right)=\left(\beta_0+\beta_1\bar{X}\right)-\beta_1\bar{X}=\beta_0$$

所以$\hat{\beta}_0$ 是 β_0 的无偏估计量. 其中用到

$$\begin{aligned}E\left(\bar{Y}\right)&=E\left(\frac{\sum\beta_0}{n}+\frac{\sum\beta_1X_i}{n}+\frac{\sum\mu_i}{n}\right)=E\left(\beta_0+\beta_1\bar{X}+\frac{\sum\mu_i}{n}\right)\\&=E\left(\beta_0\right)+E\left(\beta_1\bar{X}\right)+\frac{1}{n}\sum E\left(\mu_i\right)=\beta_0+\beta_1\bar{X}\end{aligned}$$

(3) **最小方差性** $\operatorname{Var}\left(\hat{\beta}_0\right)=\dfrac{\sigma^2\sum X_i^2}{n\sum x_i^2}$, $\operatorname{Var}\left(\hat{\beta}_1\right)=\dfrac{\sigma^2}{n\sum x_i^2}$. 而且, 在 β_0, β_1 线性无偏估计量中该方差最小, 其中 $x_i=X_i-\bar{X}$.

证明 首先导出方差

$$\begin{aligned}\operatorname{Var}(\hat{\beta}_1)&=E[\hat{\beta}_1-E(\hat{\beta}_1)]^2=E(\hat{\beta}_1-\beta_1)^2=E(\beta_1+\sum k_i\mu_i-\beta_1)^2\\&=E(\sum k_i\mu_i)^2=E\left(\sum {k_i}^2{\mu_i}^2\right)+2\sum_{i\neq j}k_ik_jE(\mu_i\mu_j)\\&=\sum {k_i}^2E({\mu_i}^2)+2\sum_{i\neq j}k_ik_jE(\mu_i\mu_j)=\sum {k_i}^2\sigma^2+2\sum_{i\neq j}k_ik_j\times 0\\&=\frac{\sigma^2}{\sum x_i^2}\end{aligned}$$

其中先后使用到: X 非随机、零均值、同方差以及随机误差项不自相关的假定.

类似地

$$\begin{aligned}\operatorname{Var}\left(\hat{\beta}_0\right)&=\operatorname{Var}\left(\sum c_iY_i\right)=\sum c_i^2\operatorname{Var}\left(Y_i\right)=\sum c_i^2\operatorname{Var}\left(\beta_0+\beta_1X_i+\mu_i\right)\\&=\sum c_i^2\left[0+0+\operatorname{Var}\left(\mu_i\right)\right]=\sum\left(\frac{1}{n}-\bar{X}k_i\right)^2\sigma^2\\&=\sum\left[\left(\frac{1}{n}\right)^2-2\frac{1}{n}\bar{X}k_i+\bar{X}^2k_i^2\right]\sigma^2\\&=\left[\frac{1}{n}-\frac{2}{n}\bar{X}\sum k_i+\bar{X}^2\sum\left(\frac{x_i}{\sum x_i^2}\right)^2\right]\sigma^2\end{aligned}$$

$$= \left[\frac{1}{n} + \frac{\bar{X}^2}{\sum x_i^2}\right]\sigma^2 = \frac{\sum x_i^2 + n\bar{X}^2}{n\sum x_i^2}\sigma^2 = \frac{\sum X_i^2}{n\sum x_i^2}\sigma^2$$

所以

$$\mathrm{Var}\left(\hat{\beta}_0\right) = \frac{\sum X_i^2}{n\sum x_i^2}\sigma^2.$$

其次, 证明方差最小, 主要证明 $\mathrm{Var}\left(\hat{\beta}_1\right)$ 最小. 设 $\hat{\beta}_1^* = \sum l_i X_i$ 是 β_1 的另一个线性无偏估计量, 其中

$$l_i \neq \frac{x_i}{\sum x_i^2} = k_i$$

又因为

$$\begin{aligned} E(\hat{\beta}_1^*) &= E\left[\sum l_i(\beta_0 + \beta_1 X_i + \mu_i)\right] = \beta_0\sum l_i + \beta_1\sum l_i X_i + 0 \\ &= \beta_0\sum l_i + \beta_1\sum l_i X_i = \beta_1 \qquad (\text{因为}\hat{\beta}_1^* \text{ 是 } \beta_1 \text{ 的无偏估计}) \end{aligned}$$

从而必有

$$\sum l_i = 0, \quad \sum l_i X_i = 1$$

又因为 $\mathrm{Var}(Y_i) = \sigma^2$, 故有

$$\begin{aligned} \mathrm{Var}(\hat{\beta}_1^*) &= \mathrm{Var}\left(\sum l_i Y_i\right) = \sum l_i^2 \mathrm{Var}(Y_i) = \sigma^2\sum l_i^2 \\ &= \sigma^2\sum (l_i - k_i + k_i)^2 \\ &= \sigma^2\left[\sum (l_i - k_i)^2 + \sum k_i^2 + 2\sum (l_i - k_i)k_i\right] \\ &= \sigma^2\left[\sum (l_i - k_i)^2 + \sum k_i^2 + 2(\sum l_i k_i - \sum k_i^2)\right] \end{aligned}$$

该式最后一项为零.

$$\begin{aligned} \sum l_i k_i - \sum k_i^2 &= \frac{\sum l_i x_i}{\sum x_i^2} - \frac{\sum x_i^2}{\left(\sum x_i^2\right)^2} = \frac{\sum l_i (X_i - \bar{X})}{\sum x_i^2} - \frac{1}{\sum x_i^2} \\ &= \frac{\sum l_i X_i - \bar{X}\sum l_i}{\sum x_i^2} - \frac{1}{\sum x_i^2} \\ &= \frac{1 - 0}{\sum x_i^2} - \frac{1}{\sum x_i^2} = 0 \quad \left(\text{因为}\sum l_i = 0, \sum l_i X_i = 1\right) \end{aligned}$$

于是

$$\mathrm{Var}(\hat{\beta}_1^*) = \sigma^2\sum (l_i - k_i)^2 + \sigma^2\sum k_i^2$$

而

$$\sum k_i^2=\sum\frac{x_i^2}{\left(\sum x_i^2\right)^2}=\frac{\sum x_i^2}{\left(\sum x_i^2\right)}{}^{2}=\frac{1}{\sum x_i^2}$$

故而

$$\operatorname{Var}(\hat{\beta}_1^*)=\sigma^2\sum(l_i-k_i)^2+\frac{\sigma^2}{\sum x_i^2}=\sigma^2\sum(l_i-k_i)^2+\operatorname{Var}(\hat{\beta}_1)$$

显然, $\sigma^2\geqslant 0$, $\sum(l_i-k_i)^2\geqslant 0\ \Rightarrow\ \sigma^2\sum(l_i-k_i)^2\geqslant 0$, 亦即

$$\operatorname{Var}(\hat{\beta}_1^*)\geqslant\operatorname{Var}(\hat{\beta}_1)$$

当且仅当 $\sum(l_i-k_i)^2=0\ \Leftrightarrow(l_i-k_i)=0\Rightarrow\ l_i=k_i$ 时, $\operatorname{Var}(\hat{\beta}_1^*)=\operatorname{Var}(\hat{\beta}_1)$. 由 $\hat{\beta}_1^*$ 的任意性 (没有限定具体形式), 所以, $\hat{\beta}_1$ 是 β_1 的最佳线性无偏估计量.

类似可以证明

$$\operatorname{Var}(\hat{\beta}_0)=\frac{\sum X_i^2}{n\sum x_i^2}\sigma^2$$

在 β_0 的线性无偏估计量中最小.

(4) **一致性** 我们不加证明地给出以下结论：如果模型在满足假定 9、假定 10 的条件下, OLSE 是一致估计.

这表明, 如果模型满足基本假定, 那么其参数的最小二乘估计量已经达到了完美的境界. 这些性质的意义表现为：① 线性性可以使参数估计的计算更容易, 而且分布的导出更为简单；② 无偏性和有效性可以保证估计值的取值更为集中, 即误差最小, 且在相同置信度下, 参数的置信区间的长度最短.

当然, 如果不能满足上述全部假定条件, 参数估计量就不可能达到这样完美的程度, 于是统计学提出了相对现实一些的标准：① 渐进无偏性, 即样本容量趋于无穷时, 估计量的期望序列收敛于参数真值. ② 渐进有效性, 即样本容量趋于无穷时, 参数估计量方差的极限等于方差的最小值. 在无法找到参数的最佳线性无偏估计量时这些标准用作替代标准.

普通最小二乘估计除高斯–马尔可夫定理涉及的性质外, 还有其他一些有价值的性质, 主要有：

(1) 点 $(\bar{X},\bar{Y})$ —— 统计中心, 一定在样本回归直线上.

证明 因为 $\hat{Y}_i=\hat{\beta}_0+\hat{\beta}_1X_i=\bar{Y}-\hat{\beta}_1X_i+\hat{\beta}_1X_i=\bar{Y}+\hat{\beta}_1(X_i-\bar{X})$.

令 $X_i=\bar{X}$, 则 $\hat{Y}_i=\bar{Y}+\hat{\beta}_1(\bar{X}-\bar{X})=\bar{Y}$.

所以点 $(\bar{X},\bar{Y})$ 在样本直线 $\hat{Y}_i=\hat{\beta}_0+\hat{\beta}_1X_i$ 上.

(2) 残差之和为零, 即 $\sum e_i=0$.

证明　因为

$$\sum e_i = \sum (Y_i - \hat{Y}_i) = \sum (Y_i - \hat{\beta}_0 - \hat{\beta}_1 X_i) = \sum [Y_i - \bar{Y} - \hat{\beta}_1(X_i - \bar{X})]$$
$$= \sum Y_i - \sum \bar{Y} - \hat{\beta}_1 \sum x_i = n\bar{Y} - n\bar{Y} + \hat{\beta}_1 \times 0 = 0$$

所以 $\sum e_i = 0$.

(3) 回归估计值 $\hat{Y}_i$ 的均值与实际值的均值相等, 即 $\bar{\hat{Y}} = \bar{Y}$, 其中 $\bar{\hat{Y}} = \dfrac{\sum Y_i}{n}$.

证明　因为

$$\hat{Y}_i = \bar{Y} + \hat{\beta}_1(X_i - \bar{X}) = \bar{Y} + \hat{\beta}_1 x_i$$
$$\Rightarrow \bar{\hat{Y}} = \frac{\sum \hat{Y}_i}{n} = \frac{\sum \bar{Y}}{n} + \hat{\beta}_1 \frac{\sum x_i}{n} = \frac{n\bar{Y}}{n} + \hat{\beta}_1 \frac{0}{n} = \bar{Y}$$

所以

$$\bar{\hat{Y}} = \bar{Y}.$$

(4) 被解释变量回归值 $\hat{Y}_i$ 与残差 e_i 不相关, 即 $\hat{\mathrm{Cov}}(\hat{Y}_i, e_i) = 0$.

证明

$$\sum \hat{y}_i e_i = \sum \hat{y}_i (y_i - \hat{\beta}_1 x_i) = \sum \hat{\beta}_1 x_i (y_i - \hat{\beta}_1 x_i) = \hat{\beta}_1 \sum x_i y_i - \hat{\beta}_1^2 \sum x_i^2$$
$$= \hat{\beta}_1^2 \sum x_i^2 - \hat{\beta}_1^2 \sum x_i^2 = 0$$

其中用到

$$\hat{\beta}_1 = \frac{\sum x_i y_i}{\sum x_i^2} \Rightarrow \sum x_i y_i = \hat{\beta}_1 \sum x_i^2$$

(5) 解释变量 X_i 与残差项 e_i 不相关.

证明　因为

$$\hat{\mathrm{Cov}}(X_i, e_i) = \frac{\sum (X_i - \bar{X})(e_i - \bar{e})}{n} = \frac{\sum (X_i - \bar{X}) e_i}{n} = \frac{1}{n} \sum X_i e_i$$
$$\sum X_i e_i = \sum (Y_i - \hat{\beta}_0 - \hat{\beta}_1 X_i) X_i = 0 (\text{正规方程组}) \Rightarrow \sum X_i e_i = 0$$

所以 $\hat{\mathrm{Cov}}(X_i, e_i) = 0$.

2.3.5　被解释变量与参数估计量的分布

从回归模型的定义不难看出被解释变量 Y 表现为随机变量, 回归系数的普通最小二乘估计是 Y 的线性组合, 本质上是随机变量. 因此, 它们都有各自的分布. 出于统计推断的需要, 有必要给出这些分布.

1. 被解释变量 Y 的分布

根据概率论与数理统计学的相关知识我们知道，如果模型 (2.2.4) 满足假定 4 ～ 假定 11，那么被解释变量 Y 具有如下的条件分布：

$$Y|X \sim N(\beta_0+\beta_1 X, \sigma^2)$$

证明过程略.

2. 参数估计 $\hat{\beta}_0, \hat{\beta}_1$ 的分布

由高斯–马尔可夫定理知，$\hat{\beta}_0, \hat{\beta}_1$ 都是 Y 的线性组合，根据概率论与数理统计学的知识 (正态变量的线性组合仍然服从正态分布)，可以得出结论：$\hat{\beta}_0, \hat{\beta}_1$ 都服从正态分布，同时

$$E\left(\hat{\beta}_0\right)=\beta_0,\quad E\left(\hat{\beta}_1\right)=\beta_1$$

$$\mathrm{Var}\left(\hat{\beta}_0\right)=\frac{\sigma^2\sum X_i^2}{n\sum x_i^2},\quad \mathrm{Var}\left(\hat{\beta}_1\right)=\frac{\sigma^2}{n\sum x_i^2}$$

综上有：

$$\hat{\beta}_0 \sim N\left(\beta_0, \frac{\sigma^2\sum X_i^2}{n\sum x_i^2}\right)$$

$$\hat{\beta}_1 \sim N\left(\beta_1, \frac{\sigma^2}{n\sum x_i^2}\right)$$

相关统计推断正是以这些参数分布为基础来建立的.

2.4　一元线性回归模型的统计学检验

回归分析的主要内容之一是使用模型 (方程) 对被解释变量的数值进行拟合，这之前有必要对方程的稳定性进行鉴定与评价. 读者可能有疑问，前面的高斯–马尔可夫定理已经对最小二乘估计给出了十分肯定地赞扬，为什么还要对模型进行统计检验呢？

可以从以下几个方面理解：① 普通最小二乘估计的最优性建立在解释变量与被解释变量显著相关的基础上，但普通最小二乘法本身并未回答这种线性关系的显著性；② 无偏性是建立在重复估计的基础上的，它无法回答根据一次抽样估计的参数的偏差；③ 普通最小二乘法估计量的最优性建立在所有经典假定均获得满足的基础上，但普通最小二乘估计的过程并未对其满足程度做出回答，而统计检验的

结果可以给我们某些提示；④ 普通最小二乘估计的最优性是在样本与总体完全一致的前提下得出的，实际样本与总体可能存在出入；⑤ 统计学希望对性质优秀的程度进行量化.

计量经济学模型的统计学检验，主要有拟合优度检验、方程 (整体) 显著性检验 ——F 检验、(单个) 变量的显著性检验 ——t 检验以及参数的置信区间等.

2.4.1　拟合优度检验

顾名思义，拟合优度就是检验模型的估计结果与样本值之间的吻合程度或者说相合程度. 检验的方法是，定义一个可以衡量拟合优度的统计量，计算所研究模型的统计量数值，将其与标准数值比较，若接近于标准值则方程的拟合优度高，否则拟合优度就低. 固然，普通最小二乘法已经保证模型最好地拟合了样本数据，为何还要进行拟合优度的检验呢？首先，好到什么程度是抽象的、不具体，拟合优度就是要把这个程度表征出来；其次，普通最小二乘法的最优是个内部问题，我们需要在不同的模型之间进行比较. 比如，我们分别用消费者收入 I、消费价格指数 CPI 做解释变量构建两个消费函数模型，究竟应该选择哪一个就需要参考其拟合优度.

1. *总离差平方和的分解*

拟合优度检验的基本思路是：对被解释变量的变动进行分解，进而依据由方程做出解释的部分所占的份额，对方程的拟合优度做出评价. 为此，定义**总离差平方和**(total sum of squares)

$$\sum(Y_i-\bar{Y})^2=\sum y_i^2\triangleq \text{TSS} \tag{2.4.1}$$

用以表征 Y 的变动量. 又因为 $y_i=Y_i-\bar{Y}$ 可以做以下分解：

$$y_i=Y_i-\bar{Y}=(Y_i-\hat{Y}_i)+(\hat{Y}_i-\bar{Y})=e_i+\hat{y}_i \tag{2.4.2}$$

可以表示为图 2.4.1.

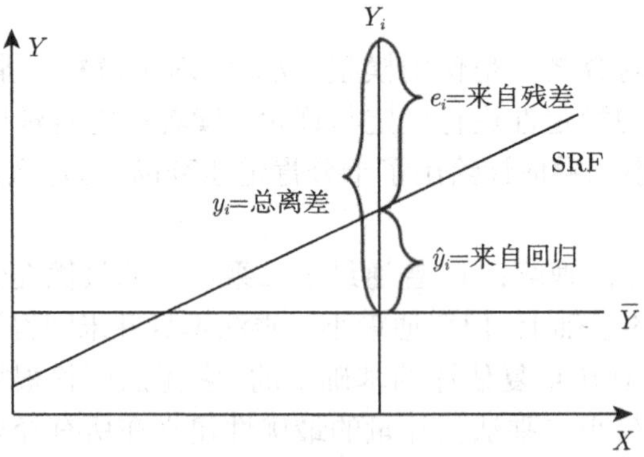

图 2.4.1　总离差的分解

其中 $\hat{y}_i = \hat{Y}_i - \bar{Y}$ 是回归值与样本回归值的均值之间的差值, 可以解释为由回归直线做出解释的部分, $e_i = Y_i - \hat{Y}_i$ 表示回归直线不能解释的部分. 于是

$$\mathrm{TSS} = \sum y_i^2 = \sum \hat{y}_i^2 + \sum e_i^2 + 2\sum \hat{y}_i e_i$$

前面已经证明了 $\sum \hat{y}_i e_i = 0$, 故

$$\mathrm{TSS} = \sum y_i^2 = \sum \hat{y}_i^2 + \sum e_i^2 \tag{2.4.3}$$

记

$$\sum \hat{y}_i^2 = \sum (\hat{Y}_i - \bar{Y})^2 = \mathrm{ESS}$$

称为**回归平方和**(explained sum of squares), 反映 Y 的全部变动中, 由解释变量的线性函数做出解释的部分. 记

$$\sum e_i^2 = \sum (Y_i - \hat{Y}_i)^2 = \mathrm{RSS}$$

称为**残差平方和**(residual sum of squares), 反映样本观测值与估计值 (拟合值) 偏离的大小, 即模型中解释变量所没有解释的那部分 Y 的变动.

这表明被解释变量 Y 的变动, 被分解为两个部分：一部分由稳定的回归直线回答；另一部分来自随机误差导致的波动. 问题是, 我们可否直接使用 ESS 或者 RSS 来评价回归模型的拟合效果呢? 统计学告诉我们, 要对一个事物做出客观的评价, 必须使用相对指标. 一个直观的例子是：有模型 A 的 $\mathrm{ESS} = 10$, 又有模型 B 的 $\mathrm{ESS} = 100$, 我们据此说 B 模型的拟合优度高于 A 模型是不恰当的；因为, 可能 A 模型的 $\mathrm{TSS} = 12$, 而 B 模型的 $\mathrm{TSS} = 200$.

可以考虑回归平方和 ESS 占总离差平方和的比例来标度样本回归值与样本实际观测值之间的吻合程度.

2. 可决系数

根据以上的阐释与分析, 可以定义

$$R^2 = \frac{\mathrm{ESS}}{\mathrm{TSS}} = 1 - \frac{\mathrm{RSS}}{\mathrm{TSS}} \tag{2.4.4}$$

作为评价模型的拟合优度的统计量 (按社会经济统计学的说法, 叫作指标), 称为**可决系数**(coefficient of determination), 又称**决定系数**或**判定系数**. 显然, 该统计量的取值范围是：

$$0 \leqslant R^2 \leqslant 1$$

如果 $R^2 = 0$, 则 TSS = RSS, 表明 Y 的全部变动均来自随机波动, 回归方程没有对 Y 的变动做出任何解释, 拟合优度最低；如果 $R^2 = 1$, 则 TSS = ESS, 表明 Y 的全部变动均被回归方程所解释, 拟合优度最高.

由此可见, 可决系数 R^2 越接近于 1, 模型的拟合优度越高, 越接近于 0, 模型的拟合优度越低.

按照 (2.4.4) 计算可决系数较为烦琐, 实际计算可以:

(1) $R^2=\hat{\beta}_1^2\left(\dfrac{\sum x_i^2}{\sum y_i^2}\right)$;

注释　因为

$$R^2=\frac{\text{ESS}}{\text{TSS}}=\frac{\sum(\hat{Y}_i-\bar{Y})^2}{\sum(Y_i-\bar{Y})^2}=\frac{\sum(\bar{Y}-\hat{\beta}_1\bar{X}+\hat{\beta}_1X_i-\bar{Y})^2}{\sum y_i^2}=\frac{\sum\left[\hat{\beta}_1(X_i-\bar{X})\right]^2}{\sum y_i^2}$$

$$=\frac{\sum\hat{\beta}_1^2x_i^2}{\sum y_i^2}=\hat{\beta}_1^2\left(\frac{\sum x_i^2}{\sum y_i^2}\right)$$

(2) $R^2=(r)^2$ (其中 r 为相关系数, 该结果仅对一元线性回归成立);

(3) 查 EViews 的输出结果 (R—Squared).

例 2.4.1　计算例 2.3.1 模型的可决系数 R^2, 评价模型的拟合优度.

方法 1　手工求解.

$$\text{TSS}=\sum dt_i^2=\sum(\text{DT}_i-\bar{\text{DT}})^2=\sum(\text{DT}_i)^2-\frac{\left(\sum\text{DT}_i\right)^2}{n}$$

$$=368625-\frac{1483^2}{6}=2076.8333$$

$$\sum r_i^2=\sum(R_i-\bar{R})^2=\sum R_i^2-\frac{\left(\sum R_i\right)^2}{n}$$

$$=284.6875-\frac{41.25^2}{6}=1.0938$$

$$\hat{\beta}_1=-43.5429$$

所以可决系数为 $R^2=\hat{\beta}_1^2\left(\dfrac{\sum r_i^2}{\sum dt_i^2}\right)=(-43.5429)^2\dfrac{1.0938}{2076.8333}=0.9985.$

这表明, 在企业贷款额的全部变动中, 约有 99.85% 被银行贷款年利率的线性函数所解释. R^2 接近于 1, 拟合优度非常高.

方法 2　查阅 EViews 的输出结果. 根据例 2.3.1 的 EViews 的输出结果见图 2.4.2.

可见可决系数为

$$R^2=0.9985$$

结论与手工计算的是一致的.

Dependent Variable: DT				
Method: Least Squares				
Date: 10/26/16 Time: 15:08				
Sample: 16				
Included observations: 6				
Variable	Coefficient	Std. Error	t-Statistic	Prob.
C	546.5238	5.802748	94.18362	0.0000
R	−43.54286	0.842413	-51.68825	0.0000
R-squared	0.998505	Mean dependent var		247.1667
Adjusted R-squared	0.998131	S.D. dependent var		20.38055
S.E. of regression	0.881017	Akaike info criterion		2.845721
Sum squared resid	3.104762	Schwarz criterion		2.776308
Log likelihood	−6.537164	F-statistic		2671.675
Durbin-Wason stat	2.202016	Prob(F-statistic)		0.000001

图 2.4.2 一元回归估计输出

我们必须指出, 拟合优度的致命弱点是缺少客观、准确的标准. 例如, $R^2 = 0.78$ 的模型一定优于 $R^2 = 0.58$ 的模型吗？事实上可能未必, 模型的可决系数大固然可喜, 但模型的经济学性质是一个更应该被重视的标准. 又比如, 可决系数 $R^2 = 0.3256$ 的模型, 其拟合优度一定不够吗？答案也不是肯定的 (下面将会做出正面的回答).

特别提示, 如果模型是无截距的, 那么可决系数可能是负值, 这时可决系数的含义与通常的不同.

2.4.2 方程显著性检验 —— F 检验

可决系数的局限性表现为, 缺少客观的评价标准. 而统计学中具有客观评价标准的方法就是假设检验. 考虑到大家已经学习过数理统计学或者统计学的相关知识, 就不再介绍假设检验的一般内容, 而直接进入实质内容.

传统检验方法 基于模型无效与有效, 提出待检验的统计假设

$$H_0: \beta_1 = 0; \quad H_1: \beta_1 \neq 0$$

若经典假定和假定 11 被满足, 原假设成立, 则可以证明

$$F = \frac{\text{ESS}/1}{\text{RSS}/(n-2)} = \frac{(n-2)\times\text{ESS}}{\text{RSS}} \sim F(1, n-2) \tag{2.4.5}$$

若 $F > F_\alpha(1, n-2)$, 则拒绝原假设 H_0, 即方程对 Y 的变动有显著的解释. 反之, 如果 $F \leqslant F_\alpha(1, n-2)$ 则不拒绝 H_0, 即方程对 Y 的变动无显著的解释. (右单侧检验, 为什么？)

统计软件背景下的检验　EViews 和绝大多数统计软件都输出检验统计量的伴随概率 (与统计量观测值相比, 更加不利于原假设结果发生的概率) prob. 这为假设检验带来极大的方便. 此时:

若 prob. $<\alpha$(事先指定的显著性水平), 拒绝 H_0, 即方程对 Y 的变动有显著解释. 反之, 如果 prob. $\geqslant \alpha$, 则不拒绝 H_0, 即方程对 Y 的变动解释不显著.

如果没有指定显著性水平 α, 那么只要 prob. < 0.05(甚至 0.10), 即可以拒绝原假设 H_0. 而且, 伴随概率 prob. 值越小, 拒绝原假设的理由越充分.

例 2.4.2　针对例 2.3.1 的方程作显著性检验 ($\alpha = 0.01$).

待检验假设　　$H_0: \beta_1 = 0;\quad H_1: \beta_1 \neq 0$

$$F = \frac{(n-2)\mathrm{ESS}}{\mathrm{RSS}} = \frac{(n-2)\hat{\beta}_1^2\sum r_i^2}{TSS - \hat{\beta}_1^2\sum r_i^2}$$

$$= \frac{(6-2)(-43.54286)^2 \times 1.09375}{2076.8333 - (-43.54286)^2 \times 1.09375} = 2671.938$$

(或者由 EViews 的输出结果直接得 $F = 2671.938$ (F-statistic).)

因为 $F = 2671.938 \gg 21.20 = F_{0.01}(1, 4)$, 拒绝原假设 H_0, 即方程对企业贷款额的解释极其显著.

或者从 EViews 的输出结果可以找到 F 检验的伴随概率 prob. $= 0.000001$, 表明如果原假设真的话, 比现在这个统计量数值更不利于原假设的数值出现的概率为 $0.000001 \ll 0.01 = \alpha$, 所以拒绝原假设 H_0, 即方程对于 Y 的变动有极为显著的解释.

顺便指出, F 检验的实质上可以看成为拟合优度的显著性检验. 因为

$$F = \frac{(n-2)\mathrm{ESS}}{\mathrm{RSS}} = \frac{(n-2)\mathrm{ESS}}{\mathrm{TSS} - \mathrm{ESS}} = \frac{(n-2)\mathrm{ESS}/\mathrm{TSS}}{1 - \mathrm{ESS}/\mathrm{TSS}} = \frac{(n-2)R^2}{1-R^2}$$

由此可见, 若 $R^2 = 0$(拟合优度低), 而 $F = 0$, 不拒绝 H_0, 方程解释作用不显著. 若 $R^2 \to 1$(拟合优度高), 而 $F \to +\infty$, 拒绝 H_0, 方程解释作用显著.

回到上一段末尾关于可决系数的讨论上, 例如, 选取一个容量为 40 的样本, 构建一个一元线性回归模型, 其可决系数 $R^2 = 0.3256$, 仅从可决系数上看, 这个模型的拟合优度很低. 但是

$$F = \frac{(n-2)R^2}{1-R^2} = \frac{(40-2)\times 0.3256}{1-0.3256} = 18.3464 > 7.35 = F_{0.01}(1, 38)$$

也就是说, 在 $\alpha = 0.01$ 的显著性水平下拒绝 H_0, 即方程的解释能力很强. 所以, 我们的确不应该把注意力都放在可决系数上, 更不应该苛求可决系数.

2.4.3 变量的显著性检验 ——t 检验

对于一元线性回归模型而言, 与其检验方程的显著性, 还不如直接检验变量的显著性. 为此, 提出待检验假设

$$H_0: \quad \beta_1 = 0; \quad H_1: \beta_1 \neq 0$$

可以证明, 经典假定被满足且原假设为真, 那么统计量

$$T = \frac{\hat{\beta}_1}{S_{\hat{\beta}_1}} \sim t(n-2)$$

其中, $S_{\hat{\beta}_1} = \sqrt{\dfrac{\hat{\sigma}^2}{\sum x_i^2}}$ 为估计量 $\hat{\beta}_1$ 的**估计标准误差**(standard error).

若 $|t| > t_{\alpha/2}(n-2)$(或 prob. $< \alpha$), 则拒绝 H_0, 解释变量 X 对 Y 的解释作用显著. 反之, $|t| \leqslant t_{\alpha/2}(n-2)$(或 prob. $\geqslant \alpha$), 则不拒绝 H_0, 解释变量 X 对 Y 的解释作用不显著. (双侧检验, 为什么?)

例 2.4.3 针对例 2.3.1 的变量进行显著性检验 ($\alpha = 0.01$).

提出待检验假设 $H_0: \beta_1 = 0; \quad H_1: \beta_1 \neq 0$

$t = -43.54186 \Big/ \sqrt{\dfrac{0.7761}{1.09375}} = -51.6913$ (或查阅 EViews 的输出结果)

因为 $|t| = |-51.6913| = 51.6913 \gg 4.604 = t_{0.005}(4)$ (或 prob. $= 0.0000 \ll 0.01$), 所以拒绝原假设 H_0, 即银行贷款年利率对企业贷款额有极显著的影响.

需要说明的, 一元线性回归模型有两个回归系数 β_0 和 β_1, 但是, 通常只对 β_1 进行检验. 首先是 β_1 地位更为重要, 其次是 β_0 可以起到保证模型更为合理的作用, 无论显著与否都应该予以保留.

最后, 对于一元线性回归模型而言, 方程显著性与变量显著性所检验的假设都是 $H_0: \beta_1 = 0; H_1: \beta_1 \neq 0$, 而且

$$F = T^2, \quad F_\alpha = t_{\alpha/2}^2$$

于是, **对于一元线性回归模型而言, 变量显著检验与方程显著性的检验是等价的, 对一个模型只需选择其中一个检验即可**(除非计算存在误差, 否则二者的结论是一致的).

2.4.4 参数的置信区间

假设检验可以用较为客观的标准, 评价基于一次抽样的参数估计值与总体参数的极端取值 (通常假设为零) 之间的差距, 却也无法给出一次抽样所得的参数估计值与真实值的距离是多大, 同时也无法指出参数所可能或应该出现的一个具体范

围. 借助数理统计学关于区间估计的理论, 可以用构建参数置信区间的方式实现这一目标.

为方便理解, 首先回顾数理统计学中关于置信区间的定义. 对于给定的置信度 $1-\alpha\ (0<\alpha<1)$, 找一个正数 $\varDelta$ 使得

$$P(\hat{\beta}-\varDelta \leqslant \beta \leqslant \hat{\beta}+\varDelta)=1-\alpha$$

那么, 随机区间 $(\hat{\beta}-\varDelta,\ \hat{\beta}+\varDelta)$ 就称为参数 β 的**置信度**(confidence coefficient)为 $1-\alpha$ 的**置信区间**(confidence interval), $1-\alpha$ 称为**置信水平**(level of confidence), 置信区间的端点称为**置信限**(confidence limit), $\varDelta$ 称为**允许误差或极限误差**(permit error)—— 表示在给定的置信度之下, 参数 β 与参数的估计值 $\hat{\beta}$ 之间可能存在或出现的最大误差.

回到区间估计的任务上来, 数理统计学告诉我们, 构建置信区间的关键在于寻找一个合适的枢轴变量. 而在变量的显著性检验中已经知道变量

$$T_j=\frac{\hat{\beta}_j-\beta_j}{S_{\hat{\beta}_j}} \sim t(n-2),\quad j=0,1$$

对于给定置信度 $1-\alpha$, 查 t 分布表, 根据 $P(T_j>t_{\alpha/2})=\alpha/2$ 确定临界值 $t_{\alpha/2}$, 则

$$P\left(-t_{\alpha/2}<\frac{\hat{\beta}_j-\beta_j}{S_{\hat{\beta}_j}}<t_{\alpha/2}\right)=1-\alpha$$

变换整理后可得

$$P(\hat{\beta}_j-t_{\alpha/2}S_{\hat{\beta}_j}<\beta_j<\hat{\beta}_j+t_{\alpha/2}S_{\hat{\beta}_j})=1-\alpha$$

从而可以得到参数 β_j 的置信度为 $1-\alpha$ 的置信区间为

$$\left[\hat{\beta}_j-t_{\alpha/2}S_{\hat{\beta}_j},\ \hat{\beta}_j+t_{\alpha/2}S_{\hat{\beta}_j}\right],\quad j=0,1 \tag{2.4.6}$$

其中, 极限误差为 $\varDelta_j=t_{\alpha/2}S_{\hat{\beta}_j}$, $j=0,1$.

例 2.4.4　利用例 2.3.1 的结果求解参数的 99%的置信区间.

因为 $\hat{\beta}_0=546.5238$, $S_{\hat{\beta}_0}=5.5802748$, $\hat{\beta}_1=-43.54286$, $S_{\hat{\beta}_1}=0.842413$.

又因为 $1-\alpha=0.99\Rightarrow\alpha=0.01\Rightarrow\alpha/2=0.005\Rightarrow t_{0.005}(4)=4.6040$. 于是, $\varDelta_0=4.6040\times5.5802748\doteq25.6916$, $\varDelta_1=4.6040\times0.842413\doteq3.8785$.

所以 β_0 的置信度为 99% 的置信区间为

$$[546.5238-25.6916,\ 546.5238+25.6916]=[520.8322,\ 572.2154]$$

β_1 的置信度为 99% 的置信区间为

$$[-43.54286-3.8785\ ,\ -43.54286+3.8785]=[-47.4214\ ,\ -39.6644]$$

那么应该如何看待参数的置信区间呢？我们只能将其视为参数估计结果的一个带有概率意义的可能的范围，切不可将其视为参数估计值必在的区间.

当然，我们希望获得 "相同置信度之下的最短区间估计 (意味着同样置信度之下误差最小)". 以下途径可以帮助我们实现这一目标：第一，提高参数估计的精度，改善模型模拟的准确性 (减小 $\hat{\sigma}$)；第二，增大样本容量 n，减小参数估计量的标准误差的同时还可以缩小临界值；第三，提高模型的拟合优度；可以间接减小残差平方和. 第四、扩大解释变量的取值范围.

2.5 一元线性回归模型的应用：预测

预测一直是计量经济学模型应用的重要内容. 如果一元线性回归方程

$$\hat{Y}_i=\hat{\beta}_0+\hat{\beta}_1X_i$$

通过了所有检验，那么，将给定的 (指定或通过其他方法获得的) 样本值以外的解释变量数值 X_f(forecast) 代入即可以得到被解释变量的预测估计值 $\hat{Y}_f=\hat{\beta}_0+\hat{\beta}_1X_f$. 之所以说是预测估计值是因为，其中不仅包含参数估计值的误差，而且还包括省略的随机误差.

2.5.1 点预测

"预测" 在这里的含义有四种，即按预测对象分为：条件均值预测和个别值预测；而每一种对象的预测按形式又可以分为：点预测与区间预测.

点预测较为简单，只需把解释变量的预测值代入方程即可：

$$\hat{Y}_f=\hat{\beta}_0+\hat{\beta}_1X_f \quad (\text{个别值预测})$$

$$\hat{Y}_f=\hat{E}(Y|X=X_f)=\hat{\beta}_0+\hat{\beta}_1X_f \quad (\text{条件均值的预测})$$

虽然，二者的估计值相同，但不难理解：由于估计的对象不同，它们的意义与准确性是不同的. **$\hat{Y}_f$ 是条件均值 $E(Y|X=X_f)$ 的无偏估计，但作为个别值的估计，却无所谓有偏还是无偏，因为，个别值 Y_f 本身是个随机变量.**

证明 因为

$$\beta_0+\beta_1X_f=E(Y_f|X=X_f)$$

$$\hat{Y}_f=\hat{\beta}_0+\hat{\beta}_1X_f$$

$$\begin{aligned}E(\hat{Y}_f)&=E(\hat{\beta}_0+\hat{\beta}_1X_f)=E(\hat{\beta}_0)+X_fE(\hat{\beta}_1)\\&=\beta_0+\beta_1X_f=E(Y_f\mid X=X_f)\end{aligned}$$

所以 $\hat{Y}_f = \hat{\beta}_0 + \hat{\beta}_1 X_f$ 是总体条件均值的预测值的无偏估计.

因为

$$
\begin{aligned}
Y_f &= \hat{\beta}_0 + \hat{\beta}_1 X_f + \hat{\mu}_f \\
E(\hat{Y}_f) &= E(\hat{\beta}_0 + \hat{\beta}_1 X_f) = E(\hat{\beta}_0) + X_f E(\hat{\beta}_1) \\
&= \beta_0 + \beta_1 X_f = E(Y_f \mid X = X_f) \neq Y_f
\end{aligned}
$$

所以 $\hat{Y}_f = \hat{\beta}_0 + \hat{\beta}_1 X_f$ 作为总体个别值的预测值的估计不是无偏的. 问题: 能说是有偏的吗?

当然, $\hat{Y}_f$ 既可以被当作其条件均值 $E(Y|X = X_f)$ 的近似估计, 也可以作为 Y 的个别值 Y_f 的近似估计. 同时, 由于双重误差的存在, 使得点估计的意义下降, 故而此处的 "预测" 更多是指区间预测.

2.5.2　区间预测

区间估计建立在点估计基础上, 且都是以点估计为中心构造和建立的, 但是估计个别值与估计条件均值的误差不同, 因此, 只能分别估计.

1. 总体条件均值的预测区间

可以证明, 变量

$$
T = \frac{\hat{Y}_f - E(Y|X = X_f)}{S_{\hat{Y}_f}} \sim t(n-2)
$$

其中

$$
S_{\hat{Y}_f} = \sqrt{\hat{\sigma}^2 \left(\frac{1}{n} + \frac{(X_f - \bar{X})^2}{\sum x_i^2} \right)}
$$

所以, 总体条件均值的置信度为 $1-\alpha$ 的预测区间为

$$
\left[\hat{Y}_f - t_{\alpha/2}(n-2) S_{\hat{Y}_f}\ ,\ \hat{Y}_f + t_{\alpha/2}(n-2) S_{\hat{Y}_f} \right] \tag{2.5.1}
$$

例 2.5.1　利用例 2.3.1 的方程, 估计贷款年利率 $R_f = 6\%$ 时平均贷款额的 95% 预测区间.

先求出点预测值 $\widehat{\mathrm{DT}}_f = 546.5238 - 43.54286 \times 6 = 285.2666$,

$$
S_{\widehat{\mathrm{DT}}_f} = \sqrt{0.7761 \left(\frac{1}{6} + \frac{(6 - 6.875)^2}{1.09375} \right)} = 0.8201
$$

因为

$$
1 - \alpha = 0.95 \Rightarrow \alpha = 0.05, \quad t_{\alpha/2}(n-2) = t_{0.025}(4) = 2.776
$$

$$t_{\alpha/2}\, S_{\widehat{\mathrm{DT}}_f} = 2.776 \times 0.8201 = 2.2767$$

所以平均贷款额的置信度为 95% 的预测区间为

$$[282.9899,\ 287.5433]$$

2. 总体个别值的预测区间

可以证明, 变量

$$T = \frac{\hat{Y}_f - Y_f}{S_{(\hat{Y}_f - Y_f)}} \sim t(n-2)$$

其中

$$S_{(\hat{Y}_f - Y_f)} = \sqrt{\hat{\sigma}^2 \left(1 + \frac{1}{n} + \frac{(X_f - \bar{X})^2}{\sum x_i^2}\right)}$$

所以, 总体个别值的置信度为 $1-\alpha$ 的预测区间为

$$\left[\hat{Y}_f - t_{\alpha/2}\, S_{(\hat{Y}_f - Y_f)}\ ,\ \hat{Y}_f + t_{\alpha/2}\, S_{(\hat{Y}_f - Y_f)}\right] \tag{2.5.2}$$

例 2.5.2　利用例 2.3.1 中的方程求贷款年利率 $R_f = 6\%$ 时, 贷款额的 95% 的预测区间.

因为点预测值为 $\widehat{\mathrm{DT}}_f = 285.2666$,

$$S_{(\widehat{\mathrm{DT}}_f - \mathrm{DT}_f)} = \sqrt{0.7761\left(1 + \frac{1}{6} + \frac{(6 - 6.875)^2}{1.09375}\right)} = 1.2036$$

因为

$$1 - \alpha = 0.95 \quad \Rightarrow \quad \alpha = 0.05, \quad t_{\alpha/2}\,(n-2) = t_{0.025}(4) = 2.776$$

$$t_{\alpha/2}\, S_{(\widehat{\mathrm{DT}}_f - \mathrm{DT}_f)} = 2.776 \times 1.2036 = 3.3413$$

所以贷款额的置信度为 95% 的预侧区间为

$$[\ 281.9253\ ,\ 288.6079]$$

可见, 同样的解释变量值、相同的置信度之下, 条件均值的预测区间的长度小于个别值的预测区间.

2.6　案　例

本节我们将通过对一个实际经济数据的计量经济学分析, 帮助大家熟悉、体会一元线性回归模型研究的完整过程.

2.6.1　研究目的

财政收入是国家集中经济资源、安排财政预算以实现国家意志、实施宏观经济调控、达成社会公平的物质基础. 国家 (政府) 掌握的财政收入的数量多少, 直接关系政府对经济调控能力的高低和推进社会进步与公平的能力强弱. 改革开放以来, 随着经济的发展、税制的改革、税收征管力度的加大, 我国国家财政收入连年递增. 过去几年间, 在我国经济持续保持 6% 以上的速度递增的同时, 我国的财政收入也以 10% 以上速度在递增. 为揭示我国国家财政收入增长的动因是否为经济发展, 拟建立计量经济学模型进行分析.

2.6.2　模型设定

国家统计年鉴中有 “财政收入” 这一指标, 因此直接选择用 “财政收入” 来表征研究对象. 也就是选择 “财政收入 FI” 作为被解释变量.

考虑到我国国家财政收入的来源主要依赖税收 (税收所占比重 90% 以上), 而税收的主要构成为流转税、营业税和所得税, 这些税种主要依赖于经济总量, 因此, 考虑以国内生产总值 GDP 作解释变量. 由于研究的是我国的财政收入, 当然只能使用时间序列数据. 考虑到税制改革对税收的影响, 我们选取 1994—2014 年的数据作样本, 见表 2.6.1. 同时, 将执法力度、征管措施、纳税意识及其他未知因素的影响一起归入随机误差项.

表 2.6.1　财政收入与国内生产总值

年份	财政收入 FI /亿元	国内生产总值 GDP/亿元
1994	5218.10	48197.9
1995	6242.20	60793.7
1996	7407.99	71176.6
1997	8651.14	78937.0
1998	9875.95	84402.3
1999	11444.08	89677.1
2000	13395.23	99214.6
2001	16386.04	109655.2
2002	18903.64	120332.7
2003	21715.25	135822.8
2004	26396.47	159878.3
2005	31649.29	184937.4
2006	38760.20	216314.4
2007	51321.78	265810.3
2008	61330.35	314045.4
2009	68518.30	340902.8
2010	83101.51	401512.8
2011	103874.43	473104.0
2012	117253.52	519470.1
2013	129209.64	568845.2
2014	140370.03	644791.1

资料来源：中国统计年鉴 [M], 2015 年版.

经过相关分析 (View/graph/scatter) 得散点图 (图 2.6.1).

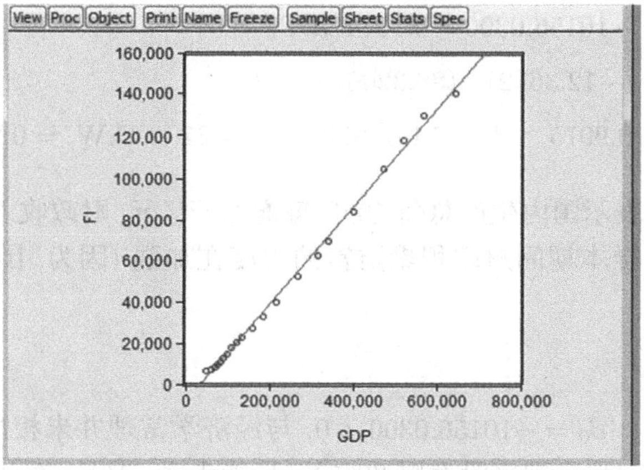

图 2.6.1　GDP 与 FI 散点图

多数散点落在同一条直线附近, 表明财政收入 FI 与国内生产总值 GDP 之间高度相关. 因此设定理论模型为

$$\mathrm{FI}_i = \beta_0 + \beta_1 \mathrm{GDP}_i + \mu_i$$

经济理论表明财政收入与国内生产总值之间正相关, 故而, 可以预期 $0<\beta_1<1$.

2.6.3　模型的参数估计

选择普通最小二乘法估计参数, 并在 EViews 中实现参数估计: 依次点击 Procs/Make Equation 并在 "Equation Specification" 对话框内键入 "FI C GDP" (切记字符串之间空格, 不能出现汉字字符) 后点击 "OK", 可以得到如下输出结果 (图 2.6.2).

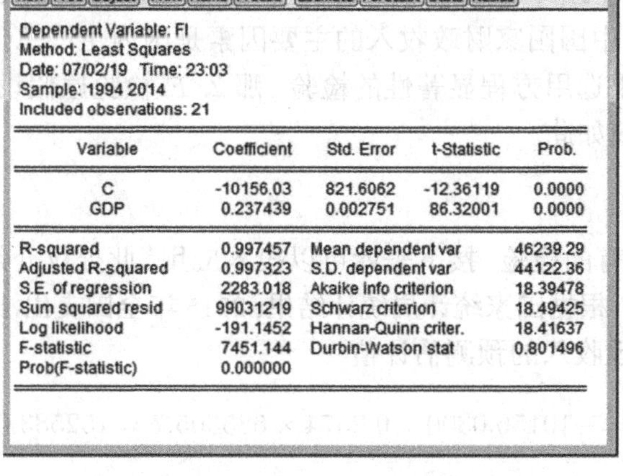
View Proc Object Print Name Freeze Estimate Forecast Stats Resids

Dependent Variable: FI
Method: Least Squares
Date: 07/02/19 Time: 23:03
Sample: 1994 2014
Included observations: 21

Variable	Coefficient	Std. Error	t-Statistic	Prob.
C	-10156.03	821.6062	-12.36119	0.0000
GDP	0.237439	0.002751	86.32001	0.0000

R-squared	0.997457	Mean dependent var	46239.29
Adjusted R-squared	0.997323	S.D. dependent var	44122.36
S.E. of regression	2283.018	Akaike info criterion	18.39478
Sum squared resid	99031219	Schwarz criterion	18.49425
Log likelihood	-191.1452	Hannan-Quinn criter.	18.41637
F-statistic	7451.144	Durbin-Watson stat	0.801496
Prob(F-statistic)	0.000000		

图 2.6.2　普通最小二乘估计结果

可以写出样本回归方程

$$
\begin{aligned}
\hat{\mathrm{FI}}_i &= -10156.0300 + 0.2374\mathrm{GDP}_i \\
t &= (-12.3612) \quad (86.3200) \\
R^2 &= 0.9975, \quad F = 7451.1440, \quad n = 21, \quad \mathrm{D.W.} = 0.8015
\end{aligned}
$$

$\hat{\beta}_1 = 0.2374$, 表示国内生产总值 GDP 每增加一亿元, 财政收入平均增加 0.2374 亿元, 这表明这一样本期间财政积聚财富的力度在加强 (因为, 国家在此期间的平均税赋约为 17%).

2.6.4 模型检验

经济学检验: $\hat{\beta}_0 = -10156.0300 < 0$, 与经济学常理并未相悖, 容易理解如果国内生产总值为零, 那么国家没有财政收入, 只能赤字. 况且, 在计量经济学模型的研究中, 截距项就是一个 “摆设”, 不必太在意它与理论预期是否相符.

$\hat{\beta}_1 = 0.2374$, 与理论预期一致, 可以通过经济学意义的检验. 样本方程总体上都可以通过经济学意义的检验. 接下来可以进入统计学检验.

统计学检验:

(1) 拟合优度评价, 从 EViews 的输出结果中可以得到可决系数

$$R^2(R - \text{squared}) = 0.9975$$

非常接近于 1, 应该说拟合优度很高. 它表明在财政收入的离差形式的变动中, 约 99.75% 可以由国内生产总值的线性组合解释.

(2) 变量的显著性检验 (t 检验).

只针对斜率 (回归系数) 进行. 因为, t 检验统计量的伴随概率 prob. $\approx 0.0000 \ll 0.05 = \alpha$, 所以, 拒绝 $H_0: \beta_1 = 0$, 即国内生产总值 GDP 对财政收入 FI 的影响极为显著. 亦即, 影响中国国家财政收入的主要因素是国内生产总值.

当然, 此处如果选用方程显著性的检验, 那么 F 检验原假设成立的概率 prob. 接近于零, 结论仍旧如此.

2.6.5 回归预测

模型通过了所有的检验, 接下来就可以投入应用, 此处仅介绍相对易于在课堂上实现的回归预测. 根据国家统计局统计结果, 2015 年全国支出法 GDP 为 685505.7 亿元. 据此求得财政收入的预测估计值

$$\widehat{\mathrm{FI}}_f = -10156.0300 + 0.2374 \times 685505.7 = 152583.0232$$

注：2015 年全国财政收入实际为 152217 亿元.

$$1-\alpha=0.95,\ \alpha=0.05,\ n=21,\ t_{\alpha/2}\left(n-2\right)=t_{0.025}(19)=2.093.$$

为了求得区间预测必须知道预测误差 (在 EViews 环境下, 只需在回归估计界面中点击 “Forecast”, 在所出现的界面中默认 Forecast Name 为 FIf, 然后在 S.E.(optional) 后的框内填入 “SE” 最后点击 “OK” 即可以得到 FI 的预测值和个别值的预测误差) 具体操作见图 2.6.3, 图 2.6.4.

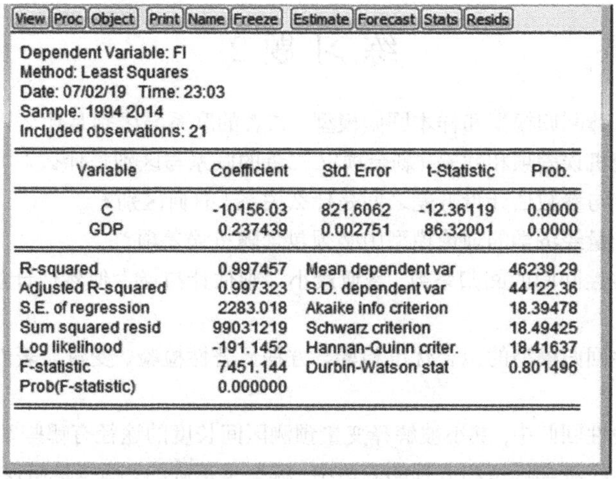

Dependent Variable: FI
Method: Least Squares
Date: 07/02/19 Time: 23:03
Sample: 1994 2014
Included observations: 21

Variable	Coefficient	Std. Error	t-Statistic	Prob.
C	-10156.03	821.6062	-12.36119	0.0000
GDP	0.237439	0.002751	86.32001	0.0000

R-squared	0.997457	Mean dependent var	46239.29
Adjusted R-squared	0.997323	S.D. dependent var	44122.36
S.E. of regression	2283.018	Akaike info criterion	18.39478
Sum squared resid	99031219	Schwarz criterion	18.49425
Log likelihood	-191.1452	Hannan-Quinn criter.	18.41637
F-statistic	7451.144	Durbin-Watson stat	0.801496
Prob(F-statistic)	0.000000		

图 2.6.3　预测实现路径

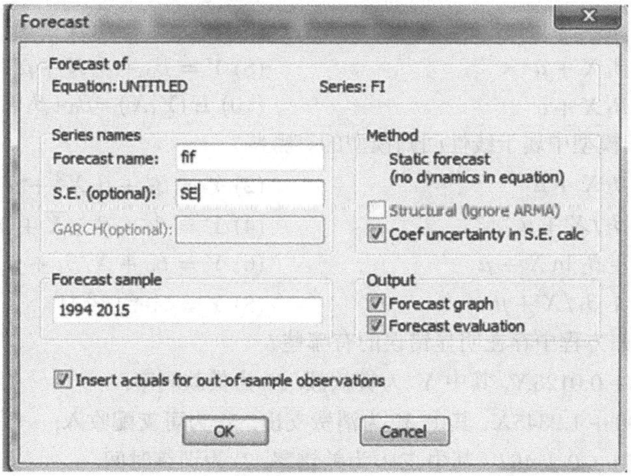

图 2.6.4　预测设置与预测误差计算

回到数据文件所在界面, 选中 “FIf” 和 “SE” 打开即可得到点预测估计值 152609.5000 和个别值预测误差 2641.7560

$\Delta = 2.093 \times 2641.756 = 5529.1953$，所以，2015 年度财政收入的置信度为 95% 的预测区间为

$$(147080.30,\ 158138.70)$$

大家可以看到两点：其一，这个预测的误差不算小；其二，该区间 100% 包含了财政收入的实际值 (152217 亿元)，是一个确定的结果，不存在概率之说.

练 习 题 2

2.1 什么是总体回归模型和样本回归模型？二者的联系与区别是什么？

2.2 什么是随机误差项和残差 (剩余项)？二者的联系与区别是什么？

2.3 总体方差与参数估计量方差之间是什么关系？有何区别？

2.4 为什么计量经济学的理论模型中必须包含随机误差项？

2.5 对一元线性回归的回归系数，普通最小二乘估计与最大似然估计量是相同的吗？你怎么看？

2.6 一元线性回归模型的拟合优度检验、方程显著性检验、变量显著性检验之间的关系是什么？

2.7 在一元线性回归中，减小被解释变量预测区间长度的途径有哪些？

2.8 下列计量经济学模型和方程的表达中，哪些是正确的？哪些是错误的？理由是什么？

(1) $Y = \beta_0 + \beta_1 X$　　(2) $Y = \beta_0 + \beta_1 X + \mu$

(3) $Y = \hat{\beta}_0 + \hat{\beta}_1 X + \mu$　　(4) $\hat{Y} = \hat{\beta}_0 + \hat{\beta}_1 X + \mu$

(5) $Y = \hat{\beta}_0 + \hat{\beta}_1 X$　　(6) $\hat{Y} = \hat{\beta}_0 + \hat{\beta}_1 X$

(7) $Y = \hat{\beta}_0 + \hat{\beta}_1 X + \hat{\mu}$　　(8) $\hat{Y} = \hat{\beta}_0 + \hat{\beta}_1 X + \hat{\mu}$

(9) $Y = \hat{\beta}_0 + \hat{\beta}_1 X + \mathrm{e}$　　(10) $E(Y|X) = \beta_0 + \beta_1 X$

2.9 以下回归模型中属于线性回归模型的有哪些？

(1) $Y = \beta_0 + \beta_1 X + \mu$　　(2) $Y = \beta_0 + \beta_1 X^2 + \mu$

(3) $Y = \beta_0 + \beta_1 / X + \mu$　　(4) $Y = \beta_0 + \beta_1 \sqrt{X} + \mu$

(5) $\ln Y = \beta_0 + \beta_1 \ln X + \mu$　　(6) $Y = \beta_0 + X/\beta_1 + \mu$

(7) $1/Y = \beta_0 + \beta_1 / X + \mu$　　(8) $Y = A\mathrm{e}^{\alpha + \beta X + \mu}$

2.10 以下回归方程中存在明显错误的有哪些？

(1) $\hat{Y} = 1245 + 0.0125X$，其中 Y 为贷款额，X 为贷款利率；

(2) $\hat{Y} = 425.00 + 1.2345X$，其中 Y 为消费支出，X 为可支配收入；

(3) $\widehat{\mathrm{ER}} = 15.64 + 0.2546T$，其中 ER 为差错率，$T$ 为训练时间；

(4) $\widehat{\mathrm{CPR}} = 0.0005 + 0.1564\mathrm{CC}$，其中 CPR 为资本利润率，CC 为资本周转次数；

(5) $\widehat{\mathrm{SR}} = 123.46 + 0.2546\mathrm{WLR}$，其中 SR 为小时工资，WLR 为失业率；

(6) $\widehat{\ln Q} = 12.30 + 0.2356 \ln \mathrm{IN} - 0.4735 \ln P$，其中 Q 为食品消费支出，IN 为消费者收入，P 为食品消费价格.

2.11 假定使用普通最小二乘法, 已经获得如下方程: $\hat{Y} = 100 + 0.10X$, 现在作如下改动: (1) 将 X 的单位扩大为原来的 10 倍; (2) 将 Y 的单位扩大为原来的 5 倍; (3) 在每个 X 上加 10, 在每个 Y 上减 100. 问两个参数估计值将会发生什么变化?

2.12 收集 2013 年我国 31 个省 (自治区、直辖市) 农村居民人均纯收入 X 与人均现金消费支出 Y 的数据, 如下表 (单位: 元).

省(自治区、直辖市)	纯收入 X	消费支出 Y	省(自治区、直辖市)	纯收入 X	消费支出 Y
北京	18337.5	13470.2	湖北	8867.0	5531.1
天津	15841.0	10088.6	湖南	8372.1	5854.2
河北	9101.9	5969.6	广东	11669.3	7881.5
山西	7153.5	5463.2	广西	6790.9	4547.0
内蒙古	8595.7	6763.3	海南	8342.6	5090.7
辽宁	10522.7	6864.9	重庆	8332.0	5057.8
吉林	9621.2	6827.6	四川	7895.3	5406.1
黑龙江	9634.1	6542.1	贵州	5434.0	3888.3
上海	19595.0	13872.9	云南	6141.3	3953.0
江苏	13597.8	9486.9	西藏	6578.2	2661.5
浙江	16106.0	11541.1	陕西	6502.6	5420.7
安徽	8097.9	5344.9	甘肃	5107.8	4393.7
福建	11184.2	7552.5	青海	6196.4	5506.6
江西	8781.5	4910.1	宁夏	6931.0	5942.1
山东	10619.9	7184.2	新疆	7296.5	5519.9
河南	8475.3	5353.0			

资料来源: 中国统计年鉴 [M], 2014 年版.

要求:

(1) 绘制散点图, 以统计学的标准设计变量之间的回归模型;

(2) 用普通最小二乘法估计方程参数, 并写出方程;

(3) 解释回归系数的经济学含义;

(4) 对方程进行经济学检验;

(5) 对模型进行拟合优度检验;

(6) 对方程的显著性进行检验 ($\alpha = 0.05$);

(7) 对变量进行显著性检验 ($\alpha = 0.05$);

(8) 估计回归系数 95% 的置信区间;

(9) 若某地区农村居民人均纯收入为 9500 元, 求平均人均消费支出和人均消费支出的点预测值和 95% 的预测区间.

2.13 计算机是社会信息化程度的标志之一. 收集我国 1997—2012 年城镇居民年人均可支配收入 FIN 与每百户居民拥有的计算机数量 CQ 如下表.

年份	当年人均可支配收入 FIN/元	每百户居民家庭拥有的计算机数量 CQ/(台/百户)
1997	5160.3	2.6
1998	5425.1	3.8
1999	5854.0	5.9
2000	6280.0	9.7
2001	6859.6	13.3
2002	7702.8	20.6
2003	8472.2	27.8
2004	9421.6	33.1
2005	10493.0	41.5
2006	11759.5	47.2
2007	13785.8	53.8
2008	15780.8	59.3
2009	17174.7	65.7
2010	19109.4	71.2
2011	21809.8	81.9
2012	24564.7	87.0

要求：

(1) 绘制散点图, 以统计学的标准设计变量之间的回归模型;

(2) 用普通最小二乘法估计方程参数, 并写出方程;

(3) 解释回归系数的经济学含义;

(4) 对方程进行经济学检验;

(5) 对模型进行拟合优度检验;

(6) 对方程的显著性进行检验 ($\alpha = 0.05$);

(7) 对变量进行显著性检验 ($\alpha = 0.05$);

(8) 估计回归系数 95% 的置信区间;

(9) 回归值与实际值之间的平均误差是多少?

(10) 若城镇居民年人均可支配收入为 30000 元, 求每百户居民计算机拥有量和平均每百户居民计算机拥有量的点预测值和 95% 的预测区间.

第 3 章　多元线性回归模型

在实际经济活动中, 一个研究对象 (被解释变量) 往往同时受到多个因素 (解释变量) 的影响. 例如, 产出量一般同时受到投入要素：资本、劳动力和技术的共同影响. 又比如, 电力需求量通常同时受到经济总量、产业结构与电力价格的影响. 在这样的问题中, 如果仍然简单地只选择一个解释变量建立模型, 一方面可能造成关系不准确、不能正确反映经济规律, 另一方面, 势必给随机误差项留下过重负担而导致许多不良后果 (这一点将在第 4 章、第 5 章和第 9 章中详细介绍). 在这类问题中, 有必要将影响被解释变量的多个主要因素纳入模型, 提高模型的解释能力, 这就形成了多元回归问题.

在固定其他变量水平的前提下, 逐一考察解释变量变动时被解释变量变动的特征, 如果呈现幅度相对固定的变动的倾向, 可以考虑使用多元线性回归模型来描述变量间的数量依存关系. 多元线性回归模型就是将一个被解释变量表示为多个解释变量的线性函数与随机误差项之和所得的模型.

这是最为简单的一类多元回归模型, 它既是非线性回归的基础, 同时又是一元线性回归的拓展.

3.1　多元线性回归模型概述

从统计理论的角度看, 一元线性回归模型是多元回归模型的特例, 多元线性回归模型是线性回归模型的一般形式.

3.1.1　多元线性回归模型形式

多元线性回归模型的一般形式为

$$Y_i = \beta_0 + \beta_1 X_{1i} + \beta_2 X_{2i} + \cdots + \beta_k X_{ki} + \mu_i, \quad i = 1, 2, \cdots, n \tag{3.1.1}$$

其中, Y_i 为被解释变量, X_1, X_2, $\cdots$, X_k 为解释变量 (它们的数值来自样本数据). 而 β_0, β_1, β_2, $\cdots$, β_k 称为**回归系数或偏回归系数**(partial regression coefficient), 其数值需要根据样本数据估计. μ_i 为随机误差项或者随机干扰项, 是除 $\beta_0 + \beta_1 X_{1i} + \beta_2 X_{2i} + \cdots + \beta_k X_{ki}$ 外, 其他所有因素对被解释变量影响的代表 (是不可观测的). 将常数项视为一个恒定取 1 的虚变量的参数, 那么, 模型 (3.1.1) 的解释变量数是 $k+1$. 我们约定解释变量的第一个下标表示变量的序号, 第二个下标表示样本序号.

模型 (3.1.1) 中包含不可观测的随机误差项, 其主要功能是揭示变量间的理论关系, 实际研究中主要考虑确定性部分. 需说明的是, 这种忽略并非没有依据. 假定 X_1, X_2, $\cdots$, X_k 给定后, 且 $E(\mu_i)=0$, 那么

$$E(Y_i|X_{1i},X_{2i},\cdots,X_{ki})=\beta_0+\beta_1X_{1i}+\beta_2X_{2i}+\cdots+\beta_kX_{ki} \tag{3.1.2}$$

一般将 (3.1.2) 称为**多元线性回归方程**. 这个关系有两种作用, 一是揭示被解释变量平均值与解释变量的相应关系, 二是可以把这个确定的结果作为 Y 的近似值 (数学期望是变量的稳定中心值, 或者说变量最可能取到的数值). 偏回归系数 β_j 可以解释为: 其他影响因素保持不变的前提下 (请读者思考, 是指解释变量吗？), X_j 每变动一个单位时 Y 平均变动的单位数. 事实上, 多元回归方程经常被简单地表示为

$$\hat{Y}_i=\beta_0+\beta_1X_{1i}+\beta_2X_{2i}+\cdots+\beta_kX_{ki} \tag{3.1.3}$$

注释　多元线性回归模型的矩阵表示, 为了使表述更为简洁, 引入以下符号 (记号)

$$\boldsymbol{Y}=(Y_1,\ Y_2,\ \cdots,\ Y_n)'_{1\times n}\quad (\text{被解释变量的样本值向量})$$

$$\boldsymbol{B}=(\beta_0,\ \beta_1,\ \beta_2,\ \cdots,\ \beta_k)'_{1\times(k+1)}\quad (\text{参数向量})$$

$$\boldsymbol{X}=\begin{pmatrix}1 & X_{11} & X_{21} & \cdots & X_{k1}\\ 1 & X_{12} & X_{22} & \cdots & X_{k2}\\ \vdots & \vdots & \vdots & & \vdots\\ 1 & X_{1n} & X_{2n} & \cdots & X_{kn}\end{pmatrix}_{n\times(k+1)}$$

(同一列是一个解释变量的样本值, 同一行为全部解释变量的同一次样本值)

$$\boldsymbol{N}=(\mu_1,\ \mu_2,\ \cdots,\ \mu_n)'_{n\times 1}\quad (\text{随机误差项可能值, 不可观测})$$

则多元线性回归模型可以简写成

$$\boldsymbol{Y}=\boldsymbol{XB}+\boldsymbol{N}\quad (\text{注意 }\boldsymbol{B}\text{ 与 }\boldsymbol{X}\text{ 位置的交换, 为什么？})$$

3.1.2　样本回归模型与回归平面

与一元线性回归相似, 收集样本数据、估计参数, 构建样本回归模型和样本回归方程, 用作总体回归模型和总体回归方程的近似.

样本回归模型为

$$Y_i=\hat{\beta}_0+\hat{\beta}_1X_{1i}+\hat{\beta}_2X_{2i}+\cdots+\hat{\beta}_kX_{ki}+e_i \tag{3.1.4}$$

其中, $\hat{\beta}_0, \hat{\beta}_1, \hat{\beta}_2, \cdots, \hat{\beta}_k$ 是 $\beta_0, \beta_1, \beta_2, \cdots, \beta_k$ 的估计值, e_i 是残差 (误差项的近似值). 对应的**样本回归方程**为

$$\hat{Y}_i = \hat{\beta}_0 + \hat{\beta}_1 X_{1i} + \hat{\beta}_2 X_{2i} + \cdots + \hat{\beta}_k X_{ki} \tag{3.1.5}$$

(注意二者的差别)

注释 相应于总体的矩阵表示, 样本回归模型和方程也有其矩阵形式. 样本回归模型为

$$\boldsymbol{Y} = \boldsymbol{X}\hat{\boldsymbol{B}} + \boldsymbol{E}$$

其中

$$\hat{\boldsymbol{B}} = \begin{pmatrix} \hat{\beta}_0 \\ \hat{\beta}_1 \\ \hat{\beta}_2 \\ \vdots \\ \hat{\beta}_k \end{pmatrix}, \quad \boldsymbol{E} = \boldsymbol{Y} - \hat{\boldsymbol{Y}} = \begin{pmatrix} Y_1 - \hat{Y}_1 \\ Y_2 - \hat{Y}_2 \\ \vdots \\ Y_n - \hat{Y}_n \end{pmatrix} = \begin{pmatrix} e_1 \\ e_2 \\ \vdots \\ e_n \end{pmatrix} \text{(残差向量)}$$

样本回归方程为

$$\hat{\boldsymbol{Y}} = \boldsymbol{X}\hat{\boldsymbol{B}}$$

3.1.3 多元线性回归模型的基本假定

为了保证参数估计能够进行, 同时, 估计量具有良好的统计学性质, 我们基于普通最小二乘法, 对多元线性回归模型做出如下基本假定. 分别为：保证参数能够被估计的基本假定、保证参数估计统计性质的基本假定和保证统计检验的基本假定.

1. 保证参数能够被估计的基本假定

假定 1 模型确为多元线性回归模型. 即模型关于参数是线性的, 如

$$Y_i = \beta_0 + \beta_1 X_{1i} + \beta_2 X_{2i} + \cdots + \beta_k X_{ki} + \mu_i, \quad i = 1, 2, \cdots, n$$

假定 2 解释变量之间无完全的多重共线性, 即解释变量之间没有完全的线性相关关系. 更为准确地讲是设计矩阵 $\boldsymbol{X}$ 是列满秩的, 即 $\text{Rank}(\boldsymbol{X}) = k + 1$.

假定 3 所有解释变量的观测值都有变异.

2. 保证参数估计统计性质的基本假定

假定 4 模型的形式设定无偏误. 就是模型形式选择正确, 亦即变量及模型形式都是正确的设定.

假定 5 **零均值. 随机误差项具有零均值**, 即

$$E(\mu_i|X_{1i},X_{2i},\cdots,X_{ki})=0\ ,\qquad i=1,2,\cdots,n$$

假定 6 **同方差性. 不同的随机误差项具有相同方差.** 即

$$\mathrm{Var}(\mu_i|X_{1i},X_{2i},\cdots,X_{ki})=\sigma^2,\qquad i=1,2,\cdots,n$$

假定 7 **不自相关性. 各个随机误差项之间不线性相关**, 即

$$\mathrm{Cov}(\mu_i,\mu_j)=0\ ,\qquad i\neq j,\quad i,j=1,2,\cdots,n$$

假定 8 **解释变量 X_1, X_2, $\cdots$, X_k 在重复抽样中数值是固定的, 或者更为专业地讲, X_1, X_2, $\cdots$, X_k 为非随机变量或者可控变量.**

假定 9 **解释变量之间不存在高度线性相关性 (无多重共线性).**

假定 10 **解释变量与随机误差项不线性相关**, 即

$$\mathrm{Cov}(X_j,\mu)=0\ ,\qquad j=1,\ 2,\cdots,\ k$$

假定 11 **样本容量趋于无穷时, 所有解释变量的样本方差均收敛于一个有限的正常数**, 即

$$\lim_{n\to+\infty}\frac{1}{n}\sum x_{ji}^2=\frac{1}{n}\sum\left(X_{ji}-\bar{X}_j\right)^2=Q_j\quad(Q_j>0),\quad j=1,2,\cdots,k$$

其中, $\overline{X}_j$ 为第 j 个解释变量 X_{ji} 的样本均值. 即

$$\bar{X}_j=\frac{1}{n}\sum_i X_{ji}\ ,\qquad j=1,2,\cdots,n$$

假定 11 的目的依然是为了避免 "伪回归" 问题. 同样地, 我们将假定 5— 假定 8 称为经典假定或高斯–马尔可夫假定. 称满足这些假定的模型为经典多元线性回归模型.

3. 保证统计检验的基本假定

假定 12 随机误差项服从正态分布, 即

$$\mu_i\ \sim\ N(0,\sigma^2),\quad i=1,2,\cdots,n$$

(请大家考虑, 这些假定满足后对被解释变量 Y 意味着什么?)

注释 借助前面的矩阵符号, 主要基本假定可以被简洁地表示为

假定 1 矩阵 $\boldsymbol{X}_{(n\times(k+1))}$ 是非随机的, 且是列满秩的, 即 $R(\boldsymbol{X})=k+1$.

假定 2

$$E(\boldsymbol{N}) = \boldsymbol{0} = (0,\ 0,\ \cdots,\ 0)'_{1\times n} \quad \text{(零向量或零矩阵)}$$
$$E\left(\boldsymbol{N}\boldsymbol{N}'\right) = \sigma^2 \boldsymbol{I}_n$$

其中

$$\boldsymbol{I}_n = \begin{pmatrix} 1 & 0 & \cdots & 0 \\ 0 & 1 & \cdots & 0 \\ \vdots & \vdots & & \vdots \\ 0 & 0 & \cdots & 1 \end{pmatrix}_{n\times n} \quad (n\ \text{阶单位矩阵})$$

假定 3 $E\left(\boldsymbol{X}'\boldsymbol{N}\right) = \boldsymbol{0}_{(k+1)\times 1}$, 其中

$$\boldsymbol{0}_{(k+1)\times 1} = (0,\ 0,\ \cdots,\ 0)'_{1\times(k+1)}$$

假定 4 误差项向量服从一个 n 维的正态分布, 即

$$\boldsymbol{N} \sim N_n\left(\boldsymbol{0},\ \sigma^2\boldsymbol{I}_n\right)$$

3.2 多元线性模型的参数估计

模型设定完毕, 自然该进入参数估计阶段. 估计的内容依旧是: 第一, 偏回归系数 β_0, β_1, β_2, $\cdots$, β_k, 以期写出回归方程; 第二, 随机误差项的方差 σ^2 (实际上也是 Y 的方差), 以方便进行检验与预测. 考虑在基本假定满足的前提下, 普通最小二乘法、最大似然法与矩法所得参数 β_0, β_1, β_2, $\cdots$, β_k 估计结果一致, σ^2 的估计则遵循无偏性的原则, 而且普通最小二乘估计是主流软件默认的估计方法, 所以, 接下来只介绍最小二乘法.

3.2.1 偏回归系数的普通最小二乘估计 (OLS)

估计的原理 (思想): 选择 β_0, β_1, β_2, $\cdots$, β_k **这样的估计值, 使据此得到的** Y **的回归值** $\hat{Y}_1$, $\hat{Y}_2$, $\cdots$, $\hat{Y}_n$ **与其实际值** Y_1, Y_2, $\cdots$, Y_n **之间的总误差最小**, 即

$$\text{RSS} = \sum e_i^2 = \sum (Y_i - \hat{Y}_i)^2 = \sum \left(Y_i - \hat{\beta}_0 - \hat{\beta}_1 X_{1i} - \cdots - \hat{\beta}_k X_{ki}\right)^2 = \text{Mini}$$

显然, 当样本数据确定之后, 残差平方和 RSS 是 $\hat{\beta}_0$, $\hat{\beta}_1$, $\hat{\beta}_2$, $\cdots$, $\hat{\beta}_k$ 的函数, 选择 $\hat{\beta}_0$, $\hat{\beta}_1$, $\hat{\beta}_2$, $\cdots$, $\hat{\beta}_k$ 使得 RSS 最小即可.

估计的方法: 利用微分学原理, 求解 RSS 关于 $\hat{\beta}_0$, $\hat{\beta}_1$, $\hat{\beta}_2$, $\cdots$, $\hat{\beta}_k$ 的**最小值点**.

注释　其过程以矩阵的形式介绍如下:

$$Q=\mathrm{RSS}=\sum \boldsymbol{E}'\boldsymbol{E}=\left(\boldsymbol{Y}-\hat{\boldsymbol{B}}\boldsymbol{X}\right)'\left(\boldsymbol{Y}-\hat{\boldsymbol{B}}\boldsymbol{X}\right)$$

将残差平方和 Q 对 $\hat{\boldsymbol{B}}$ 求一阶偏导数, 并令其等于零 (寻找其驻点)

$$\frac{\partial}{\partial\hat{\boldsymbol{B}}}\left(\boldsymbol{Y}-\boldsymbol{X}\hat{\boldsymbol{B}}\right)'\left(\boldsymbol{Y}-\boldsymbol{X}\hat{\boldsymbol{B}}\right)=\mathbf{0}$$

亦即

$$\begin{aligned}
&\frac{\partial}{\partial\hat{\boldsymbol{B}}}\left(\boldsymbol{Y}'\boldsymbol{Y}-\hat{\boldsymbol{B}}'\boldsymbol{X}'\boldsymbol{Y}-\boldsymbol{Y}'\boldsymbol{X}\hat{\boldsymbol{B}}+\hat{\boldsymbol{B}}'\boldsymbol{X}'\boldsymbol{X}\hat{\boldsymbol{B}}\right)=\mathbf{0}\\
&\frac{\partial}{\partial\hat{\boldsymbol{B}}}\left(\boldsymbol{Y}'\boldsymbol{Y}-2\boldsymbol{Y}'\boldsymbol{X}\hat{\boldsymbol{B}}+\hat{\boldsymbol{B}}'\boldsymbol{X}'\boldsymbol{X}\hat{\boldsymbol{B}}\right)=\mathbf{0}\\
&\mathbf{0}-2\boldsymbol{X}'\boldsymbol{Y}+2\boldsymbol{X}'\boldsymbol{X}\hat{\boldsymbol{B}}=\mathbf{0}\\
&-\boldsymbol{X}'\boldsymbol{Y}+\boldsymbol{X}'\boldsymbol{X}\hat{\boldsymbol{B}}=\mathbf{0}
\end{aligned}$$

(只要注意到括号内的每一项都是实函数, 就不难理解这一过程) 于是

$$\boldsymbol{X}'\boldsymbol{X}\hat{\boldsymbol{B}}=\boldsymbol{X}'\boldsymbol{Y}\quad(\text{正规方程组})$$

注意到 $\mathrm{Rank}(\boldsymbol{X})=k+1$, 于是 $\mathrm{Rank}(\boldsymbol{X}'\boldsymbol{X})=k+1\Rightarrow(\boldsymbol{X}'\boldsymbol{X})^{-1}$ 存在, 用 $(\boldsymbol{X}'\boldsymbol{X})^{-1}$ 左乘正规方程组两端可得

$$(\boldsymbol{X}'\boldsymbol{X})^{-1}(\boldsymbol{X}'\boldsymbol{X}\hat{\boldsymbol{B}})=(\boldsymbol{X}'\boldsymbol{X})^{-1}(\boldsymbol{X}'\boldsymbol{Y})$$

从而

$$\hat{\boldsymbol{B}}=(\boldsymbol{X}'\boldsymbol{X})^{-1}(\boldsymbol{X}'\boldsymbol{Y})\quad\left(\text{其中}(\boldsymbol{X}'\boldsymbol{X})^{-1}(\boldsymbol{X}'\boldsymbol{X})=\boldsymbol{I}_{k+1}\right)$$

如对这部分内容理解有困难, 可以跳过过程, 记住结果.

$$\textbf{结果 (OLSE):}\quad \hat{\boldsymbol{B}}=(\boldsymbol{X}'\boldsymbol{X})^{-1}(\boldsymbol{X}'\boldsymbol{Y})\tag{3.2.1}$$

(这仅仅是一个软件在估计参数时的逻辑依据, 实际中无须读者手工进行计算)

3.2.2　随机误差项方差的估计

基于估计量无偏性的标准, 可以构建随机误差项方差的无偏估计为

$$\hat{\sigma}^2=\frac{\mathrm{RSS}}{n-(k+1)}=\frac{\boldsymbol{E}'\boldsymbol{E}}{n-(k+1)}=\frac{\sum e_i^2}{n-(k+1)}\tag{3.2.2}$$

其中, n 为样本容量, $k+1$ 是偏回归系数的个数或者解释变量的个数.

注：证明参见《计量经济学习题集》(潘文卿等, 2005).

例 3.2.1 表 3.2.1 是美国 1970—1982 年实际通货膨胀率 Y (%) 与失业率 X_1 (%) 以及预期通货膨胀率 X_2 (%) 的数据.

表 3.2.1 1970—1982 年美国实际通胀率与失业率 单位/%

Y	X_1	X_2
5.92	4.9	4.78
4.30	5.9	3.84
3.30	5.6	3.13
6.23	4.9	3.44
10.97	5.6	6.84
9.14	8.5	9.47
5.77	7.7	6.51
6.45	7.1	5.92
7.60	6.1	6.08
11.47	5.8	8.09
13.46	7.1	10.01
10.24	7.6	10.81
5.99	9.7	8.00

资料来源：达摩达尔. N. 古扎拉蒂. 2000. 计量经济学 [M]. 3 版. 北京：中国人民大学出版社: 190.

对数据进行分析与判断, 选择适当模型描述实际通货膨胀率与失业率、预期通货膨胀率之间的关系, 估计参数并写出样本回归方程.

首先, 建立一个 EViews 工作文件. 操作方法与一元线性回归的相似. 双击 EViews 进入 EViews 界面后, 依次点击 File/ New/Workfile, 在 “Workfile Range” 对话框内确认 “Annual”, 然后再 “Start Date” 下对话框内键入 “1970”, 再在 “End Date” 下的对话框内键入 “1982”, 点击 “OK”. 在 EViews 命令框内键入 “DATA Y X1 X2” 回车, 在数据表格内输入数据, 命名并储存. 依次点 View/Correlation 得输出结果见表 3.2.2.

表 3.2.2 简单相关系数表

	X_1	X_2	Y
X_1	1	0.6419	0.1163
X_2	0.6419	1	0.7870
Y	0.1163	0.7870	1

可见, Y 与 X_1, X_2 之间都有相关性, 可以考虑一个二元线性回归模型描述三者之间的关系, 即

$$Y_i = \beta_0 + \beta_1 X_{1i} + \beta_2 X_{2i} + \mu_i$$

根据宏观经济学理论, 预期 $\beta_1 < 0$(失业率增加, 导致购买能力下降, 通货膨胀率下降), 预期 $\beta_2 > 0$(预期高通货膨胀率, 促使人们提前消费, 从而提高通货膨胀率). 这个模型称为 "期望扩充菲利普曲线".

然后, 估计模型参数. 依次点击 Quick/Estimate, 在 "Equation Specification" 对话键入 " Y C X1 X2 ", 点击 "OK". 或者直接在 EViews 命令框内键入 "LS Y C X1 X2" 回车. 可以得到输出结果见图 3.2.1.

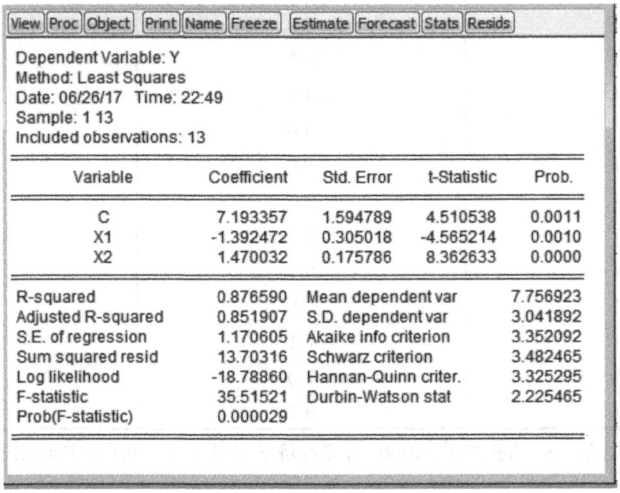

View Proc Object Print Name Freeze Estimate Forecast Stats Resids

Dependent Variable: Y
Method: Least Squares
Date: 06/26/17 Time: 22:49
Sample: 1 13
Included observations: 13

Variable	Coefficient	Std. Error	t-Statistic	Prob.
C	7.193357	1.594789	4.510538	0.0011
X1	-1.392472	0.305018	-4.565214	0.0010
X2	1.470032	0.175786	8.362633	0.0000

R-squared	0.876590	Mean dependent var	7.756923
Adjusted R-squared	0.851907	S.D. dependent var	3.041892
S.E. of regression	1.170605	Akaike info criterion	3.352092
Sum squared resid	13.70316	Schwarz criterion	3.482465
Log likelihood	-18.78860	Hannan-Quinn criter.	3.325295
F-statistic	35.51521	Durbin-Watson stat	2.225465
Prob(F-statistic)	0.000029		

图 3.2.1　普通最小二乘估计结果

从表 3.2.2 中可以写出样本回归方程

$$\hat{Y}_i = 7.1934 - 1.3925X_{1i} + 1.4700X_{2i}$$

$\hat{\beta}_1 = -1.3925$, 表明如果预期通货膨胀率等其他因素不变, 失业率每增加 1%, 实际通货膨胀率平均下降 1.3925%. $\hat{\beta}_2 = 1.4700$, 表明如果失业等其他因素保持不变, 那么预期通货膨胀率每升高 1%, 实际通货膨胀率将平均走高 1.4700% . 显然, 参数估计值与事先的理论预期完全一致. 实际数据支持宏观经济学理论的结论, 模型验证了经济学理论.

3.2.3　参数普通最小二乘估计量的统计性质

类似于一元线性回归模型, 如果多元线性回归模型 (3.1.1) 满足全部经典假定, 那么参数的普通最小二乘估计量 (3.2.1) 仍然是参数的最佳线性无偏估计量, 即是 BLUE 的.

1. **线性性**

就是指参数估计量 (3.2.1) 是被解释变量的样本值 $Y_1, Y_2, \cdots, Y_n$ 的线性组合.

证明 由 (3.2.1) 有

$$\hat{\boldsymbol{B}}=(\boldsymbol{X}'\boldsymbol{X})^{-1}(\boldsymbol{X}'\boldsymbol{Y})=\left[(\boldsymbol{X}'\boldsymbol{X})^{-1}\boldsymbol{X}'\right]\boldsymbol{Y}$$

记 $\boldsymbol{C}=(\boldsymbol{X}'\boldsymbol{X})^{-1}\boldsymbol{X}'$, 则 $\hat{\boldsymbol{B}}=\boldsymbol{C}\boldsymbol{Y}$.

2. 无偏性

$$E(\hat{\boldsymbol{B}})=\boldsymbol{B}$$

证明

$$\begin{aligned}E(\hat{\boldsymbol{B}})=&E\left[(\boldsymbol{X}'\boldsymbol{X})^{-1}\boldsymbol{X}'\boldsymbol{Y}\right]=E\left[(\boldsymbol{X}'\boldsymbol{X})^{-1}\boldsymbol{X}'(\boldsymbol{X}\boldsymbol{B}+\boldsymbol{N})\right]\\=&(\boldsymbol{X}'\boldsymbol{X})^{-1}\boldsymbol{X}'\boldsymbol{X}\boldsymbol{B}+(\boldsymbol{X}'\boldsymbol{X})^{-1}\boldsymbol{X}'E(\boldsymbol{N})\\=&\boldsymbol{B}+(\boldsymbol{X}'\boldsymbol{X})^{-1}\boldsymbol{X}'\times\boldsymbol{0}=\boldsymbol{B}\end{aligned}$$

3. 有效性

参数估计量的**方差 — 协方差矩阵**为

$$\mathrm{Cov}(\hat{\boldsymbol{B}})=\sigma^2(\boldsymbol{X}'\boldsymbol{X})^{-1}$$

且在参数 $\boldsymbol{B}$ 的所有线性无偏估计量中, 这一方差最小.

注释 这一矩阵的**主对角线上的元素是参数估计量的方差**, 其他元素是参数估计量之间的协方差. 为什么协方差不为零?

证明 因为

$$\begin{aligned}\hat{\boldsymbol{B}}&=(\boldsymbol{X}'\boldsymbol{X})^{-1}\boldsymbol{X}'\boldsymbol{Y}=(\boldsymbol{X}'\boldsymbol{X})^{-1}\boldsymbol{X}'(\boldsymbol{X}\boldsymbol{B}+\boldsymbol{N})\\&=\boldsymbol{B}+(\boldsymbol{X}'\boldsymbol{X})^{-1}\boldsymbol{X}'\boldsymbol{N}\end{aligned}$$

又因为

$$E\left(\boldsymbol{N}\boldsymbol{N}'\right)=\sigma^2\boldsymbol{I}$$

所以

$$\begin{aligned}\mathrm{Cov}(\hat{\boldsymbol{B}})&=E\left[\hat{\boldsymbol{B}}-E(\hat{\boldsymbol{B}})\right]\left[\hat{\boldsymbol{B}}-E(\hat{\boldsymbol{B}})'\right]=E\left[(\hat{\boldsymbol{B}}-\boldsymbol{B})(\hat{\boldsymbol{B}}-\boldsymbol{B})'\right]\\&=E\left[(\boldsymbol{X}'\boldsymbol{X})^{-1}\boldsymbol{X}'\boldsymbol{N}\boldsymbol{N}'\boldsymbol{X}(\boldsymbol{X}'\boldsymbol{X})^{-1}\right]\\&=(\boldsymbol{X}'\boldsymbol{X})^{-1}\boldsymbol{X}'E(\boldsymbol{N}\boldsymbol{N}')\boldsymbol{X}(\boldsymbol{X}'\boldsymbol{X})^{-1}\\&=(\boldsymbol{X}'\boldsymbol{X})^{-1}\boldsymbol{X}'\sigma^2\boldsymbol{I}\boldsymbol{X}(\boldsymbol{X}'\boldsymbol{X})^{-1}\\&=\sigma^2(\boldsymbol{X}'\boldsymbol{X})^{-1}\end{aligned}$$

方差最小的证明：

设有 $\boldsymbol{B}$ 的另一个线性无偏估计量, 记为

$$\hat{\boldsymbol{B}}^* = \boldsymbol{AY} \quad (\text{其中 } \boldsymbol{A}\text{为常数矩阵})$$

且

$$\begin{aligned} E(\hat{\boldsymbol{B}}^*) &= E(\boldsymbol{AY}) = E[\boldsymbol{A}(\boldsymbol{XB}+\boldsymbol{N})] \\ &= E(\boldsymbol{AXB}) + \boldsymbol{A}E(\boldsymbol{N}) = \boldsymbol{AXB} = \boldsymbol{B}(\text{是无偏估计}) \end{aligned}$$

必有

$$\boldsymbol{AX} = \boldsymbol{I}$$

欲证最小二乘估计量的方差在所有线性无偏估计量中最小, 只需证明

$$\mathrm{Cov}(\hat{\boldsymbol{B}}^*) - \mathrm{Cov}(\hat{\boldsymbol{B}})$$

为半正定矩阵即可.

因为

$$\begin{aligned} \hat{\boldsymbol{B}}^* - \boldsymbol{B} &= \boldsymbol{AY} - \boldsymbol{B} = \boldsymbol{A}(\boldsymbol{XB}+\boldsymbol{N}) - \boldsymbol{B} \\ &= \boldsymbol{AXB} + \boldsymbol{AN} - \boldsymbol{B} = \boldsymbol{B} + \boldsymbol{AN} - \boldsymbol{B} = \boldsymbol{AN} \end{aligned}$$

又因为

$$\begin{aligned} \mathrm{Cov}(\hat{\boldsymbol{B}}^*) &= E\left[\hat{\boldsymbol{B}}^* - E(\hat{\boldsymbol{B}}^*)\right]\left[\hat{\boldsymbol{B}}^* - E(\hat{\boldsymbol{B}}^*)\right]' \\ &= E\left[\hat{\boldsymbol{B}}^* - \boldsymbol{B}\right]\left[\hat{\boldsymbol{B}}^* - \boldsymbol{B}\right]' = E[(\boldsymbol{AN})(\boldsymbol{AN})'] \\ &= E(\boldsymbol{ANN'A'}) = \boldsymbol{A}E(\boldsymbol{NN'})\boldsymbol{A'} = \boldsymbol{A}\sigma^2\boldsymbol{IA'} = \sigma^2\boldsymbol{AA'} \end{aligned}$$

所以

$$\mathrm{Cov}(\hat{\boldsymbol{B}}) - \mathrm{Cov}(\hat{\boldsymbol{B}}^*) = \sigma^2\boldsymbol{AA'} - \sigma^2(\boldsymbol{X'X})^{-1} = \sigma^2\left[\boldsymbol{AA'} - (\boldsymbol{X'X})^{-1}\right].$$

还因为

$$\begin{aligned} &\left[\boldsymbol{A} - (\boldsymbol{X'X})^{-1}\boldsymbol{X'}\right]\left[\boldsymbol{A} - (\boldsymbol{X'X})^{-1}\boldsymbol{X'}\right]' = \left[\boldsymbol{A} - (\boldsymbol{X'X})^{-1}\boldsymbol{X'}\right]\left[\boldsymbol{A'} - \boldsymbol{X}(\boldsymbol{X'X})^{-1}\right] \\ &= \boldsymbol{AA'} - (\boldsymbol{X'X})^{-1}\boldsymbol{X'A'} - \boldsymbol{AX}(\boldsymbol{X'X})^{-1} + (\boldsymbol{X'X})^{-1}\boldsymbol{X'X}(\boldsymbol{X'X})^{-1} \\ &= \boldsymbol{AA'} - (\boldsymbol{X'X})^{-1}(\boldsymbol{AX})' - \boldsymbol{AX}(\boldsymbol{X'X})^{-1} + (\boldsymbol{X'X})^{-1}\boldsymbol{I} \\ &= \boldsymbol{AA'} - (\boldsymbol{X'X})^{-1} = \boldsymbol{AA'} - (\boldsymbol{X'X})^{-1} \end{aligned}$$

由线性代数知识可知, 对任意非奇异矩阵 $\boldsymbol{D}$, $\boldsymbol{D'D}$ 必为半正定矩阵. 记 $[\boldsymbol{AA'} - (\boldsymbol{X'X})^{-1}\boldsymbol{X'}] = \boldsymbol{D}$, 则

$$\boldsymbol{DD'} = \left[\boldsymbol{A} - (\boldsymbol{X'X})^{-1}\boldsymbol{X'}\right]\left[\boldsymbol{A} - (\boldsymbol{X'X})^{-1}\boldsymbol{X'}\right]' = \boldsymbol{AA'} - (\boldsymbol{X'X})^{-1}$$

就是说 $\boldsymbol{AA}'-(\boldsymbol{XX})^{-1}$ 是半正定矩阵, 而半正定矩阵主对角线的元素非负, 亦即

$$E(\hat{\beta}_j^*-\beta_j)^2-E(\hat{\beta}_j-\beta_j)^2\geqslant 0 \quad \Rightarrow \quad \mathrm{Var}(\hat{\beta}_j^*)-\mathrm{Var}(\hat{\beta}_j)\geqslant 0$$

故而 $\mathrm{Var}(\hat{\beta}_j^*)\geqslant \mathrm{Var}(\hat{\beta}_j)(j=0,1,2,\cdots,k)$. 所以 β_j 的普通最小二乘估计在所有线性无偏估计中方差最小. (这一证明主要是提供给有兴趣了解的同学参考之用)

4. 一致性

我们不加证明地给出以下结论：在模型满足假定 10、假定 11 的条件下, $P\lim\limits_{n\to\infty}\hat{\boldsymbol{B}}=\boldsymbol{B}$, **即 OLSE 是一致估计.**

3.2.4　样本容量问题

在理论模型设计结束后, 开始收集数据之前必须明确的问题是, **收集多少数据才可以满足建模研究的需求**? 这是计量经济学模型研究的基本问题之一. 当然, 一元线性回归也存在样本容量问题, 不过我们把这一部分内容放到现在讨论, 关联性更强, 理解更为透彻和完整. 也许有人觉得, 需要如此严谨吗? 韩信点兵嘛, 多多益善喽! 而事实上, 收集样本数据相当困难. 第一, 费用约束；第二, 数据缺失；第三, 数据不配套；…… 因此, 有必要事先确定一个建立模型所需样本容量的底线, 以指导样本数据的收集.

容易理解, 对模型要求不同所需的样本量不同, 要求低则样本量相应地小, 而要求高则样本量相应地大. 计量经济学研究中通常的标准有：最小样本容量和满足基本要求的样本容量.

1. 最小样本容量

这里 “最小样本容量” 是指不问参数估计量的性质、质量以及检验结论的可信度, 只求能够给出参数的估计值即可的样本量.

普通最小二乘法的估计量 (3.2.1)

$$\hat{\boldsymbol{B}}=(\boldsymbol{X}'\boldsymbol{X})^{-1}\boldsymbol{X}'\boldsymbol{Y}$$

成立的前提是, 矩阵 $(\boldsymbol{X}'\boldsymbol{X})$ 必须是满秩的, 而 $(\boldsymbol{X}'\boldsymbol{X})$ 是一个 $(k+1)$ 阶的方阵, 所以必须

$$\mathrm{Rank}(\boldsymbol{X}'\boldsymbol{X})=(k+1)$$

又因为

$$\mathrm{Rank}(\boldsymbol{AB})\leqslant \mathrm{Mini}\left\{\mathrm{Rank}(\boldsymbol{A}),\mathrm{Rank}(\boldsymbol{B})\right\}$$

所以, 只有

$$\mathrm{Rank}(\boldsymbol{X})\geqslant k+1$$

$(\boldsymbol{X}'\boldsymbol{X})$ 方能成为满秩矩阵. 这里 $\boldsymbol{X}$ 是一个 $n \times (k+1)$ 矩阵, 秩 $\mathrm{Rank}(\boldsymbol{X}) \leqslant \mathrm{Mini}(n, k+1)$, 此处 $k+1$ 为定值, 故而

$$n \geqslant k+1 \tag{3.2.3}$$

就是说样本容量不能少于模型中需要估计的回归系数的个数或者解释变量的个数. 下面两个比较直观的特例可以帮助大家理解 (3.2.3) 的意义.

比如, 对于一元线性回归方程

$$\hat{Y}_i = \beta_0 + \beta_1 X_i$$

按照 (3.2.3), 样本量至少为 $2(n \geqslant 1+1=2)$. 容易理解的是, 其图像是平面上一条直线, 几何学的规定是: **"决定平面上的一条直线至少需要两个不同点"**.

又比如, 对于二元线性回归方程

$$\hat{Y}_i = \beta_0 + \beta_1 X_{1i} + \beta_2 X_{2i}$$

按照 (3.2.3), 样本容量至少为 $3(n \geqslant 2+1=3)$, 而其图像为三维空间中的一个平面, 几何学的规定是: **"决定三维空间中的一个平面至少需要三个不同的点"**.

2. 满足基本要求的样本容量

当然, 只满足参数能够估计对于计量经济学模型研究是远远不够的, 因为除保证参数能被估计, 还希望参数估计值稳定、要对模型进行检验以及应用等.

假设检验中多数的临界值均涉及自由度问题 (只有 Z 检验例外), 其中对自由度变动较为敏感的是变量显著性的检验, 多数情况使用 t 检验 (只有当样本量 $n \geqslant 30$ 时才能使用 Z 检验).

还需要指出的是, 所有常规检验都建立在正态分布的基础上, 样本分布越接近正态分布, 检验的结论越可信. 中心极限定理表明, 只有在样本量足够大的情况下, 统计量极限分布才接近于正态分布. 而关于样本量的底线是 $n \geqslant 30$.

因此, 基于理论与经验的结合, **满足基本要求的样本量可以参考的标准为**

理想: $n \geqslant 30$.

底限: $n \geqslant 3(k+1)$.

最后需要指出的是, 在追求样本量扩大的同时应该注意到: 第一, 对于时间序列数据, 需特别注意样本范围内的经济行为的一致性问题, 应该在二者之间权衡利弊; 第二, 对于截面数据, 需要强调的是样本与总体的一致性问题, 切不可为了追求样本量而牺牲总体与样本的一致性; 第三, 如果数据的收集的确困难, 建议借鉴贝叶斯 (Bayes) 统计的思想与方法, 采用先验信息辅助参数估计.

3.3 多元线性回归模型的统计学检验

多元线性回归对于统计检验的必要性与一元线性回归模型是相似的, 检验的内容依旧是: 模型的拟合优度评价、方程总体显著性检验 (实质上是拟合优度的显著性检验)、变量的显著性检验以及参数的置信区间估计等四项. **需要特别指出的是, 变量显著性检验与方程显著性检验, 在一元线性回归模型的检验中是可以选择的, 但在多元线性回归模型的检验中是没有选择的, 二者都属于必检内容.**

3.3.1 拟合优度检验 (评价)

鉴于拟合优度测度统计量对拟合优度的检验缺少客观标准, 今后将使用拟合优度评价的说法.

评价的常规统计量: 首选为调整 (校正) 的可决系数(adjusted coefficient of determination)$\bar{R}^2$、**其次是可决系数** R^2.

调整的可决系数定义为

$$\bar{R}^2 = 1 - \frac{\mathrm{RSS}/[n-(k+1)]}{\mathrm{TSS}/(n-1)} \tag{3.3.1}$$

其中 $\mathrm{RSS} = \sum (Y_i - \hat{Y}_i)^2$ 是残差平方和, $\mathrm{TSS} = \sum (Y_i - \bar{Y})^2 = \sum y_i^2$ 为被解释变量 Y 的总离差平方和; n 为样本容量, $(k+1)$ 是偏回归系数的个数. **调整的可决系数可以用于所有关于样本方程拟合优度的评价.**

而可决系数仍旧定义为

$$R^2 = \frac{\mathrm{ESS}}{\mathrm{TSS}} = 1 - \frac{\mathrm{RSS}}{\mathrm{TSS}}$$

此中 $\mathrm{ESS} = \sum (\hat{Y}_i - \bar{Y})^2$ 为回归平方和. **可决系数只能用于既定的单一样本回归方程拟合优度的评价.** 还需要说明的是, 多元线性回归中的可决系数并不等于简单相关系数的平方.

$\bar{R}^2$ 与 R^2 二者间的关系是

$$\bar{R}^2 = 1 - (1 - R^2)\frac{n-1}{n-(k+1)} \tag{3.3.2}$$

显然, 对同一个样本而言 $\bar{R}^2 < R^2$ (只要 $k \geqslant 1$).

注释 事实上

$$\begin{aligned}\mathrm{TSS} &= \sum (Y_i - \bar{Y})^2 \\ &= \sum \left[(Y_i - \hat{Y}_i) + (\hat{Y}_i - \bar{Y})\right]^2 \\ &= \sum (Y_i - \hat{Y}_i)^2 + 2\sum (Y_i - \hat{Y}_i)(\hat{Y}_i - \bar{Y}) + \sum (\hat{Y}_i - \bar{Y})^2\end{aligned}$$

由于其中的交叉项之和

$$
\begin{aligned}
&\sum(Y_i-\hat{Y}_i)(\hat{Y}_i-\bar{Y})\\
&=\sum e_i(\hat{Y}_i-\bar{Y})\\
&=\hat{\beta}_0\sum e_i+\hat{\beta}_1\sum e_iX_{1i}+\hat{\beta}_2\sum e_iX_{2i}+\cdots+\hat{\beta}_k\sum e_iX_{k\,i}\\
&=0
\end{aligned}
$$

其中用到了

$$\sum e_i=0,\qquad \sum e_iX_{ji}=0\quad \text{(源自正规方程组)}$$

所以

$$\text{TSS}=\text{ESS}+\text{RSS}$$

即被解释变量 Y 的总离差平方和被分解成回归平方和与残差平方和两部分. 回归平方和越大残差平方和越小, 表示样本回归方程与样本观测值之间的拟合程度越高. 于是

$$\frac{\text{ESS}}{\text{TSS}}=R^2\quad\text{(可决系数)}$$

可以用来度量样本回归方程对样本观测值 (样本数据) 的拟合程度.

由于实践中往往出现 **“在模型中每增加一个解释变量, 模型的可决系数一般都会有所改善”** 的现象 (事实上, 理论关系一般也是这样的). 使用可决系数评价样本回归方程的拟合优度可能引起如下问题：第一, 为追求较高的可决系数而不断增加解释变量, 从而落入 “多重共线性陷阱”；第二, 对于解释变量数目不同的样本回归方程拟合优度的评价不客观. 所以, 需要从可决系数中将依赖增加解释变量数 “换来” 的份额予以剔除.

由于增加解释变量必然使得残差平方和的自由度减少, 因此, 调整的出发点就是将残差平方和与总离差平方和分别除以各自的自由度, 以剔除变量个数对拟合优度的 “浮夸”, 于是

$$\bar{R}^2=1-(1-R^2)\frac{n-1}{n-(k+1)}\quad\text{(调整的可决系数)}$$

注释　由于 $\bar{R}^2=1-\left(1-R^2\right)\dfrac{n-1}{n-(k+1)}=1-\dfrac{\text{RSS}}{\text{TSS}}\times\dfrac{n-1}{n-(k+1)}$, 其中的系数 $\dfrac{n-1}{n-(k+1)}$ 起到了制衡器的作用, 虽然增加解释变量后 RSS 有改善, 但此时分母减小可能致使 $\bar{R}^2$ 减小, 除非增加的解释变量对 RSS 改善, 可以超过系数对分母减小造成的削减, 否则增加解释变量的就是没有贡献的.

统计量的取值范围：$0\leqslant R^2\leqslant 1$, $0\leqslant \bar{R}^2\leqslant 1$. (理论上讲, 调整的可决系数可能出现负数, 为不致扭曲评价结果, 此时约定 $\bar{R}^2=0$.)

评价标准：评价统计量的数值接近于 1，表明样本方程拟合优度高；而接近于零则表示样本方程拟合优度较低.

例 3.3.1 根据例 3.2.1 的计算输出结果, ① 写出可决系数 R^2 和调整的可决系数 $\bar{R}^2$；② 对样本方程的拟合优度做出评价.

为熟悉对输出结果的解读, 把例 3.2.1 的输出结果重列于此 (图 3.3.1)：

View | Proc | Object | Print | Name | Freeze | Estimate | Forecast | Stats | Resids

Dependent Variable: Y
Method: Least Squares
Date: 07/03/19 Time: 00:20
Sample: 1970 1982
Included observations: 13

Variable	Coefficient	Std. Error	t-Statistic	Prob.
C	7.193357	1.594789	4.510538	0.0011
X1	-1.392472	0.305018	-4.565214	0.0010
X2	1.470032	0.175786	8.362633	0.0000

R-squared	0.876590	Mean dependent var	7.756923
Adjusted R-squared	0.851907	S.D. dependent var	3.041892
S.E. of regression	1.170605	Akaike info criterion	3.352092
Sum squared resid	13.70316	Schwarz criterion	3.482465
Log likelihood	-18.78860	Hannan-Quinn criter.	3.325295
F-statistic	35.51521	Durbin-Watson stat	2.225465
Prob(F-statistic)	0.000029		

图 3.3.1 普通最小二乘估计结果

(1) 从这个输出表的下一段, 可以得到可决系数 (R-squared) 为

$$R^2 = 0.8766$$

同样可以得到调整的可决系数 (adjusted R-squared) 为

$$\bar{R}^2 = 0.8519$$

(2) 因为, $\bar{R}^2 = 0.8519$ 与 1 比较接近 (或粗略地讲, 在实际通货膨胀率的变动中约 85.19% 可以被失业率与预期通货膨胀率的线性函数所解释), 所以应该说, 样本方程的拟合优度是比较高的.

其他统计量：在评价解释变量数不同的样本方程的拟合优度时, 除使用调整的可决系数 $\bar{R}^2$ 外, 经常被使用的还有：**赤池信息**(Akaike information criterion, AIC) 和**施瓦茨信息**(Schwarz criterion, SC) 等.

这两个统计量已列入 EViews 固定的输出项目 (在输出表格下端右侧位置), 使用较为方便. AIC 值或 SC 值最小的模型最好.

有必要再一次指出, 用可决系数或者调整的可决系数评价样本方程拟合优度, 结论不够客观.

3.3.2 线性方程总体显著性检验 —— F 检验

这一方法是借鉴数理统计学方差分析的思想构建的假设检验. 其目的在于判断所有解释变量所构成的线性函数, 对被解释变量的整体解释能力作出显著性的评判.

检验的假设为

$$H_0: \beta_1 = \beta_2 = \cdots = \beta_k = 0; \quad H_1: \beta_1, \beta_2, \cdots, \beta_k \text{ 不全为零}$$

检验的统计量为

$$F = \frac{\mathrm{ESS}/k}{\mathrm{RSS}/[n-(k+1)]} \sim F(k, n-k-1) \tag{3.3.3}$$

其中 ESS 为回归平方和, RSS 是残差平方和. n 是样本量, k 为除虚变量以外的解释变量数. (F 统计量数值可以从 EViews6.0 的输出表格中 (下段倒数第二行) 查到 F-Statistic.)

决策规则: 若 $F > F_\alpha(k, n-k-1)$ 或者 F 统计量的伴随概率 prob. $< \alpha$, 那么拒绝原假设 H_0, 即所有解释变量作为一个整体, 对于被解释变量有着显著的线性解释能力; 反之, 若 $F \leqslant F_\alpha(k, n-k-1)$ 或者 F 统计量的伴随概率 prob. $\geqslant \alpha$, 则不拒绝原假设 H_0, 也就是, 全部解释变量作为一个整体对被解释变量的线性解释能力不显著.

注释

$$Y_i = \beta_0 + \beta_1 X_{1i} + \beta_2 X_{2i} + \cdots + \beta_k X_{k\,i} + \mu_i$$

若原假设 $H_0: \beta_1 = \beta_2 = \cdots = \beta_k = 0$ 成立, 那么

$$Y_i = \beta_0 + \mu_i$$

这表明, 被解释变量 Y_i 的变动全部来自随机波动, 方程对于 Y_i 的变动没有任何解释或回答.

EViews 中默认的原假设就是 $H_0: \beta_1 = \beta_2 = \cdots = \beta_k = 0$, 若 F 检验的伴随概率 prob. $< \alpha$ (可以理解为在观测到的统计量数值之下, 原假设为真的概率小于 α), 则应该拒绝原假设.

例 3.3.2 用例 3.2.1 所得的样本方程, 对总体方程进行显著性检验 ($\alpha = 0.01$).

解 **方法 1** 用传统检验模式.

提出待检验假设

$$H_0: \beta_1 = \beta_2 = 0; \quad H_1: \beta_1, \beta_2 \text{ 不全为零}$$

因为 $n = 13$, $k = 2$, $\alpha = 0.01$, 查 F 分布临界值表求得 $F_{0.01}(2, 10) = 7.56$, 从图 3.3.2 可得 $F = 35.5152$.

因为 $F = 35.5152 \gg 7.56 = F_{0.01}(2,10)$, 所以拒绝原假设 H_0, 即**失业率与预期通货膨胀率的线性回归方程对实际通货膨胀率的整体解释能力很强. 方程是有效的.**

方法 2 伴随概率 (或 p 值) 检验法.

提出待检验假设

$$H_0: \beta_1 = \beta_2 = 0; \quad H_1: \beta_1, \beta_2 \text{不全为零}$$

从 EViews 输出表格右下端最末一行可得 F 检验伴随概率 —prob. (F-Statistic) 为 0.000029.

因为 prob. $= 0.000029 \ll 0.01 = \alpha$, 所以拒绝原假设, 即**失业率与预期通货膨胀率整体对实际通货膨胀率的线性解释能力很强. 方程是有效的.**

问题: 拒绝原假设, 意味着所有解释变量对被解释变量的解释作用都显著吗?

3.3.3 拟合优度检验与方程总体显著性检验的关系

拟合优度评价与方程总体显著性检验, 虽然出发点不同、统计量相异, 前者从样本回归方程出发, 用调整的可决系数对样本方程的拟合优度进行评价, 而后者是从样本观测值出发检验模型总体的线性显著性. 容易理解, 若拟合优度高, 则模型总体的线性显著性理当较强. 我们有必要知道二者之间的数量关系.

根据 (3.3.3) 和 (2.4.4) 可以得到可决系数 R^2 与 F 统计量之间的关系

$$R^2 = \frac{kF}{n-k-1+kF} \tag{3.3.4}$$

$$F = \frac{R^2/k}{(1-R^2)/(n-k-1)} \tag{3.3.5}$$

由 (3.3.5) 式可见, 当 $R^2 = 0$ 时, $F = 0$, 即拟合度低时, 方程不显著; 而当 $R^2 \to 1$ 时, $F \to +\infty$, 即拟合度高时, 方程也显著. 对例 3.2.1, 可以说方程显著性假设 H_0:$\beta_1 = \beta_2 = 0$ 的检验, 就等价于检验虚拟假设 $H_0: R^2 = 0$.

注释 事实上

$$\begin{aligned} F &= \frac{\text{ESS}/k}{\text{RSS}/(n-k-1)} = \frac{\dfrac{\text{ESS}}{\text{TSS}}/k}{\dfrac{\text{TSS}-\text{ESS}}{\text{TSS}}/(n-k-1)} \\ &= \frac{R^2/k}{(1-R^2)/(n-k-1)} = \frac{R^2}{1-R^2} \times \frac{n-(k+1)}{k} \end{aligned}$$

另一方面

$$F = \frac{R^2}{1-R^2} \times \frac{n-(k+1)}{k} \to kF\left(1-R^2\right) = R^2(n-k-1)$$

从而

$$kF - kFR^2 = R^2(n-k-1) \to R^2[(n-k-1)+kF] = kF$$

所以

$$R^2 = \frac{kF}{n-k-1+kF}$$

对于例 3.3.2 而言, 因为 $n = 13, k = 2, \alpha = 0.01$, 查阅 F 分布临界值表求得 $F_{0.01}(2,100) = 7.56$, 将这些数据代入 (3.3.4), 可以解 $R^2 = 0.6019$, 也就是说对于那样一个方程, 只要可决系数大于 0.6019, 方程的拟合效果就是显著的, 然而在实际问题中如果一个样本方程的可决系数仅有 0.6019, 那么可能绝大多数人都认为模型的拟合效果不好. 因此, 在计量经济学模型研究中, **切不可过分追求模型的可决系数, 模型符合于经济行为, 是更为重要的标准.**

3.3.4　变量显著性检验 ——t 检验

F 检验是回答所有解释变量作为整体对被解释变量的线性解释能力, 即使原假设被拒绝, 也不表示所有解释变量都是显著的 (为什么？), 我们还需要对解释变量的显著性逐个进行检验, 筛选出不显著的解释变量, 考虑予以剔除. 需要事先指出的是, **只有总体模型检验的结论是"显著的", 才有必要检验变量的显著性.**

待检验统计假设

$$H_0: \beta_j = 0; \quad H_1: \beta_j \neq 0, \quad j = 1, 2, \cdots, k$$

检验统计量

$$T_j = \frac{\hat{\beta}_j}{S_{\hat{\beta}_j}} \sim t(n-k-1) \quad (H_0 \text{ 真}) \tag{3.3.6}$$

其中 $S_{\hat{\beta}_j}$ 为参数估计 $\hat{\beta}_j$ 的标准误差, 其计算式为

$$S_{\beta_j} = \sqrt{c_{jj}\frac{\boldsymbol{E}'\boldsymbol{E}}{n-k-1}} \quad (c_{jj} \text{ 为矩阵 } (\boldsymbol{X}'\boldsymbol{X})^{-1} \text{ 主对角线上的第 } j+1 \text{个元素})$$

注：$S_{\hat{\beta}_j}$ 数值可以从 EViews 关于模型估计的输出结果中获得 (Std. Error). t 统计量也可以从中获得 (t-Statistic).

决策规则　若 $|t_j| > t_{\alpha/2}(n-k-1)$ 或 t 检验的伴随概率 prob. $< \alpha$, 则拒绝原假设 $H_0: \beta_j = 0$, 即解释变量 X_j 对 Y 的影响显著 (应予以保留); 反之, 若 $|t_j| \leqslant t_{\alpha/2}(n-k-1)$ 或 t 检验的伴随概率 prob. $\geqslant \alpha$, 则不拒绝原假设 $H_0: \beta_j = 0$, 即解释变量 X_j 对 Y 的影响不显著 (考虑剔除). 重复上述过程, 直到 k 个解释变量逐个被检验完毕为止.

例 3.3.3　根据例 3.2.1 的数据和估计结果, 检验变量的显著性 ($\alpha = 0.01$).

首先对失业率 X_1 进行检验.

待检验假设为

$$H_0 : \beta_1 = 0; \quad H_1 : \beta_1 \neq 0$$

因为

$$\alpha = 0.01\ , \quad n = 13, \quad k = 2,$$

所以

$$t_{\alpha/2}\,(n-k-1) = t_{0.005}(10) = 3.1690.$$

查阅 EViews 的模型估计输出结果见图 3.3.2.

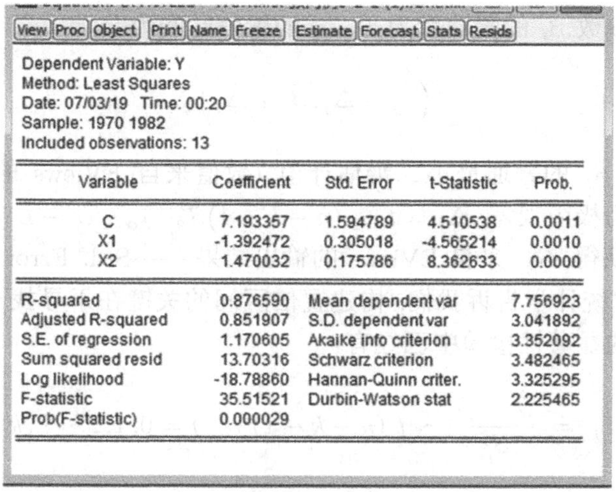

View Proc Object Print Name Freeze Estimate Forecast Stats Resids

Dependent Variable: Y
Method: Least Squares
Date: 07/03/19 Time: 00:20
Sample: 1970 1982
Included observations: 13

Variable	Coefficient	Std. Error	t-Statistic	Prob.
C	7.193357	1.594789	4.510538	0.0011
X1	-1.392472	0.305018	-4.565214	0.0010
X2	1.470032	0.175786	8.362633	0.0000

R-squared	0.876590	Mean dependent var	7.756923
Adjusted R-squared	0.851907	S.D. dependent var	3.041892
S.E. of regression	1.170605	Akaike info criterion	3.352092
Sum squared resid	13.70316	Schwarz criterion	3.482465
Log likelihood	-18.78860	Hannan-Quinn criter.	3.325295
F-statistic	35.51521	Durbin-Watson stat	2.225465
Prob(F-statistic)	0.000029		

图 3.3.2 多元回归最小二乘估计

则 $|t_1| = |-4.5652| = 4.5652 > 3.1690 = t_{0.005}(10)$, 拒绝原假设, 即失业率对实际通货膨胀率有着显著的影响.

或者, 因为伴随概率 prob. $= 0.0010 < 0.01 = \alpha$, 拒绝原假设, 即失业率对实际通货膨胀率有着显著的影响.

其次, 检验预期通货膨胀率的显著性.

待检验假设为

$$H_0 : \beta_2 = 0; \quad H_1 : \beta_2 \neq 0$$

因为 $\alpha = 0.01$, $n = 13$, $k = 2$, 所以 $t_{\alpha/2}\,(n-k-1) = t_{0.005}(10) = 3.1690$. 同样查阅输出表格可得, 找出 t 统计量 $t_2 = 8.3626$, 即

因为 $|t_2| = 8.3626 > 3.1690 = t_{0.005}(10)$, 拒绝 H_0, 预期通货膨胀率对实际通货膨胀率有着极显著的影响.

或者因为 t 检验的伴随概率 prob. $= 0.0000$, 明显小于显著性水平 $\alpha = 0.01$, 所以, 拒绝 H_0, 预期通货膨胀率对实际通货膨胀率有着极显著的影响.

综合起来, 失业率与预期通货膨胀率对于实际通货膨胀率都有着显著的影响, 均应该保留在模型中.

3.3.5　参数的置信区间

方程显著性检验 (F 检验) 和变量的显著性检验 (t 检验) 的共同点在于, 依据样本数据检验总体模型的回归系数与零之间是否存在显著差异, 区别在于 F 检验针对全体解释变量, 而 t 检验则是分别对个别变量进行检验. 其共同的缺点是: 都没有给出总体参数的具体范围及其置信的程度. 而参数的区间估计正是对这一缺陷的一种弥补. 当然, 参数的区间估计需对参数逐一进行.

容易得出, 参数 β_j 的置信度为 $1-\alpha$ 的置信区间为

$$\left(\hat{\beta}_j-\Delta_j,\hat{\beta}_j+\Delta_j\right) \tag{3.3.7}$$

其中 $\hat{\beta}_j$ 为参数 β_j 的普通最小二乘估计值 (数值来自 EViews 的输出结果 ——coefficient), Δ_j 为极限误差, $\Delta_j=t_{\alpha/2}\left(n-k-1\right)S_{\hat{\beta}_j}$, $t_{\alpha/2}\left(n-k-1\right)$ 可通过查阅 t 分布临界值表获得, $S_{\hat{\beta}_j}$ 来自 EViews 的输出结果 ——Std. Error.

注释　数理统计学告诉我们, 构建置信区间的关键在于寻找一个合适的枢轴变量, 而在变量的显著性检验中已经有

$$T_j = \frac{\hat{\beta}_j-\beta_j}{S_{\hat{\beta}_j}} \sim t\left(n-k-1\right), \quad j=0,1,2,\cdots,k$$

对于给定置信度 $1-\alpha$, 查 t 分布表, 根据 $P\left(t>t_{\alpha/2}\right)=\alpha/2$ 确定临界值 $t_{\alpha/2}$, 则

$$P\left(-t_{\alpha/2}<\frac{\hat{\beta}_j-\beta_j}{S_{\hat{\beta}_j}}<t_{\alpha/2}\right)=1-\alpha$$

将其变换、整理后可得

$$P\left(\hat{\beta}_j-t_{\alpha/2}S_{\hat{\beta}_j}<\beta_j<\hat{\beta}_j+t_{\alpha/2}S_{\hat{\beta}_j}\right)=1-\alpha$$

从而可以得到参数 β_j 的置信度为 $1-\alpha$ 的置信区间为

$$\left(\hat{\beta}_j-t_{\alpha/2}S_{\hat{\beta}_j}\ ,\ \hat{\beta}_j+t_{\alpha/2}S_{\hat{\beta}_j}\right)$$

其中, 极限误差为 $\Delta_j=t_{\alpha/2}S_{\hat{\beta}_j}, j=0,1,2,\cdots,k$.

例 3.3.4　对例 3.3.1 的回归系数估计其置信度为 95% 的置信区间.

从图 3.3.2 的中间段

Variable	Coefficient	Std. Error	t-Statistic	Prob.
C	7.193357	1.594789	4.510538	0.0011
X_1	−1.392472	0.305018	−4.565214	0.0010
X_2	1.470032	0.175786	8.362633	0.0000

可以得到

$$\hat{\beta}_0 = 7.193357, \qquad S_{\hat{\beta}_0} = 1.594789$$
$$\hat{\beta}_1 = -1.392472, \qquad S_{\hat{\beta}_1} = 0.305018$$
$$\hat{\beta}_2 = 1.470032, \qquad S_{\hat{\beta}_2} = 0.175786$$

又因为

$$1 - \alpha = 0.95 \Rightarrow \alpha = 0.05$$
$$n = 13, \quad k = 2$$

查阅 t 分布表使 $P(T \geqslant t_{\alpha/2}) = 0.025 = 0.05/2$, 得 $t_{0.025}(10) = 2.228$, 从而

$$\Delta_0 = t_{0.025}(10) \times S_{\hat{\beta}_0} = 2.228 \times 1.594789 = 3.5531$$
$$\Delta_1 = t_{0.025}(10) \times S_{\hat{\beta}_1} = 2.228 \times 0.305018 = 0.6796$$
$$\Delta_2 = t_{0.025}(10) \times S_{\hat{\beta}_2} = 2.228 \times 0.175786 = 0.3917$$

所以

(1) 参数 β_0 的置信度为 95% 的置信区间为

$$(7.1934 - 3.5531,\ 7.1934 + 3.5531) = (3.6403,\ 10.7465)$$

(2) 参数 β_1 的置信度为 95% 的置信区间为

$$(-1.3925 - 0.6796,\ -1.3925 + 0.6796) = (-2.0721,\ -0.7129)$$

(3) 参数 β_2 的置信度为 95% 的置信区间为

$$(1.4700 - 0.3917,\ 1.4700 + 0.3917) = (1.0783,\ 1.8617)$$

与在一元线性回归的参数置信区间估计结束时的忠告一样, 我们仍然要强调, 参数的置信区间只能作为对参数的实际范围建立直观印象的参考, 而绝不可以作为参数估计是否准确的评价标准.

3.4　多元线性回归模型的应用：预测

预测是计量经济学模型应用的首选. 如果样本回归方程

$$\hat{\boldsymbol{Y}} = \boldsymbol{X}\hat{\boldsymbol{B}} \tag{3.4.1}$$

通过了所有检验 (这里所说的检验, 目前局限于经济学检验与统计学检验, 但严格地说, 也应该通过计量经济学检验), 而且有解释变量来自本方程以外的预测值

$$\boldsymbol{X}_f = (1,\ X_{1f},\ X_{2f},\ \cdots,\ X_{kf})$$

将其代入 (3.4.1) 式即可以得到 Y 的预测估计值

$$\hat{Y}_f = \boldsymbol{X}_f\hat{\boldsymbol{B}} \quad (\text{结果是一个实数})$$

它可以分别作为 Y 的个别值和总体条件均值 $E(Y|X)$ 的点预测值.

3.4.1　总体条件均值的预测区间

我们不加证明地给出总体条件均值的置信度为 $1-\alpha$ 的预测区间为

$$\left(\hat{Y}_f - \Delta, \hat{Y}_f + \Delta\right) \tag{3.4.2}$$

其中, $\hat{Y}_f = \boldsymbol{X}_f\hat{\boldsymbol{B}}$ 为点预测估计值, $\Delta = t_{\alpha/2}\,(n-k-1)S_{\hat{Y}_f}$ 是极限误差, 且

$$S_{\hat{Y}_f} = \hat{\sigma}\sqrt{\boldsymbol{X}_f(\boldsymbol{X}'\boldsymbol{X})^{-1}\boldsymbol{X}'_f} \quad (\text{可以称为 } \hat{Y}_f \text{ 的标准误差}) \tag{3.4.3}$$

$\hat{\sigma}$ 是随机误差项方差估计量的算术平方根 (EViews 输出结果中的 S.E. of regression).

可以证明

$$T = \frac{\hat{Y}_f - E(Y|X)}{S_{\hat{Y}_f}} \quad \sim \quad t(n-k-1)$$

类似于参数的置信区间的构造： 对于给定置信度 $1-\alpha$, 查 t 分布表, 根据 $P(T > t_{\alpha/2}) = \alpha/2$ 确定临界值 $t_{\alpha/2}$, 则

$$P\left(-t_{\alpha/2} < \frac{\hat{Y}_f - E(Y|X)}{S_{\hat{Y}_f}} < t_{\alpha/2}\right) = 1-\alpha$$

变换整理后可得

$$P(\hat{Y}_f - t_{\alpha/2}\,S_{\hat{Y}_f} < E(Y|X) < \hat{Y}_f + t_{\alpha/2}\,S_{\hat{Y}_f}) = 1-\alpha$$

从而可以得到总体条件均值 $E(Y_f|\boldsymbol{X}=\boldsymbol{X}_f)$ 的置信度为 $1-\alpha$ 的预测区间为

$$\left(\hat{Y}_f - t_{\alpha/2}\,S_{\hat{Y}_f},\quad \hat{Y}_f + t_{\alpha/2}\,S_{\hat{Y}_f}\right)$$

其中, 极限误差为 $\Delta = t_{\alpha/2}\,S_{\hat{Y}_f}$.

3.4.2 总体个别值的预测区间

类似地, 我们可以得到个别值的置信度为 $1-\alpha$ 的预测区间为

$$\left(\hat{Y}_f - \Delta, \hat{Y}_f + \Delta\right) \tag{3.4.4}$$

其中, $\hat{Y}_f = \boldsymbol{X}_f\hat{\boldsymbol{B}}$ 为点预测估计值, $\Delta = t_{\alpha/2}\,(n-k-1)S_{\hat{Y}_f-Y_f}$ 为极限误差, 且

$$S_{\hat{Y}_f-Y_f} = \hat{\sigma}\sqrt{1+\boldsymbol{X}_f(\boldsymbol{X}'\boldsymbol{X})^{-1}\boldsymbol{X}'_f} \quad \text{(可以称为 } \hat{Y}_f \text{ 的标准误差)} \tag{3.4.5}$$

$\hat{\sigma}$ 是随机误差项方差估计量的算术平方根 (EViews 输出结果中的 S.E. of regression). $S_{\hat{Y}_f-Y_f}$ 可以从 EViews 的预测输出结果中读取.

3.5 受约束回归问题

此前的参数估计中, 我们事实上做了这样一个约定: 模型的参数之间没有任何关系. 但是, 在实际经济问题中参数之间往往是有关联的, 比如, 经济学通常要求一个良好的需求函数具有 " 零阶齐次性", 还比如, 在生产函数中通常设定它具有 "一阶齐次性". 这些特性在计量经济学模型中, 一般都会表现为参数之间的关系式. 于是, 我们把这种参数或变量受限制的回归称为 "**受约束回归**(restricted regression)", 与此相对应, 我们将不施加任何限制的回归称为 "**无约束回归**(unrestricted regression)".

当然, 此处不仅是介绍 "受约束回归" 的概念, 我们还希望以此为基础导出是否应该往模型中添加新变量或删除原有变量的评价与检验标准.

3.5.1 线性约束

参数约束中最常见、最为基础的关系是不同参数之间表现为线性关系, 称这种模型为参数的线性约束模型. 最终导致的结果是用样本估计的参数数量较原来的模型减少. 例如, 一个研究消费额 (Y) 与薪金收入 (S) 和财产收入 (PR) 的二元线性回归模型为

$$Y_i = \beta_0 + \beta_1 S_i + \beta_2 \mathrm{PR}_i + \mu_i \tag{a}$$

经验表明薪金收入与财产收入之间一般是相关的, 如果经过调查验证

$$\beta_2 = 0.25\beta_1$$

将这一关系代入 (a) 式得

$$Y_i = \beta_0 + \beta_1(S_i + 0.25\mathrm{PR}_i) + \mu_i$$

记 $\mathrm{RT}_i = S_i + 0.25\mathrm{PR}_i$, 则模型 (a) 变为

$$Y_i = \beta_0 + \beta_1\mathrm{RT}_i + \nu_i \tag{b}$$

显然, 二元线性回归退化成为一元线性回归. 以普通最小二乘法估计 (b) 的参数 β_0, β_1 得 $\hat{\beta}_0^{(*)}$, $\hat{\beta}_1^{(*)}$, 可以得 $\hat{\beta}_2^{(*)} = 0.25\hat{\beta}_1^{(*)}$, 进而得到样本回归模型

$$Y_i = \hat{\beta}_0^{(*)} + \hat{\beta}_1^{(*)}S_i + \hat{\beta}_2^{(*)}\mathrm{PR}_i + e_i \tag{c}$$

问题: 添加约束后估计的 (b) 与直接估计 (a) 所得的模型有没有差异? 二者的解释能力有没有差别? 差异显著性的检验方法是什么?

不难理解, 受约束样本方程的解释能力低于无约束的样本方程.(为什么？)

注释　一般地, 无约束的样本回归模型记为

$$\boldsymbol{Y} = \boldsymbol{X}\hat{\boldsymbol{B}} + \boldsymbol{E} \tag{3.5.1}$$

而把有 r 个独立线性约束的受约束样本模型记为

$$\boldsymbol{Y} = \boldsymbol{X}\hat{\boldsymbol{B}}^{(*)} + \boldsymbol{E}^{(*)} \tag{3.5.2}$$

这样, 受约束样本模型的残差可以表示为

$$\boldsymbol{E}^{(*)} = \boldsymbol{Y} - \boldsymbol{X}\hat{\boldsymbol{B}}^{(*)} = \boldsymbol{X}\hat{\boldsymbol{B}} + \boldsymbol{E} - \boldsymbol{X}\hat{\boldsymbol{B}}^{(*)} = \boldsymbol{E} - \boldsymbol{X}(\hat{\boldsymbol{B}}^{(*)} - \hat{\boldsymbol{B}})$$

从而可以得到, 受约束回归的残差平方和 RSS_R, 即

$$\begin{aligned}\mathrm{RSS}_R &= [\boldsymbol{E}^{(*)}]'\boldsymbol{E}^{(*)} = \left[\boldsymbol{E}' - (\hat{\boldsymbol{B}}^{(*)} - \hat{\boldsymbol{B}})'\boldsymbol{X}'\right]\left[\boldsymbol{E} - \boldsymbol{X}(\hat{\boldsymbol{B}}^{(*)} - \hat{\boldsymbol{B}})\right] \\ &= \boldsymbol{E}'\boldsymbol{E} - (\hat{\boldsymbol{B}}^{(*)} - \hat{\boldsymbol{B}})'\boldsymbol{X}'\boldsymbol{E} - \boldsymbol{E}'\boldsymbol{X}(\hat{\boldsymbol{B}}^{(*)} - \hat{\boldsymbol{B}}) + (\hat{\boldsymbol{B}}^{(*)} - \hat{\boldsymbol{B}})'\boldsymbol{X}'\boldsymbol{X}(\hat{\boldsymbol{B}}^{(*)} - \hat{\boldsymbol{B}}) \\ &= \boldsymbol{E}'\boldsymbol{E} + (\hat{\boldsymbol{B}}^{(*)} - \hat{\boldsymbol{B}})'\boldsymbol{X}'\boldsymbol{X}(\hat{\boldsymbol{B}}^{(*)} - \hat{\boldsymbol{B}})\end{aligned}$$

(最后一个等号使用了普通最小二乘法的正规方程组 $\boldsymbol{X}'\boldsymbol{E} = \boldsymbol{E}'\boldsymbol{X} = \boldsymbol{0}$.)

因为, $\boldsymbol{X}'\boldsymbol{X}$ 是对称矩阵, 故二次型 $(\hat{\boldsymbol{B}}^{(*)} - \hat{\boldsymbol{B}})'\boldsymbol{X}'\boldsymbol{X}(\hat{\boldsymbol{B}}^{(*)} - \hat{\boldsymbol{B}})$ 非负定, 即 $(\hat{\boldsymbol{B}}^{(*)} - \hat{\boldsymbol{B}})'\boldsymbol{X}'\boldsymbol{X}(\hat{\boldsymbol{B}}^{(*)} - \hat{\boldsymbol{B}})$ 是个非负实数. 从而有

$$\left(\boldsymbol{E}^{(*)}\right)'\boldsymbol{E}^{(*)} \geqslant \boldsymbol{E}'\boldsymbol{E} \tag{3.5.3}$$

其中 $\boldsymbol{E}'\boldsymbol{E}$ 为无约束模型的残差平方和 RSS_U. 由于, 样本数据相同, 模型 (3.5.1) 与模型 (3.5.2) 中被解释变量 $\boldsymbol{Y}$ 的离差平方和相同, (3.5.3) 式表明, 受约束样本回归模型的残差平方和不会小于无约束样本回归模型的残差平方和, 即

$$\mathrm{RSS}_R \geqslant \mathrm{RSS}_U \tag{3.5.4}$$

于是

$$\mathrm{ESS}_R(=\mathrm{TSS}-\mathrm{RSS}_R) \leqslant \mathrm{ESS}_U(=\mathrm{TSS}-\mathrm{RSS}_U) \tag{3.5.5}$$

所以, **受约束回归样本方程的解释能力一般低于无约束回归样本方程.** 容易理解, 实施约束绝对不应该以牺牲方程的解释能力为代价, 只有那些, 实施后方程解释能力没有明显降低的约束才应该实施. 检验方法有: F 检验、χ^2 检验和 t 检验, 这里仅只介绍 F 检验.

检验的假设为

H_0: 约束真实 ($\mathrm{RSS}_R=\mathrm{RSS}_U$); H_1: 约束不真实 ($\mathrm{RSS}_R \geqslant \mathrm{RSS}_U$)

检验统计量是

$$F=\frac{(\mathrm{RSS}_R-\mathrm{RSS}_U)/r}{\mathrm{RSS}_U/(n-k_U-1)} \sim F(r,n-k_U-1) \tag{3.5.6}$$

其中, r 为独立线性约束条件 (等式) 的个数, k_U 为无约束回归模型中实际解释变量个数 (不含截距项).

决策规则: 若 $F>F_\alpha(r,n-k_U-1)$, 拒绝 H_0 , 即约束不真, 亦即约束不应该实施. 反之, 若 $F\leqslant F_\alpha(r,n-k_U-1)$, 不拒绝 H_0 , 即约束为真, 亦即约束可以实施.

注释 借助数理统计学的知识可以证明: 如果模型满足所有的基本假定, 而且约束有效的原假设成立, 那么

$$\frac{\mathrm{RSS}_U}{\sigma^2} \sim \chi^2(n-k_U-1) \tag{3.5.7}$$

$$\frac{\mathrm{RSS}_R-\mathrm{RSS}_U}{\sigma^2} \sim \chi^2(k_U-k_R) \quad (k_U-k_R=r) \tag{3.5.8}$$

其中, k_R 为受约束回归模型中不含截距项在内的解释变量数.

而且 $\dfrac{\mathrm{RSS}_U}{\sigma^2}$ 与 $\dfrac{\mathrm{RSS}_R-\mathrm{RSS}_U}{\sigma^2}$ 相互独立, 于是根据 F 分布的抽样分布可以导出

$$F=\frac{\dfrac{\mathrm{RSS}_R-\mathrm{RSS}_U}{\sigma^2}\Big/r}{\dfrac{\mathrm{RSS}_U}{\sigma^2}\Big/(n-k_U-1)} \sim F(r,n-k_U-1) \tag{3.5.9}$$

亦即

$$F=\frac{(\mathrm{RSS}_R-\mathrm{RSS}_U)/r}{\mathrm{RSS}_U/(n-k_U-1)}\sim F(r,n-k_U-1)$$

此即 (3.5.6) 式.

易于理解, 若约束不真, 则 RSS_R 与 RSS_U 间的差异大, 这种差异越大, 越是能够说明原假设不真, 所以, 这是一个右单侧检验, 即若 $F>F_\alpha(r,n-k_U-1)$, 拒绝 H_0.

例 3.5.1 本章例 3.2.1 我们讨论了实际通货膨胀率 Y (%) 与失业率 X_1 (%) 和预期通货膨胀率 X_2(%) 之间的回归问题. 但是, 预期通货膨胀率不易测量, 而且预期通货膨胀往往与失业率相关. 考虑实施约束：$\beta_2=1.13\beta_1$. 实施约束后获得的模型参数估计为 (图 3.5.1).

View Proc Object Print Name Freeze Estimate Forecast Stats Resids

Dependent Variable: Y
Method: Least Squares
Date: 07/03/19 Time: 00:28
Sample: 1970 1982
Included observations: 13

Variable	Coefficient	Std. Error	t-Statistic	Prob.
C	1.013756	2.720823	0.372592	0.7165
X3	0.474563	0.185091	2.563951	0.0263

R-squared	0.374070	Mean dependent var	7.756923
Adjusted R-squared	0.317167	S.D. dependent var	3.041892
S.E. of regression	2.513628	Akaike info criterion	4.821970
Sum squared resid	69.50158	Schwarz criterion	4.908885
Log likelihood	-29.34280	Hannan-Quinn criter.	4.804105
F-statistic	6.573845	Durbin-Watson stat	1.210477
Prob(F-statistic)	0.026333		

图 3.5.1 普通最小二乘估计结果

其中, $X_3=X_1+1.13X_2$(实现方式：在 EViews 命令框内键入 “GENR X3=X1+1.13*X2”, 回车. 再在命令框内键入 “LS Y C X3” 回车).

由此得到 $\mathrm{RSS}_R=69.5016$(例 3.5.1 视为受约束回归), 从例 3.2.1 (视为无约束回归) 输出结果得到 $RSS_U=13.7032$, 于是

$$\begin{aligned}F&=\frac{(\mathrm{RSS}_R-\mathrm{RSS}_U)/r}{\mathrm{RSS}_U/(n-k_U-1)}=\frac{(69.5016-13.7032)/1}{13.7032/(13-2-1)}\\&=40.7192>10.04=F_{0.01}(1,10)\end{aligned}$$

所以, 在 $\alpha=1\%$ 的显著性水平之下, 应该拒绝原假设, 即约束 $\beta_2=1.13\beta_1$ 不应该实施.

顺便指出, 3.4 所介绍的方程显著性的 F 检验可以视为此处约束真实性检验的特例.

注释 对于线性模型 (3.1.1)

$$Y_i = \beta_0 + \beta_1 X_{1i} + \beta_2 X_{2i} + \cdots + \beta_k X_{ki} + \mu_i, \quad i = 1, 2, \cdots, n \quad \text{(无约束回归)}$$

总体回归方程的显著性检验等价于对模型实施了约束

$$H_0: \ \beta_1 = 0, \beta_2 = 0, \cdots, \beta_k = 0 \quad (\text{共 } k \text{ 个})$$

从而得到

$$Y_i = \beta_0 + \mu_i \quad \text{(受约束回归)}$$

由 (3.5.6) 式, 得到 F 检验统计量为

$$F = \frac{(\mathrm{RSS}_R - \mathrm{RSS}_U)/k}{\mathrm{RSS}_U/(n-k-1)} \sim F(k, n-k-1)$$

又因为

$$\mathrm{RSS}_R - \mathrm{RSS}_U = (\mathrm{TSS} - \mathrm{ESS}_R) - \mathrm{RSS}_U$$

而且 $\mathrm{ESS}_R = 0$, 于是

$$\mathrm{RSS}_R - \mathrm{RSS}_U = \mathrm{TSS} - \mathrm{RSS}_U = \mathrm{ESS}_U = \mathrm{ESS}$$
$$\mathrm{RSS}_U = \mathrm{RSS}$$

所以,

$$F = \frac{(\mathrm{RSS}_R - \mathrm{RSS}_U)/k}{\mathrm{RSS}_U/(n-k-1)} = \frac{\mathrm{ESS}/k}{\mathrm{RSS}/[n-(k+1)]} \sim F(k, n-k-1)$$

此即方程显著性检验的 F 统计量.

3.5.2 添加或者删除解释变量的决策问题

实际建模过程中, 经常需要面临是否应该在模型中添加新的解释变量, 以提高模型的拟合优度, 或者剔除模型已经包含的解释变量, 以简化模型的决策. 此时, 可以采用逐一进行 t 检验的方式进行决策, 也可以考虑对多个解释变量同时进行判断. 后一种方法即相当于受约束回归的检验.

此时只需注意到, 添加变量则应该视添加后的模型为无约束模型, 剔除变量则应该视剔除前的模型为无约束模型即可.

例 3.5.2 研究城市男性劳动参与率 (CRM) 的影响因素, 收集城市男性失业率 (URM)、按 1982 年美元价计算的平均小时工资 (AHE82) 和按当前美元价计算的平均小时工资 (AHE) 见表 3.5.1.

表 3.5.1　男性失业率、可比价平均小时工资及现价平均小时工资

年份	CRM/%	URM /%	AHE82/美元	AHE/美元
1980	77.4	6.9	7.78	6.66
1981	77.0	7.4	7.69	7.25
1982	76.6	9.9	7.68	7.68
1983	76.4	9.9	7.79	8.02
1984	76.4	7.4	7.80	8.32
1985	76.3	7.0	7.77	8.57
1986	76.3	6.9	7.81	8.76
1987	76.2	6.2	7.73	8.98
1988	76.2	5.5	7.69	9.28
1989	76.4	5.2	7.64	9.66
1990	76.4	5.7	7.52	10.01
1991	75.8	7.2	7.45	10.32
1992	75.8	7.9	7.41	10.57
1993	75.4	7.2	7.39	10.83
1994	75.1	6.2	7.40	11.12
1995	75.0	5.6	7.40	11.44
1996	74.9	5.4	7.43	11.82

资料来源：达摩达尔. N. 古扎拉蒂. 2010. 计量经济学精要 [M]. 北京：机械工业出版社：149–150.

一般而言, 对劳动参与率影响最为重要的因素是 1982 年美元价计算的平均小时工资, 因此, 首先建立模型

$$\mathrm{CRM}_i = \beta_0 + \beta_1 \mathrm{AHE82}_i + \mu_i$$

其部分回归结果如下：

$$\hat{\mathrm{CRM}}_i = 51.2504 + 03.2644\mathrm{AHE82}$$

$$\mathrm{RSS}_R = 2.8546, \quad \bar{R}_R^2 = 0.5956 \tag{3.5.10}$$

可见拟合优度并不高, 况且其余两个变量弃之不用似乎可惜, 考虑将其引入, 于是建立模型：

$$\mathrm{CRM}_i = \beta_0 + \beta_1 \mathrm{AHE82}_i + \beta_2 \mathrm{AHE}_i + \beta_3 \mathrm{URM}_i + \nu_i$$

其部分回归结果如下：

$$\widehat{\mathrm{CRM}_i} = 89.2421 - 0.9357\mathrm{AHE82}_i - 0.5621\mathrm{AHE}_i - 0.1100\mathrm{URM}_i$$

$$\mathrm{RSS}_U = 0.6343, \quad \bar{R}_U^2 = 0.8963 \tag{3.5.11}$$

显然, 增添新的解释变量后模型的拟合优度有改善. 问题是提高是否显著呢? 为此检验联合假设

$$H_0: \beta_2 = \beta_3 = 0; \qquad H_1: \beta_2,\ \beta_3\ \text{不全为零}$$

检验统计量的数值为

$$F = \frac{(\mathrm{RSS}_R - \mathrm{RSS}_U)/r}{\mathrm{RSS}_U/(n-k_U-1)} = \frac{(2.864654-0.634325)/2}{0.634325/(17-3-1)} = 45.7089$$

因为, $F = 45.7089 \gg 6.70 = F_{0.01}(2,13)$, 拒绝 $H_0: \beta_2 = \beta_3 = 0$, 即应该添加变量 AHE 和 URM.

类似地, 可以检验是否应该从模型剔除变量 AHE 和 URM. 结论是: 不应该剔除.

最后, 我们必须指出, 此处给出的只是一种统计学上可行的方法. 实际应用过程中, 大家还是应该更多关注模型的经济学合理性. 比如在上例中方程 (3.5.10) 的完整输出结果见图 3.5.2.

Dependent Variable: CRM
Method: Least Squares
Date: 11/03/15 Time: 02:05
Sample: 1980 1996
Included observations: 17

Variable	Coefficient	Std.Error	t-Statistic	Prob.
C	51.25036	5.013771	10.22192	0.0000
AHE82	3.264368	0.658642	4.956208	0.0002

R-squared	0.620867	Mean dependent var	76.09412
Adjusted R-squared	0.595592	S.D. dependent var	0.685994
S.E. of regression	0.436245	Akaike info criterion	1.288905
Sum squared resid	2.854645	Schwarz criterion	1.386931
Log likelihood	−8.955697	Fstatistic	24.56399
Durbin-Watson stat	0.431659	Prob (Fstatistic)	0.000172

图 3.5.2 受约束回归结果

方程 (3.5.11) 的完整输出结果 (见图 3.5.3).

比较二者, 可以得出如下结论: 虽然方程 (3.5.10) 的拟合优度不如方程 (3.5.11), 但是, 变量之间的关系与经济学逻辑相吻合; 而方程 (3.5.11) 的结果是无法解释的.

Dependent Variable: CRM				
Method: Least Squares				
Date: 11/03/08 Time: 02:01				
Sample: 1980 1996				
Included observations: 17				
Variable	Coefficient	Std.Error	t-Statistic	Prob.
C	89.24208	6.205760	14.38052	0.0000
AHE82	−0.935664	0.706481	−1.324400	0.2082
AHE	−0.562119	0.085007	−6.612609	0.0000
URM	−0.109951	0.048719	−2.256828	0.0419
R-squared	0.915754	Mean dependent var		76.09412
Adjusted R-squared	0.896312	S.D. dependent var		0.685994
S.E. of regression	0.220894	Akaike info criterion		0.020058
Sum squared resid	0.634325	Schwarz criterion		0.216108
Log likelihood	3.829505	Fstatistic		47.10315
Durbin-Watson stat	0.851755	Prob (Fstatistic)		0.000000

图 3.5.3 无约束回归结果

3.5.3 参数稳定性检验

应该承认, 方程参数的稳定性检验, 对于计量经济学模型研究而言很重要, 对其进行检验理应成为检验的内容. 这里我们不系统介绍这部分内容, 只是列出相关的方法方便大家查阅.

参数稳定性的主要检验方法包括: ①邹氏参数稳定性检验 (Chow-Test for parameter stability); ② 邹氏预测检验 (Chow-Test for predictive failure) (李子奈等, 2015).

3.5.4 参数的非线性约束问题

在 3.5.1 节中讨论的是参数约束为线性形式, 但现实经济学问题中, 也会出现非线性形式的参数约束. 此时需要注意的是, 模型无法线性化 (我们曾经指出, 线性模型中的 "线性" 是指模型关于参数是线性的), 例如, 在二元线性模型

$$Y_i = \beta_0 + \beta_1 X_{1i} + \beta_2 X_{2i} + \mu_i \tag{3.5.12}$$

中, 如果施加非线性约束 $\beta_2^2 = \beta_1\ (\beta_1 > 0)$, 那么模型 (3.5.12) 变为

$$Y_i = \beta_0 + \beta_1 X_{1i} + \sqrt{\beta_1} X_{2i} + \mu_i \tag{3.5.13}$$

显然, 模型 (3.5.13) 关于参数是非线性的, 此时不能使用普通最小二乘法估计其参数值, 只能依赖非线性最小二乘法 (nonlinear least squares) 估计参数.

对相关内容有兴趣的读者, 请参阅《计量经济学》(李子奈等, 2015).

3.6 可线性化的非线性回归问题

此前的所有讨论与研究, 都局限在回归模型关于变量和参数同时线性的背景下. 但经济活动中变量之间的关系是复杂的, 经济理论对现实经济活动的描述, 更多使用的都是非线性模型. 例如, 菲利普斯曲线、拉弗曲线 (Laffer curve)、恩格尔曲线以及 Cobb-Douglas 生产函数等.

对于这些**非线性回归模型, 计量经济学的一般处理原则是: 对于能够被线性化的, 将其线性化, 进而使用前述方法解决其参数估计和统计检验; 对于无法被线性化的问题, 使用非线性回归方法予以解决**. 模型不同形式和不同类型, 解决的方式有区别, 因此, 下面我们将这些模型分为四类、五种分别予以介绍.

3.6.1 模型关于变量非线性但关于参数线性

1. 倒数模型

这类模型中最为著名的就是恩格尔曲线. 还有商品需求量与商品价格之间的关系, 计量经济学通常将其描述为双曲线模型:

$$\frac{1}{Q} = \alpha + \frac{\beta}{P} + \mu \tag{3.6.1}$$

其中, Q 为所研究商品的需求量, P 为所研究商品单价. 显然, 这个模型是非线性的. (问题: 是哪种意义下的非线性?) 但是, 只要使用变量置换 $Y = \dfrac{1}{Q}$ 和 $X = \dfrac{1}{P}$, 模型即可以被变换成为

$$Y = \alpha + \beta X + \mu \tag{3.6.2}$$

很明显, (3.6.2) 是标准的线性回归模型, 直接使用第 2 章的方法解决其参数估计和统计检验即可.

又比如, 反映名义工资增长率 SDR 与失业率 WLR 之间关系的, 著名的菲利普斯曲线模型:

$$\text{SDR} = \beta_0 + \frac{\beta_1}{\text{WLR}} + \mu \tag{3.6.3}$$

模型本身对变量而言非线性, 但是, 只需进行变量置换: $X = 1/\text{WLR}$, 模型就可以化为标准的线性回归模型:

$$\text{SDR} = \beta_0 + \beta_1 X + \mu \tag{3.6.4}$$

需指出的是, (3.6.2) 和 (3.6.4) 是参数估计和统计学检验模型, 分析结束后, 模型必须写成 (3.6.1) 和 (3.6.3) 的形式.

2. 多项式模型

这类模型中比较常见和重要的有产品单位成本 AC 与产量 Q 之间的关系以及拉弗曲线等, 形式都为二次抛物线. 其中拉弗曲线描述的是税收额 TA 与税率 R 之间的关系, 其模型的原始形式为

$$\mathrm{TA} = \alpha + \beta R + \gamma R^2 + \mu \tag{3.6.5}$$

显然, 这也是非线性的. 但只需使用变量置换 $X_1 = R$ 和 $X_2 = R^2$, 模型即刻变为标准的线性回归模型:

$$\mathrm{TA} = \alpha + \beta X_1 + \gamma X_2 + \mu \tag{3.6.6}$$

直接使用本章的方法解决其参数估计和统计检验即可. 同样需要指出的是, (3.6.6) 是参数估计和统计检验模型, 分析结束后, 模型必须写成 (3.6.5) 的形式.

两种模型的形式虽有区别, 但是从本质上讲, 它们关于变量是非线性的, 而关于参数却是线性的, 解决的技术都是变量置换.

3.6.2　指数模型与幂函数模型

这类模型通常关于变量和参数同时非线性, 无法直接使用变量置换将其线性化, 需要先进行函数变换. 例如, 著名的 Cobb-Douglas 生产函数即为此类. 其原始形式为

$$Q = AK^{\alpha}L^{\beta}\mathrm{e}^{\mu} \tag{3.6.7}$$

其中, Q 为对应于资本与劳动力组合的最大产出, K 为实际使用的资本存量, L 为实际使用的劳动力存量. A 为广义技术进步效率系数, α 为资本产出弹性系数, β 为劳动力产出弹性系数. 很明显, 这是一个非线性回归模型, 并且无法用变量置换将其线性化. 只要在 (3.6.7) 两端同时取对数, 即可得

$$\ln Q = \ln A + \alpha \ln K + \beta \ln L + \mu \tag{3.6.8}$$

再进行变量置换和参数置换: $Y = \ln Q$, $\alpha_0 = \ln A$, $X_1 = \ln K$, $X_2 = \ln L$, 即可以将 (3.6.7) 化为标准的线性回归模型:

$$Y = \alpha_0 + \alpha X_1 + \beta X_2 + \mu \tag{3.6.9}$$

又比如, 生产经营中的经营总成本 C 与业务量 Q 之间的现实关系, 通常表示为指数模型:

$$C = \alpha\beta^{Q}\mathrm{e}^{\mu} \tag{3.6.10}$$

其中, α 可以理解为固定成本. 同样为非线性回归模型, 但只需两边同时取对数, 即可以将其变形成为

$$\ln C = \ln \alpha + (\ln \beta)\, Q + \mu \tag{3.6.11}$$

然后再进行变量置换及参数置换：$Y = \ln C$, $\alpha_0 = \ln \alpha$, $\alpha_1 = \ln \beta$ 即可将其化为标准的线性回归模型：

$$Y = \alpha_0 + \alpha_1 Q + \mu \tag{3.6.12}$$

另外, 某种商品的需求量 Q 与消费者可支配收入 X、商品单价 P、关联商品价格 P_0 之间的关系, 通常表述为

$$Q = \alpha X^{\beta_1} P^{\beta_2} P_0^{\beta_3} \mathrm{e}^{\mu} \tag{3.6.13}$$

采用类似的变换, 也可以将其化为线性回归模型.

顺便指出, 此类模型一共需要两步变换：第一, 函数形式变换；第二, 变量置换以及参数置换.

3.6.3 复杂函数形式

对于形式更为复杂的模型, 前两项变换实施后模型仍有可能是非线性的, 此时往往需要使用更为高级的数学工具才能解决问题. 例如, 著名的 CES(constant elasticity of substitution) 模型, 即固定替代弹性模型, 其一般形式为

$$Q = A\left(\delta_1 K^{-\rho} + \delta_2 L^{-\rho}\right)^{-\frac{m}{\rho}} \mathrm{e}^{\mu} \qquad (\delta_1 + \delta_2 = 1) \tag{3.6.14}$$

其中, Q 为产出, K, L 分别为投入的资本和劳动要素；A 为广义技术进步效率系数, δ_1, δ_2 分别为资本与劳动的产出分配系数, m 为规模报酬系数, ρ 为弹性参数. 显然, 这一模型无疑属于非线性模型. 首先在其两端同取对数可得

$$\ln Q = \ln A - \frac{m}{\rho} \ln\left(\delta_1 K^{-\rho} + \delta_2 L^{-\rho}\right) + \mu \tag{3.6.15}$$

很明显, 此模型仍然是非线性的, 并且简单的变量置换、参数置换仍然无法将其线性化. 为此, 将 $\ln\left(\delta_1 K^{-\rho} + \delta_2 L^{-\rho}\right)$ 在 $\rho = 0$ 按泰勒 (Taylor) 级数展开, 取 0 阶、1 阶、2 阶 (级数究竟取几阶, 由需要估计的参数个数决定), 即得到一个关于 ρ 近似线性项：

$$\ln Q = \ln A + \delta_1 m \ln K + \delta_2 m \ln L - \frac{m}{2}\rho\delta_1\delta_2\left[\ln\left(\frac{K}{L}\right)\right]^2 + \mu_* \tag{3.6.16}$$

再作变量置换和参数置换：

$$Y = \ln Q, \quad X_1 = \ln K, \quad X_2 = \ln L, \quad X_3 = \left[\ln\left(\frac{K}{L}\right)\right]^2 \tag{3.6.17}$$

$$\alpha_0 = \ln A, \quad \alpha_1 = \delta_1 m, \quad \alpha_2 = \delta_2 m, \quad \alpha_3 = -\frac{m}{2}\rho\delta_1\delta_2 \tag{3.6.18}$$

则模型 (3.6.14) 可以写成标准线性回归模型:

$$Y = \alpha_0 + \alpha_1 X_1 + \alpha_2 X_2 + \alpha_3 X_3 + \mu_* \tag{3.6.19}$$

使用普通最小二乘法估计 (3.6.19) 得其参数的 OLSE, $\hat{\alpha}_0$, $\hat{\alpha}_1$, $\hat{\alpha}_2$, $\hat{\alpha}_3$. 然后利用关系 (3.6.18) 和 $\delta_1 + \delta_2 = 1$, 就能够得出模型 (3.6.14) 的参数估计.

3.6.4　无法线性化的非线性回归模型

必须指出, 并非所有的非线性回归模型都能够被线性化. 例如, 形如

$$Q = AX^{\alpha}P^{\beta} + \mu$$

的需求函数, 就无法被线性化. 一般地, 无法被线性化的非线性回归模型通常为

$$Y = f(X_1, \cdots, X_k;\ \beta_0, \beta_1, \cdots, \beta_k) + \mu \tag{3.6.20}$$

其中 $f(X_1, \cdots, X_k;\ \beta_0, \beta_1, \cdots, \beta_k)$ 为非线性函数. 对此类非线性回归模型的回归分析, 只能借助非线性方法估计其参数. 考虑到教学大纲要求和教材篇幅限制, 对于这类问题, 本书将不做介绍.

3.6.5　可线性化的非线性回归实例

例 3.6.1　表 3.6.1 给出的是 2013 年我国 31 个省 (自治区、自辖市) 城镇居民食品消费支出额 FF 与现金消费支出 CF、食品类消费价格指数 FPI (因缺少分类数据, 使用综合指数替代)、居民消费价格指数 CPI 等数据.

表 3.6.1　食品支出与现金消费

省 (自治区、直辖市)	食品消费支出 FF/元	现金消费支出 CF/元	居民消费价格指数 CPI/%	食品价格指数 FPI/%
北京	8170.22	26274.89	103.3	104.7
天津	7943.06	21711.86	103.1	105.8
河北	4404.93	13640.58	102.7	105.9
山西	3676.65	13166.69	103.0	106.2
内蒙古	6117.93	19249.06	103.4	106.3
辽宁	5803.90	18029.65	102.4	104.6
吉林	4658.13	15932.31	102.9	105.7
黑龙江	5069.89	14161.71	102.0	104.3
上海	9822.88	28155.00	102.3	104.4
江苏	7074.11	20371.48	102.3	104.1
浙江	8008.16	23257.19	102.3	103.8

续表

省 (自治区、直辖市)	食品消费支出 FF/元	现金消费支出 CF/元	居民消费价格指数 CPI/%	食品价格指数 FPI/%
安徽	6370.23	16285.17	102.4	104.7
福建	7424.67	20092.72	102.6	104.0
江西	5221.10	13850.51	102.4	104.5
山东	5625.94	17112.24	102.1	104.8
河南	4913.87	14821.98	102.9	105.6
湖北	6259.22	15749.50	102.7	104.9
湖南	5583.99	15887.11	102.6	104.2
广东	8856.91	24133.26	102.4	103.6
广西	5841.16	15417.62	102.1	103.8
海南	6979.22	15593.04	102.8	103.9
重庆	7245.12	17813.86	102.7	104.1
四川	6471.84	16343.45	102.8	104.8
贵州	4915.02	13702.87	102.9	104.1
云南	5741.01	15156.15	103.4	105.5
西藏	5889.48	12231.86	103.5	107.7
陕西	6075.58	16679.69	102.8	105.6
甘肃	5162.87	14020.72	103.0	105.6
青海	4777.10	13539.50	104.1	108.1
宁夏	4895.20	15321.10	103.3	107.2
新疆	5323.50	15206.16	103.8	108.5

资料来源：中国统计年鉴 [M], 2014 年版.

考虑构建的初始模型为

$$\mathrm{FF} = \alpha \mathrm{CF}^{\beta_1} \mathrm{FPI}^{\beta_2} \mathrm{CPI}^{\beta_3} \mathrm{e}^{\mu} \tag{3.6.21}$$

其中, $\alpha > 0$, $0 < \beta_1 < 1$, $\beta_2 < 0$, $\beta_3 > 0$. 因模型为非线性模型, 故而使用对数变换将其线性化为

$$\ln \mathrm{FF} = \ln \alpha + \beta_1 \ln \mathrm{CF} + \beta_2 \ln \mathrm{FPI} + \beta_3 \ln \mathrm{CPI} + \mu \tag{3.6.22}$$

使用 EViews 直接估计 (3.6.21), 结果如图 3.6.1.

从图 3.6.1 中可以看出, 参数估计值与理论预期一致, 但是 FPI, CPI 在统计上不显著. 尝试将 CPI 去除后再回归, 结果表明 FPI 仍然不显著. 这无论从理论, 还是实际的角度看都是合理的, 因为食品消费是基本需求, 受价格变动影响较小, 同时注意到这是一组截面数据, 各地区在价格上的差异较小.

最后, 我们估计 $\ln \mathrm{FF}$ 对 $\ln \mathrm{CF}$ 的一元线性回归, 结果如图 3.6.2.

View | Proc | Object | Print | Name | Freeze | Estimate | Forecast | Stats | Resids

Dependent Variable: LOG(FF)
Method: Least Squares
Date: 10/31/16 Time: 16:24
Sample: 1 31
Included observations: 31

Variable	Coefficient	Std. Error	t-Statistic	Prob.
C	-13.91626	23.85817	-0.583291	0.5645
LOG(CF)	0.825252	0.109150	7.560691	0.0000
LOG(FPI)	-5.357453	3.168317	-1.690946	0.1024
LOG(CPI)	8.532219	7.397451	1.153400	0.2589

R-squared	0.771311	Mean dependent var	8.698508
Adjusted R-squared	0.745901	S.D. dependent var	0.220988
S.E. of regression	0.111396	Akaike info criterion	-1.431539
Sum squared resid	0.335044	Schwarz criterion	-1.246508
Log likelihood	26.18885	Hannan-Quinn criter.	-1.371223
F-statistic	30.35481	Durbin-Watson stat	1.507956
Prob(F-statistic)	0.000000		

图 3.6.1 初始回归结果

EViews 软件中的对数 log 即为自然对数 ln

View | Proc | Object | Print | Name | Freeze | Estimate | Forecast | Stats | Resids

Dependent Variable: LOG(FF)
Method: Least Squares
Date: 10/31/16 Time: 16:39
Sample: 1 31
Included observations: 31

Variable	Coefficient	Std. Error	t-Statistic	Prob.
C	-0.133192	0.957610	-0.139088	0.8903
LOG(CF)	0.907729	0.098402	9.224727	0.0000

R-squared	0.745827	Mean dependent var	8.698508
Adjusted R-squared	0.737063	S.D. dependent var	0.220988
S.E. of regression	0.113317	Akaike info criterion	-1.454918
Sum squared resid	0.372380	Schwarz criterion	-1.362403
Log likelihood	24.55123	Hannan-Quinn criter.	-1.424761
F-statistic	85.09560	Durbin-Watson stat	1.109354
Prob(F-statistic)	0.000000		

图 3.6.2 最终回归结果

从图 3.6.2 可以看出：参数估计值与理论预期一致, 在经济学层面上是合理的. 方程显著、变量显著、模型的拟合优度高 (考虑到这是截面数据, 0.74582 的可决系数已经非常好). 即按照经济学和统计学的标准衡量对数线性模型都是合理的、优秀的. 于是, 可以得到最终的模型：

$$\widehat{\mathrm{FF}} = \mathrm{e}^{-0.1332}\mathrm{CF}^{0.9077} = 0.8753 \cdot \mathrm{CF}^{0.9077}$$

最后, 我们必须指出：非线性回归模型线性化之后, EViews 输出结果中的标准误差并非原来被解释变量的误差, 而是函数变换后的误差, 如果要求解原变量的误差, 一个自然的想法是做函数变换的逆运算. 比如本例, 输出结果中 S.E. of regression 为 0.113317, 是 $\ln \mathrm{FF}$ 与 $\ln \widehat{\mathrm{FF}}$ 之间的平均误差, FF 与 $\widehat{\mathrm{FF}}$ 之间的误差为 $\mathrm{e}^{0.113317} = 1.1120$. **但必须再次指出：这依然不正确**. 事实上, 准确的变换要比这个更为复杂. 有兴趣的读者可以查阅《计量经济学导论现代观点》(杰弗里.M. 伍德里奇, 2016).

3.7 多元线性回归案例

3.7.1 研究目的

回到本章开始的问题上, 电力行业或企业在规划今后发展的过程中不能一厢情愿, 只考虑自身的状况而确定发展的目标. 第一, 必须结合经济发展、人民生活水平以及产业结构等相关因素对电力的需求量综合考量, 合理安排自身的产能发展, 不至于因盲目发展而招致资产闲置, 经营效益下降. 第二, 电力行业又必须保持适度的发展, 不至于错失发展机会. 第三, 电力行业作为国民经济的基础性行业, 它的发展有着保障国民经济健康、协调发展的功能, 如果发展不足, 必然阻碍国民经济的发展. 按照我国经济社会发展的第二阶段的战略目标, 国内生产总值必须保持在 6%—7% 的年增长率. 那么, 按照这一速度发展, 电力行业应该发展到多大规模? 这已经成为一个事关行业自身发展和关乎国民经济发展目标能否顺利实现的重大课题, 有紧迫的研究需要.

鉴于电力需求量与影响因素之间存在相当程度的数量相关性, 因而, 可以考虑建立它们之间的计量经济学模型, 揭示相互间存在的现实依存关系. 然后依据对相关因素的预测结果, 通过计量经济学模型来预测电力需求量.

3.7.2 理论模型设计

首先, 考虑研究对象变量选择的问题, 电力需求直接表现为对电力实物的需求, 而不是表现为对电量价值的需求, 而且现行统计指标体系中包括电力需求量, 因此, 我们将作为研究对象的电力需求的标度指标确定为 “电力需求量”, 记为 EQD.

其次, 考虑影响的因素及其标度的指标. 处在第一位的是经济总量的影响, 这是因为经济总量综合了各种产业发展及消费水平对电力需求影响总和, 考虑到指标的可得性以及多数情况下考虑电力用量参照的是当前收入, 拟选择当年价计算的国内生产总值 GDP; 同时应该注意到, 在三个产业层次中, 第二产业对能源的需求影响最大, 但影响主要表现为第二产业占经济总量的比重 (构成), 而且这样还可以较大程度保证解释变量之间的不相关性, 故而, 选择的第二个解释变量为第二产业增加值占国内生产总值 GDP 的比重 (或工业构成) IR; 当然, 也必然要注意到, 电力价格对电力需求的制约作用, 同等条件下电价上涨, 将会引导用户倾向于节约用电, 进而导致电力需求的下降, 考虑到电力价格在不同地区间差异很大, 数据获得不易,因此转而使用电力工业产品出厂价格指数代替, 即最后一个解释变量为电力与热力生产者价格指数 EPI.

接下来是样本数据的选取. 按照包括全部解释变量 (含截距) 在内的完全模型, 共有 4 个参数需要估计, 按照满足基本要求的样本量的下限 $n \geqslant 3(k+1)$, 这个问题的样本量至少需要 12 组, 结合样本范围经济行为的一致性和数据的可得性, 选取 1988 年至 2013 年间的时间序列数据为样本. 数据见表 3.7.1.

表 3.7.1　电力需求与 GDP、第二产业增加值比重、电价指数

年份	EQD/亿千瓦时	GDP/亿元	IR 第二产业增加值占 GDP 的比重/%	EPI 电价环比指数/%
1988	5466.80	15042.80	38.41	101.70
1989	5865.30	16992.30	38.16	105.90
1990	6230.40	18667.80	36.77	107.40
1991	6804.00	21781.50	37.13	116.90
1992	7589.20	26923.50	38.20	108.80
1993	8426.50	35333.90	40.15	135.90
1994	9260.40	48197.90	40.41	139.50
1995	10023.40	60793.70	41.04	109.50
1996	10764.30	71176.60	41.37	113.10
1997	11284.40	78973.00	41.69	114.00
1998	11598.40	84402.30	40.31	105.50
1999	12305.20	89677.10	39.99	100.90
2000	13471.40	99214.60	40.35	102.40
2001	14633.50	109655.20	39.74	102.30
2002	16331.50	120332.70	39.42	100.80
2003	19031.60	135822.80	40.46	100.90
2004	21971.40	159878.30	40.79	102.40
2005	24940.40	183217.50	42.15	104.20
2006	28588.00	211923.50	43.09	102.80
2007	32711.80	249529.90	43.03	102.20
2008	34541.35	314045.40	47.45	101.90
2009	37032.14	340902.80	46.24	102.40
2010	41934.50	401512.80	46.67	102.00
2011	47000.90	473104.00	46.59	101.60
2012	49762.60	519470.10	45.27	103.70
2013	54203.41	568845.20	43.89	100.20

资料来源：中国经济信息网 (http://www.cei.gov.cn), 其中第二产业增加值所占 GDP 比重, 是根据所查数据计算而得.

首先, 观测数据特征 (打开数据集, View/Correlation). 计算变量之间的线性相关系数, 见表 3.7.2.

表 3.7.2 简单相关系数表

	EQD	GDP	IR	EPI
EQD	1.0000	0.9927	0.8673	−0.4285
GDP	0.9927	1.0000	0.8521	−0.4141
IR	0.8673	0.8521	1.0000	−0.2780
EPI	−0.4285	−0.4141	−0.2780	1.0000

可以看出电力需求量 EQD 与国内生产总值 GDP、工业增加值占 GDP 比重 IR 以及电力出厂价格指数 EPI 间, 都有一定程度的线性相关性, 所以, 可以将模型初步设计为

$$\mathrm{EQD}_i = \beta_0 + \beta_1 \mathrm{GDP}_i + \beta_2 \mathrm{IR}_i + \beta_3 \mathrm{EPI}_i + \mu_i$$

并且可以预期: $\beta_0 > 0$, $\beta_1 > 0$, $\beta_2 > 0$, $\beta_3 < 0$. (为什么?)

3.7.3 参数估计

使用 EViews 6.0 估计模型参数, 操作如下:

第一, 建立工作文件: 方法与一元回归相似, 只需注意此时的变量为四个.

第二, 保存文件: File/Save As, 然后选择保存位置, 命名, 点击保存.

第三, 参数估计: 在 EViews 命令对话框内键入 "LS EQD C GDP IR EPI", 回车即可以得到回归结果如图 3.7.1.

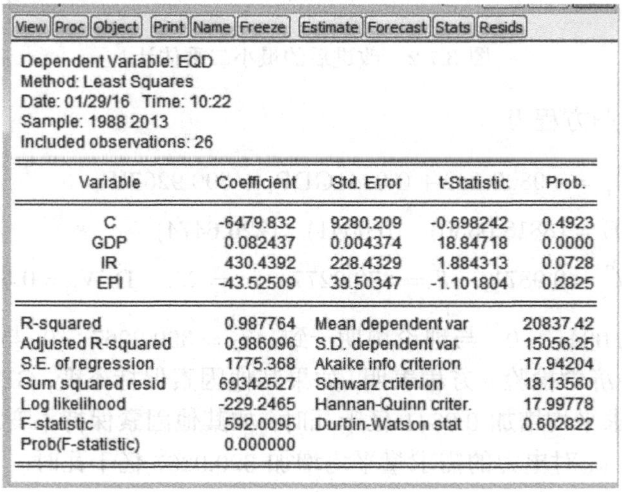

View Proc Object Print Name Freeze Estimate Forecast Stats Resids

Dependent Variable: EQD
Method: Least Squares
Date: 01/29/16 Time: 10:22
Sample: 1988 2013
Included observations: 26

Variable	Coefficient	Std. Error	t-Statistic	Prob.
C	-6479.832	9280.209	-0.698242	0.4923
GDP	0.082437	0.004374	18.84718	0.0000
IR	430.4392	228.4329	1.884313	0.0728
EPI	-43.52509	39.50347	-1.101804	0.2825

R-squared	0.987764	Mean dependent var	20837.42
Adjusted R-squared	0.986096	S.D. dependent var	15056.25
S.E. of regression	1775.368	Akaike info criterion	17.94204
Sum squared resid	69342527	Schwarz criterion	18.13560
Log likelihood	-229.2465	Hannan-Quinn criter.	17.99778
F-statistic	592.0095	Durbin-Watson stat	0.602822
Prob(F-statistic)	0.000000		

图 3.7.1 普通最小二乘参数估计结果

可得如下样本回归方程：

$$\widehat{\mathrm{EQD}}_i = -6479.832 + 0.0824\mathrm{GDP}_i + 430.4392\mathrm{IR}_i - 43.5251\mathrm{EPI}_i$$

3.7.4 模型检验

1. 经济学检验

因为 $\hat{\beta}_1 = 0.0824 > 0$, 与理论预期一致；$\hat{\beta}_2 = 430.4392 > 0$, 与理论预期一致；$\hat{\beta}_3 = -43.5251 < 0$, 与理论预期一致. 这三个参数估计值和实现的理论预期相一致, 可以通过经济意义检验. 但电力价格指数的系数对应的 prob. 值大于 0.10, 不能通过统计学检验, 应该考虑删除. 删除后的普通最小二乘回归结果如图 3.7.2.

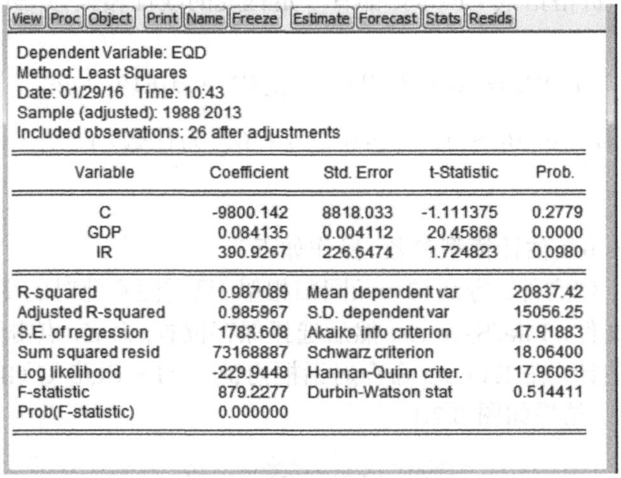

View Proc Object Print Name Freeze Estimate Forecast Stats Resids

Dependent Variable: EQD
Method: Least Squares
Date: 01/29/16 Time: 10:43
Sample (adjusted): 1988 2013
Included observations: 26 after adjustments

Variable	Coefficient	Std. Error	t-Statistic	Prob.
C	-9800.142	8818.033	-1.111375	0.2779
GDP	0.084135	0.004112	20.45868	0.0000
IR	390.9267	226.6474	1.724823	0.0980

R-squared	0.987089	Mean dependent var	20837.42
Adjusted R-squared	0.985967	S.D. dependent var	15056.25
S.E. of regression	1783.608	Akaike info criterion	17.91883
Sum squared resid	73168887	Schwarz criterion	18.06400
Log likelihood	-229.9448	Hannan-Quinn criter.	17.96063
F-statistic	879.2277	Durbin-Watson stat	0.514411
Prob(F-statistic)	0.000000		

图 3.7.2 改进后的最小二乘估计

此时样本回归方程为

$$\widehat{\mathrm{EQD}}_i = -9800.142 + 0.0841\mathrm{GDP}_i + 390.9267\mathrm{IR}_i$$
$$\mathrm{SE} = (8818.0330) \quad (0.0041) \quad (226.6474)$$
$$R^2 = 0.9871, \quad F = 879.2277, \quad n = 26, \quad \mathrm{D.W.} = 0.5144$$

因为 $\hat{\beta}_1 = 0.0841 > 0$, 与理论预期一致；$\hat{\beta}_2 = 390.9267 > 0$, 与理论预期一致；方程可以通过经济学检验. 方程表明, 如果其他因素保持不变, GDP 每增加 1 亿元, 对电力的需求平均增加 0.0841 亿千瓦时；如其他因素保持不变, 工业增加值所占比重每上升 1%, 对电力的需求量平均增加 390.9267 亿千瓦时.

2. 统计学检验

拟合优度检验：样本回归方程调整的可决系数为 $\bar{R}^2$ (adjusted R squared) =

0.9871, 方程的拟合优度很高. 表明在电力需求的变动中, 约 98.71% 被样本方程所解释.

方程显著性的 F 检验: F 检验的伴随概率 (prob.($F-$statistic)) ≈ 0.000000, 小于显著性水平 10%, 拒绝原假设, 即从总体上讲方程是显著的.

变量显著性检验 (t 检验): 两个解释变量的回归系数的 t 检验的伴随概率均小于 10%. 所以, 在 10% 的显著性水平下, 国内生产总值 GDP、第二产业增加值占 GDP 比重 IR 对电力需求量的影响都是显著的. 表明方程可以用于预测等应用分析研究.

3.7.5 应用 —— 电力需求量预测

1. 电力需求量 (个别值) 的点预测

已知 2014 年的 GDP 为 635910 亿元, 第二产业产业增加值比重为 42.74%, 于是可以得到 2014 年电力需求量的预测估计值为

$$\begin{aligned}\widehat{\mathrm{EQD}}_f &= -9800.142 + 0.0841 \times 635910 + 390.9267 \times 42.74 \\ &= 60388.0962\ (\text{亿千瓦时})\end{aligned}$$

2. 电力需求量 (个别值) 的预测区间

根据电力需求量个别值的预测估计值, 可以得到电力需求量个别值置信度为 90% 的预测置信区间为

$$\begin{aligned}\left[\widehat{\mathrm{EQD}}_f \pm t_{a/2}(n-k-1)\mathrm{SE}\right] &= [60388.0962 \pm 1.713872 \times 2472.227] \\ &= [60388.0962 \pm 4237.079] \\ &= [56151.0156, 64625.1768]\end{aligned}$$

其中, SE 来自 EViews 估计.

练 习 题 3

3.1 多元线性回归中偏回归系数的含义是什么?

3.2 在多元线性回归模型普通最小二乘估计量无偏性和有效性的证明中, 分别使用到哪些基本假定?

3.3 估计量一致性的证明中用到哪些基本假定?

3.4 直接使用可决系数评价多元线性回归方程的拟合优度会有什么不当?

3.5 在计量经济学中, 对待可决系数、调整的可决系数和线性方程总体显著性检验的正确原则是什么?

3.6 在多元线性回归分析中 t 检验和 F 检验等价吗? 有何不同?

3.7 一个大学城里的学生人数是否会对租金率有影响, 以 R 表示单位面积的月平均租金, P 表示城市总人口, AIN 表示城市平均收入, SP 表示学生人数占总人口数的百分比. 一个检验这种关系的模型设计为

$$\ln(R) = \beta_0 + \beta_1 \ln(P) + \beta_2 \ln(\text{AIN}) + \beta_3 \text{SP} + \mu$$

问: (1) 你预期 β_1, β_2 的符号是什么? (2) 利用 1990 年 64 个大学城的数据估计的方程为

$$\widehat{\ln(R)} = \underset{(0.844)}{0.043} + \underset{(0.039)}{0.066}\ln(P) + \underset{(0.081)}{0.507}\ln(\text{AIN}) + \underset{(0.0017)}{0.0056}\text{SP}$$

$$n = 64, \quad R^2 = 0.458$$

括号内为参数估计的标准误差. "总人口增加 10%, 租金率将随之增加约 6.6%" 这一说法有何不妥? (3) 在 1% 的显著性水平下检验方程显著性、变量显著性.

3.8 一个电话线制造商考虑预测主要用户的销售数量, 考虑以下变量: Y 为年销售量 (百万尺复线), X_1 为国民总收入 GNI (10 亿美元), X_2 为新房动工数 (1 千单位), X_3 为失业率 (%), X_4 为滞后六个月的最惠利率 (%), X_5 为用户用线增长率 (%). 收集 1968—1983 年的数据如下表.

年份	X_1	X_2	X_3	X_4	X_5	Y
1968	1051.8	1503.6	3.6	5.8	5.9	5873
1969	1078.8	1486.7	3.5	6.7	4.5	7852
1970	1075.3	1434.8	5.0	8.4	4.2	8189
1971	1107.5	2035.6	6.0	6.2	4.2	7497
1972	1171.1	2360.8	5.6	5.4	4.9	8534
1973	1235.0	2043.9	4.9	5.9	5.0	8688
1974	1217.8	1331.9	5.6	9.4	4.1	7270
1975	1202.3	1160.0	8.5	9.4	3.4	5020
1976	1271.0	1535.0	7.7	7.2	4.2	6035
1977	1332.7	1961.8	7.0	6.6	4.5	7425
1978	1399.2	2009.3	6.0	7.6	3.9	9400
1979	1431.6	1721.9	6.0	10.6	4.4	9350
1980	1480.7	1298.0	7.2	14.9	3.9	6540
1981	1510.3	1100.0	7.6	16.6	3.1	7675
1982	1492.2	1039.0	9.2	17.5	0.6	7419
1983	1535.4	1200.0	8.8	16.0	1.5	7923

数据来源: 达摩达尔. N. 古扎拉蒂. 2000. 计量经济学 [M]. 3 版. 北京: 中国人民大学出版社: 265–266.

考虑建立以下模型:

$$Y = \beta_0 + \beta_1 X_1 + \beta_2 X_2 + \beta_3 X_3 + \beta_4 X_4 + \beta_5 X_5 + \mu$$

要求：(1) 估计以上回归模型；(2) 参数的估计结果与事前预期一致吗？(3) 指出方程的拟合优度；(4) 在 5% 的水平下检验方程的显著性；(5) 检验各个解释变量在 5% 水平下的显著性；(6) 估计各个回归系数 95% 置信度的置信区间；(7) 如果你先做 Y 对 X_1，X_2，X_3 的回归, 然后添加 X_4，X_5，请检验添加的必要性, 显著性水平为 5%；(8) 计算当 $X_1 = 1600$，$X_2 = 1300$，$X_3 = 8.5$，$X_4 = 18$，$X_5 = 2.0$ 时, 年平均销量的点预测值和 95% 置信度的预测区间.

3.9 为研究和验证恩格尔定理的结论, 收集城镇居民的恩格尔系数 EN 和中国城镇居民名义人均收入 SR、居民消费价格指数 CPI. 数据如下表：

年份	居民名义人均收入SR/元	居民消费价格指数 CPI(1978 年为 100%)	恩格尔系数 EN/%
1990	1510.2	198.1	54.2
1991	1700.6	212.4	53.8
1992	2026.6	232.9	53.0
1993	2577.4	255.1	50.3
1994	3496.2	276.8	50.0
1995	4283.0	290.3	50.1
1996	4838.9	301.6	48.8
1997	5160.3	311.9	46.6
1998	5425.1	329.9	44.7
1999	5854.0	360.6	42.1
2000	6280.0	383.7	39.4
2001	6859.6	416.3	38.2
2002	7702.8	472.1	37.7
2003	8472.2	514.6	37.1
2004	9421.6	554.2	37.7
2005	10493.0	607.4	36.7
2006	11759.5	670.7	35.8
2007	13785.8	752.5	36.3
2008	15780.8	815.7	37.9
2009	17174.7	895.4	36.5
2010	19109.4	965.2	35.7
2011	21809.8	1046.3	36.3
2012	24564.7	1146.7	36.2
2013	26955.1	1227.0	35.0

资料来源：中国统计年鉴 [M], 2014 年版.

要求：(1) 构建恩格尔系数 EN 关于名义人均可支配收入 SR 的恩格尔曲线模型：

$$\mathrm{EN} = \alpha + \frac{\beta}{\mathrm{SR}} + \mu$$

(2) 构建恩格尔系数 EN 关于实际人均可支配收入 CSR 的恩格尔曲线模型：

$$\mathrm{EN} = \alpha + \frac{\beta}{\mathrm{CSR}} + \mu$$

(3) 以经济学的标准看, 这两个模型与线性回归模型相比较, 其优越性是什么？

3.10 中国按行业划分的规模以上国有制造企业的工业总产值 Y, 年末资本存量合计 K 与年末在职职工人数 L, 某一年度的有关数据见下表:

序号	工业总产值 Y/亿元	年末资本存量合计 K/亿元	年末在职职工人数 L/万人	序号	工业总产值 Y/亿元	年末资本存量合计 K/亿元	年末在职职工人数 L/万人
1	3722.70	3078.22	113	17	812.70	1118.81	43
2	1442.52	1684.43	67	18	1899.70	2052.16	61
3	1752.37	2742.77	84	19	3692.85	6113.11	240
4	1451.29	1973.82	27	20	4732.90	9228.25	222
5	5149.30	5917.01	327	21	2180.23	2866.65	80
6	2291.16	1758.77	120	22	2539.76	2545.63	96
7	1345.17	939.1	58	23	3046.95	4787.9	222
8	656.77	694.94	31	24	2192.63	3255.29	163
9	370.18	363.48	16	25	5364.83	8129.68	244
10	1590.36	2511.99	66	26	4834.68	5260.20	145
11	616.71	973.73	58	27	7549.58	7518.79	138
12	617.94	516.01	28	28	867.91	984.52	46
13	4429.19	3785.91	61	29	4611.39	18626.94	218
14	5749.02	8688.03	254	30	170.30	610.91	19
15	1781.37	2798.90	83	31	325.53	1523.19	45
16	1243.07	1808.44	33				

数据来源：李子奈、潘文卿. 2015. 计量经济学 [M]. 4版. 北京：高等教育出版社.

考虑构建 Cobb-Douglas 生产函数:

$$Y = \mathrm{A}K^{\alpha}L^{\beta}\mathrm{e}^{\mu}$$

(1) 使用上述资料, 进行回归分析 (回归分析所有内容, 统计检验显著性水平取 5%. 并写出最终模型).

(2) 系数 α, β 的经济学含义是什么?

(3) 假定年末资本存量合计数等因素不变, 在职职工人数增加 5%, 工业总产值将如何变化?

(4) 试问相应经济体是否呈现规模报酬不变?

(5) 按照规模报酬不变估计模型, 对于模型假定的满足有改善吗?

第4章 异 方 差 性

为保证普通最小二乘估计具有良好性质, 在第 2 章和第 3 章中, 我们对模型提出了包含一系列内容的经典假定。关于随机误差项的其中一项内容是: **模型随机误差项的方差在所有样本点上都是同一个常数, 即同方差性**. 可是, 这一假定并不是一定会自然满足的, 我们应该考虑到如果这一假定不被满足, 将产生哪些不良后果; 我们如何应该鉴定这一假定是否被违背; 同时还应该考虑如果这一假定被违背, 应该采取什么措施消除其后果.

本章我们将讨论这一问题. 为了讨论问题的方便, **我们约定: 只有同方差性这一假定被违背, 默认其余假定仍然被满足**.

4.1 异方差性的一般问题

4.1.1 异方差性的含义

例 4.1.1 十个家庭的年可支配收入 I(万元) 与年末储蓄余额 S(万元). 用 EViews 估计模型的输出结果见图 4.1.1.

Dependent Variable: S
Method: Least Squares
Date: 11/12/16 Time: 16:02
Sample: 1 10
Included observations: 10

Variable	Coefficient	Std. Error	t -Statistic	Prob.
C	1.451369	0.308446	4.705418	0.0015
I	0.105210	0.019403	5.422266	0.0006

R-squared	0.786102	Mean dependent var	3.019000
Adjusted R-squared	0.759365	S.D. dependent var	0.692940
S.E. of regression	0.339919	Akaike info criterion	0.856637
Sum squared resid	0.924359	Schwarz criterion	0.917154
Log likelihood	-2.283186	Hannan-Quinn criter	0.790250
Fstatistic	29.40097	Durbin-Watson stat	2.352671
Prob(Fstatistic)	0.000629		

图 4.1.1 普通最小二乘估计结果

模型的一般情况很好, 但是可决系数似乎低于预期, 方程的显著性程度与预期相比也偏低. 出现了什么问题呢? 经济学理论告诉我们, 居民家庭的储蓄行为往往随着收入的增加逐渐表现出较大差异性. 而模型却是按照固定结构描述二者的关系, 于是, 随着解释变量数值增大, 其可以被模型解释的比例递减, 而未能解释的份额却在逐渐递增. 可支配收入 — 残差绝对值 (E) 散点图, 见图 4.1.2.

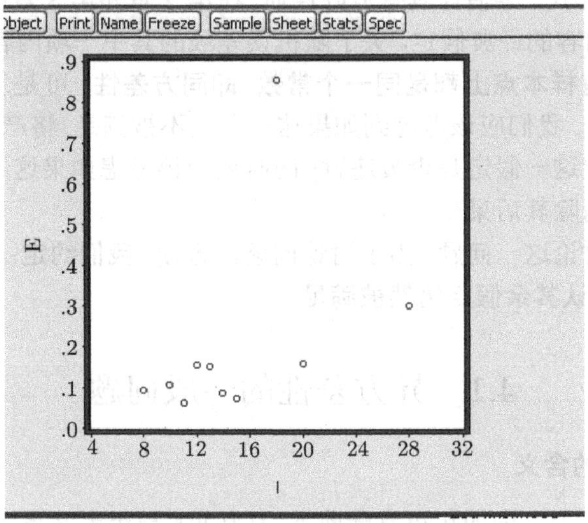

图 4.1.2　残差绝对值散点图

观察图形, 残差绝对值随着解释变量数值增大而逐渐增大, 模型的同方差性假定似乎受到了挑战. 这种现象如何表述? 因何发生? 如何发现? 怎样补救?

对经典线性回归模型

$$Y_i = \beta_0 + \beta_1 X_{1i} + \beta_2 X_{2i} + \cdots + \beta_k X_{ki} + \mu_i, \qquad i = 1, 2, \cdots, n$$

的一个重要假定是: 随机误差项 μ_i 是同方差的, 即

$$\text{Var}\,(\mu_i | X_1, X_2, \cdots, X_k) = \sigma^2, \qquad i = 1, 2, \cdots, n$$

对这个假定的违背, 即如果对于不同的样本点, 模型随机误差项的方差不再是同一个常数, 即

$$\text{Var}\,(\mu_i | X_1, X_2, \cdots, X_k) = \sigma_i^2, \qquad i = 1, 2, \cdots, n \tag{4.1.1}$$

则认为模型出现了**异方差性**(heteroskedasticity). 例 4.1.1 中出现的可能就是这个问题.

严格地讲, 异方差性是指: 线性回归模型违背了随机误差项同方差性的经典假定, 即不同样本点对应随机误差项的方差不再是同一个常数. 此时, 随机误差项的方差–协方差矩阵为

$$\mathrm{Var}\,(\boldsymbol{N})=\begin{pmatrix}\sigma_1^2 & 0 & \cdots & 0\\ 0 & \sigma_2^2 & \cdots & 0\\ \vdots & \vdots & & \vdots\\ 0 & 0 & \cdots & \sigma_n^2\end{pmatrix}=\sigma^2\boldsymbol{\Omega}\neq\sigma^2\boldsymbol{I}_n$$

即矩阵是对角矩阵但不是数量矩阵.

4.1.2 异方差性的类型

异方差性表现为, 随机误差项的方差随着解释变量数值的变化而改变, 即

$$\mathrm{Var}\,(\mu_i|X_1,X_2,\cdots,X_k)=\sigma_i^2=\sigma^2 f(X_i,\ \varepsilon_i),\quad i=1,2,\cdots,n$$

更为具体地讲, 表现为随机误差项方差与解释变量之间的相关性.

根据函数的形式以及计量经济学中检测方法的不同, 通常将异方差性区分为三种类型 (图 4.1.3):

(1) 递增型, σ_i^2 随 X 的增大而增大;

(2) 递减型, σ_i^2 随 X 的增大而减小;

(3) 复杂型, σ_i^2 随 X 的变化关系呈复杂形式变化.

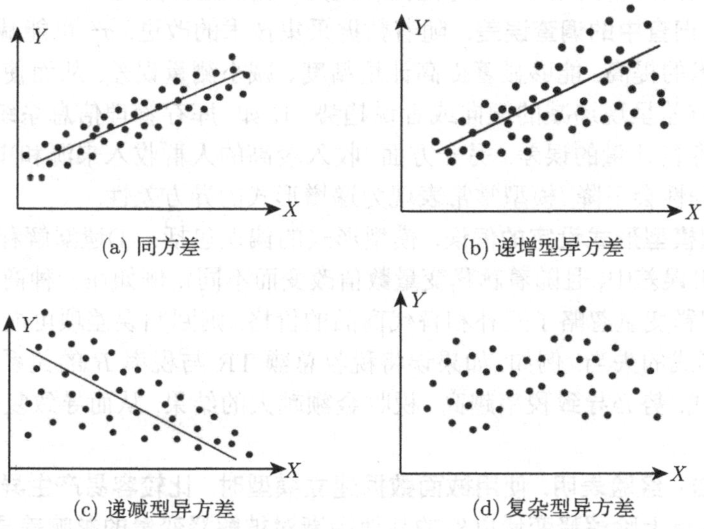

(a) 同方差 (b) 递增型异方差

(c) 递减型异方差 (d) 复杂型异方差

图 4.1.3 异方差性的类型

4.2　异方差性发生的原因

现实经济学问题中, 导致异方差性的原因或理由各不相同、形式各异, 我们不可能, 也没有必要逐一列举, 这里仅举出几个较有代表性的例子来说明为什么随机误差项 μ_i 的方差 $\mathrm{Var}(\mu_i)$ 会出现变化.

(1) **随着培训时间增加, 人们天然禀赋之间的差异将逐渐消失或者弱化.** 一个典型的模型为 " 边错 — 边改学习模型 (error-learning model)". 在学习过程中, 不同个体人们的行为之间的差异性会随着训练时间增加而逐渐减小. 如在打字练习过程中, 单位时间内打错字的个数与打字练习小时数的一般关系为: 初期不同个体的差错率之间可能差别巨大, 但随着打字练习小时数的增加, 平均打错个数与打错个数的方差都有所下降, 即异方差性. 一般表现为 "递减型异方差性".

(2) **自然人或企业、组织的行为受随机因素影响的幅度可能因为背景不同而差异.** 例如收入–储蓄模型, 随着收入增长, 人们对如何支配他们的收入有更大的自由度, 或者更大的不确定性: 其储蓄行为有更多的选择, 故而 σ_i^2 倾向于与收入同时增加. 又比如, 一般可以预期, 利润数额大的公司在分红政策方面和利润数额小的公司相比会有更大的差异性. 这种情况往往表现为 "递增型的异方差性".

(3) **样本数据中存在 "异常值".** 一个超出正常范围的观测值, 即与其他观测值相比非常小或非常大 (比如超出均值加减 3 倍标准差) 的数值称为 " 异常值" 或者 "离群点". 在一个小样本量的样本中, 如果包含一个或多个这样的异常值会在相当程度上改变回归分析的结果. 此时往往表现为 "复杂型异方差".

(4) **数据调查中的调查误差.** 随着数据采集技术的改进, σ_i^2 可能减少. 数据采集与调查技术的提高, 能够显著提高计量精度、减小测量误差, 从而使得模型的随机误差项的方差呈现递减的倾向或者说趋势. 比如, 库存管理信息系统的采用, 可以显著减少存货计量的误差. 另一方面, 收入较高的人群收入来源和渠道较广, 调查数据的准确性会下降, 模型常常表现为递增形式的异方差性.

(5) **回归模型形式设定的偏误.** 模型形式的偏误包括: ①遗漏解释变量 (其作用包含在随机误差中, 且随着解释变量数值改变而不同). 例如在一种商品的需求函数中, 如果解释变量忽略了互补和替代商品的价格, 则回归误差项可能表现为异方差. ②函数形式的失当. 例如, 如果误将税收总额 TR 与税率 R 的关系误设为一元线性回归形式, 势必导致税率越高, 税收金额越大的结果, 从而导致复杂形式的异方差性.

一个忠告: 经验表明, 使用截面数据建立模型时, 比较容易产生异方差性. 因为, 不同样本点上除解释变量以外的其他因素对被解释变量的影响差异较大.

4.3 异方差性存在时使用 OLS 的后果

如果模型出现了异方差性但未被察觉, 我们仍采用 OLS 估计模型参数, 可能产生的一系列不良后果, 即对参数估计良好统计性质的损害.

1. 参数 OLS 估计量不再具有有效性

当模型存在异方差性时, 虽然参数的 OLS 估计量仍具有线性性和无偏性, 但却不再具有有效性. 例如: 对一元线性模型

$$Y_i = \beta_0 + \beta_1 X_i + \mu_i$$

而言, 可以证明其 OLS 估计量具有线性性与无偏性, 证明参见第 2 章. 对于参数估计方差: 当同方差性被满足, 则有

$$\mathrm{Var}\left(\hat{\beta}_1\right) = \sum \frac{x_i^2}{\left(\sum x_i^2\right)^2} \mathrm{Var}\left(\mu_i\right) = \frac{\sigma^2}{\sum x_i^2} \tag{4.3.1}$$

当存在异方差性, 则是

$$\mathrm{Var}\left(\hat{\beta}_1\right) = \sum \frac{x_i^2}{\left(\sum x_i^2\right)^2} \mathrm{Var}\left(\mu_i\right) = \frac{\sum x_i^2 {\sigma_i}^2}{\left(\sum x_i^2\right)^2} \tag{4.3.2}$$

问题是: 其方差是最小的那一个吗? 最小方差是由 (4.3.2) 给出的吗? 令人失望的是答案都是否定的, 因此, 异方差条件下的 $\hat{\beta}_1$ 失去有效性. 请读者回顾: 在有效性证明中使用到哪些假定?

2. 变量显著性检验失去意义

在模型存在异方差的情况下, 由于 OLS 估计无法正确估计参数的标准误差 $S_{\hat{\beta}_j}$ ($S_{\hat{\beta}_j}$ 的计算是在同方差性假定下实现的), 这将影响到 t 统计量数值的正确计算 (非正常偏大或偏小), 故此时 t 检验失去意义. 更为严格地讲此时检验统计量的分布未必还是通常意义下的 t 分布, 因而 t 检验是无效的.

3. 方程显著性检验失效

方程显著性检验使用的统计量

$$F = \frac{\mathrm{ESS}/k}{\mathrm{RSS}/[n-(k+1)]} \sim F(k, n-k-1)$$

的分布是在随机误差项同方差性假定被满足的条件下导出的. 现在同方差性被违背, 那么这一统计量的分布未必是 $F(k, n-k-1)$.

4. 模型预测功能失效

由于参数估计的误差增大, 可能造成被解释变量的点预测值误差增大. 同时, 由于预测值的置信区间与标准误差 $\hat{\sigma}$ 有关, 且模型存在异方差性, 则 $\hat{\sigma}$ 会出现偏误, 这又势必导致预测区间出现偏误, 从而模型的预测功能失效.

5. 模型不能用于结构分析和控制

结构分析的前提为参数估计正确. 然而在异方差性的背景下, 参数估计不正确, 故结构分析也无意义. 而控制是以区间预测为基础的, 在异方差的背景下, 区间预测不正确 (主要问题是误差项标准差 σ 的估计 $\hat{\sigma}$ 不正确), 所以控制失准.

必须指出的是, 即使模型存在异方差性, 参数的 OLSE 依旧具有线性性、无偏性和一致性.

4.4　异方差性的诊断

这里必须指出的一点是, 此处将发现和确认异方差性的方法称为 "诊断", 而未称为 "检验", 是考虑到这些方法本身带有明显的经验性质, 缺乏严谨的统计理论作为基础.

异方差性通常表现为: 误差项方差随解释变量样本观测值或观测值顺序改变而变. 因此, **诊断的基本思想是: 检测随机误差项方差与解释变量之间的相关性**. (请读者思考, 此处的相关是线性相关吗?) 又因为, 随机误差项方差不可观测和计算, 计量经济学建模实践中通常用残差 e_i 替代 μ_i, 进而用 $|e_i|$ 替代 σ_i 或者用 e_i^2 替代 σ_i^2. (请考虑一下, 为什么 $|e_i|$ 可以替代 σ_i, 而 e_i^2 可以替代 σ_i^2?)

1. 图形诊断法

图示法有两种形式: 第一种: $X-Y$ 型散点图, 具体图形可参考图 4.4.1(a)、(b)、(c)、(d). 要点在于: **随着 X 变化, Y 的取值范围有无变化.**

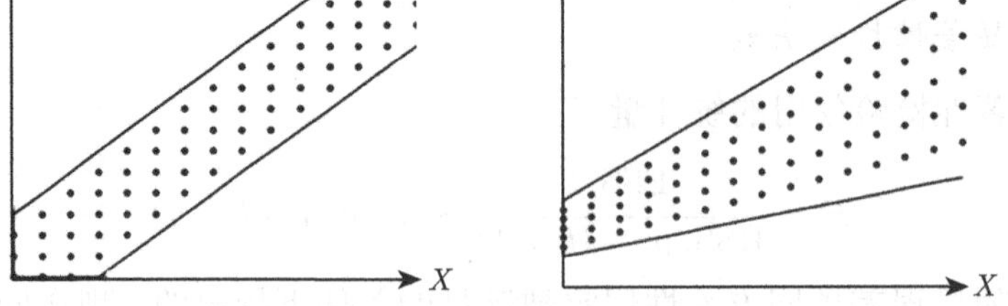

(a) 同方差　　(b) 递增型异方差

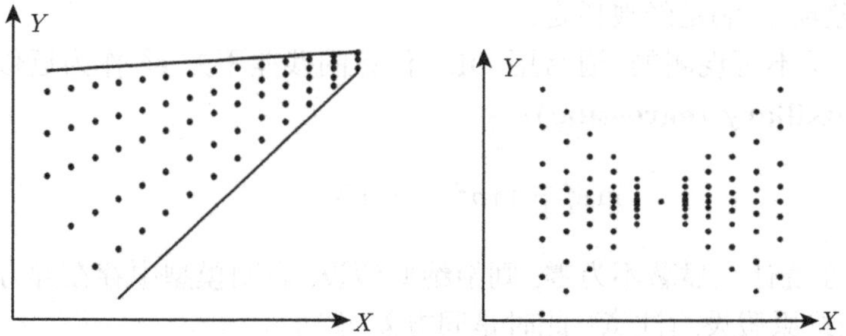

(c) 递减型异方差　　(d) 复杂型异方差

图 4.4.1　$X-Y$ 散点图

第二种: 根据 X-e_i^2 的散点图进行判断, **看其散点图是否呈现出某种特定的规律性形态**, 如图 4.4.2.

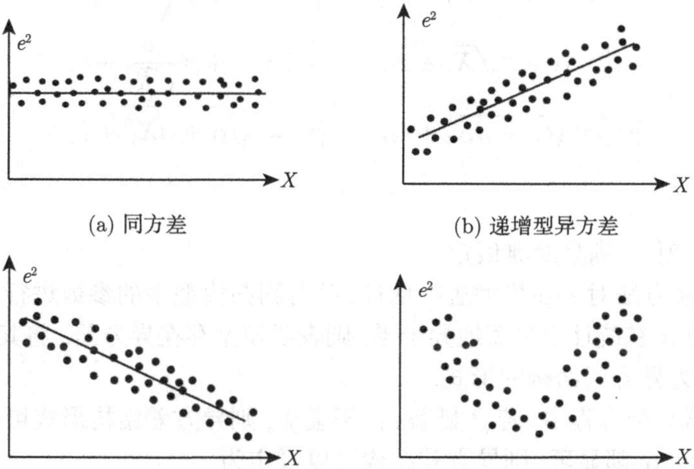

(a) 同方差　　(b) 递增型异方差

(c) 递减型异方差　　(d) 复杂型异方差

图 4.4.2　$X-e^2$ 散点图

注意: 此处并未给出所有形式异方差的图谱. 而且图示法只能进行辅助判断, 不能作为最终结论的判断标准和依据.

2. 帕克检验

帕克认为 σ_i^2 是某个解释变量 X_{ji} 的一个函数, 他建议的函数形式是

$$\sigma_i^2 = \sigma^2 X_{ji}^{\beta} e^{\varepsilon_i} \tag{4.4.1}$$

或

$$\ln \sigma_i^2 = \ln \sigma^2 + \beta \ln X_{ji} + \varepsilon_i \tag{4.4.2}$$

其中随机误差项 ε_i 满足经典假定.

鉴于 σ_i^2 是不可观测的, 通常用 OLS 估计的残差平方 e_i^2 作为近似, 并做如下**辅助回归 (auxiliary regression)**:

$$\ln e_i^2 = \ln \sigma^2 + \beta \ln X_{ji} + \varepsilon_i^* \tag{4.4.3}$$

如果 β 在统计上显著不为零, 则拒绝原假设, 表明模型中存在异方差; 如果不显著, 则不拒绝原假设. (注意: 此时是同方差吗?)

3. 戈里瑟检验

戈里瑟检验 (Glejser test) 基本理念类似于帕克检验 (Park test), 他建议用 $|e_i|$ 与 X 作回归. 他建议使用的函数形式主要有

$$|e_i| = \alpha + \beta X_i + \varepsilon_i, \qquad |e_i| = \alpha + \beta \frac{1}{X_i} + \varepsilon_i$$
$$|e_i| = \alpha + \beta \sqrt{X_i} + \varepsilon_i, \qquad |e_i| = \alpha + \beta \frac{1}{\sqrt{X_i}} + \varepsilon_i$$
$$|e_i| = \sqrt{\alpha + \beta X_i} + \varepsilon_i, \qquad |e_i| = \sqrt{\alpha + \beta X_i^2} + \varepsilon_i$$
$$\cdots\cdots$$

其中随机误差项 ε_i 满足经典假定.

利用 OLS 方法对上述模型进行估计, 并对回归模型中的参数进行显著性检验. 若某个方程的 β 在统计上显著地异于零, 则表明模型存在异方差. 将其中显著成立的关系式, 作为异方差结构的形式.

比如在第 2 个方程中, 若 β 显著、α 不显著, 则异方差结构形式可以设为 $\sigma_i^2 = \hat{\beta}^2/X_i^2$; 如果 β, α 都显著, 则异方差结构可以设定为

$$\sigma_i^2 = \left(\hat{\alpha} + \hat{\beta}/X_i\right)^2$$

顺便指出, 若β 不显著, 还应考虑$|e_i|$ 与 X 的其他形式回归函数, 不可轻易做出随机误差项μ_i 不存在异方差性的结论.

4. 戈德菲尔德–匡特检验

帕克检验与戈里瑟检验共同的局限性是回归函数的形式过于明确, 以至于在原假设不被拒绝的情况下, 难以得出是否存在异方差性的结论. 戈德菲尔德–匡特检验 (Goldfield-Guandt test) 对此有改善.

这一方法不拘泥于随机误差项方差与解释变量相关的具体形式, 而只要求异方差性的形式为递增或者递减的即可. **其基本思想是: 如果模型存在异方差性, 那**

么样本两端 (解释变量较大和较小) 回归模型的方差之间应该存在较大差别. 通过对这一差异的显著性检验来实现异方差的检验. 戈德菲尔德–匡特检验按以下步骤进行.

步骤 1: 找出最有可能 “引起” 异方差性或与随机误差项方差相关性最高的 X_j, 将样本数据按 X_j 观测值的大小顺序排列.

步骤 2 : 删除中间的 c 个观测值, 戈德菲尔德和匡特建议 c 大约取为样本容量 $(n>30)$ 的 1/4. 将剩余的 $n-c$ 组观测值平均分为样本量相等的两组.

步骤 3 : 分别对前 $(n-c)/2$ 和后 $(n-c)/2$ 组观测值各拟合一个回归方程, 对应残差平方和分别记为 RSS_1 和 RSS_2 (不妨假设 $\mathrm{RSS}_1<\mathrm{RSS}_2$). RSS_1 与 RSS_2 的自由度同为 $\dfrac{n-c}{2}-(k+1)$, 其中 $k+1$ 为回归模型中包含截距在内的待估计参数的个数, 如对于二元模型, $k+1=3$.

步骤 4: 计算统计量

$$F=\frac{\mathrm{RSS}_2}{\mathrm{RSS}_1} \tag{4.4.4}$$

可以证明在 μ_i 服从正态分布、不存在自相关性且同方差的假定下, 上述统计量 F 服从自由度为 $\left(\dfrac{n-c}{2}-(k+1),\dfrac{n-c}{2}-(k+1)\right)$ 的 F 分布.

证明 因为, 在同方差的假定下

$$\chi_1^2=\frac{\mathrm{RSS}_1}{\sigma^2}\sim\chi^2\left(\frac{n-c}{2}-(k+1)\right),\quad \chi_2^2=\frac{\mathrm{RSS}_2}{\sigma^2}\sim\chi^2\left(\frac{n-c}{2}-(k+1)\right)$$

而且二者相互独立. 于是

$$F=\frac{\chi_2^2\Big/\left(\dfrac{n-c}{2}-(k+1)\right)}{\chi_1^2\Big/\left(\dfrac{n-c}{2}-(k+1)\right)}\sim F\left(\frac{n-c}{2}-(k+1),\frac{n-c}{2}-(k+1)\right)$$

亦即

$$F=\frac{\mathrm{RSS}_2/\sigma^2}{\mathrm{RSS}_1/\sigma^2}=\frac{\mathrm{RSS}_2}{\mathrm{RSS}_1}\sim F\left(\frac{n-c}{2}-(k+1),\frac{n-c}{2}-(k+1)\right)$$

步骤 5: 给定显著性水平 α, 若 $F>F_\alpha$, 则拒绝同方差性的原假设, 即模型存在单调形式的异方差性. 反之, 不拒绝原假设. (注意: 此时就是同方差的吗?)

顺便指出, 第一, 对于多元线性回归模型而言, 步骤 1 中可按任意一个 X 的大小顺序排列. 如果事先没有把握哪个 X 更合适, 则在步骤 1 前可以先对每一个 X 变量进行检验. 第二, 如果 RSS_1 对应于第一段样本, 那么就是递增形式的异方差, 反之就是递减形式的异方差.

例 4.4.1 我们不给出实际问题背景地介绍戈德菲尔德–匡特检验的实现方法及其 EViews 操作 (样本数据一共 21 组):

(1) 单击 "Proc" → "Sort Current Page", 在对话框中输入排序所依据的解释变量 X, 单击 "OK".

(2) 单击 "Quick/Estimate Equation", 在方程设置对话框中输入 "Y C X", 并修改 Sample 范围为 1 8, 单击 "OK", 记录回归模型的残差平方和 $\mathrm{RSS}_1 = 0.054667$.

(3) 单击 "Estimate Equation", 在方程对话框中输入 "Y C X", 并修改 Sample 范围为 14 21, 单击 "OK", 记录回归模型的残差平方和 $\mathrm{RSS}_2 = 1.572000$.

(4) 计算 $F = \dfrac{1.572000}{0.054667} = 28.7559$, 查表得 $F_{0.05}(6,6) = 4.28$, 因为 $F > F_{0.05}(6,6)$, 故拒绝原假设, 即模型存在递增型的异方差.

5. ARCH 检验

通常情况下, 人们在使用截面数据构建计量经济模型的过程中, 对异方差性问题给予较高关注, 而在使用时间序列数据构建模型中却放松了对异方差性的警惕. 从逻辑上讲, 时间序列数据模型也可能存在异方差性. 1982 年, 美国计量经济学家恩格尔 (R. Engle) 指出: 时间序列数据的计量经济模型也可能存在异方差性, 并从理论上提出了检验时间序列异方差性的方法, 此即所谓的 "**自回归条件异方差 (auto regressive conditional heteroskedasticity, ARCH)**". **ARCH 检验的基本思想是: 时间序列数据中的异方差性可以被视作为 ARCH 过程, 通过检验这一过程是否成立来判断时间序列是否存在异方差性.**

ARCH 过程的一般形式为

$$\sigma_t^2 = \alpha_0 + \alpha_1\sigma_{t-1}^2 + \alpha_2\sigma_{t-2}^2 + \cdots + \alpha_p\sigma_{t-p}^2 + \varepsilon_t \tag{4.4.5}$$

其中, p 为 ARCH 过程的阶数, 且 $\alpha_0 \geqslant 0, \alpha_1 \geqslant 0, \cdots, \alpha_p \geqslant 0, \varepsilon_t$ 为满足经典假定的随机误差项. 检验的步骤为

第一, 提出待检验假设:

$$H_0: \alpha_0 = \alpha_1 = \cdots = \alpha_p = 0; \quad H_1: \alpha_0, \alpha_1, \cdots, \alpha_p \text{不全为零} \tag{4.4.6}$$

原假设为不存在 ARCH 过程形式的异方差, 备择假设表示存在 ARCH 过程形式的异方差.

第二, 用 OLS 估计原模型, 求得残差 e_t, 计算 $e_t^2, e_{t-1}^2, e_{t-2}^2, \cdots, e_{t-p}^2$ 作为误差项方差 $\sigma_t^2, \sigma_{t-1}^2, \sigma_{t-2}^2, \cdots, \sigma_{t-p}^2$ 的估计.

第三, 做辅助回归:

$$\hat{e}_t^2 = \alpha_0 + \alpha_1 e_{t-1}^2 + \alpha_2 e_{t-2}^2 + \cdots + \alpha_p e_{t-p}^2 \tag{4.4.7}$$

第四, 计算检验统计量:

$$\mathrm{LM} = (n-p)R_E^2$$

其中, R_E^2 为辅助回归 (4.4.7) 的可决系数. 可以证明, 样本量足够大, 且原假设成立的前提下 LM 统计量近似服从 $\chi^2(p)$, 其中 p 为自由度.

第五, 判断与决策: 若 $\mathrm{LM} > \chi_\alpha^2(p)$, 则拒绝原假设, 即模型存在异方差性. 反之, 则不拒绝原假设, 但此时只能讲模型没有 ARCH 过程形式的异方差.

ARCH 检验的特点: 要求数据为大样本; 数据必须为时间序列数据; 不能完全确定没有异方差性; 不能指出方差与哪个解释变量相关.

6. 布鲁斯–培根检验 (Breusch-Pagan test)

这是一种较为常用的、现代的检验异方差性的方法, 其优越性在于无须事先认定异方差性主要是由哪个解释变量 "引起" 的, 可以将所有解释变置于辅助回归模型中, 一次性予以解决.

如果多元线性回归模型:

$$Y_i = \beta_0 + \beta_1 X_{1i} + \beta_2 X_{2i} + \cdots + \beta_k X_{ki} + \mu_i, \qquad i = 1, 2, \cdots, n$$

存在异方差性, 就意味着 σ_i^2 可以表达成解释变量 $X_1, X_2, \cdots, X_k$ 某种回归模型. 布鲁斯与培根将其设定成较为简单的线性形式, 即辅助回归模型:

$$\sigma_i^2 = \alpha_0 + \alpha_1 X_{1i} + \alpha_2 X_{2i} + \cdots + \alpha_k X_{ki} + \varepsilon_i \tag{4.4.8}$$

则异方差性的检验就等价于检验假设:

$$H_0: \alpha_1 = \alpha_2 = \cdots = \alpha_k = 0; \quad H_1: \alpha_1, \alpha_2, \cdots, \alpha_k \text{不全为零} \tag{4.4.9}$$

鉴于真实的 σ_i^2 不可观测, 实践中使用其 LOS 估计 e_i^2 作为 σ_i^2 近似, 进而构建辅助回归模型:

$$e_i^2 = \alpha_0 + \alpha_1 X_{1i} + \alpha_2 X_{2i} + \cdots + \alpha_k X_{ki} + \varepsilon_i \tag{4.4.10}$$

实现对假设 (4.4.9) 的检验. 在样本容量足够大的背景下, 检验统计量为

$$F = \frac{R_E^2/k}{(1-R_E^2)(n-k-1)} \;\dot{\sim}\; F(k, n-k-1) \tag{4.4.11}$$

或者

$$\chi^2 = n \cdot R_E^2 \quad \dot{\sim} \quad \chi^2(k) \tag{4.4.12}$$

R_E^2 为辅助回归模型 (4.4.10) 的可决系数 (使用软件估计参数时, 可以使用相应的伴随概率).

如果 $F > F_\alpha(k, n-k-1)$ 或 $\chi^2 > \chi_\alpha^2(k)$, 则拒绝原假设, 即模型存在异方差性. 自然, 如果相应的伴随概率 prob. $< \alpha$, 也有相同结论.

7. 怀特检验

戈德菲尔德–匡特检验也有一定的局限性, 表现在：第一, 不易实施. 它需要按照被认为是引起异方差性的变量 X 把观测值重新排序, 因此, 可能需要对各个解释变量进行轮流试验. 第二, 它无法排除复杂形式异方差的存在. 第三, 要求数据具有较大的样本量. 布鲁斯–培根检验也有其局限性：假定随机误差项方差与解释变量是线性相关的, 而事实上, 这种相关有可能是非线性的. 而怀特检验 (White test) 不要求排序, 易于实施, 而且适合所有形式的异方差性的检验. 为说明怀特检验的基本思想与步骤, 考虑如下的二元线性回归模型：

$$Y_i = \beta_0 + \beta_1 X_{1i} + \beta_2 X_{2i} + \mu_i \tag{4.4.13}$$

可能存在异方差性. 怀特检验可以按照以下步骤进行.

步骤 1：对给定的样本数据, 用 OLS 估计模型 (4.4.13), 获得近似残差平方 e_i^2.

步骤 2：做辅助回归

$$e_i^2 = \alpha_0 + \alpha_1 X_{1i} + \alpha_2 X_{2i} + \alpha_3 X_{1i}^2 + \alpha_4 X_{2i}^2 + \alpha_5 X_{1i} X_{2i} + \varepsilon_i \tag{4.4.14}$$

进而得到这个辅助回归的可决系数 R_E^2.

步骤 3：计算检验统计量. 可以证明, 在同方差的假定下

$$\chi^2 = n \cdot R_E^2 \,\dot{\sim}\, \chi^2(5)$$

其中, n 为辅助回归模型的样本容量; 5 是辅助回归模型 (4.4.14) 回归元 (解释变量) 的个数.

步骤 4：判断与决策. 在给定的显著性水平 α 下, 若 $\chi^2 = n \cdot R_E^2 > \chi_\alpha^2(5)$, 或其伴随概率 prob. $<$ 显著性水平 α, 则拒绝原假设 H_0, 即模型存在异方差性.

需要指出, 对于多元线性回归, 如果辅助回归方程中有数量过多的解释变量, 从而使自由度减少甚至不足时, 可以考虑去掉交叉项.

在 EViews6.0 软件中可以直接进行 White 检验：在方程窗口依次单击 "View" → "Residual tests" → " Heteroskedasticity (include White cross terms)" 或者 " Heteroskedasticity (cross terms)", 前者为有交叉项, 后者为无交叉项.

例 4.4.1 异方差性的 White 检验过程：在方程窗口 "View" → "Residual tests" →" Heteroskedasticity test" → 在 "test type" 中选择 "White" →"默认 (include White cross terms)" 点击 "OK" 结果为: obs $*$ R Squared $= nR_E^2 = 8.2590 > 5.9915 = \chi_{0.05}^2(2)$ 或其伴随 $p = 0.016 < 0.05 = \alpha$, 拒绝原假设, 模型存在异方差.

8. *其他检测方法*

计量经济学是一门仍处在快速发展过程中的学科, 异方差性检验的方法除前述的几种之外还有许多. 例如: 斯皮尔曼 (Spearman) 等级相关系数检验、布鲁斯–培根–戈弗雷检验 (Breusch-Pagan-Godfrey tests) 等.

4.5 异方差性的补救

异方差性虽然没有损坏 OLS 估计量的无偏性和一致性, 但它不再是有效的, 甚至都不是渐近有效的. 而且还使得通常的显著性检验结论变得可疑. 因此, 补救措施显然是必要的. 补救方法一般分为: $\mathrm{Var}(\mu_i)$ 的形式已知和 $\mathrm{Var}(\mu_i)$ 的形式未知两种情形. 最常用的补救方法是**加权最小二乘法**(weighted least squares WLS).

1. *加权最小二乘法*

假设一元回归模型

$$Y_i = \beta_0 + \beta_1 X_i + \mu_i \tag{4.5.1}$$

存在异方差性, 具体形式为 $\mathrm{Var}(\mu_i) = \sigma_i^2 = \sigma^2 f(X_i)$. 一个自然的想法就是用 $w_i = 1/\sqrt{f(X_i)}$ 乘以原模型两端, 得

$$\frac{Y_i}{\sqrt{f(X_i)}} = \frac{\beta_0}{\sqrt{f(X_i)}} + \beta_1 \frac{X_i}{\sqrt{f(X_i)}} + \frac{\mu_i}{\sqrt{f(X_i)}} \tag{4.5.2}$$

记 $Y_i^* = \dfrac{Y_i}{\sqrt{f(X_i)}}$, $X_{0i} = \dfrac{1}{\sqrt{f(X_i)}}$, $X_i^* = \dfrac{X_i}{\sqrt{f(X_i)}}$, $\nu_i = \dfrac{\mu_i}{\sqrt{f(X_i)}}$, 模型变为

$$Y_i^* = \beta_0 X_{0i} + \beta_1 X_i^* + \nu_i \tag{4.5.3}$$

新模型 (4.5.3) 随机误差项的方差为

$$\mathrm{Var}(\nu_i) = \left(\frac{1}{\sqrt{f(X_i)}}\right)^2 \mathrm{Var}(\mu_i) = \frac{1}{f(X_i)} f(X_i)\sigma^2 = \sigma^2$$

显然, 新模型满足同方差假定, 故而其 OLS 估计量是 BLUE 而且是一致的.

以下我们通过对 (4.5.3)OLS 估计的深入剖析来了解新方法与原方法的关系, 以及新方法的原理. 为叙述方便, 将 (4.5.1) 的 OLSE 和 (4.5.3) 的 OLSE 分别记为: $\hat{\beta}_0,\hat{\beta}_1$ 和 $\hat{\beta}_0^*,\hat{\beta}_1^*$. 求 (4.5.3) 的 OLS 就是求 $\hat{\beta}_0^*,\hat{\beta}_1^*$, 使得对应得残差平方和

$$\sum\left(Y_i^*-\hat{Y}_i^*\right)^2=\min$$

亦即, 使得

$$\begin{aligned}&\sum\left(\frac{Y_i}{\sqrt{f(X_i)}}-\hat{\beta}_0^*\frac{1}{\sqrt{f(X_i)}}-\hat{\beta}_1^*\frac{X_i}{\sqrt{f(X_i)}}\right)^2\\&=\sum\frac{1}{f(X_i)}\left(Y_i-\hat{\beta}_0^*-\hat{\beta}_1^*X_i\right)^2=\min\end{aligned}\tag{4.5.4}$$

抛开系数 $1/f(X_i)$ 的具体形式和数值不论, 仅从 σ_i^2 与 $|e_i^2|$ 关系的角度讲, 新模型的 OLS 对绝对值较小的残差赋予它对残差平方和以较大的影响度, 而对于绝对值较大的残差则赋予它对残差平方和以较小的影响度. 因为, 在异方差存在的情况下, 对于不同的 X, $|e_i^2|$ 的波动幅度相差很大. 因此, 对不同的 e_i^2 应区别对待.

与此形成对比的是, 在普通最小二乘法中每个残差平方 e_i^2 都有相同的影响度 (权数为 1), 也就是各点的残差平方 e_i^2 所提供信息的重要程度是一样的. 在同方差性的假定下, 由于每个样本点对回归直线的偏离程度大致相同, 这样做是合理的. 但在异方差的情况下, 却是不合理的.

基于此, 计量经济学将这一方法形象化地称为加权最小二乘法. **其基本思想是: 对较小的残差平方 e_i^2 给予较大的权数, 对较大的残差平方 e_i^2 给予较小的权数, 以对残差提供的信息的重要程度进行校正, 提高参数估计的精度.**

当然, 使用 WLS 的关键在于事先确定权数变量, 这既可以通过帕克检验、戈里瑟检验等方法来判断异方差性的具体形式; 也可以选取某个与随机误差项方差变动方向相反的变量序列.

更为一般的情形是, 假如多元线性回归模型

$$\boldsymbol{Y}=\boldsymbol{XB}+\boldsymbol{N}\tag{4.5.5}$$

存在异方差性, 那么

$$\mathrm{Var}(\boldsymbol{N})=\begin{pmatrix}\sigma_1^2&0&\cdots&0\\0&\sigma_2^2&\cdots&0\\0&0&\cdots&0\\\vdots&\vdots&&\vdots\\0&0&\cdots&\sigma_n^2\end{pmatrix}=\sigma^2\boldsymbol{\Omega}$$

显然, $\boldsymbol{\Omega}$ 是一个正定对称矩阵, 线性代数告诉我们存在可逆矩阵 $\boldsymbol{D}$ 使得 $\boldsymbol{\Omega}=\boldsymbol{DD}'$. 用 $\boldsymbol{D}$ 的逆矩阵 $\boldsymbol{D}^{-1}$ 左乘模型 (4.5.5) 两端, 可得

$$\boldsymbol{D}^{-1}\boldsymbol{Y}=\boldsymbol{D}^{-1}\boldsymbol{B}X+\boldsymbol{D}^{-1}\boldsymbol{N}$$

记 $\boldsymbol{Y}^*=\boldsymbol{D}^{-1}\boldsymbol{Y},\boldsymbol{X}^*=\boldsymbol{D}^{-1}\boldsymbol{X},\boldsymbol{N}^*=\boldsymbol{D}^{-1}\boldsymbol{N}$, 则模型 (4.5.5) 变形为

$$\boldsymbol{Y}^*=\boldsymbol{X}^*\boldsymbol{B}+\boldsymbol{N}^* \tag{4.5.6}$$

易于验证该模型满足经典假定.

注释

$$\begin{aligned}E\left(\boldsymbol{N}^*\boldsymbol{N}^{*\prime}\right)&=E\left[\boldsymbol{D}^{-1}\boldsymbol{N}\boldsymbol{N}'\left(\boldsymbol{D}^{-1}\right)'\right]=\boldsymbol{D}^{-1}E\left(\boldsymbol{N}\boldsymbol{N}'\right)\left(\boldsymbol{D}^{-1}\right)'=\boldsymbol{D}^{-1}\sigma^2\boldsymbol{\Omega}\left(\boldsymbol{D}^{-1}\right)'\\&=\sigma^2\boldsymbol{D}^{-1}\boldsymbol{D}\boldsymbol{D}'\left(\boldsymbol{D}^{-1}\right)'=\sigma^2\boldsymbol{I}\boldsymbol{I}=\sigma^2\boldsymbol{I}_n\end{aligned}$$

因而, 可以用 OLS 估计 (4.5.6) 的参数, 称此估计为加权最小二乘估计, 记为 $\hat{\boldsymbol{B}}_{\mathrm{WLS}}$, 则

$$\hat{\boldsymbol{B}}_{\mathrm{WLS}}=\left(\boldsymbol{X}^{*\prime}\boldsymbol{X}^*\right)^{-1}\left(\boldsymbol{X}^{*\prime}\boldsymbol{Y}\right)=\left(\boldsymbol{X}'\boldsymbol{\Omega}^{-1}\boldsymbol{X}\right)^{-1}\left(\boldsymbol{X}'\boldsymbol{\Omega}^{-1}\boldsymbol{Y}\right) \tag{4.5.7}$$

显然, 加权最小二乘估计是 BLUE 的①. 而且易见, 如果模型不存在异方差性, 那么 $\boldsymbol{\Omega}=\boldsymbol{I}_n$, 故 $\boldsymbol{\Omega}^{-1}=\boldsymbol{I}_n$, 进而有 $\hat{\boldsymbol{B}}_{\mathrm{WLS}}=\hat{\boldsymbol{B}}_{\mathrm{OLS}}$. 于是, 在处理异方差性问题时, 往往使用经验方法, 即对于可能存在异方差性的模型, 实践中一般不进行检验, 而直接使用加权最小二乘法估计参数.

在 EViews 软件中可以直接进行加权最小二乘估计. EViews 具体操作为: 单击 "Quick" → "Estimate Equation", 在弹出的方程说明对话框中单击 "Options" 进入参数设置对话框, 选定 "Weighted LS" 方法, 并在权数变量栏中输入权数变量名或权数表达式, 单击 "OK" 返回方程说明对话框, 再次单击 "OK", 软件将采用 WLS 方法估计方程.

2. 异方差性稳健标准误法

加权最小二乘法有效的关键在于寻找到随机误差项方差与解释变量之间正确的函数形式, 这在实际中并非易事. 如果使用错误的函数形式进行估计, 可能招致比异方差性更为糟糕的后果, 因此, 有必要寻找一种不依赖于随机误差项方差与解释变量具体依存关系式的补救方法.

由于当模型出现异方差性时, 普通最小二乘法的主要问题是: 无法给出参数估计量方差或标准差的正确估计. 所以, 针对异方差性补救的另一种方法是: 仍然采用普通最小二乘法估计回归系数, 但是修正相应的方差估计.

① 证明与第 3 章相关内容相似.

这一方法由怀特 (H. White) 于 1980 年首先提出, 其基本思想是用 OLSE 的残差平方 e_i^2 作为相应 σ_i^2 的近似. 比如, 在存在异方差性的一元线性回归中, 回归系数估计量 $\hat{\beta}_1$ 的方差本应为

$$\mathrm{Var}(\hat{\beta}_1)=\frac{\sum x_i^2\sigma_i^2}{\left(\sum x_i^2\right)^2}\tag{4.5.8}$$

于是应该使用 OLSE 的近似残差 e_i^2 代替相应的误差项方差 σ_i^2, 即用下式作为 $\mathrm{Var}(\hat{\beta}_1)$ 的估计, 即

$$\widehat{\mathrm{Var}}(\hat{\beta}_1)=\frac{\sum x_i^2e_i^2}{\left(\sum x_i^2\right)^2}\tag{4.5.9}$$

而且, 怀特还证明 (4.5.9) 是 (4.5.8) 的一致估计. 一般将 (4.5.9) 的算术平方根称为 $\hat{\beta}_1$ 的**异方差稳健标准误** (heteroscedasticity-robust standard error), 因此, 这一估计方法又被称为**异方差稳健标准误法.** 必须指出, 这一方法只能解决异方差性针对参数的 OLSE 误差估计和变量显著性检验影响问题, 并不是一种全局性的方法. 这一方法没有解决参数估计不正确和方程显著性检验结论存疑的问题.

除以上方法之外, 还有其他方法可以用于异方差性的消除, 比如最小一乘法等.

4.6 案　　例

医疗与卫生事业发展是社会发展的重要组成部分, 身体健康是人民追求的主要生活目标之一. 医疗卫生机构数量是保障人民身体健康基本的物质条件, 而影响医疗卫生机构数量的主要因素是人口数量. 为此, 我们选择 2013 年我国 31 个省 (自治区、直辖市) 的相关数据, 列于表 4.6.1.

表 4.6.1　2013 年年末人口数及年末医疗机构数

省 (自治区、直辖市)	年末人口 PY/万人	年末医疗机构数 HCI/家
北京	2115	9683
天津	1472	4989
河北	7333	78485
山西	3630	40281
内蒙古	2498	23257
辽宁	4390	35612
吉林	2751	19913
黑龙江	3835	21369
上海	2415	4929
江苏	7939	30998
浙江	5498	30063
安徽	6030	24645

续表

省 (自治区、直辖市)	年末人口 PY/万人	年末医疗机构数 HCI/家
福建	3774	28175
江西	4522	38902
山东	9733	75426
河南	9413	71464
湖北	5799	35631
湖南	6691	62210
广东	10644	47835
广西	4719	33943
海南	895	5011
重庆	2970	18926
四川	8107	80037
贵州	3502	29177
云南	4687	24264
西藏	312	6725
陕西	3764	37137
甘肃	2582	26698
青海	578	6020
宁夏	654	4231
新疆	2264	18663

资料来源：中国统计年鉴 [M], 2014 年版.

考虑构建一元线性回归模型：

$$\mathrm{HCI} = \beta_0 + \beta_1 PY + \mu \qquad (\beta_1 > 0)$$

以普通最小二乘法估计参数得 (图 4.6.1).

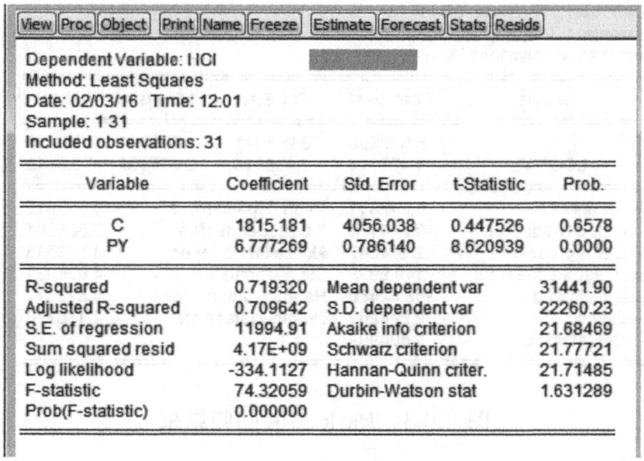
View Proc Object Print Name Freeze Estimate Forecast Stats Resids

Dependent Variable: HCI
Method: Least Squares
Date: 02/03/16 Time: 12:01
Sample: 1 31
Included observations: 31

Variable	Coefficient	Std. Error	t-Statistic	Prob.
C	1815.181	4056.038	0.447526	0.6578
PY	6.777269	0.786140	8.620939	0.0000

R-squared	0.719320	Mean dependent var	31441.90
Adjusted R-squared	0.709642	S.D. dependent var	22260.23
S.E. of regression	11994.91	Akaike info criterion	21.68469
Sum squared resid	4.17E+09	Schwarz criterion	21.77721
Log likelihood	-334.1127	Hannan-Quinn criter.	21.71485
F-statistic	74.32059	Durbin-Watson stat	1.631289
Prob(F-statistic)	0.000000		

图 4.6.1　OLSE

初步判断, 模型似乎一切正常、合理. 但细看发现医疗卫生机构数的 t 统计量绝对值有些许异常, 考虑到数据为截面数据, 模型极可能存在异方差性, 这类异常有可能是异方差导致的. 为此, 进行相关检验和分析. 首先使用图形分析进行预判. 绘制 PY $-$ E^2 (图中 E2 即是 E^2) 散点图 (图 4.6.2).

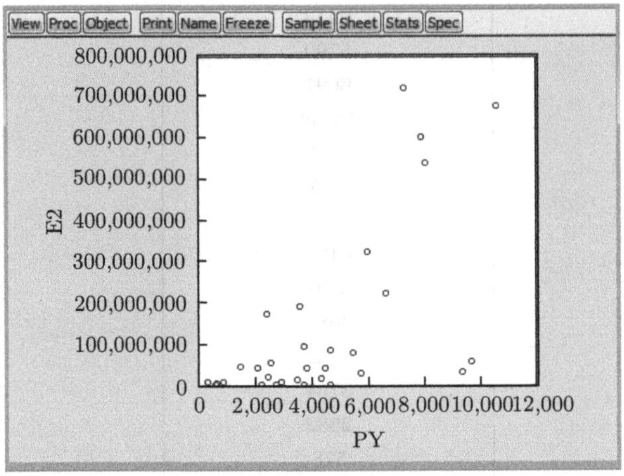

图 4.6.2　PY $-$ E^2 散点图

从图形上可以看出, 残差平方有随着 PY 增大而逐渐增大的倾向, 所以, 原模型可能存在递增形式的异方差. 进而, 用 Park 检验进一步确认: 构建 $\ln e^2$ 关于 lnPY 的一元线性回归 (图 4.6.3).

View Proc Object Print Name Freeze Estimate Forecast Stats Resids

Dependent Variable: LOG(E2)
Method: Least Squares
Date: 06/13/17 Time: 06:11
Sample: 1 31
Included observations: 31

Variable	Coefficient	Std. Error	t-Statistic	Prob.
C	5.052286	3.956245	1.277041	0.2117
LOG(PY)	1.477044	0.485013	3.045369	0.0049

R-squared	0.242311	Mean dependent var	17.03612
Adjusted R-squared	0.216184	S.D. dependent var	2.568801
S.E. of regression	2.274247	Akaike info criterion	4.543516
Sum squared resid	149.9938	Schwarz criterion	4.636031
Log likelihood	-68.42450	Hannan-Quinn criter.	4.573674
F-statistic	9.274269	Durbin-Watson stat	2.175778
Prob(F-statistic)	0.004909		

图 4.6.3　Park 检验回归结果

注释　图中 $\log(\text{E2}) = \ln(\text{e}^2)$; $\log(\text{PY}) = \ln(\text{PY})$.

因为 F 统计量对应的伴随概率 prob. $= 0.0049 < 0.05 = \alpha$, 所以该方程显著. 表明模型存在异方差性.

继而, 用戈德菲尔德–匡特检验进行判断: 先将数据按照解释变量 PY 的数值由小到大排序, 跳过中间 7 组数据, 分别用前 12 组、后 12 组数据各作一个一元线性回归得到各自的残差平方和: $\mathrm{RSS}_1 = 2.42E{+}08$(解释变量值小), $\mathrm{RSS}_2 = 3.81E{+}09$(解释变量值大), 从而可以得到检验统计量数值:

$$F = \mathrm{RSS}_2/\mathrm{RSS}_1 = 3.81E+09/2.42E+08 = 15.74 > 2.98 = F_{0.05}(10,\ 10)$$

所以, 拒绝原假设, 即模型存在异方差性.

接下来, 进行戈里瑟检验. 经过尝试, 最合理的模型为 (相应的可决系数数值最大): $|e_i| = \alpha + \beta\mathrm{PY} + \varepsilon$, 辅助回归分析的结果如图 4.6.4.

View | Proc | Object | Print | Name | Freeze | Estimate | Forecast | Stats | Resids

Heteroskedasticity Test: Glejser

F-statistic	22.13612	Prob. F(1,29)	0.0001
Obs*R-squared	13.41947	Prob. Chi-Square(1)	0.0002
Scaled explained SS	15.36325	Prob. Chi-Square(1)	0.0001

Test Equation:
Dependent Variable: ARESID
Method: Least Squares
Date: 02/03/16 Time: 14:46
Sample: 1 31
Included observations: 31

Variable	Coefficient	Std. Error	t-Statistic	Prob.
C	525.3189	2036.918	0.257899	0.7983
PY	1.857473	0.394795	4.704903	0.0001

R-squared	0.432886	Mean dependent var	8645.230
Adjusted R-squared	0.413330	S.D. dependent var	7864.509
S.E. of regression	6023.770	Akaike info criterion	20.30716
Sum squared resid	1.05E+09	Schwarz criterion	20.39967
Log likelihood	-312.7609	Hannan-Quinn criter.	20.33731
F-statistic	22.13612	Durbin-Watson stat	1.683374
Prob(F-statistic)	0.000058		

图 4.6.4　戈里瑟检验结果

因为, F 统计量对应的伴随概率 prob. $= 0.0001 < 0.05 = \alpha$, 拒绝 $H_0 : \beta = 0$. 即模型存在异方差性.

注释　软件实现路径: 普通最小二乘回归/点击回归结果界面左上角 “View/Residual Tests/Heteroskedasticity Tests/Tests Type/Glejser/OK”(图 4.6.5).

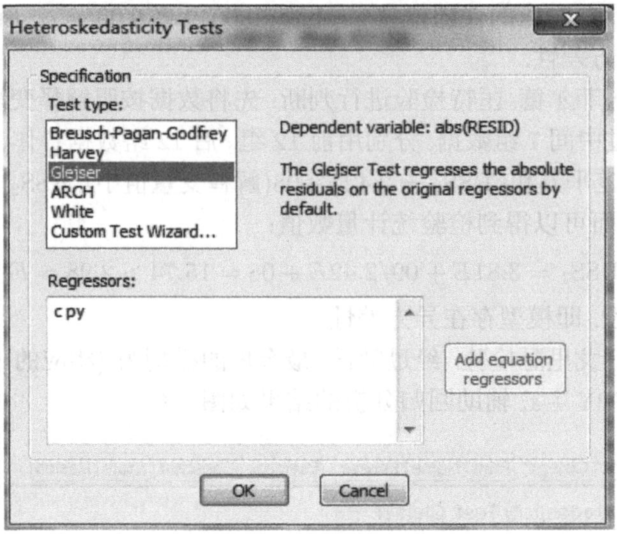

图 4.6.5　戈里瑟检验设置

最后, 进行怀特检验. 先选择包含交叉项 (include White cross terms) 结果如图 4.6.6.

View | Proc | Object | Print | Name | Freeze | Estimate | Forecast | Stats | Resids

Heteroskedasticity Test: White

F-statistic	9.871834	Prob. F(2,28)	0.0006
Obs*R-squared	12.81958	Prob. Chi-Square(2)	0.0016
Scaled explained SS	13.57747	Prob. Chi-Square(2)	0.0011

Test Equation:
Dependent Variable: RESID^2
Method: Least Squares
Date: 02/03/16 Time: 15:06
Sample: 1 31
Included observations: 31

Variable	Coefficient	Std. Error	t-Statistic	Prob.
C	-30035447	89929608	-0.333988	0.7409
PY	22269.97	39932.90	0.557685	0.5815
PY^2	2.527373	3.690016	0.684922	0.4990

R-squared	0.413535	Mean dependent var	1.35E+08
Adjusted R-squared	0.371644	S.D. dependent var	2.13E+08
S.E. of regression	1.69E+08	Akaike info criterion	40.81732
Sum squared resid	7.97E+17	Schwarz criterion	40.95609
Log likelihood	-629.6684	Hannan-Quinn criter.	40.86255
F-statistic	9.871834	Durbin-Watson stat	1.763734
Prob(F-statistic)	0.000569		

图 4.6.6　怀特检验 (含交叉项)

注释　实现路径：普通最小二乘回归/点击回归结果界面左上角 “View”/Residual Tests/Heteroskedasticity Tests/ Tests Type/White/OK.

因为, $\chi^2 = nR_E^2 = 12.8196 > 5.9915 = \chi^2_{0.05}(2)$ 或伴随概率 prob. $= 0.0016 < 0.05 = \alpha$, 所以, 拒绝原假设, 即模型存在异方差性.

然后, 选择不含交叉项的, 结果见图 4.6.7.

View | Proc | Object | Print | Name | Freeze | Estimate | Forecast | Stats | Resids

Heteroskedasticity Test: White

F-statistic	19.90558	Prob. F(1,29)	0.0001
Obs*R-squared	12.61764	Prob. Chi-Square(1)	0.0004
Scaled explained SS	13.36359	Prob. Chi-Square(1)	0.0003

Test Equation:
Dependent Variable: RESID^2
Method: Least Squares
Date: 02/03/16 Time: 15:58
Sample: 1 31
Included observations: 31

Variable	Coefficient	Std. Error	t-Statistic	Prob.
C	14680041	40236865	0.364841	0.7179
PY^2	4.504752	1.009679	4.461567	0.0001

R-squared	0.407021	Mean dependent var	1.35E+08
Adjusted R-squared	0.386573	S.D. dependent var	2.13E+08
S.E. of regression	1.67E+08	Akaike info criterion	40.76385
Sum squared resid	8.06E+17	Schwarz criterion	40.85636
Log likelihood	-629.8396	Hannan-Quinn criter.	40.79401
F-statistic	19.90558	Durbin-Watson stat	1.792435
Prob(F-statistic)	0.000113		

图 4.6.7　怀特检验 (不含交叉项)

注释　实现路径：普通最小二乘回归/点击回归结果界面左上角 “View”/Residual Tests/Heteroskedasticity Tests/Tests Type/White/取消 Include White Cross Terms/ OK.

因为, 检验统计量 $\chi^2 = nR_E^2 = 12.6176 > 3.84 = \chi^2_{0.05}(1)$ 或者对应的伴随概率 prob. $= 0.0004 < 0.05 = \alpha$, 所以, 拒绝原假设, 即模型存在异方差性.

最后, 消除异方差性的后果, 即寻求正确的参数估计方法 —— 加权最小二乘法. 首先, 确定权数. 前述检验告诉我们, 样本范围内异方差的最合理形式为

$$\sigma_i = \alpha_0 + \alpha_1 \mathrm{PY}_i + \varepsilon_i$$

于是建立残差绝对值关于 PY 的回归, 求解残差绝对值的回归值, 取其倒数作

权数. 其次, 用加权最小二乘法估计模型, 结果见图 4.6.8. 经检验, 该模型已经没有异方差性 (因为怀特检验的统计量为 $\chi^2 = 2.3648 < 5.9915 = \chi^2_{0.05}(2)$). 进而得到最终的改进方程为

$$\widehat{\text{HCI}}_i = 2323.6890 + 6.4890\text{PY}_i$$
$$\text{SE} = (1105.1440)\ (0.6196)$$
$$R^2 = 0.7909, \quad F = 109.6992, \quad n = 31, \quad \text{D.W.} = 1.6828$$

最后, 我们省略参数估计的操作, 直接给出稳健标准误估计的结果, 见图 4.6.9.

View | Proc | Object | Print | Name | Freeze | Estimate | Forecast | Stats | Resids

Dependent Variable: HCI
Method: Least Squares
Date: 06/12/17 Time: 18:01
Sample: 1 31
Included observations: 31
Weighting series: W

Variable	Coefficient	Std. Error	t-Statistic	Prob.
C	2323.689	1105.144	2.102611	0.0443
PY	6.489008	0.619550	10.47374	0.0000

Weighted Statistics

R-squared	0.790914	Mean dependent var	18384.20
Adjusted R-squared	0.783705	S.D. dependent var	6544.707
S.E. of regression	6638.381	Akaike info criterion	20.50146
Sum squared resid	1.28E+09	Schwarz criterion	20.59398
Log likelihood	-315.7727	Hannan-Quinn criter.	20.53162
F-statistic	109.6992	Durbin-Watson stat	1.682762
Prob(F-statistic)	0.000000		

Unweighted Statistics

R-squared	0.716841	Mean dependent var	31441.90
Adjusted R-squared	0.707077	S.D. dependent var	22260.23
S.E. of regression	12047.77	Sum squared resid	4.21E+09
Durbin-Watson stat	2.213863		

图 4.6.8　加权最小二乘回归结果

与图 4.6.1 对比后可以发现, 二者的差异仅存在于参数估计标准误差和与变量检验有关的部分.

Dependent Variable: HCI				
Method: Least Squares				
Date: 02/03/16 Time: 16:33				
Sample: 1 31				
Included observations: 31				
White Heteroskedasticity-Consistent Standard Errors & Covariance				
Variable	Coefficient	Std. Error	t-Statistic	Prob.
C	1815.181	3295.358	0.550830	0.5860
PY	6.777269	1.044674	6.487446	0.0000
R-squared	0.719320	Mean dependent var		31441.90
Adjusted R-squared	0.709642	S.D. dependent var		22260.23
S.E. of regression	11994.91	Akaike info criterion		21.68469
Sum squared resid	4.17E+09	Schwarz criterion		21.77721
Log likelihood	-334.1127	Hannan-Quinn criter.		21.71485
F-statistic	74.32059	Durbin-Watson stat		1.602555
Prob(F-statistic)	0.000000			

图 4.6.9 异方差模型的稳健标准误估计

练 习 题 4

4.1 异方差性是指不同随机误差项的方差彼此不同吗?

4.2 如果模型存在异方差性, 参数的普通最小二乘估计的性质如何?

4.3 帕克检验、戈里瑟检验和戈德菲尔德–匡特检验能否给出模型不存在异方差性的结论?

4.4 怀特检验的优缺点分别是什么?

4.5 加权最小二乘法与普通最小二乘法之间是什么关系?

4.6 异方差性检验的基本思想是什么?

4.7 你如何看待异方差性的稳健标准误估计?

4.8 收集 2013 年我国 31 省 (自治区、直辖市) 农村居民人均纯收入 X 与人均现金消费支出 Y 的数据, 如下页表 (单位: 元) 所示:

要求: (1) 用四种以上方法检验模型 $Y_i = \beta_0 + \beta_1 X_i + \mu_i$ 是否存在异方差性; (2) 若存在, 请确认其形式; (3) 请消除异方差性的影响 (选择正确的方式估计参数); (4) 用异方差稳健标准误估计参数, 并分别与 OLSE、WLSE 进行比较.

省(自治区、直辖市)	纯收入 X	消费支出 Y	省(自治区、直辖市)	纯收入 X	消费支出 Y
北京	18337.5	13470.2	湖北	8867.0	5531.1
天津	15841.0	10088.6	湖南	8372.1	5854.2
河北	9101.9	5969.6	广东	11669.3	7881.5
山西	7153.5	5463.2	广西	6790.9	4547.0
内蒙古	8595.7	6763.3	海南	8342.6	5090.7
辽宁	10522.7	6864.9	重庆	8332.0	5057.8
吉林	9621.2	6827.6	四川	7895.3	5406.1
黑龙江	9634.1	6542.1	贵州	5434.0	3888.3
上海	19595.0	13872.9	云南	6141.3	3953.0
江苏	13597.8	9486.9	西藏	6578.2	2661.5
浙江	16106.0	11541.1	陕西	6502.6	5420.7
安徽	8097.9	5344.9	甘肃	5107.8	4393.7
福建	11184.2	7552.5	青海	6196.4	5506.6
江西	8781.5	4910.1	宁夏	6931.0	5942.1
山东	10619.9	7184.2	新疆	7296.5	5519.9
河南	8475.3	5353.0			

资料来源：中国统计年鉴 [M], 2014 年版.

第 5 章 自 相 关 性

经典假定中关于随机误差项的另一项内容为: **线性模型的随机误差项之间互不相关**. 它对于保证参数估计的优良统计性质是有意义的. 可是, 对于一个具体模型而言, 这一假定是否有可能不被满足? 如果不满足, 可能的影响是什么? 我们如何发现模型存在自相关性? 自相关性被确认之后, 应该用什么方法估计参数? 这些问题将是本章要讨论的内容.

为了方便讨论进行, 我们约定: **模型只违背不自相关的假定, 其余假定均被满足.**

5.1 自相关性的一般问题

5.1.1 自相关性的概念

关于自相关性的含义, 我们通过如下的例子来引入.

例 5.1.1 收集我国 1980—2013 年农村居民人均纯收入 PIC (按 1980 年价格计算) 与恩格尔系数 EC 的相关数据, 见表 5.1.1.

表 5.1.1 我国农村家庭人均纯收入与恩格尔系数历史数据

年份	人均纯收入 PIC/元	恩格尔系数 EC/%
1980	191.3000	61.8
1981	217.9512	59.9
1982	258.3453	60.7
1983	290.5074	59.4
1984	324.4147	59.2
1985	337.3108	57.8
1986	338.9523	56.4
1987	348.3845	55.8
1988	349.2465	54.0
1989	323.1547	54.8
1990	352.8357	58.8
1991	356.1099	57.6
1992	376.3157	57.6
1993	389.0615	58.1
1994	417.7114	58.9
1995	459.3537	58.6

续表

年份	人均纯收入 PIC/元	恩格尔系数 EC/%
1996	519.7328	56.3
1997	550.2303	55.1
1998	574.9075	53.4
1999	596.7017	52.6
2000	608.9461	49.1
2001	634.4073	47.7
2002	666.3481	46.2
2003	694.6928	45.6
2004	742.3025	47.2
2005	805.1048	45.5
2006	874.1382	43.0
2007	957.3052	43.1
2008	1033.5230	43.7
2009	1122.1230	41.0
2010	1244.0900	41.1
2011	1386.1340	40.4
2012	1534.3790	39.3
2013	1670.4360	37.7

资料来源：http://data.stats.gov.cn/.

并用 EViews 估计模型

$$\text{EC}_i = \beta_0 + \beta_1 \text{PIC}_i + \mu_i$$

输出结果见图 5.1.1.

表面上看, 模型的统计性质多数较好, 但是回归系数的标准误差似乎明显小于预期, 而解释变量 t 统计量绝对值明显偏大. 是否意味着模型存在什么问题？为此绘制 $e_{t-1}-e_t$ 散点图, 见图 5.1.2.

图 5.1.2 似乎预示着 μ_{t-1} 与 μ_t 之间存在着强烈的线性相关性. 那么：计量经济学该如何表述这种现象, 它的存在可能带来哪些不良影响, 如何发现它, 又如何消除它的影响？

对于多元线性回归模型

$$Y_t = \beta_0 + \beta_1 X_{1t} + \beta_2 X_{2t} + \cdots + \beta_k X_{kt} + \mu_t, \quad t = 1, 2, \cdots, n \tag{5.1.1}$$

的一个经典假定是：随机误差项 μ_t 之间不存在自相关, 即

$$\text{Cov}(\mu_s, \mu_t) = E(\mu_s \mu_t) = 0, \quad s \neq t \tag{5.1.2}$$

换言之, 任何一个样本值对应的随机误差项都不受其他样本值对应随机误差项的线性影响.

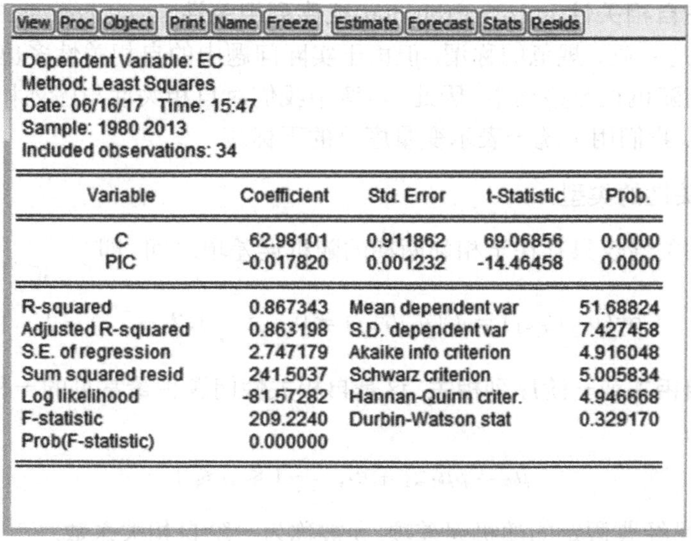

View Proc Object Print Name Freeze Estimate Forecast Stats Resids

Dependent Variable: EC
Method: Least Squares
Date: 06/16/17 Time: 15:47
Sample: 1980 2013
Included observations: 34

Variable	Coefficient	Std. Error	t-Statistic	Prob.
C	62.98101	0.911862	69.06856	0.0000
PIC	-0.017820	0.001232	-14.46458	0.0000

R-squared	0.867343	Mean dependent var	51.68824
Adjusted R-squared	0.863198	S.D. dependent var	7.427458
S.E. of regression	2.747179	Akaike info criterion	4.916048
Sum squared resid	241.5037	Schwarz criterion	5.005834
Log likelihood	-81.57282	Hannan-Quinn criter.	4.946668
F-statistic	209.2240	Durbin-Watson stat	0.329170
Prob(F-statistic)	0.000000		

图 5.1.1 普通最小二乘法回归

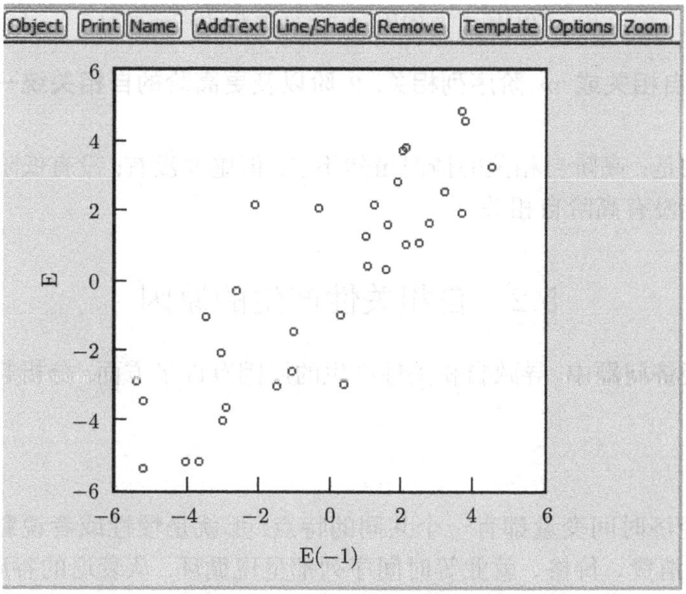

图 5.1.2 $e_{t-1}-e_t$ 散点图

如果模型 (5.1.1) 违背了随机误差项之间不线性相关的假定，即某些不同样本点的随机误差项之间存在着线性相关关系，亦即存在 $s\neq t$ 使得

$$\mathrm{Cov}(\mu_s,\mu_t)=E(\mu_s\mu_t)\neq 0 \tag{5.1.3}$$

则称模型存在自相关性(auto correlation)**或序列相关性**(serial correlation)①. 需指出, 自相关性是专业、规范的称谓, 但由于实际问题中的自相关性多出现在时间序列数据模型的随机误差序列中, 因此, 本章中我们对自相关性与序列相关性不做硬性区分. 同时, 我们用 t 统一表示变量序号的下标.

5.1.2 自相关性的类型

如果自相关性仅只存在于相邻两期的随机误差项之间, 即

$$\mathrm{Cov}(\mu_t, \mu_{t+1}) = E(\mu_t \mu_{t+1}) \neq 0, \quad t = 1, 2, \cdots, n-1 \tag{5.1.4}$$

则称为**一阶自相关或一阶序列相关**, 这是自相关性问题种最常见的一种形式. 它通常可以表示为

$$\mu_t = \rho \mu_{t-1} + \varepsilon_t, \quad -1 \leqslant \rho \leqslant 1 \tag{5.1.5}$$

其中 ε_t 是满足经典假定的随机误差项, ρ 被称为一阶自相关系数.

如果自相关的误差项不限于相邻两个时期之间的, 即

$$\mu_t = \rho_1 \mu_{t-1} + \rho_2 \mu_{t-2} + \cdots + \rho_m \mu_{t-m} + \varepsilon_t \tag{5.1.6}$$

则称为 m **阶自相关或** m **阶序列相关. 2 阶以及更高阶的自相关统一称为高阶自相关**.

需指出的是: 高阶自相关的情况虽然不多, 但绝非没有; 没有低阶自相关性并不意味着一定没有高阶自相关.

5.2 自相关性产生的原因

在实际经济问题中, 导致自相关性产生的原因有许多方面. 分析起来主要有如下五个方面.

1. 惯性

大多数经济时间变量都有一个共同的特点, 那就是惯性或者说黏滞性. 众所周知, GDP、消费、价格、就业等时间序列都呈现循环. 从衰退的谷底开始, 当经济开始复苏时, 大多数经济时间序列开始上升. 在此上升期, 序列在每一时刻的值

① 自相关一般被定义为按时间或空间排序的观测值序列的成员之间的相关. 更为严格地讲, "自相关性" 是指 " 同一序列同它自身滞后若干期的序列的滞后相关". "序列相关性" 指的是 "两个不同时间序列之间的相关". 这表明, 从学术的意义上讲 "自相关性" 与 "序列相关性" 是两个不同的概念, 但在本书中我们将它们作为同义词看待. 由于经济数据中序列相关更多发生于时间序列数据, 且空间相关处理起来有一定难度, 故而本书将默认时间序列的序列相关. 有鉴于此, 本节中我们一般使用 s, t 作为下标.

大都高于前一时刻的值. 有一种内在的动力驱使这一势头继续下去, 直到经济衰退. 因此, 在涉及时间序列的回归模型中, 相继的观察值之间极可能是相关的. 这些变量中的某些次要变量被省略后, 将出现在随机误差项中, 致使随机误差项之间前后相关.

2. *模型设定偏误*

模型设定偏误是指回归模型没有被正确设定或者说设定的模型并非“最理想的”. 形成自相关性的机制主要包括两种: **遗漏应该包含的解释变量 (也称为应含而未含)** 或者**包含无关的解释变量**, 例如, 有如下的需求模型

$$Y_t = \beta_0 + \beta_1 X_{1t} + \beta_2 X_{2t} + \beta_3 X_{3t} + \mu_t \tag{5.2.1}$$

其中, Y_t—— 牛肉消费量, X_{1t}—— 消费者可支配收入, X_{2t} —— 牛肉单价, X_{3t} —— 其他肉类平均价格. 因为, 其他肉类平均价格数据的获取存在困难, 我们将模型简化成为

$$Y_t = \beta_0 + \beta_1 X_{1t} + \beta_2 X_{2t} + \nu_t \tag{5.2.2}$$

可以设想, 如果 (5.2.1) 是正确的模型, 那么, 做回归 (5.2.2) 就相当于假设 $\nu_t = \beta_3 X_{3t} + \mu_t$, 可见即使 μ_t 满足经典假定也会因为 X_{3t} 的前后相关而导致模型 (5.2.2) 表现出自相关性. **或是选择了不正确的函数形式.** 即研究者最初选定的模型的表达式并非最合理的那一个. 例如, 将税收 Y 与税率 X 的模型设定为

$$Y_t = \beta_0 + \beta_1 X_{1t} + \mu_t \tag{5.2.3}$$

但是, 根据税收经济学理论, 正确的模型应该为

$$Y_t = \beta_0 + \beta_1 X_t + \beta_2 X_t^2 + \nu_t \tag{5.2.4}$$

如果我们使用 (5.2.3) 进行回归, 就相当于为其设定以下随机误差项

$$\mu_t = \beta_2 X_t^2 + \nu_t$$

显然, 它的相关性不言自明①.

3. *滞后效应*

由于政策、技术、制度和行为等方面的原因, 在经济变量的时间列数据中, 往往存在一种变化规律, 表现为时间前后期的相互关联. 如工业增加值的数值, 不仅

① 这类原因导致的序列相关被称为“虚假序列相关”, 虽然在模型建立过程中应该避免, 但仍然有可能发生, 而且发生后同样会产生不良后果.

受到当年投入的生产要素的数量与质量的影响, 而且还与往期投入的数量与质量相关. 又如由于心理、技术的原因, 消费者消费习惯短期不会改变. 因此, 当家庭收入提高后, 消费行为的调整需要一段时间, 在此期间内还将沿袭以前消费支出习惯, 这些未被释放的消费能力, 必然在随机误差项中且体现出系统性, 进而导致模型出现自相关性.

4. 数据的 "编造" 或 "加工"

由于经济、技术和制度等方面的原因, 经济分析所使用的时间序列数据存在某些缺陷或者缺失. 如在一个较长时间的时间序列数据的中间位置出现了异常值或者统计口径发生变动 (无法删除), 为保证数据的完整性或弥补其他方面的缺陷, 往往需要对原始观测数据进行**内插或平滑处理**. 新生成的数据与未处理的其他数据间就产生了 "内在" 的联系, 进而使得随机误差项表现出自相关性. 又比如为保证统计数据具有我们希望的性质, 有时需要动用统计技术对数据进行 " 加工". 例如, 为了让一个月份数据组成的时间序列呈现出其趋势性来, 我们通常会将 3 个月的数据合并, 修改成为季度数据. 这会使得原有数据的随机性或者偶然性减弱, 从而导致随机误差项呈现出自相关性.

5. 蛛网现象

多数农产品的供应存在一种所谓的 "蛛网现象". 因为供给需要一个周期进行生产, 所以供给对价格的反应通常会滞后一个时期. 比如, 今年的蔬菜种植面积是由去年价格决定的, 故而, 相应的供给函数模型应该为

$$Q_t^s = \beta_0 + \beta_1 P_{t-1} + \mu_t, \qquad t = 1,\ 2,\ \cdots,\ n$$

假如时期 t 的期末价格 P_t 高于 P_{t-1}, 蔬菜生产者常常决定在第 $t+1$ 期种植比第 t 期更多的蔬菜, 或者蔬菜生产者常常因为第 t 期的生产不足而在第 $t+1$ 期增加他们的种植面积, 提高供应量. 因此, 我们显然不能预期误差项 μ_t 还是随机的, 从而呈现为自相关性.

顺便指出, 对于采用时间序列数据为样本的计量经济学建模问题, 应该保持较高警惕, 以防止自相关性的发生.

5.3　自相关性存在时使用 OLS 的后果

假如模型本身存在自相关性, 但是建模者并未意识到, 仍然使用普通最小二乘法估计模型参数, 参数统计性质是否会有变化? 如果有变化, 那么变化又是什么.

1. 参数估计量非最有效

在普通最小二乘法估计量性质的证明过程中, 线性性与无偏性的结论不需要以不自相关性为前提, 因此, 即使存在自相关性, OLSE 仍然具有线性性与无偏性. 但是, 在证明有效性的过程中需要用到

$$E\left(\boldsymbol{N}\boldsymbol{N}'\right)=\sigma^2\boldsymbol{I}_n$$

其中用到了同方差性与无自相关的假定, 所以, **此时 OLSE 不再具有有效性**.

2. 变量显著性的 t 检验失效

在自相关性存在的背景下, 仍然使用 OLS 估计参数, 有可能形成对误差项方差 σ^2 的错误估计. 比如, 对一元线性回归模型, 如果模型满足经典假定, 那么, 在第 2 章中我们知道

$$\hat{\sigma}^2=\frac{\sum e_i^2}{n-2}$$

给出了随机误差项方差 σ^2 的一个无偏估计. 现在假设模型存在一阶自相关, 那么, 可以证明:

$$E\left(\sum_{t=1}^{n}e_t^2\right)=\sigma^2\left[(n-2)-\left(2\rho\frac{\sum\limits_{t=1}^{n-1}x_tx_{t+1}}{\sum\limits_{t=1}^{n}x_t^2}+2\rho^2\frac{\sum\limits_{t=1}^{n-2}x_tx_{t+2}}{\sum\limits_{t=1}^{n}x_t^2}+\cdots+2\rho^{n-1}\frac{x_1x_n}{\sum\limits_{t=1}^{n}x_t^2}\right)\right]$$

显然, $\sum\limits_{t=1}^{n}e_t^2/(n-2)$ 不再是 σ^2 的无偏估计, 因而, t 统计量的数值不再是可靠的. 更为严格地讲, $T_j\sim t(n-k-1)$ 需要随机误差项相互独立作为前提, 因此, 存在自相关性的情况下, 我们赖以检验的分布是错误的, 故变量显著性的 t 检验失效.

3. 方程显著的 F 检验失效

理论计量经济学告诉我们, 方程显著性的 F 检验统计量:

$$F=\frac{\mathrm{ESS}/k}{\mathrm{RSS}/(n-k-1)}\sim F(k,n-k-1)$$

但这一分布成立, 需要误差项不自相关的假定才能导出, 在自相关性存在的背景下, 这一分布已经不再正确, 结论自然是不可信的.

4. 模型的预测功能失效

无论点预测还是区间预测均与参数估计量的方差有关, 所以, 在方差估计不

正确的情形下，会造成点预测估计精度降低、不准确. 而且区间预测还与 $\hat{\sigma}$ 有关系，在自相关的情形下，$\hat{\sigma}$ 对 σ 可能形成低估，进而可能导致区间预测的置信度不足.(思考：为什么？)

5. 模型的控制功能与结构分析功能失效

控制应用是建立在区间预测基础之上，它与结构分析一样，都需要参数估计和随机误差项方差估计正确 (在自相关性存在的情况下，OLSE 甚至可能发生符号错误). 在自相关的背景下，这两个前提都不成立，所以，此二项功能失效是自然的.

必须指出，自相关性存在的背景下 OLSE 仍旧具有线性性、无偏性和一致性等统计性质.

5.4　自相关性的诊断

自相关性的诊断方法有很多种，但是这些方法的基本思想是相通的，这就是：**诊断随机误差项之间的线性相关性.** 实践中的方法为：**用普通最小二乘法估计原模型，以获取 "残差" e_t 作为随机误差项μ_t 的 "近似估计量"，即**

$$\hat{\mu}_t = e_t = Y_t - \left(\hat{Y}_t\right)_{\text{OLS}} \tag{5.4.1}$$

进而通过分析e_t 之间的线性相关性，以实现判断随机误差项是否具有自相关性的目的. 下面重点介绍四种判别与检测方法.

5.4.1　图示法

图示法是依据残差 e_t 序列的时序图或散点图来判断是否存在自相关性. 因为残差 e_t 是对误差项的 μ_t 近似估计，所以，可以借助 e_t 的变化来判断 μ_t 是否存在自相关. 下面我们主要以一阶自相关性的判别为例进行叙述. 残差 e_t 序列的散点图主要有两种基本类型：(1) $t-e_t$ 图; (2) $e_{t-1}-e_t$ 图. 两种图形在 EViews 的环境中实现都较为简便.

具体步骤是：①就给定的样本以 OLS 估计回归模型，计算残差 $e_t(t=1,2,\cdots,n)$，绘制残差散点图; ②分析残差图. 若残差图与图 5.4.1(a)、(b) 类似，则 μ_t 存在正自相关; 若与图 5.4.1(c)、(d) 类似，则 μ_t 存在负自相关.

由于经济变量存在内在惯性，其变化形式常与图 5.4.1 中 (a) 相类似，所以，自相关性常表现为正自相关. 与异方差性检验相同，图示法只能用作辅助.

例如，通过对图 5.1.1 的观察与分析，发现与图 5.4.1(b) 很接近，故而，可以得出模型可能存在一阶正自相关的结论.

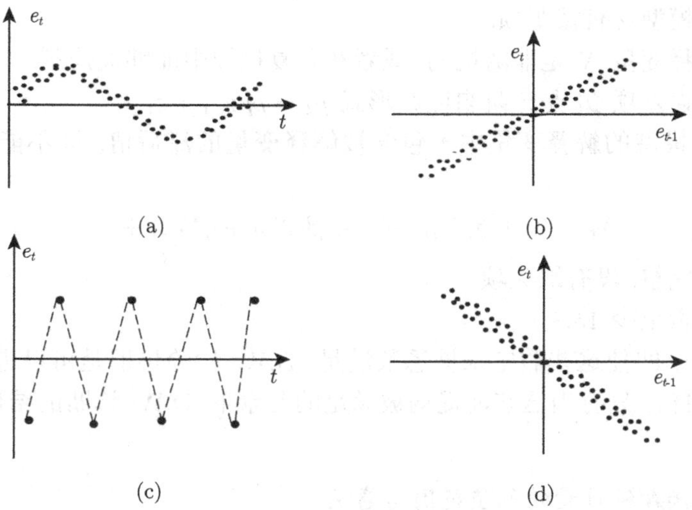

图 5.4.1 自相关性图谱

5.4.2 德宾–沃森检验法

D.W. (Durbin-Watson) 检验由统计学家德宾 (J. Durbin) 和沃森 (G. S. Watson) 于 1951 年首先提出, 是自相关性检测方法中使用面最广, 同时也是最方便的一种著名方法. 它利用残差 e_t 构造的统计量推断随机误差项 μ_t 是否存在自相关. 检验统计量称为德宾–沃森 d 统计量, 被定义为

$$\text{D.W.} = \frac{\sum_{t=2}^{n}(e_t - e_{t-1})^2}{\sum_{t=1}^{n} e_t^2} \tag{5.4.2}$$

这个过就是相继残差之差的平方和与残差平方和 RSS 之比. 要注意的是: 取相继差会损失一个残差观测值, 所以, D.W. 统计量的分子中只有 $n-1$ 个观测值①.

D.W. 检验是计量经济学中检验自相关性最常用的方法, 但这一方法的适用带有一系列的前提条件. 尤其需要指出的是: **只适用于诊断一阶自相关.** 对于一般经济现象而言, 两个随机项在时间上相隔越长, 前者对后者的影响应该越小, 如果存在自相关的话, 最强和最为常见的应表现在相邻两个随机项之间.

1. 使用 D.W. 检验法必须满足的前提

必须指出, D.W. 检验的使用是有一系列的前提需要满足的. 只有这些假定都获得满足之后, D.W. 检验的结论才是可信的. 这些前提包括:

① d 统计量一般作为常用统计量, 已经成为常用统计软件的标准输出内容之一.

(1) 回归模型含有截距项.

(2) 诸解释变量 X 是非随机的, 或者在重复抽样中能够被控制.

(3) 随机误差项 μ_t 是一阶自回归形式 $\mu_t = \rho\mu_{t-1} + \varepsilon_t$.

(4) 回归模型的解释变量中不包含被解释变量的滞后值, 即不能够出现如下形式:

$$Y_t = \beta_0 + \beta_1 X_{1t} + \cdots + \beta_k X_{kt} + \gamma Y_{t-1} + \mu_t$$

(5) 数据完整, 没有缺失项.

(6) 样本量至少 15.

顺便指出, 即使这些假定未被悉数满足, D.W. 检验仍旧是可以进行的, 但是, 诊断结论不可信. 只有当这些前提均被满足的背景下, D.W. 诊断的结论才可信, 诊断才有意义.

2. 德宾–沃森统计量的取值范围与意义

检验统计量为

$$\text{D.W.} = \frac{\sum\limits_{t=2}^{n}(e_t - e_{t-1})^2}{\sum\limits_{t=1}^{n} e_t^2}$$

注释　将上式的分子展开, 可得

$$\text{D.W.} = \frac{\sum\limits_{t=2}^{n} e_t^2 + \sum\limits_{t=2}^{n} e_{t-1}^2 - 2\sum\limits_{t=2}^{n} e_t e_{t-1}}{\sum\limits_{t=1}^{n} e_t^2} \tag{5.4.3}$$

因为在大样本情况下, $\sum\limits_{t=2}^{n} e_t^2 \approx \sum\limits_{t=2}^{n} e_{t-1}^2 \approx \sum\limits_{t=1}^{n} e_t^2$, 代入 (5.4.3) 即得

$$\text{D.W.} = \frac{2\sum\limits_{t=1}^{n} e_t^2 - 2\sum\limits_{t=2}^{n} e_t e_{t-1}}{\sum\limits_{t=1}^{n} e_t^2} = 2\left(1 - \frac{\sum\limits_{t=2}^{n} e_t e_{t-1}}{\sum\limits_{t=1}^{n} e_t^2}\right) \tag{5.4.4}$$

其中 $\hat{\rho} = \dfrac{\sum\limits_{t=2}^{n} e_t e_{t-1}}{\sum\limits_{t=1}^{n} e_t^2}$, 所以

$$\text{D.W.} \approx 2(1 - \hat{\rho}) \tag{5.4.5}$$

因为 $-1 \leqslant \hat{\rho} \leqslant 1$, 所以 D.W. 统计量的取值范围是 $[0, 4]$. 由 (5.4.5) 式易见：如果 D.W.≈ 2, 则 $\hat{\rho} = 0$; 所以, 如果没有一阶自相关, 预期 D.W. 约为 2. 因此, 作为一种经验法则, 如果求出 D.W. 接近于 2, 便可认为没有一阶自相关.

如果 D.W.≈ 0, 则 $\hat{\rho} = 1$, 表示误差项中有完全的正相关. 因此, D.W. 越接近于 0, 正自相关的迹象越明显. 这种关系还可以从 (5.4.2) 式看出. 因为如果有正自相关, 那么大部分 e_t 与 e_{t-1} 将会同号, 使它们间的差异趋于微小, 其结果将是分子接近于零, 而分母在任意给定的回归中保持同一个值.

如果 D.W.≈ 4, 则 $\hat{\rho} = -1$, 表示随机误差项中存在完全的负相关. 因此, D.W. 越接近 4, 负自相关的迹象越明显. 从 (5.4.2) 式中容易看出, 当残差序列存在负自相关, 就会出现这样的倾向：一个正的 e_{t-1} 后将有一个负的 e_t; 反之亦然, 以致 $|e_t - e_{t-1}|$ 常常比较大. 因此, 比较而言分子将要明显大于其分母.

3. 检验的临界值

德宾和沃森曾尝试导出德宾–沃森统计量的分布, 但因为 D.W. 是依据残差 e_t 计算的, 而 e_t 必然依赖于诸解释变量 X, 想要推导统计量 D.W. 的精确抽样分布或近似分布非常困难. 因此, D.W. 检验与其他统计检验不同, 没有唯一的临界值用来制定判别规则. 但是, 他们成功地导出了在不同样本容量 n、解释变量个数 k①和显著性水平 α 下, 临界值的一个下限 d_L 和一个上限 d_U.

4. D.W. 检验的步骤

步骤 1：提出假设.

$H_0 : \rho = 0$(μ_t 不存在一阶自相关); $H_1 : \rho \neq 0$ (μ_t 存在一阶自相关)

步骤 2：计算检验统计量②.

步骤 3：决策、给出结论.

(1) 若 $0 < \text{D.W.} < d_L$, 则 μ_t 存在正的一阶自相关;

(2) 若 $d_L < \text{D.W.} < d_U$, 不能确定;

(3) 若 $d_U < \text{D.W.} < 4 - d_U$, 则 μ_t 无自相关;

(4) 若 $4 - d_U < \text{D.W.} < 4 - d_L$, 不能确定;

(5) 若 $4 - d_L < \text{D.W.} < 4$, 则 μ_t 存在负的一阶自相关.

这一决策规则, 可以更为形象、直观地表示为图 5.4.2.

对例 5.1.1 中的模型进行自相关性检验 ($\alpha = 0.05$).

提出待检验假设

$$H_0 : \rho = 0; \qquad H_1 : \rho \neq 0$$

① 此处所言解释变量数 k 包含截距在内.

② 它是流行统计软件的标准输出结果, 直接查阅、获取即可.

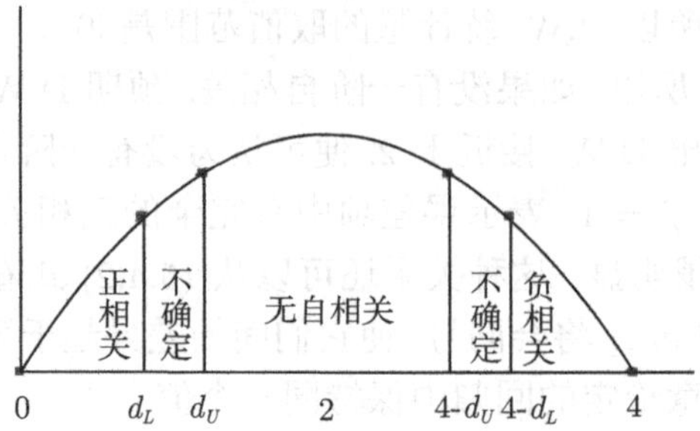

图 5.4.2　D.W. 诊断决策规则

从图 5.1.1 中可以直接获知, 统计量 D.W. = 0.3292. 因为 $n = 34$, $k = 2$, $\alpha = 0.05$, 查阅德宾–沃森临界值表, 可得 $d_L = 1.39$, $d_U = 1.51$.

显然, D.W. = 0.3292 < 1.39 = d_L, 所以, 拒绝原假设, 即模型存在正的一阶自相关性.

D.W.**检验的主要局限性: ①有两个不能确定的盲区; ②不适合诊断高阶自相关; ③解释变量中含有被解释变量滞后值时不适用.**

当 D.W. 值落在 "不确定" 区域时, 处理方法有三种: ①加大样本容量或重新选取样本, 重作 D.W. 检验. ② 选用其他检验方法, 如拉格朗日乘数检验法. ③ 直接认定模型存在自相关性.

如果其他前提均成立, 而只是模型中出现被解释变量的滞后值作为解释变量, 可以考虑使用德宾提出的 h **检验**.

德宾–沃森诊断临界值表只有在样本量 $n \leqslant 40$ 的情况下才有详尽结果, 对于 $40 \leqslant n \leqslant 100$, 只给出样本量为 5 的整数倍的临界值. 现实中如果出现其他数值的样本量, 一般可以选择一种渐进的诊断方法, 此时假设仍旧是

H_0 : $\rho = 0$(μ_t 不存在一阶自相关);　H_1 : $\rho \neq 0$ (μ_t 存在一阶自相关)

检验统计量为

$$Z = \sqrt{n} \times \hat{\rho} \dot{\sim} N(0,\ 1) \tag{5.4.6}$$

拒绝域为

$$|Z| > Z_{\alpha/2}\text{①}$$

即当 $|Z| > Z_{\alpha/2}$ 时, 拒绝原假设, 亦即模型存在自相关性.

5.4.3　回归检验法

以 e_t 为被解释变量, 建立关于其滞后值 e_{t-1}, $e_{t-2}, e_{t-3}, \cdots$ 的辅助回归方程, 然后对相应的辅助回归方程进行显著性检验, 如果存在某个特定的回归方程显著,

① 可以通过查阅标准正态分布数值表获得.

那就表明原模型存在自相关性, 且相应的回归函数就是自相关性的具体形式. 回归检验法适合于任何形式的自相关性诊断, 且能同时提供自相关的具体形式与相关系数的估计值. 回归检验法的步骤如下：

步骤 1：用给定样本估计模型, 并计算近似残差 e_t.

步骤 2：对残差序列 $e_t, t=1,2,\cdots,n$, 用 OLS 进行不同形式的回归拟合. 常用的函数形式有

$$e_t = \rho e_{t-1} + \varepsilon_t$$
$$e_t = \rho_1 e_{t-1} + \rho_2 e_{t-2} + \varepsilon_t$$
$$\cdots$$

步骤 3：对上述各种拟合模型进行显著性检验, 如果存在某一种形式的模型显著成立, 则说明原模型存在自相关. 但需指出, 此时还需要对 e_{t-1}, e_{t-2}, $e_{t-3},\cdots$ 进行显著性 t 检验, 以确定自相关的具体形式和阶数.

必须指出, 回归诊断法虽然具有通用性, 但需要对多种形式的回归模型进行试验分析, 工作量大, 计算复杂且较为烦琐, 而且还有可能遗漏某些函数形式, 不能保证结论的准确性.

5.4.4 拉格朗日乘数检验 (Lagrange multiplier test)

该方法由布鲁斯 (T. Breusch) 与戈弗雷 (L. G. Godfrey) 于 1978 年提出, 又称为布鲁斯–戈弗雷检验或 GB 检验. 它克服了 D.W. 检验的缺陷, 即使高阶自相关或模型中包含被解释变量滞后值作解释变量的情形也适合.

对于经典线性模型, 如果怀疑随机误差项存在 m 阶自相关, 即

$$\mu_t = \rho_1 \mu_{t-1} + \rho_2 \mu_{t-2} + \cdots + \rho_m \mu_{t-m} + \varepsilon_t \tag{5.4.7}$$

其中, ε_t 为满足经典假定的纯随机误差项. 原假设为 $H_0: \rho_1 = \rho_2 = \cdots = \rho_m = 0$, 即不存在自相关. LM 检验过程如下：

步骤 1: 用 OLS 估计模型, 得到近似残差序列 e_t.

步骤 2: 将 e_t 对原模型的解释变量 X 和近似残差的滞后值 e_{t-1}, e_{t-2}, $\cdots$, e_{t-m} 做辅助回归

$$e_t = \alpha_0 + \alpha_1 X_{1t} + \cdots + \alpha_k X_{kt} + \rho_1 e_{t-1} + \rho_2 e_{t-2} + \cdots + \rho_m e_{t-m} + \varepsilon_t \tag{5.4.8}$$

并从中得到 R_E^2 和样本容量.

步骤 3：计算检验统计量, 在大样情况下, 渐近地有

$$\text{LM} = nR_E^2 \;\dot{\sim}\; \chi^2(m) \tag{5.4.9}$$

步骤 4: 进行判断. 对于显著水平 α, 若 LM 统计量的值大于临界值 $\chi^2_\alpha(m)$, 则拒绝原假设 H_0, 即认为在 (5.4.8) 中至少有一个 ρ 在统计上显著异于零, 即原模型存在自相关性. 接下来, 检验 e_{t-1}, e_{t-2}, $e_{t-3}, \cdots$, e_{t-m} 的显著性, 以确定自相关的阶数.

在 LM 检验中, 滞后长度 m 只有少数情况下可以先验地设定. 多数问题中需要研究者根据对相关问题的经验确定滞后期的长度. 若没有相关经验, 实际应用中一般是从低阶的 $m = 1$ 开始, 直到 $m = 10$ 左右, 同时可以根据对 e_t 的滞后项进行的显著性检验确定自相关性的阶数. 若未能得到显著的检验结果, 可以认为不存在自相关性.

例 5.4.1 使用拉格朗日乘数检验法对例 5.1.1 中的模型进行自相关性检验 ($\alpha = 0.05$).

点击普通最小二乘估计界面中 "View" 进而选择 "Residual Test" → "Serial Correlation LM Tests" 确定 2 期滞后, 结果见图 5.4.3.

F-statistic	32.99746	Prob. F(2,30)	0.0000
Obs*R-squared	23.37444	Prob. Chi-Square(2)	0.0000

Test Equation:
Dependent Variable: RESID
Method: Least Squares
Date: 06/16/17 Time: 15:52
Sample: 1980 2013
Included observations: 34
Presample missing value lagged residuals set to zero.

Variable	Coefficient	Std. Error	t-Statistic	Prob.
C	-0.370113	0.543280	-0.681258	0.5009
PIC	0.000749	0.000757	0.988579	0.3308
RESID(-1)	0.934517	0.182735	5.114060	0.0000
RESID(-2)	-0.078770	0.196313	-0.401246	0.6911

图 5.4.3 LM 检验结果

$$LM = n \cdot R_E^2 = 23.3744 > 5.9915 = \chi^2_{0.05}(2)$$

或 prob. Chi-Square(2) $\approx 0.0000 < 0.05 = \alpha$, 所以拒绝原假设, 即原模型存在自相关性.

又因为, RESID(-1) $(= e_{t-1})$, RESID(-2) $(= e_{t-2})$ 的显著性检验中, 在 0.05 的显著性水平下, 只有 e_{t-1} 显著, 结合问题的性质 (恩格尔系数不大可能长期受收入滞后值影响), 所以, 原模型存在一阶自相关性.

5.4.5 其他检测方法

自相关性的检测方法, 远不止上述介绍的这几种. 其他一些经常用到的检测方法还有：**游程检验或吉尔里 (Geary) 检验、冯诺曼比检验法等**.

5.5 自相关性的补救

被证实存在自相关性的模型进行补救的步骤是：首先, 应该鉴别自相关的真实性. 其次, 针对不同性质的自相关分别采取措施.

5.5.1 鉴别自相关的真实性

首先, 分析自相关性是否系遗漏重要解释变量而发生. 一般的做法是用残差 e_t 对那些可能影响被解释变量但又未列入模型的解释变量进行回归, 并作显著性检验, 其中如果存在显著的, 则表示自相关性是因遗漏重要解释变量而带来的.

其次, 判断模型的自相关性是否是因为模型形式的错误而致. 一种可行的方法是用残差 e_t 对解释变量的较高次幂进行回归, 然后对新的残差做自相关性检验, 如果自相关消失或者减轻, 则说明所设模型的数学形式不恰当. 自相关性是因模型形式选择错误而导致的.

如果自相关性与此二者有关系, 解决的方式就是对症下药："捡回" 遗漏的变量、正确设定模型的形式.

经过前述的方式处理后, 再对模型 (如经过变化, 对新的模型) 进行自相关性检验, 如果此时模型仍然存在自相关性, 才是我们将要讨论进行补救的问题.

5.5.2 真实自相关性的补救

当模型被证实的确存在自相关的时候, 就有必要发展新的方法估计模型, 因为, 此时普通最小二乘法不再是最佳选择. 解决的技术路径有两种：一是消除自相关性. 即先消除模型的自相关性, 再以普通最小二法估计新模型, 这类方法的主体是**广义最小二乘法**(generalized least squares) 和**广义差分法**(generalized difference method). 二是消除自相关性的后果. 这类方法的主体是**序列相关稳健标准误估计法**(serial correlation-robust method).

1. *广义最小二乘法*

这是一种包含加权最小二法, 同时将普通最小二乘法作为其特例的, 最具普遍意义的最小二乘法, 是解决计量经济学模型自相关性的通用方法.

不失一般性, 假设模型

$$\boldsymbol{Y}=\boldsymbol{XB}+\boldsymbol{N} \tag{5.5.1}$$

同时存在自相关性和异方差性, 即

$$\mathrm{Cov}(\boldsymbol{N},\ \boldsymbol{N}')=E(\boldsymbol{NN}')=\sigma^2\boldsymbol{\Omega} \tag{5.5.2}$$

其中

$$\boldsymbol{\Omega}=\begin{bmatrix}\sigma_1^2 & \sigma_{12} & \cdots & \sigma_{1n}\\ \sigma_{21} & \sigma_2^2 & \cdots & \sigma_{2n}\\ \vdots & \vdots & & \vdots\\ \sigma_{n1} & \sigma_{n2} & \cdots & \sigma_n^2\end{bmatrix}$$

显见, 矩阵 $\boldsymbol{\Omega}$ 是一个对称正定矩阵, 由矩阵知识可知, 一定存在可逆矩阵 $\boldsymbol{D}$ 使得

$$\boldsymbol{\Omega}=\boldsymbol{D}\boldsymbol{D}'$$

以 $\boldsymbol{D}^{-1}$ 左乘 (5.5.1) 之两端, 得到新模型

$$\boldsymbol{D}^{-1}\boldsymbol{Y}=\boldsymbol{D}^{-1}\boldsymbol{B}\boldsymbol{X}+\boldsymbol{D}^{-1}\boldsymbol{N}$$

即

$$\boldsymbol{Y}^*=\boldsymbol{X}^*\boldsymbol{B}+\boldsymbol{N}^* \tag{5.5.3}$$

不难证明, 模型 (5.5.3) 满足同方差性、无自相关性的假定.

注释

$$E\left(\boldsymbol{N}^*\boldsymbol{N}^{*\prime}\right)=E\left[\boldsymbol{D}^{-1}\boldsymbol{N}\boldsymbol{N}'\left(\boldsymbol{D}^{-1\prime}\right)\right]=\boldsymbol{D}^{-1}\boldsymbol{E}(\boldsymbol{N}\boldsymbol{N}')\left(\boldsymbol{D}^{-1}\right)'=\boldsymbol{D}^{-1}\sigma^2\boldsymbol{\Omega}\left(\boldsymbol{D}^{-1}\right)'$$
$$=\sigma^2\boldsymbol{D}^{-1}\boldsymbol{D}\boldsymbol{D}'\left(\boldsymbol{D}^{-1}\right)'=\sigma^2\boldsymbol{I}\boldsymbol{I}=\sigma^2\boldsymbol{I}_n$$

以 OLS 估计模型 (5.5.3) 有

$$\begin{aligned}\hat{\boldsymbol{B}}_{GLS}&=\left(\boldsymbol{X}^{*\prime}\boldsymbol{X}^*\right)^{-1}\left(\boldsymbol{X}^{*\prime}\boldsymbol{Y}^*\right)\\&=\left(\boldsymbol{X}'\boldsymbol{\Omega}^{-1}\boldsymbol{X}\right)^{-1}\boldsymbol{X}'\boldsymbol{\Omega}^{-1}\boldsymbol{Y}\end{aligned}$$

此即 (5.5.1) 的广义最小二乘估计, 同时是 (5.5.3) 的普通最小二乘估计. 可以证明, 此为 (5.5.1) 的 BLUE.

这表明, 只要随机误差项的方差 — 协方差矩阵 $\sigma^2\boldsymbol{\Omega}$ 是已知的, 就可以借助广义最小二乘法获得同时存在自相关性和异方差性模型参数的 BLUE. 然而, 包括 $\boldsymbol{\Omega}$ 以及 $\boldsymbol{B}$ 在内的 $\dfrac{n(n-1)}{2}+k+2$ 个未知参数都需要样本数据进行估计, 这在事实上是不可能的, 这就需要对随机误差项自相关的结构给出必要的假设. 较为一般的是设定误差项存在一阶自相关, 即

$$\mu_t=\rho\mu_{t-1}+\varepsilon_t \tag{5.5.4}$$

易证

$$\operatorname{Var}(\mu_t)=\frac{1}{1-\rho^2}\sigma_\varepsilon^2=\sigma^2,\qquad \operatorname{Cov}(\mu_t,\mu_{t-s})=\rho^s\frac{1}{1-\rho^2}\sigma_\varepsilon^2=\rho^s\sigma^2$$

证明

$$\begin{aligned}\mu_t &= \rho\mu_{t-1}+\varepsilon_t=\rho(\rho\mu_{t-1}+\varepsilon_{t-1})+\varepsilon_t=\rho^2(\rho\mu_{t-3}+\varepsilon_{t-2})+\rho\varepsilon_{t-1}+\varepsilon_t\\ &=\rho^3\mu_{t-2}+\rho^2\varepsilon_{t-2}+\rho\varepsilon_{t-1}+\varepsilon_t\\ &\ \ \vdots\\ &=\sum_{k=0}^{+\infty}\rho^k\varepsilon_{t-k}\end{aligned}$$

于是有

$$E(\mu_t)=\sum_{k=0}^{+\infty}\rho^k E(\varepsilon_{t-k})=0$$

又因为

$$\begin{aligned}\mathrm{Var}(\mu_t)&=E(\mu_t^2)=E\left(\sum_{k=0}^{+\infty}\rho^k\varepsilon_{t-k}\right)^2=\sum_{k=0}^{+\infty}\rho^{2k}E(\varepsilon_{t-k}^2)=\sum_{k=0}^{+\infty}\rho^{2k}\mathrm{Var}(\varepsilon_{t-k})\\ &=\sum_{k=0}^{+\infty}\rho^{2k}\sigma_\varepsilon^2=\sigma_\varepsilon^2(1+\rho^2+\rho^4+\cdots)=\frac{\sigma_\varepsilon^2}{1-\rho^2}=\sigma^2\end{aligned}$$

所以

$$\begin{aligned}&\mathrm{Cov}(\mu_t,\mu_{t-1})=E(\mu_t\mu_{t-1})\\ &=E\left[\left(\varepsilon_t+\rho\varepsilon_{t-1}+\rho^2\varepsilon_{t-2}+\cdots\right)\left(\varepsilon_{t-1}+\rho\varepsilon_{t-2}+\rho^2\varepsilon_{t-3}+\cdots\right)\right]\\ &=E\left\{\left[\varepsilon_t+\rho\left(\varepsilon_{t-1}+\rho\varepsilon_{t-2}+\rho^2\mu_{t-3}+\cdots\right)\right]\left(\varepsilon_{t-1}+\rho\varepsilon_{t-2}+\rho^2\varepsilon_{t-3}+\cdots\right)\right\}\\ &=E\left[\varepsilon_t\left(\varepsilon_{t-1}+\rho\varepsilon_{t-2}+\rho^2\varepsilon_{t-3}+\cdots\right)\right]+E\left[\rho\left(\varepsilon_{t-1}+\rho\varepsilon_{t-2}+\rho^2\mu_{t-3}+\cdots\right)^2\right]\\ &=0+\rho E\left(\varepsilon_{t-1}^2+\rho^2\varepsilon_{t-2}^2+\cdots+\sum_{l\neq p}\rho^{l-1}\rho^{m-1}\varepsilon_{t-l}\varepsilon_{t-m}\right)\\ &=\rho(\sigma_\varepsilon^2+\rho^2\sigma_\varepsilon^2+\rho^4\sigma_\varepsilon^2+\cdots)=\rho\frac{\sigma_\varepsilon^2}{1-\rho^2}=\rho\sigma^2\end{aligned}$$

同理可得

$$\mathrm{Cov}(\mu_t,\mu_{t-2})=\rho^2\sigma^2$$

$$\vdots$$

$$\mathrm{Cov}(\mu_t,\mu_{t-s})=\rho^s\sigma^2$$

从而

$$\operatorname{Var}(\boldsymbol{N})=\frac{\sigma_\varepsilon^2}{1-\rho^2}\begin{pmatrix}1 & \rho & \cdots & \rho^{n-1}\\ \rho & 1 & \cdots & \rho^{n-2}\\ \vdots & \vdots & & \vdots\\ \rho^{n-1} & \rho^{n-2} & \cdots & 1\end{pmatrix}=\sigma^2\boldsymbol{\Omega} \tag{5.5.5}$$

易于验证

$$\boldsymbol{\Omega}^{-1}=\frac{1}{1-\rho^2}\begin{pmatrix}1 & -\rho & 0 & \cdots & 0 & 0 & 0\\ -\rho & 1+\rho^2 & -\rho & \cdots & 0 & 0 & 0\\ 0 & -\rho & 1+\rho^2 & \cdots & 0 & 0 & 0\\ \vdots & \vdots & \vdots & & \vdots & \vdots & \vdots\\ 0 & 0 & 0 & \cdots & 1+\rho^2 & -\rho & 0\\ 0 & 0 & 0 & \cdots & -\rho & 1+\rho^2 & -\rho\\ 0 & 0 & 0 & \cdots & 0 & -\rho & 1\end{pmatrix}$$

继而有

$$\boldsymbol{D}^{-1}=\begin{pmatrix}\sqrt{1-\rho^2} & 0 & 0 & \cdots & 0 & 0 & 0\\ -\rho & 1 & 0 & \cdots & 0 & 0 & 0\\ 0 & -\rho & 1 & \cdots & 0 & 0 & 0\\ \vdots & \vdots & \vdots & & \vdots & \vdots & \vdots\\ 0 & 0 & 0 & \cdots & 1 & 0 & 0\\ 0 & 0 & 0 & \cdots & -\rho & 1 & 0\\ 0 & 0 & 0 & \cdots & 0 & -\rho & 1\end{pmatrix} \tag{5.5.6}$$

2. *广义差分法*

另一种消除自相关性的重要方法是广义差分法, 在实践中也被广泛使用, 而且比之于广义最小二乘法, 该方法似乎更易于被人接受和理解. 其基本原理仍旧是: **通过函数形式的变换, 先将模型转化成为无自相关的模型, 然后使用普通最小二乘法估计新模型.**

假定模型存在形式为

$$\mu_t=\rho_1\mu_{t-1}+\rho_2\mu_{t-2}+\cdots+\rho_m\mu_{t-m}+\varepsilon_t \tag{5.5.7}$$

的自相关性. 其中 ε_t 为满足经典假定的纯随机误差项. 一个合理的想法就是将原模型变形成为一个没有自相关性的经典模型, 然后用普通最小二乘法估计新模型:

只需依次消除 μ_t 中的 $\rho_1\mu_{t-1}$, $\rho_2\mu_{t-2}$, $\cdots$,$\rho_m\mu_{t-m}$, 最后余下 ε_t 即可. 于是, 将原模型分别滞后 1 期, 2 期,$\cdots$, m 期; 两端分别乘以 ρ_1, ρ_2, $\cdots$, ρ_m, 最后两端分别相减即得

$$\begin{aligned}&Y_t-\rho_1Y_{t-1}-\rho_2Y_{t-2}-\cdots-\rho_mY_{t-m}\\=&\beta_0(1-\rho_1-\rho_2-\cdots-\rho_m)+\beta_1(X_{1t}-\rho_1X_{1t-1}-\rho_2X_{1t-2}-\cdots-\rho_mX_{1t-m})\\&+\cdots+\beta_k(X_{kt}-\rho_1X_{kt-1}-\rho_2X_{kt-2}-\cdots-\rho_mX_{kt-m})+\varepsilon_t\\&\qquad t=m+1,m+2,\cdots,n\end{aligned}\tag{5.5.8}$$

类似 (5.5.8) 的模型称之为 **"广义差分模型"**, 该模型的自相关性已经被有效消除, 对其使用 OLS 估计参数, 即为模型 (5.5.1) 的广义最小二乘估计 (GLSE). 本质上讲, 广义差分法就是前述的广义最小二乘法, 不过是损失了部分样本数据. 例如, 如果模型存在一阶自相关性, 广义差分法就是对模型

$$Y_t-\rho Y_{t-1}=\beta_0(1-\rho)+\beta_1(X_{1t}-\rho X_{1t-1})+\cdots+\beta_k(X_{kt}-\rho X_{kt-1})+\varepsilon_t$$

或者

$$Y_t^*=\beta_0(1-\rho)+\beta_1X_{1t}^*+\cdots+\beta_kX_{kt}^*+\varepsilon_t$$

进行参数估计. 其实这就相当于去掉 (5.5.6) 的第一行后左乘模型 (5.5.1), 即运用广义最小二法, 但是第一次 (或第一组) 的观测值被破坏. 对于小样本而言, 每一组样本数据都具有很高的价值和意义, 少一组样本观测值的影响是明显的, 所以, 为减少数据的损失, 在一阶序列相关的条件下计量经济学中一般对第一组观测值, 采用**普莱斯–温斯滕变换**(Prais-Winsten tranformation) 进行弥补, 即

$$Y_t^*=\sqrt{1-\rho}Y_1,\qquad X_{j1}^*=\sqrt{1-\rho}X_{j1},\qquad j=1,2,\cdots,k$$

如此一来, 广义差分法就完全等同于广义最小二乘法. 余下内容中, 我们将不再对二者进行区分.

3. 随机误差项自相关系数的估计

如前所述, 无论是广义最小二乘法, 还是广义差分法, 都建立在随机误差项的自相关系数 ρ_1, ρ_2,$\cdots$ 基础之上. 实际中, 研究人员不可能得到这些自相关系数的先验数值, 因此, 必须先进行估计. 估计的方法数量众多, 其基本思想都是: **以 OLS 估计方程得到残差的近似值 e_t, 再利用这些残差的近似值来估计误差序列的相关系数**. 虽说不同方法的称谓不同, 但出发点都是试图给出更为精确的估计量而已. 接下来首先介绍本书和本书配套软件 (EViews 6.0) 中使用的是科克伦–奥库特 (Cochrane-Orcutt) 迭代法.

首先, 直接用样本数据和 OLS 估计模型, 获得随机误差项的“近似估计值” e_t 作为 μ_t 的估计值, 再用 OLS 估计模型 (5.5.7), 得到 $\hat{\rho}_1$, $\hat{\rho}_2$, $\cdots$, $\hat{\rho}_m$; 然后, 将其代入模型 (5.5.8), 以 OLS 估计 (5.5.8), 进而得到随机误差项的二次近似估计值 e_t 再次估计 (5.5.7), 得到 $\hat{\hat{\rho}}_1$, $\hat{\hat{\rho}}_2$, $\cdots$, $\hat{\hat{\rho}}_m$, 重复上述过程, 可以得到 ρ_1, ρ_2, $\cdots$, ρ_m 的多次迭代值.

对于如何决定一次估计需要的迭代次数, 应该根据具体问题而定. 通常是事先设定一个两次迭代值之间的精度 δ, 当两次迭代值之差的绝对值小于这一精度时迭代停止①.

必须明确的是, 如果参数估计过程使用的相关系数是根据样本数据估计的, 则模型的参数估计称为 **“可行的广义最小二乘法估计”**. 这一结果不能称为 “广义最小二乘估计量”, 而且, 这一估计量不是无偏估计, 虽然它具有一致性.

除上述方法外, 自相关系数的估计方法还有: **德宾两步法、德宾–沃森统计量估算法、泰尔–纳加**(Theil-Nagar)**修正法以及希尔德雷斯–卢扫描**(Hilderes-Lu scans)**或搜索程序等.**

4. *广义差分法在 EViews 中的实现*

EViews 软件支持以较为简单的方法实现广义差分法估计回归模型. 显然, 我们可以将模型 (5.5.8) 改写成为

$$Y_t=\beta_0+\beta_1X_{1t}+\cdots+\beta_kX_{kt}+\rho_1(Y_{t-1}-\beta_0-\beta_1X_{1t-1}-\cdots-\beta_kX_{kt-1})+\cdots+\rho_m(Y_{t-m}-\beta_0-\beta_1X_{1t-m}-\cdots-\beta_kX_{kt-m})+\varepsilon_t,\quad t=m+1,m+2,\cdots,n$$

这等价于

$$Y_t=\beta_0+\beta_1X_{1t}+\beta_2X_{2t}+\cdots+\beta_kX_{kt}+\rho_1\mu_{t-1}+\rho_2\mu_{t-2}+\cdots+\rho_m\mu_{t-m}+\varepsilon_t \tag{5.5.9}$$

若选择 GLS 估计参数, 只需选择 $C,X_1X_2,\cdots,X_k,\mathrm{AR}(1),\mathrm{AR}(2),\cdots,\mathrm{AR}(m)$ 作为解释变量, 既可以直接得到回归系数 $\beta_0,\beta_1,\beta_2,\cdots,\beta_k$ 以及随机误差项的自相关系数 ρ_1, ρ_2, $\cdots,\rho_m$ 的估计. 其中 m 为误差项自相关的假设阶数, 其数值可以根据拉格朗日乘数检验法确定. 当然也可以逐次引入 $\mathrm{AR}(1),\mathrm{AR}(2),\cdots$, 等, 直到满意为止. (能够使用 D.W. 统计量检验吗？)

顺便指出, 如果模型只存在异方差性, 那么 GLS 退化成为 WLS, 如果模型既无自相关性也无异方差性, GLS 就是 OLS. 于是实践中一般这样处理: 如果确定模型同时存在自相关性和异方差性, 只要使用 GLS 就可以同时予以消除; 如果怀疑

① 通常情况下, 迭代 2～3 次就会有较为满意的结果. 另外, 如使用 EViews 估计模型, 软件可以自主实现.

模型可能存在自相关性或异方差性, 干脆直接使用 GLS 而不进行相应的诊断. 这在计量经济学中被称为 “经验方法”.

5. *序列相关性的稳健标准误法*

一种观点认为, 当模型存在自相关性时, 普通最小二乘法并不影响参数估计量的线性性和无偏性, 只是无法给出参数估计量方差的正确估计, 从而无法保证变量统计检验结论的可靠性. 因此, 自相关性的另一种补救措施就是: 给出 σ^2 的正确估计.

1987 年, **尼威**(Newey) 和**韦斯特**(West) 提出在模型出现自相关性时 σ^2 的正确估计方法. 以一元线性回归为例, 回归系数估计量 $\hat{\beta}_1$ 的方差 $\mathrm{Var}(\hat{\beta}_1)$ 不应该为

$$\mathrm{Var}(\hat{\beta}_1)=\frac{\sigma^2}{\sum x_t^2}$$

而应该是

$$\mathrm{Var}(\hat{\beta}_1)=\frac{\sigma^2}{\sum x_t^2}+\frac{2\sigma^2}{\sum x_t^2}\left[\rho\frac{\sum\limits_{t=1}^{n-1}x_tx_{t+1}}{\sum x_t^2x_t^2}+\rho^2\frac{\sum\limits_{t=1}^{n-2}x_tx_{t+2}}{\sum x_t^2x_t^2}+\cdots+\rho^{n-1}\frac{x_1x_n}{\sum x_t^2}\right] \tag{5.5.10[①]}$$

若模型存在自相关性, 则 (5.5.10) 能够给出方差的正确估计. 而且, 即使模型同时存在自相关性和异方差性, 也都可以给出参数估计量正确的标准误差. 故该方法又被称为**异方差 — 序列相关一致标准误**(heteroskedasticity-autocorrelation-consistent standard error) 或简称为**尼威–韦斯特标准误**(Newey-West standard error). 该方法在计量经济学中被专业地称为**序列相关稳健标准误法**(method of serial correlation-rodust standard error).

需要指出的是, 该方法只解决了模型参数估计的标准误差估计以及变量显著性检验的问题, 可能不是一种系统的、完整的解决方法.

5.6 案　例

经济理论告诉我们, 劳动者工资应该与劳动生产率相匹配. 二者变动相匹配, 既能够保护劳动者积极性又可以有效遏制通货膨胀的发生. 具体讲, 工资提高应该建立在劳动生产率提高的基础上.

① 尼威和韦斯特最初给出的计算公式要比这个复杂一些.

收集 1960—1991 年, 美国企业部门实际小时工资 Y 与小时产值指数 X(1982 年为 100) 的数据. 见表 5.6.1.

表 5.6.1　美国企业部门实际小时工资与小时产值指数

年份	Y/美元	X/%	年份	Y/美元	X/%
1960	68.7	65.5	1976	100.8	98.2
1961	70.7	68.0	1977	102.3	99.8
1962	73.2	70.4	1978	103.4	100.4
1963	75.0	73.2	1979	102.0	99.3
1964	77.9	76.4	1980	99.5	98.6
1965	79.6	78.5	1981	98.7	99.9
1966	82.9	80.7	1982	100.0	100.0
1967	84.9	82.7	1983	100.5	102.0
1968	88.2	85.3	1984	100.4	104.6
1969	89.7	85.7	1985	101.3	106.1
1970	91.2	86.9	1986	104.4	108.3
1971	93.0	89.8	1987	104.3	109.4
1972	95.8	92.6	1988	104.4	110.4
1973	98.0	95.0	1989	103.0	109.5
1974	97.0	93.2	1990	103.2	109.7
1975	97.7	95.4	1991	103.9	110.1

资料来源: 达摩达尔. N. 古扎拉蒂. 2000. 计量经济学 [M]. 3 版. 北京: 中国人民大学出版社.

用普通最小二乘法估计参数, 结果见图 5.6.1.

View Proc Object Print Name Freeze Estimate Forecast Stats Resids

Dependent Variable: Y
Method: Least Squares
Date: 06/24/17 Time: 17:49
Sample: 1960 1991
Included observations: 32

Variable	Coefficient	Std. Error	t-Statistic	Prob.
C	18.09149	3.310631	5.464666	0.0000
X	0.809443	0.035137	23.03685	0.0000

R-squared	0.946495	Mean dependent var	93.61250
Adjusted R-squared	0.944712	S.D. dependent var	11.10898
S.E. of regression	2.612109	Akaike info criterion	4.818655
Sum squared resid	204.6934	Schwarz criterion	4.910263
Log likelihood	-75.09847	Hannan-Quinn criter.	4.849020
F-statistic	530.6963	Durbin-Watson stat	0.138039
Prob(F-statistic)	0.000000		

图 5.6.1　普通最小二乘法估计结果

因为, D.W. $= 0.1380 < 1.37 = d_L(\alpha = 0.05)$, 所以, 模型存在正的一阶自相关性.

进而检验高阶自相关性. EViews 路径为：在方程所在界面点击 View/Residual Tests/Serial Correlation LM Test. 见图 5.6.2.

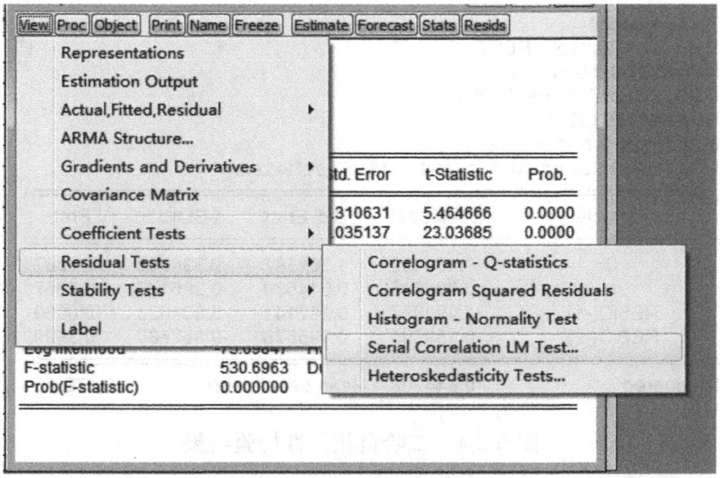

图 5.6.2　拉格朗日乘数检验设定

默认滞后阶数为 2, 见图 5.6.3.

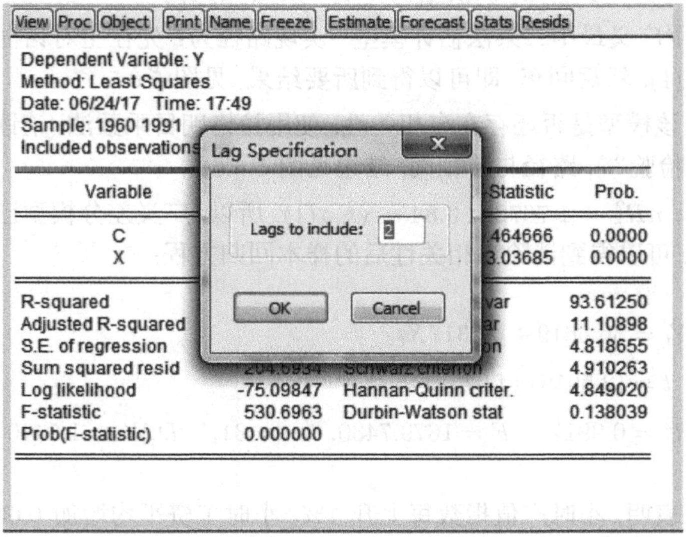

图 5.6.3　二阶自相关检验设定

点击 OK, 即得到检验结果. 见图 5.6.4.

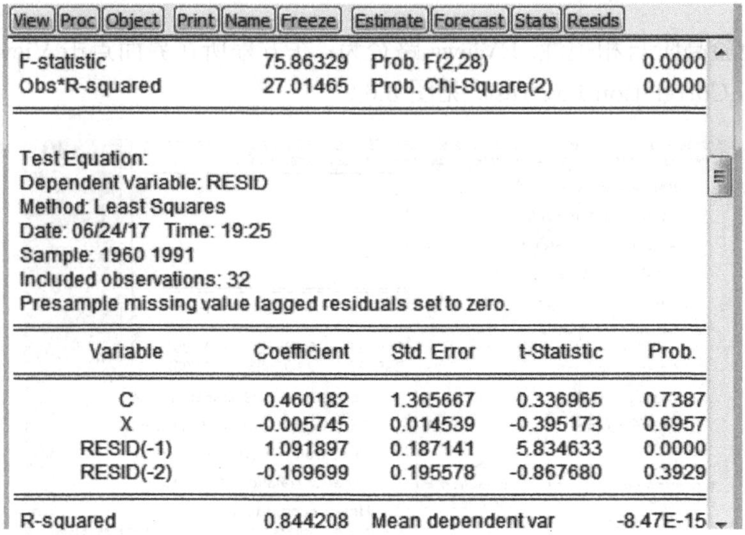

View Proc Object Print Name Freeze Estimate Forecast Stats Resids

F-statistic	75.86329	Prob. F(2,28)	0.0000
Obs*R-squared	27.01465	Prob. Chi-Square(2)	0.0000

Test Equation:
Dependent Variable: RESID
Method: Least Squares
Date: 06/24/17 Time: 19:25
Sample: 1960 1991
Included observations: 32
Presample missing value lagged residuals set to zero.

Variable	Coefficient	Std. Error	t-Statistic	Prob.
C	0.460182	1.365667	0.336965	0.7387
X	-0.005745	0.014539	-0.395173	0.6957
RESID(-1)	1.091897	0.187141	5.834633	0.0000
RESID(-2)	-0.169699	0.195578	-0.867680	0.3929

R-squared	0.844208	Mean dependent var	-8.47E-15

图 5.6.4　二阶自相关性检验结果

因为, $\chi^2 = nR_E^2 = 27.0147 > 5.9915 = \chi_{0.05}^2(2)$ 表明该模型存在自相关性. 同时注意到 RESID(-1) 对应的伴随概率 prob. ≈ 0, 小于显著性水平 0.05, 但 RSID(-2) 对应的伴随概率 prob. $= 0.3929$, 大于显著性水平 0.05, 表明不存在二阶自相关性. 结合问题性质可以确定, 该模型仅存在一阶自相关性.

接下来, 用广义最小二乘法估计模型. 实现路径为：先在主对话框内键入命令 LS Y C X AR(1), 然后回车. 即可以得到所要结果, 见图 5.6.5.

进而检验该模型是否还存在自相关性. 使用拉格朗日乘数法 (请读者思考为什么不用 D.W. 检验？), 路径与前相同, 结果见图 5.6.6.

因为 $\chi^2 = nR_E^2 = 1.7672 < 3.84 = \chi_{0.05}^2(1)$, 所以, 广义差分模型已经不存在自相关性. 于是, 可以得到消除自相关性后的样本回归方程：

$$\hat{Y}_t = 36.6619 + 0.6317X_t$$
$$t = (2.5056)\ (4.6738)$$
$$R^2 = 0.9917, \quad F = 1679.7430, \quad n = 31, \quad D.W. = 1.5440$$

这一结果表明, 小时产值指数每上升 1%, 小时工资平均增加 0.6317 美元. 这与经济学理论的预期完全一致.

View | Proc | Object | Print | Name | Freeze | Estimate | Forecast | Stats | Resids

Dependent Variable: Y
Method: Least Squares
Date: 06/24/17 Time: 19:30
Sample (adjusted): 1961 1991
Included observations: 31 after adjustments
Convergence achieved after 14 iterations

Variable	Coefficient	Std. Error	t-Statistic	Prob.
C	36.66192	14.63199	2.505600	0.0183
X	0.631693	0.135157	4.673791	0.0001
AR(1)	0.885289	0.052666	16.80944	0.0000

R-squared	0.991734	Mean dependent var	94.41613
Adjusted R-squared	0.991144	S.D. dependent var	10.30379
S.E. of regression	0.969659	Akaike info criterion	2.868020
Sum squared resid	26.32666	Schwarz criterion	3.006793
Log likelihood	-41.45432	Hannan-Quinn criter.	2.913257
F-statistic	1679.743	Durbin-Watson stat	1.544016
Prob(F-statistic)	0.000000		

图 5.6.5　广义最小二乘法估计结果

View | Proc | Object | Print | Name | Freeze | Estimate | Forecast | Stats | Resids

Breusch-Godfrey Serial Correlation LM Test:

F-statistic	1.632250	Prob. F(1,27)	0.2123
Obs*R-squared	1.767229	Prob. Chi-Square(1)	0.1837

Test Equation:
Dependent Variable: RESID
Method: Least Squares
Date: 06/24/17 Time: 22:20
Sample: 1961 1991
Included observations: 31
Presample missing value lagged residuals set to zero.

Variable	Coefficient	Std. Error	t-Statistic	Prob.
C	-6.066976	15.22854	-0.398395	0.6935
X	0.053640	0.140093	0.382889	0.7048
AR(1)	-0.024859	0.055601	-0.447105	0.6584
RESID(-1)	0.259564	0.203166	1.277595	0.2123

图 5.6.6　广义差分模型自相关性检验

最后, 我们直接给出稳健标准误估计的估计结果. EViews 的实现路径：Quick/Estimate Equation 设置方程 Option 作图 5.6.7 般设定.

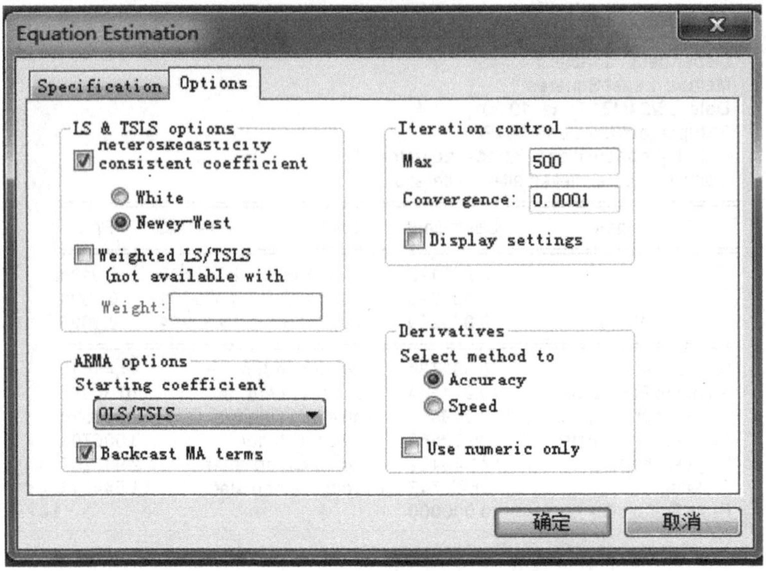

图 5.6.7　自相关的稳健标准误估计设置

点击"确定"即得到见图 5.6.8.

View Proc Object Print Name Freeze Estimate Forecast Stats Resids

Dependent Variable: Y
Method: Least Squares
Date: 06/24/17 Time: 22:36
Sample: 1960 1991
Included observations: 32
White Heteroskedasticity-Consistent Standard Errors & Covariance

Variable	Coefficient	Std. Error	t-Statistic	Prob.
C	18.09149	3.141161	5.759493	0.0000
X	0.809443	0.034579	23.40832	0.0000

R-squared	0.946495	Mean dependent var	93.61250
Adjusted R-squared	0.944712	S.D. dependent var	11.10898
S.E. of regression	2.612109	Akaike info criterion	4.818655
Sum squared resid	204.6934	Schwarz criterion	4.910263
Log likelihood	-75.09847	Hannan-Quinn criter.	4.849020
F-statistic	530.6963	Durbin-Watson stat	0.138039
Prob(F-statistic)	0.000000		

图 5.6.8　自相关的稳健标准误估计

与图 5.6.1 比较后可知, 二者的区别仅限于参数估计标准误差以及与此有关的 t 统计量和伴随概率, 其余部分完全相同.

练 习 题 5

5.1 自相关性完全等同于序列相关性吗？截面数据模型一定不会存在自相关吗？

5.2 加权最小二乘法、广义最小二乘法与普通最小二乘法之间的关系是什么？

5.3 D.W. 检验的优缺点分别是什么？

5.4 D.W. 检验适用的前提条件有哪些？

5.5 收集 1995—2014 年, 我国人均国内生产总值 GDPPC (单位/元) 与居民人均消费 CC(单位/元) 的相关数据如下表.

年份	居民人均消费水平 CC /元	人均国内生产总值 GDPPC/元
1995	2330	5091
1996	2765	5898
1997	2978	6481
1998	3126	6860
1999	3346	7229
2000	3721	7942
2001	3987	8717
2002	4301	9506
2003	4606	10666
2004	5138	12487
2005	5771	14368
2006	6416	16738
2007	7572	20505
2008	8707	24121
2009	9514	26222
2010	10919	30876
2011	13134	36403
2012	14699	40007
2013	16190	43852
2014	17778	47203

资料来源：http://data.stats.gov.cn.

要求：(1) 检验模型 $CC_t = \beta_0 + \beta_1 \cdot GDPPC_t + \mu_t$ 的一阶自相关性.

(2) 确定该模型自相关性的阶数.

(3) 选择适当方法估计模型, 并检验该模型的自相关性.

5.6 注意到消费具有惯性, 考虑在练习 5.5 的模型中添加上年度消费水平 X 作为解释变量, 将模型修改为

$$CC_t = \beta_0 + \beta_1 \cdot GDPPC_t + \beta_2 X_t + \mu_t$$

数据如下表.

年份	居民人均消费水平 CC/元	人均国内生产总值 GDPPC/元	上年人均消费水平 X/元
1995	2330	5091	1799
1996	2765	5898	2330
1997	2978	6481	2765
1998	3126	6860	2978
1999	3346	7229	3126
2000	3721	7942	3346
2001	3987	8717	3721
2002	4301	9506	3987
2003	4606	10666	4301
2004	5138	12487	4606
2005	5771	14368	5138
2006	6416	16738	5771
2007	7572	20505	6416
2008	8707	24121	7572
2009	9514	26222	8707
2010	10919	30876	9514
2011	13134	36403	10919
2012	14699	40007	13134
2013	16190	43852	14699
2014	17778	47203	16190

问：(1) 重新估计的模型还有自相关性吗？

(2) 对照、比较练习 5.5 与练习 5.6 的结果，请指出练习 5.5 的自相关性是什么性质的自相关性.

(3) 消除这一模型自相关性的合理方法应该是什么？

第 6 章　多重共线性

多元线性回归模型经典假定中, 关于解释变量关系的有两项: **一是解释变量之间不完全相关, 这一假定的意义有两点: 保证参数能够被估计; 保证参数估计理论上是 BLUE 的. 二是解释变量之间不存在高度或者显著的线性相关性, 这一假定的意义在于, 保证参数实际估计具有相对较小的方差**. 现实却是, 纳入模型的多个经济变量之间通常都是线性相关的. 于是, 下列问题是计量经济学建模过程中不能回避的: 如何发现或确认这两项假定被违背? 假定被违背的机制或原因是什么? 如果模型违背了这两项假定, 会产生什么影响? 消除和减轻这些后果的手段和途径有哪些? 这些问题成为本章的研究课题.

为了问题讨论的简洁性, 我们约定: **模型只有这两项假定被违背, 其他经典假定依然是成立的**.

6.1　多重共线性的一般问题

在计量经济学模型构建、估计和检验中, 解释变量个数的确定和解释变量的选择是需要解决的首要问题. 因此我们有必要讨论模型解释变量违背经典假定的问题.

6.1.1　多重共线性的概念

例 6.1.1　收集我国 1978—2016 年, 民航客运量 Y(万人次), 国内生产总值 X_1(亿元), 消费额 X_2 (亿元), 铁路客运量 X_3(万人次), 定期航班航线里程 X_4(km), 海外入境游客人数 X_5 (万人次). 数据见表 6.1.1.

表 6.1.1　民航客运相关数据

年份	民航客运量 Y	国内生产总值 X_1	消费额 X_2	铁路客运量 X_3	定期航班航线里程 X_4	海外入境游客人数 X_5
1978	231.00	3650.2	1558.6	81491.0	148900	180.92
1979	297.98	4067.7	1800.0	86389.0	160000	420.39
1980	343.00	4551.6	2140.0	92204.0	195300	570.25
1981	401.29	4898.1	2350.0	95219.0	218200	776.71
1982	445.23	5333.0	2570.0	99922.0	232700	792.43
1983	391.45	5975.6	2849.4	106044.0	229100	947.7
1984	554.17	7226.3	3376.4	113353.0	260200	1285.22
1985	747.00	9039.9	4305.0	112110.0	277200	1783.3
1986	996.00	10308.8	4950.0	108579.0	323100	2281.95

续表

年份	民航客运量 Y	国内生产总值 X_1	消费额 X_2	铁路客运量 X_3	定期航班航线里程 X_4	海外入境游客人数 X_5
1987	1310.00	12102.2	5820.0	112479.0	389100	2690.23
1988	1442.00	11738.0	8038.0	122645.0	373800	3169.48
1989	1238.00	13176.0	9005.0	113807.0	471900	2450.14
1990	1660.00	18774.3	8300.1	95712.0	506762	2746.2
1991	2178.00	21895.5	9415.6	95080.0	559100	3335.65
1992	2886.00	27068.3	10993.7	99693.0	836600	3311.5
1993	3383.00	35524.3	14270.4	105458.0	960800	4152.7
1994	4039.00	48459.6	18622.9	108738.0	1045600	4368.45
1995	5117.00	61129.8	23613.8	102745.0	1129000	4638.65
1996	5555.00	71572.3	28360.2	94797.0	1166500	5112.75
1997	5630.00	79429.5	31252.9	93308.0	1425000	5758.79
1998	5755.00	84883.7	33378.1	95085.0	1505800	6347.84
1999	6094.00	90187.7	35647.9	100164.0	1522200	7279.56
2000	6721.66	99776.3	39105.7	105073.0	1502887	8344.39
2001	7524.00	110270.4	43055.4	105155.0	1553596	8901.29
2002	8594.00	121002.0	48135.9	105606.0	1637700	9790.83
2003	15967.84	217656.6	79145.2	125655.8	2113505	12494.21
2004	18576.21	268019.4	93571.6	135670.0	2342961	13187.33
2005	19251.12	316751.7	114830.1	146192.9	2461840	13002.74
2006	23051.64	345629.2	132678.4	152451.2	2345085	12647.59
2007	26769.14	408903.0	156998.4	167609.0	2765147	13376.22
2008	29316.66	484123.5	183918.6	186226.1	3490571	13542.35
2009	31936.05	534123.0	210307.0	189336.9	3280114	13240.53
2010	15967.84	217656.6	79145.2	125655.8	2113505	12494.21
2011	18576.21	268019.4	93571.6	135670.0	2342961	13187.33
2012	19251.12	316751.7	114830.1	146192.9	2461840	13002.74
2013	23051.64	345629.2	132678.4	152451.2	2345085	12647.59
2014	26769.14	408903.0	156998.4	167609.0	2765147	13376.22
2015	29316.66	484123.5	183918.6	186226.1	3490571	13542.35
2016	31936.05	534123.0	210307.0	189336.9	3280114	13240.53

资料来源：http://www.stats.gov.cn/.

拟构建以下多元线性回归模型：

$$Y_i = \beta_0 + \beta_1 X_{1i} + \beta_2 X_{2i} + \beta_3 X_{3i} + \beta_4 X_{4i} + \beta_5 X_{5i} + \mu_i$$

EViews 输出为图 6.1.1.

表面上看来, 这个结果不错, 方程整体显著性非常好, 但是仔细分析后, 会发现五个解释变量的显著性不如人意. 在 5%的显著性水平上仅有国内生产总值和入境游客人数显著, 而且定期航班航线里程的系数与理论预期矛盾. 模型究竟有什么问题？显而易见：作为解释变量的国内生产总值、消费额、铁路客运量、民航定期航班里程和海外入境游客人数之间不可能是不相关的. 这是问题的症结所在吗？计量经济学如何表述这一问题？理论上讲, 这类问题的存在可能产生哪些其他后果？如何发现这一问题的存在呢？确认问题存在后又该怎样解决？这就是本章所要介绍的内容：**多重共线性.**

View | Proc | Object | Print | Name | Freeze | Estimate | Forecast | Stats | Resids

Dependent Variable: Y
Method: Least Squares
Date: 07/03/19 Time: 10:25
Sample: 1978 2016
Included observations: 39

Variable	Coefficient	Std. Error	t-Statistic	Prob.
C	306.7506	1297.302	0.236453	0.8145
X1	0.056326	0.016016	3.516774	0.0013
X2	0.002102	0.040179	0.052325	0.9586
X3	-0.002236	0.012342	-0.181145	0.8574
X4	-0.001011	0.000615	-1.645117	0.1094
X5	0.399387	0.090285	4.423606	0.0001

R-squared	0.996964	Mean dependent var	10340.28
Adjusted R-squared	0.996504	S.D. dependent var	10775.51
S.E. of regression	637.1088	Akaike info criterion	15.89240
Sum squared resid	13394953	Schwarz criterion	16.14833
Log likelihood	-303.9017	Hannan-Quinn criter.	15.98422
F-statistic	2167.412	Durbin-Watson stat	1.764116
Prob(F-statistic)	0.000000		

图 6.1.1 多元线性回归分析结果

在第 3 章中, 关于多元线性回归模型

$$Y_i = \beta_0 + \beta_1 X_{1i} + \beta_2 X_{2i} + \cdots + \beta_k X_{ki} + \mu_i \tag{6.1.1}$$

的经典假设之一, 就是各个解释变量 X_1, $X_2, \cdots, X_k$ 是不线性相关的 (客观地讲, 实践中很难保证满足). **如果多元线性回归模型的解释变量 $X_0(=1)$, X_1, X_2, $\cdots$, X_k 中出现了 (线性) 相关性, 则称模型 (6.1.1) 存在多重共线性**(multicollinearity). ①

6.1.2 多重共线性的类型

按照相关程度的不同, 多重共线性理论上可以分为：完全共线性和近似共线性两种情形.

如果存在一组不全为 0 的数 λ_0, λ_1, λ_2, $\cdots$, λ_k, 使得

$$\lambda_0 X_0 + \lambda_1 X_1 + \lambda_2 X_2 + \cdots + \lambda_k X_k = 0 \tag{6.1.2}$$

①$X_0 \equiv 1$ 一般被视为截距对应的解释变量, 它是一个恒取 1 的虚变量. 现实问题中的多重共线性通常与之无关, 但从逻辑上讲, 这样定义才是没有漏洞的. Multicollinearity 一词由弗里希率先提出.

成立, 即**某一个解释变量可以用其他解释变量的线性组合表示, 则称模型存在完全共线性**(perfect multicollinearity).

如果存在不全为 0 的数 λ_0, λ_1, λ_2, $\cdots$, λ_k 使得

$$\lambda_0 X_0 + \lambda_1 X_1 + \lambda_2 X_2 + \cdots + \lambda_k X_k + \varepsilon = 0 \tag{6.1.3}$$

其中 ε 为随机误差项, 则称为**近似共线性**(approximate multicollinearity) 或**不完全共线性**.

对于以矩阵表示的线性回归模型

$$\boldsymbol{Y} = \boldsymbol{X}\boldsymbol{B} + \boldsymbol{N}$$

而言, 完全共线性将导致 $\text{Rank}(\boldsymbol{X}) < k+1$, 即 $\boldsymbol{X}$ 不是列满秩的. 这表明在设计矩阵

$$\boldsymbol{X} = \begin{pmatrix} 1 & X_{11} & X_{21} & \cdots & X_{k1} \\ 1 & X_{12} & X_{22} & \cdots & X_{k2} \\ \vdots & \vdots & \vdots & & \vdots \\ 1 & X_{1n} & X_{2n} & \cdots & X_{kn} \end{pmatrix}$$

中, 至少有一个列向量 (表示什么?) 可以由其他列向量线性表示. 显然, 这个能够被其他变量线性表出的变量在模型中的作用, 完全可以由其他解释变量代替.

顺便指出, 完全共线性在计量经济建模实践中非常罕见 (通常发生在设计错误的模型中), 多数情况是近似共线性. 而且, 绝大多数的经济变量之间, 即使没有逻辑关系也会存在数量依存关系, 因此, 多重共线性不是存在与否的问题, 而仅只是程度问题.

严格地讲, **计量经济学所说 “多重共线性” 是指, 多元线性回归模型的解释变量之间存在完全或者程度较高的线性相关性.**

6.2 多重共线性产生的原因

导致多重共线性的原因很多, 从经济学和现实经济活动的角度看, 主要原因有以下几个方面.

1. 经济变量之间的共同趋势

对于时间序列样本数据, 许多经济变量之间存在共同趋势的相关. 例如, 在经济繁荣时期, 收入、消费、利率、投资、就业以及价格都趋于增长. 在经济萧条时期, 又表现为同时下降. 即表现为正相关.

2. 变量间的经济、技术约束

对于截面数据样本, 很多经济变量之间也往往表现为同大同小. 例如, 建立能源消费额 EC 与收入 SR、住房面积 BS 之间的回归模型:

$$\mathrm{EC}_i = \beta_0 + \beta_1 \mathrm{SR}_i + \beta_2 \mathrm{BS}_i + \mu_i$$

事实上存在这样一种约束, 高收入人群往往同时有着较大住房面积, 与此相反, 低收入人群常常住着面积较小的房屋, 即 SR, BS 之间表现为正的线性相关. 又比如, 用同类企业的截面数据构建对数形式的 Cobb-Douglas 生产函数:

$$\ln Q_i = \ln A + \alpha \ln K_i + \beta \ln L_i + \mu_i$$

同样存在这样的经济和技术约束, 一定数量的资本总是对应于一定数量的劳动力. 即 $\ln K$ 与 $\ln L$ 线性相关.

3. 样本数据的局限

由于主客观因素的影响或制约, 样本数据的收集常常被局限在一个较小的范围内进行. 比如时间序列数据的时间长度较短, 截面数据的空间范围不够大. 造成多个解释变量在一个较小的范围内取值, 可能恰巧"放大"了共线性的程度.

4. 滞后变量的引入

因为经济行为的惯性、滞后性和技术约束, 我们常常需要在模型中纳入滞后经济变量以使计量经济学模型所反映的经济关系更为接近现实. 比如在研究投资问题时, 解释变量一般应该包含当期收入 X_t 和前一期的收入 X_{t-1}, 于是线性模型应为

$$Y_t = \beta_0 + \beta_1 X_t + \beta_2 X_{t-1} + \mu_t$$

显然, X_t, X_{t-1} 之间存在较为强烈的线性相关性.

5. 模型过度设计

研究者为追求模型解释能力的完美, 引入过多数量的解释变量, 极端的情形是模型中解释变量的个数超过样本量. 例如医药研究中, 只有少数病例或志愿者, 但要在他们身上收集海量数据 (比如 DNA 的分位点数值).

当然, 以上内容仅只是导致多重共线的主要原因, 而绝非全部.

6.3 多重共线性的后果

当模型本身已经出现多重共线性, 而我们依旧准备使用或已经使用普通最小二乘法来估计参数 (事实上, 多数统计软件默认的参数估计方法就是 OLS), 会遇到哪些障碍以及可能出现的不良后果.

1. 完全共线性的后果

在完全多重共线性的情形中，回归系数的估计是不确定的或者说是不存在的. 并且其标准误差将趋于无穷大. 众所周知，模型

$$\boldsymbol{Y} = \boldsymbol{X}\boldsymbol{B} + \boldsymbol{N}$$

的 OLSE 为

$$\boldsymbol{B} = (\boldsymbol{X}'\boldsymbol{X})^{-1}\boldsymbol{X}'\boldsymbol{Y}$$

假如模型发生完全多重共线，那么 $\text{Rank}(\boldsymbol{X}) < k+1$，继而 $\text{Rank}(\boldsymbol{X}'\boldsymbol{X}) < k+1$，于是逆矩阵 $(\boldsymbol{X}'\boldsymbol{X})^{-1}$ 不存在. 自然无法获得 OLSE.

事实上，完全多重共线性发生时，关于参数估计最为准确的说法应该是：回归系数的估计不确定. 例如，我们考虑一个二元线性回归模型：

$$Y_i = \beta_0 + \beta_1 X_{1i} + \beta_2 X_{2i} + \mu_i \tag{6.3.1}$$

假定模型存在完全的多重共线性，不妨设 $X_{2i} = \lambda X_{1i}$，其中 λ 是一个不为零的常数. 将此关系代入 (6.3.1)，则有

$$Y_i = \beta_0 + (\beta_1 + \lambda\beta_2) X_{1i} + \mu_i \tag{6.3.2}$$

进而可以得到 OLSE 为

$$\widehat{\beta_1 + \lambda\beta_2} = \frac{n\sum_{i=1}^{n} X_{1i}Y_i - \sum_{i=1}^{n} X_{1i}\sum_{i=1}^{n} Y_i}{n\sum_{i=1}^{n} X_{1i}^2 - \left(\sum_{i=1}^{n} X_{1i}\right)^2} \tag{6.3.3}$$

即我们只能得到 $\beta_1 + \lambda\beta_2$ 的整体估计，而不是 β_1, β_2 的单独估计.

我们从偏回归系数含义的角度来分析和阐释 (6.3.3) 的后果. β_1 表示：X_2 等因素保持不变，X_1 每增加一个单位 Y 平均变化的单位数. 如果二者之间存在完全共线性，就无法保证 X_2 不变. 因为，只要 X_1 变化，X_2 必然随之以一个固定的比例变化. 这就意味着没有任何方法将 X_1, X_2 各自的影响从给定的样本中分解开来，无法实现计量经济学中分离每个解释变量净影响的重要目的.

顺便指出，上述分析虽然是以"完全多重共线性"这一极端背景为条件的，但是类似问题在近似多重共线性中也会存在，仅只是影响的程度低一些而已.

2. 近似多重共线性时的后果

必须事先明确一个问题，即使发生程度非常严重的近似多重共线性 (只要不是完全共线性)，线性回归模型的经典假定仍然完全被满足. 于是，从统计学理论的角度上讲，模型参数的 OLSE 仍然是 BLUE 的，而且仍然具有一致性.

既然如此, 我们讨论近似多重共线性的意义或价值究竟是什么? 这可从以下几个方面理解: 第一, 无偏性的优越性只有在重复抽样估计中才有体现, 而我们却极有可能仅估计这一次. 第二, OLSE 的最有效性并不能保证特定样本之下方差足够小. 第三, 多重共线性既然只是一个 “样本现象”, 这意味着我们应该关注的是多重共线性的实际后果, 而非理论后果.

(1) **参数估计量有较大的方差, 估计结果不精确**

继续以模型 (6.3.1) 为例进行说明. 易于证明 $\mathrm{Var}(\hat{\beta}_1)$, $\mathrm{Var}(\hat{\beta}_2)$, $\mathrm{Cov}(\hat{\beta}_1, \hat{\beta}_2)$ 可以写成如下的形式:

$$\mathrm{Var}(\hat{\beta}_1) = \frac{\sigma^2}{\sum x_{1i}^2(1-r_{12}^2)} \overset{r_{12}=0}{=\!=\!=} \frac{\sigma^2}{\sum x_{1i}^2}$$

$$\mathrm{Var}(\hat{\beta}_2) = \frac{\sigma^2}{\sum x_{2i}^2(1-r_{12}^2)} \overset{r_{12}=0}{=\!=\!=} \frac{\sigma^2}{\sum x_{2i}^2}$$

$$\mathrm{Cov}(\hat{\beta}_1, \hat{\beta}_2) = \frac{-r_{12}\sigma^2}{(1-r_{12}^2)\sqrt{\sum x_{1i}^2 \sum x_{2i}^2}}$$

其中, r_{12} 为 X_1, X_2 的简单相关系数. 从前两个式子可见, 随着 $|r_{12}|$ 趋近于 1, 也就是多重共线性的程度增加, 两个估计量的方差逐渐增大; 如果两变量之间接近完全相关, 即 $|r_{12}| \to 1$, 方差趋于无穷大. 一般将 $1/(1-r_{12}^2)$ 称为**方差膨胀因子**(variance inflation factor, VIF). 对于一般的多元线性回归模型

$$\boldsymbol{Y} = \boldsymbol{XB} + \boldsymbol{N}$$

参数 OLSE 的方差–协方差矩阵为

$$\mathrm{Var}(\hat{\boldsymbol{B}}) = \sigma^2(\boldsymbol{X}'\boldsymbol{X})^{-1}$$

如果存在严重近似多重共线性, 那么 $|\boldsymbol{X}'\boldsymbol{X}| \approx 0$, 则 $\sigma^2(\boldsymbol{X}'\boldsymbol{X})^{-1}$ 主对角线元素的数值会增大. (请读者自己考虑, 其他位置的元素将如何变化?) 由此可见, 多重共线性的主要后果包括: 参数估计量的方差被增大, 参数估计之间的相关性被提高.

(2) **置信区间长度增大**

由于参数估计量的方差增大, 进而导致参数估计的误差增大, 使得参数的置信区间长度加长.

(3) **变量显著性的t 检验的结论失真, 不拒绝原假设的概率增大, 显著的变量误判为不显著的可能性增大**

考虑到变量显著性检验的统计量为

$$T_j = \frac{\hat{\beta}_j}{S_{\hat{\beta}_j}} \sim t(n-k-1)$$

其中, $\hat{\beta}_j$ 的标准误差 $S_{\hat{\beta}_j}$ 会随着多重共线性程度提高而增大, 从而导致统计量 T_j 的绝对值非正常变小, 于是多数变量倾向于统计上 "不显著".

(4) **方程总体拟合程度高、整体非常显著, 但是多个解释变量在统计上不显著**

因为多重共线性危害的机制或原理是: 不同解释变量对于被解释变量 "贡献" 发生交叉、重叠, 无法将其区分开.

(5) **OLSE 及其标准误差对数据细微变化的反应敏感**

无论是参数的普通最小二乘估计的方差还是随机误差项的方差, 均与 $(\boldsymbol{X}'\boldsymbol{X})^{-1}$ 有关, 当模型存在多重共线性时, 数据的细小变化都可能被 $(\boldsymbol{X}'\boldsymbol{X})^{-1}$ 明显夸张地放大.

(6) **可能导致某些变量的参数估计值与理论预期相悖**

由于解释变量之间的替代效应, 可能使得某些参数估计值与其理论预期相悖. 即理论预期是正的, 但实际估计值却是负的; 或是出现相反的情形.

(7) **模型的预测和控制功能失效**

由于参数估计的方差不再是最小的, 那么参数估计的误差将会增大, 点预测的准确性下降. 区间预测的中心值不准确, 而且预测的误差增大. 控制需要建立在区间预测的基础上, 区间估计不正确, 控制也不可能正确.

顺便指出, 关于存在近似多重共线的模型是否可以用于预测, 学界意见不统一. 一种观点认为只要模型拟合度较高, 那么模型可以用于预测; 另一种观点则认为, 存在近似多重共线性的模型不能用于预测. 我们倾向于后者.

我们必须强调一点, **只要不是完全共线性, 那么模型的普通最小二乘估计仍然是 BLUE 的, 而且是一致的.**

6.4　多重共线性的诊断

既然多重共线性对于线性回归模型的不良影响如此严重, 必须设法解决它, 首先我们必须发现它. 与此同时, 既然多重共线性是一个程度问题而不是有无的问题, 因此, 有意义的诊断不在于区分有无, 而在于确认其程度. 与其他经典假定被违背的诊断不同, 多重共线性的诊断有两种: 一种是从多重共线性的产生方面进行; 另一种是从多重共线性对于线性回归模型的影响和后果的角度进行. 而诊断的任务有两个: 一是确定多重共线性的存在性 (即程度), 二是确认共线性存在的范围.

鉴于多重共线性本质上是一种样本现象, 大多数样本数据来源于社会经济活动, 所收集的数据总体上是非实验性质的 (即非简单随机样本数据). 因此, 没有检验或度量其强度的客观、唯一方法. 这里介绍几种常用的经验做法.

1. 相关系数检验法

这是一种从共线产生角度进行的检验. 具体做法是: **计算不同解释变量之间的简单相关系数 $\boldsymbol{r}$, 若有某个 $\boldsymbol{r}$ 的绝对值 $|\boldsymbol{r}|$ 接近于 1, 例如 $|\boldsymbol{r}|>0.8$ 或 $|\boldsymbol{r}|>0.9$, 则说明模型存在较强的多重共线性**. 也可以考察所有解释变量的相关系数矩阵

$$\boldsymbol{R}=\begin{pmatrix} r_{11} & r_{12} & \cdots & r_{1k} \\ r_{21} & r_{22} & \cdots & r_{2k} \\ \vdots & \vdots & & \vdots \\ r_{k1} & r_{k2} & \cdots & r_{kk} \end{pmatrix}=\begin{pmatrix} 1 & r_{12} & \cdots & r_{1k} \\ r_{21} & 1 & \cdots & r_{2k} \\ \vdots & \vdots & & \vdots \\ r_{k1} & r_{k2} & \cdots & 1 \end{pmatrix} \tag{6.4.1}$$

其中, r_{jl} 为 X_j, X_l 之间的简单相关系数, r_{11}, r_{22}, $\cdots$, r_{kk} 为 X_1, X_2, $\cdots$, X_k 各自的自相关系数, 其数值恒等于 1. 该矩阵为一对称矩阵, 若非主对角线上有元素绝对值接近 1, 则说明两变量存在较强的线性相关性, 模型可能存在着多重共线性.

需要注意的是, 此方法原则上只适用于二元线性回归模型是否存在多重共线性的检验. 而且, 相关系数究竟多大才算是严重的共线性, 缺少绝对客观的量化标准, 多数只能凭借经验加以判断 (当然, 可以进行相关系数的显著性检验). **此外, 对于包含三个或三个以上的解释变量模型的多重共线性问题, 本方法只能作为一种简易初筛的辅助方法**. 因为简单相关系数绝对值大于 0.80, 仅是多重共线性存在的充分条件, 而不是必要条件, 也就是说即使所有简单相关系数绝对值都不超过 0.80, 并不表示模型没有多重共线性. (请读者思考, 这是为什么？)

EViews 操作: 将所有解释变量设成一个组 (group), 并在组窗口中单击 "View" → "Correlations".

求例 6.1.1 中五个解释变量之间的简单相关系数矩阵, 其在 EViews 中的实现: 将所有解释变量设成一个组 (group), 点击主窗口 "Quick"/"Group Statistics"/Correlations/X1,X2,X3,X4,X5/OK. 可以得到相关系数矩阵见图 6.4.1.

	X1	X2	X3	X4	X5
X1	1.000000	0.998854	0.950176	0.962126	0.906849
X2	0.998854	1.000000	0.953134	0.956247	0.894335
X3	0.950176	0.953134	1.000000	0.871719	0.806816
X4	0.962126	0.956247	0.871719	1.000000	0.963301
X5	0.906849	0.894335	0.806816	0.963301	1.000000

图 6.4.1 解释变量之间简单相关系数

显然, 五个解释变量之间的线性相关性都较高, 模型可能存在多重共线性.

2. 综合统计诊断法①

模型的 R^2 与 F 值较大, 但各参数估计值的 t 统计量的绝对值较小,同时往往伴随着参数估计值的符号、范围与其理论预期矛盾. 它说明各解释变量对 Y 的联合线性作用显著, 但各解释变量间存在共线性又使得它们对 Y 的单独作用不能被分辨, 导致 t 检验不显著. 这是多重共线性的"经典"征兆. 这是一种从后果、影响的角度进行诊断的方法.

在例 6.1.1 中, 模型非常显著性, 但是在 $\alpha = 0.05$ 的显著性水平下, 只有国内生产总值和海外入境游客人数是显著的, 其余三个变量都不显著. 这再进一步表明模型可能存在多重共线性.

3. 辅助回归法

它是一种从产生原因角度进行检验的方法. 模型存在多重共线性可以理解为: 一个解释变量由其他解释变量近似地线性表示, 可以考虑将每个解释变量 X_j 对其余解释变量进行回归.

得到 k 个回归方程:

$$\begin{gathered}
\hat{X}_1 = \alpha_0 + \alpha_2 X_2 + \alpha_3 X_3 + \cdots + \alpha_k X_k \\
\hat{X}_2 = \alpha_0 + \alpha_1 X_1 + \alpha_3 X_3 + \cdots + \alpha_k X_k \\
\vdots \\
\hat{X}_k = \alpha_0 + \alpha_1 X_1 + \alpha_2 X_2 + \cdots + \alpha_{k-1} X_{k-1}
\end{gathered}$$

进一步对这些回归方程进行方程显著性的 F 检验:

$$F_j = \frac{\mathrm{ESS}_j/(k-1)}{\mathrm{RSS}_j/(n-k)} \sim F(k-1, n-k) \tag{6.4.2}$$

如果存在 $F_j > F_\alpha(k-1, n-k)$, 则这个特定的 X_j 与其他的解释变量存在显著线性相关, 即模型存在多重共线性; 反之, 则 X_j 与其他的解释变量相关关系程度不高. 如果所有解释变量与其他解释变量之间的线性回归都不显著, 则说明模型无多重共线性. 或者, 如果对应的判定系数 $R_1^2, R_2^2, \cdots, R_k^2$, 其中有接近于 1 的, 那么模型存在多重共线性.

对例 6.1.1 中数据分别进行五次辅助回归, 将回归中的重要结果列于表 6.4.1. 其中显著性最高的一个结果是: X_2 关于X_1, X_3, X_4, X_5 的回归. 可决系数 $R^2 =$

① 该方法又称为欧拉经验法则.

0.9986, F 检验伴随概率的前四位数均为零. 这表明 X_1 与 X_2, X_3, X_4, X_5 之间存在显著的线性相关关系, 即模型存在严重多重共线性.

表 6.4.1　辅助回归摘要

被解释变量	F 统计量	F 检验伴随概率	可决系数 R^2
X_1	6260.3060	0.0000	0.9986
X_2	5692.4980	0.0000	0.9985
X_3	109.5440	0.0000	0.9280
X_3	339.8265	0.0000	0.9756
X_5	159.3309	0.0000	0.9494

简而言之, **辅助回归法是：将解释变量逐个与其余解释变量进行回归并检验. 只要有一个回归方程显著, 模型就存在多重共线性; 而只有当所有辅助回归方程都不显著时, 则模型不存在多重共线性.**

4. *方差膨胀因子法*

前面的讨论已经指出, 多重共线性的主要后果是致使参数估计的方差增大, 而且共线性程度越高, 方差被扩大的倍数越大, 因此, 可以使用方差膨胀因子 VIF 作为检验多重共线性的另一方法. **方差膨胀因子**通用定义为

$$\mathrm{VIF} = \frac{1}{1-R_j^2}, \quad j = 1, 2, \cdots, k \tag{6.4.3}$$

其中, R_j^2 是以 X_j 为被解释变量关于其他解释变量 $X_1, \cdots, X_{j-1}, X_{j+1}, \cdots, X_k$ 线性回归方程的可决系数.

我们省略背景地给出辅助回归可决系数的某些数值与方差膨胀因子对应关系, 见表 6.4.2.

表 6.4.2　可决系数某些数值与方差膨胀因子关系

辅助回归可决系数 R_j^2	0.0000	0.5000	0.8000	0.9000	0.9900	0.999
方差膨胀因子 VIF	1.00	2.00	5.00	10.00	100.00	1000.00

从中可以看到, 解释变量之间线性相关性 (即模型的多重共线性) 程度提高, 导致参数估计方差迅速增大的直接后果.

一般而言, 一个经验的标准是：若存在方差膨胀因子VIF $\geqslant 10$, 则模型存在严重的多重共线性.

例如, 对于例 6.1.1, 相应于各个解释变量参数估计的方差膨胀因子见表 6.4.3.

从中可以看出, 所有方差膨胀因子均大于 10, 因此, 可以肯定地讲, 该模型存在严重的多重共线性, 而且几乎存在于所有解释变量之间.

表 6.4.3　例 6.1.1 方差膨胀因子

被解释变量	X_1	X_2	X_3	X_4	X_5
可决系数 R_j^2	0.9986	0.9985	0.9280	0.9756	0.9494
方差膨胀因子 VIF	714.2857	666.6667	13.8889	40.9836	19.7628

5. 其他诊断方法

除上述四种检验方法外, **诊断多重共线性的方法还有: 容许度法 (一种与方差膨胀因子法相反的方法)、特征值法与病态数、病态指数法**① **和逐步回归法等.** 逐步回归法是一种将检验与消除合二为一的方法 (称为统计合流法). 简单说, 如果最后的最优模型中的解释变量数少于最初设计的, 原始模型存在多重共线性. 若最优模型解释变量数等于最初设计的解释变量数, 则表明最初的模型没有多重共线性.

6.5　多重共线性的补救

对于多重共线性不良后果消除的问题, 应该本着这样的原则进行: 根据研究目的和模型多重共线性的特点, 分析是否需要处理; 对于需要处理的再进行处理.

1. 删除解释变量

若引起 (或者说导致) 多重共线性的解释变量对于被解释变量的变动贡献不多, 而且破坏了模型的结构, 一个自然的做法就是删除相应的变量. 需要注意的是, 这样做虽然能够解决多重共线性的问题, 但可能导致自相关性和异方差性.

2. 变换样本

多重共线性本质上是一种样本现象, 相同变量的不同样本, 其共线性程度可能不同. 因此, 更换一个样本就可能减轻共线性的程度, 甚至解决问题. 有时可能只需增大样本容量就能减轻多重共线性的程度. 例如, 在二元线性回归模型 (6.3.1) 中

$$\mathrm{Var}(\hat{\beta}_2) = \frac{\sigma^2}{\sum x_{2i}^2(1 - r_{12}^2)}$$

随着样本量增大, $\sum x_{2i}^2$ 一般会随之增大, 假定 r_{12}^2 不变 (甚至可能减小), 那么 $\mathrm{Var}(\hat{\beta}_2)$ 将减小, 就能保证对 β_2 更准确地估计. 明显地, 最为直接有效的方式就是扩大解释变量的取值范围.

3. 逐步回归法

这是一种将多重共线性的检验与解决结合起来, 一次性完成的方法. 其基本的思想是: 逐个检验、评价备选的解释变量, 保留合理且有贡献的变量, 删除产生多

① 有意学习这些方法的, 可以参阅达摩达尔. N. 古扎拉蒂. 2000. 计量经济学 [M]. 3 版. 北京: 中国人民大学出版社: 327-329.

重共线性的变量, 直至所有备选解释变量都被处理过为止, 进而得到多重共线性被消除的最优模型.

逐步回归法分为向前逐步回归和向后逐步回归两种类型. 向前逐步回归的主要步骤为: 第一, 用被解释变量对每一个备选的解释变量做简单回归. 第二, 以可决系数最大的回归方程为基础, 以对被解释变量贡献大小为顺序逐个引入其余的解释变量. 第三, 对引入的解释变量进行检验和评价. ①若新变量的引入提高了 $\bar{R}^2$ ①、所有回归系数的 t 检验在统计上显著而且符号正确, 则该变量予以保留. ②若新变量的引入未能改进 $\bar{R}^2$, 且也未影响其他回归参数估计值的 t 检验, 则认为该变量是多余的, 应该舍弃. ③若新变量的引入未能改进 $\bar{R}^2$, 且明显地影响其他回归参数估计值的符号与数值, 同时本身也通不过 t 检验, 则说明出现严重的多重共线性, 该变量应该被舍弃②. 向后逐步回归的操作与向前逐步回归的相反.

4. 使用先验信息

多重共线的症结之一就是需要用有限的样本同时估计相对较多的参数, 那么解决的出路之一应该是: 减少直接用样本数据估计的参数个数. 主要路径是, 利用参数之间或解释变量之间的关系式, 以减少模型中需要用样本数据直接估计的参数个数. 这类方法一般被称为 "先验信息法". 例如, Cobb-Douglas 生产函数的对数线性模型:

$$\ln Y = \ln A + \alpha \ln K + \beta \ln L + \mu$$

其中 $\ln K, \ln L$ 之间通常是正相关的, 即模型存在着多重共线性. 如果能够确认 (用受约束回归检验): $\alpha + \beta = 1$(此即先验信息), 那么模型可以变成为

$$\ln\left(\frac{Y}{L}\right) = \ln A + \alpha \ln\left(\frac{K}{L}\right) + \mu$$

显然, 该模型不可能存在多重共线性.

5. 改变模型形式与变量形式

经验表明, 增长量、对数、相对数等的线性相关程度往往弱于原变量的, 基于这一现象, 我们可以通过适当变换以减轻多重共线性的后果. 可行的方式主要包括以下几种.

(1) 差分变换

例如, 如果模型

$$Y_t = \beta_0 + \beta_1 X_{1t} + \beta_2 X_{2t} + \cdots + \beta_k X_{kt} + \mu_t \tag{6.5.1}$$

① 多数教材建议参考的统计量是可决系数, 但是, 对于多元线性回归模型而言, 自变量的个数可能不同, 此时, 根据可决系数评价模型可能不客观.

② EViews 和其他一些统计软件, 具有逐步回归的自主实现功能.

存在多重共线性, 那么可以将其滞后一期后与 (6.5.1) 相减, 进而得到差分模型:

$$\Delta Y_t = \beta_1 \Delta X_{1t} + \beta_2 \Delta X_{2t} + \cdots + \beta_k \Delta X_{kt} + (\mu_t - \mu_{t-1}) \tag{6.5.2}$$

多数情况, (6.5.2) 共线性的程度弱于 (6.5.1). 但应该注意到, 模型 (6.5.2) 可能存在自相关性.

(2) 对数变换

例如, 如果模型

$$Y_t = \beta_0 + \beta_1 X_{1t} + \beta_2 X_{2t} + \cdots + \beta_k X_{kt} + \mu_t$$

存在多重共线性, 那么, 可以考虑将模型调整为

$$\ln Y_t = \beta_0 + \beta_1 \ln X_{1t} + \beta_2 \ln X_{2t} + \cdots + \beta_k \ln X_{kt} + \nu_t \tag{6.5.3}$$

问题: 该模型中参数含义是什么? 模型是否已经被修改为关于变量的非线性回归模型?

(3) 相对数变换

如果多元线性回归模型中的总量指标存在多重共线性, 那么可以考虑将总量指标更换为相对指标. 比如, 可以考虑将总量指标更换为发展速度、增长速度或者占比等.

(4) 将名义指标更换为实际指标

多数以价值形式出现的经济变量 (指标) 是按照现价 (市价) 统计的名义指标, 如果它们之间存在多重共线性, 可考虑将其转化成为实际指标 (按照不变价或可比价格计算的指标).

(5) 变量 (指标) 合并

如果多重共线性存在于同类型的解释变量之间, 那么可以考虑将几个不同的同类解释变量合而为一. 例如, 最初考虑构建居民消费 C 与工资性收入 OI、其他收入 SI 以及银行存蓄存款利率 SR 的回归模型:

$$C_t = \beta_0 + \beta_1 \mathrm{OI}_t + \beta_2 \mathrm{SI}_t + \beta_3 \mathrm{SR}_t + \mu_t \tag{6.5.4}$$

如果 OI 与 SI 之间存在线性相关性, 即模型存在多重共线性, 那么可以考虑将二者合并为总收入 TI, 模型变为

$$C_t = \beta_0 + \beta_1 \mathrm{TI}_t + \beta_2 \mathrm{SR}_t + \nu_t \tag{6.5.5}$$

可以肯定地讲, (6.5.5) 共线性程度一定低于 (6.5.4).

6. 时间序列数据与截面数据并用

这一方法的基本思想是：由于共线性的存在，减少了数据中的有效信息，从而导致参数估计质量下降；减轻其后果的一种途径就是补充数据、增加信息量以改善参数估计性质. 具体做法是：增加一组和原数据类型不同的新数据，以增加的数据估计一部分参数，再用原数据估计余下参数. 这种方法通常被称为合流数据 (pooling the data). 比如，收集时间序列数据，考虑构建如下的私家汽车需求模型：

$$\ln Q_t = \ln \beta_0 + \beta_1 \ln P_t + \beta_2 \ln I_t + \mu_t \tag{6.5.6}$$

其中，Q 为私家汽车销售量，P 为私家汽车价格，I 为居民可支配收入. 很明显，$\ln P$ 与 $\ln I$ 线性相关，即模型存在多重共线性. 注意到 β_1，β_2 分别为价格弹性和收入弹性，于是可以补充收集一组私家汽车购买的截面数据，以此估计 β_2.（为什么选择估计是 β_2 而非 β_1？）记估计量为 $\hat{\beta}_2$.（请考虑以什么方式估计？）然后再用原来的数据估计模型：

$$\ln Q_t^* = \ln \beta_0 + \beta_1 \ln P_t + \mu_t^* \tag{6.5.7}$$

注意，其中 $\ln Q_t^* = \ln Q_t - \hat{\beta}_2 \ln I_t$.（为什么？）

7. 脊回归法

这是一种旨在消除多重共线性后果的方法. 多重共线性的主要后果之一是OLSE的方差增大，那么对应的消除方法就应该是减小 OLSE 的方差. 20 世纪 70 年代发展起来的**脊回归法或岭回归法**(ridge regression)，即为此类方法中最具代表性的一种. 其基本思想是：以“人为”增大误差为代价，减小参数估计量的方差. 一般做法为：寻找一个合适的矩阵 $\boldsymbol{D}$，将参数的 OLSE 改造为

$$\hat{\boldsymbol{B}} = (\boldsymbol{X}'\boldsymbol{X} + \boldsymbol{D})^{-1}\boldsymbol{X}'\boldsymbol{Y} \tag{6.5.8}$$

其中，矩阵 $\boldsymbol{D}$ 一般被选择为一个主对角阵，即

$$\boldsymbol{D} = a\boldsymbol{I}_{k+1}, \quad a > 0 \tag{6.5.9}$$

显然，估计量 (6.5.8) 的方差小于其纯粹 OLSE 的. 脊回归法的难点和关键是 a 的选择. 一种主流的方法由**霍瑞尔**(A. E. Hoerl) 与**肯纳德**(R. W. Kennard) 于 1975 年提出. 其基本步骤：首先，对原模型变量的离差进行标准化处理

$$x_{ji}^* = \frac{x_{ji}}{\sqrt{\sum_{i=1}^{n} x_{ji}^2}}, \quad y_i^* = \frac{y_i}{\sqrt{\sum_{i=1}^{n} y_i^2}}$$

得模型

$$y_i^* = \alpha_1 x_{1i}^* + \alpha_2 x_{2i}^* + \cdots + \alpha_k x_{ki}^* + \mu_i^*$$

其次, 求得该模型诸回归系数的 OLSE$\hat{\alpha}_1$, $\hat{\alpha}_2$, $\cdots$, $\hat{\alpha}_k$ 和随机误差项方差的估计 $\hat{\sigma}^{*^2}$, 进而使用

$$\hat{\alpha} = \frac{(k-1)\hat{\sigma}^{*^2}}{\sum_{j=1}^{k} (\hat{\alpha}_j^*)^2} \tag{6.5.10}$$

来估计 (6.5.9) 中的 a.

8. ***其他方法***

除上述方法外, **解决多重共线性的方法还有：主成分回归、分位数回归、Lasso 回归、适应性 Lasso 回归以及偏最小二乘法等**. 出于篇幅限制的缘故, 此处不做详细介绍.

对例 6.1.1 中模型的检验还可以进一步完善, 对于该模型我们已经分别用简单相关系数法、经验判别法和辅助回归等方法确认其存在多重共线性, 接下来我们将使用逐步回归法继续对其进行检验和模型优化.

第一, 分别将 Y 依次对各个解释变量进行一元线性回归, 确定相应的可决系数见表 6.5.1.

表 6.5.1　一元线性回归摘要

解释变量	可决系数 R^2
X_1	0.9933
X_2	0.9877
X_3	0.8843
X_4	0.9384
X_5	0.8618

第二, 根据可决系数大小, 确定各个解释变量添加的顺序. 本例的顺序是：X_1, X_2, X_4, X_3, X_5.

第三, 依次将各个解释变量加入模型, 并进行检验和评价.

尝试所有可能组合后, 最佳模型为

$$\hat{Y} = -115.8353 + 0.0536X_1 + 0.2925X_5$$

因为该模型的最终解释变量数只有两个, 少于初始的个数, 故而, 原模型存在多重共线性.

表 6.5.2 逐步回归摘要

回归方程包含的解释变量	校正的可决系数	回归系数的符号	T 统计量对应的伴随概率	结论
X_1	0.9931	+	0.00	保留
X_1，X_2	0.9942	+,−	0.00, 0.01	删除 X_2
X_1，X_4	0.9946	+,+	0.00, 0.001	保留
X_1，X_4，X_3	0.9946	+,+,−	0.00, 0.02, 0.76	删除 X_3
X_1，X_4，X_5	0.9970	+,−,+	0.00, 0.09, 0.00	删除 X_4

注意: 在本例中, 使用 EViews 的逐步回归功能得到的结果与此相同. 但这并不意味着 EViews 的结果与手工操作的结果总是一致. 而且, 我们建议大家尽量避免使用软件的逐步回归功能.

最后, 还必须强调几点: ①以上方法多为经验方法; ②任何一种方法都不是通用和万能的, 不应该期望一种方法一经使用就可以达到目的; ③能够以其他方法解决多重共线性, 就绝对不要使用变量删除法, 包括逐步回归法.

练 习 题 6

6.1 如果多元线性回归模型存在高度的近似多重共线性, 那么普通最小二乘估计仍旧是 BLUE 的吗? 为什么?

6.2 完全共线性的背景下, 参数估计不存在的确切含义是什么?

6.3 近似共线性背景下, 普通最小二乘估计会发生哪些变化?

6.4 多重共线性发生的原因有哪些?

6.5 请判断下列陈述的正确性, 并说明理由.

(1) 模型存在高度的多重共线性, 那么单个解释变量一定在统计不显著.

(2) 完全共线性的背景下, 参数估计是存在的.

(3) 如果有一个辅助回归总体显著, 那么模型一定存在多重共线性.

(4) 解释变量两两高度相关, 并不意味着模型存在共线性.

(5) 若其他条件不变, VIF 越大, 意味着多重共线性越严重.

(6) 在一个多元线性回归模型中, 全部解释变量在统计上都不显著, 那么就不可能得到一个较高的可决系数 R^2.

(7) 若回归分析的目的仅限于预测, 那么多重共线性是无害的.

(8) 多重共线性的后果可能会导致回归系数符号错误.

(9) 完全共线性, 通常发生在设计错误的模型中.

(10) 从本质上看, 多重共线性是个程度问题, 而非存在性问题.

(11) 从根本上讲, 多重共线性始终是样本现象或者说数据现象.

6.6 收集我国 1994 年至 2013 年的财政收入 FI 与 GDP、税收收入 TAS 之间的数据如下表.

年度	财政收入 FI/亿元	国内生产总值 GDP/亿元	税收总额 TAS/亿元
1994	5218.10	48637.5	5126.88
1995	6242.20	60356.6	6038.04
1996	7407.99	70779.6	6909.82
1997	8651.14	78802.9	8234.04
1998	9875.95	83817.6	9262.80
1999	11444.08	89366.5	10682.58
2000	13395.23	99066.1	12581.21
2001	16386.04	109276.2	15301.38
2002	18903.64	120480.4	17636.45
2003	21715.25	136576.3	20017.31
2004	26396.47	161415.4	24165.68
2005	31649.29	185998.9	28778.54
2006	38760.20	219028.5	34804.35
2007	51321.78	270844.0	45621.97
2008	61330.35	321500.5	54223.79
2009	68518.30	348498.5	59521.59
2010	83101.51	411265.2	73210.79
2011	103874.40	484753.2	89738.39
2012	117253.50	539116.5	100614.30
2013	129209.60	590422.4	110530.70
2014	140370.00	644791.1	119175.30

资料来源：http://data.stats.gov.cn.

要求：(1) 用普通最小二乘法估计二元线性回归模型：

$$FI = \beta_0 + \beta_1 GDP + \beta_2 TAS + \mu$$

(2) 你如何评价估计的模型，模型可能存在什么问题？

(3) 至少用四种不同方法证实你的怀疑.

(4) 消除模型存在的问题，给出正确估计的方程.

第 7 章　内生解释变量

计量经济学关于**解释变量的经典假定内容中很重要的一项是：解释变量是非随机变量**. 很明显, 这只是一个是主观愿望而已, 因为绝大多数经济变量都具有随机变量的属性. 如果这一假定被违背, 计量经济学模型的参数估计、检验和应用势必发生相应变化, 我们有必要采取相应措施予以解决消除.

同样地, 为了问题讨论的方便, 我们约定：**本章只讨论解释变量非随机这一经典假定被违背, 而其他假定仍旧成立.**

7.1　内生解释变量问题

计量经济学线性模型的主要假定之一是随机误差项与解释变量不线性相关, 满足这一假定的解释变量称之为外生解释变量或者具有严格外生性, 否则称为内生解释变量或者说解释变量具有内生性. 解释变量严格外生性假设, 是指解释变量在任意观测点处与所有观测点处的随机误差项不 (线性) 相关. 如果模型违背外生性假定, 则称之为**内生解释变量问题**.

7.1.1　内生解释变量的含义

经典线性回归模型

$$Y_t = \beta_0 + \beta_1 X_{1t} + \beta_2 X_{2t} + \cdots + \beta_k X_{kt} + \mu_t \tag{7.1.1}$$

的经典假定之一是：解释变量 $X_1, X_2, \cdots, X_k$ 为非随机变量 (可控变量) 或者解释变量与随机误差项严格不相关. 广义地讲, 如果解释变量中出现了一个或多个随机变量, 则称模型存在**内生解释变量问题**(endogenous explanatory variables). 比如, 模型

$$Y_t = \beta_0 + \beta_1 X_{1t} + \beta_2 Y_{t-1} + \mu_t \tag{7.1.2}$$

很明显, 其中的 Y_{t-1} 是随机变量, 而且它与随机误差项之间存在线性相关性. 该模型存在内生解释变量问题.

7.1.2　内生解释变量类型

从问题产生和讨论中叙述方便的角度考虑, 我们假定模型 (7.1.1) 中 X_1 是内生解释变量, 且将内生解释变量问题区分为三类.

(1) 内生解释变量与随机误差项不相关, 即

$$\mathrm{Cov}\,(X_1, \mu) = 0 \tag{7.1.3}$$

(2) 内生解释变量与随机误差项同期无关, 但异期相关. 即

$$\mathrm{Cov}\,(X_{1t}, \mu_t) = 0 \tag{7.1.4}$$

$$\mathrm{Cov}\,(X_{1t}, \mu_{t+s}) \neq 0, \quad s \neq 0 \tag{7.1.5}$$

(3) 内生解释变量与随机误差项同期相关, 即

$$\mathrm{Cov}\,(X_{1t}, \mu_t) \neq 0 \tag{7.1.6}$$

如果属于第一类, 即随机解释变量与随机误差项同期无关, 而且异期也无关, 那么该解释变量就是**严格外生的**(strict exogenous). 如果属于第二种情形, 即解释变量虽然是随机变量, 但该解释变量与随机误差项之间是同期无关的, 即

$$\mathrm{Cov}\,(X_{1t}, \mu_t |\, X_2, \cdots, X_k) = 0, \quad t = 1, 2, \cdots, k$$

则称之为解释变量是**同期外生的**(the same period exogenous). 应该讲, 此两种情形属于广义内生解释变量, 这类问题不属于本章我们要讨论的内生解释变量问题.

必须明确, 本章所要讨论的内生解释变量是严格意义下的内生解释变量, 属于第 3 种情形, 即模型中的随机解释变量与模型中的随机误差项是同期相关的, 也就是同期内生的 (endogenous).

7.2　实际经济问题中内生解释变量的发生

在单方程模型中, 虽然我们始终假定解释变量是非随机的或者说可控的, 但必须承认**现实经济问题中的多数变量是随机变量**. 当然, 另一部分实际问题中的随机解释变量问题来自以时间序列数据为样本的模型, 源于心理、技术和制度的原因, 经济行为存在滞后性和惯性, 为使模型更为接近实际和更加准确, 模型使用被解释变量的滞后值作为解释变量. 下面, 我们先用两个简单的例子来说明这类问题.

例 7.2.1　经济学理论认为: 耐用品的当期存量 Q_t 由当期收入 I_t 和前一期存量 Q_{t-1} 共同决定. 于是模型可以表示成为

$$Q_t = \beta_0 + \beta_1 I_t + \beta_2 Q_{t-1} + \mu_t, \quad t = 1, 2, \cdots, n \tag{7.2.1}$$

该模型被称为 "**耐用品存量调整模型**(durable goods stock adjustment model)". 非常明显, 被解释变量滞后值 Q_{t-1} 是随机解释变量. 如果模型 (7.2.1) 本身没有自相

关性, 那么, 这一随机解释变量问题属于**同期无关, 异期相关**的. 因为 Q_{t-1} 与 μ_{t-1} 相关, 但是与 μ_t 无关. Q_{t-1} 是同期外生的, 属于广义的内生解释变量问题.

例 7.2.2 消费经济学认为: 消费者的当期消费 C_t 是由消费者对收入的预期 I_t^e 决定的. 所以, 相应的理论模型可以写成

$$C_t = \beta_0 + \beta_1 I_t^e + \mu_t, \quad t = 1, 2, \cdots, n \tag{7.2.2}$$

此即著名的 "**合理预期消费函数模型** (reasonable expected consumption function model)". 因为预期收入 I_t^e 不可观测, 需要推算, 假定预期收入 I_t^e 与实际收入 I_t 之间存在关系

$$I_t^e = (1-\lambda)I_t + \lambda I_{t-1}^e, \quad 0 < \lambda < 1$$

则可以较为容易地写出如下的估计模型

$$C_t = \beta_0(1-\lambda) + \beta_1(1-\lambda)I_t + \lambda C_{t-1} + (\mu_t - \lambda\mu_{t-1}) \tag{7.2.3}$$

注释 将 $I_t^e = (1-\lambda)I_t + \lambda I_{t-1}^e$, 代入 $C_t = \beta_0 + \beta_1 I_t^e + \mu_t$ 有

$$C_t = \beta_0 + \beta_1(1-\lambda)I_t + \beta_1\lambda I_{t-1}^e + \mu_t$$

将 $C_t = \beta_0 + \beta_1 I_t^e + \mu_t$ 滞后一期后, 得

$$C_{t-1} = \beta_0 + \beta_1 I_{t-1}^e + \mu_{t-1}$$

从而

$$\beta_1 I_{t-1}^e = C_{t-1} - \beta_0 - \mu_{t-1}$$

将此式代入 $C_t = \beta_0 + \beta_1(1-\lambda)I_t + \beta_1\lambda I_{t-1}^e + \mu_t$ 得

$$\begin{aligned} C_t &= \beta_0 + \beta_1(1-\lambda)I_t + \lambda(C_{t-1} - \beta_0 - \mu_{t-1}) + \mu_t \\ &= \beta_0(1-\lambda) + \beta_1(1-\lambda)I_t + \lambda C_{t-1} + (\mu_t - \lambda\mu_{t-1}) \end{aligned}$$

显然, 作为解释变量的 C_{t-1} 是随机变量. 同时, C_{t-1} 与 μ_{t-1} 之间相关, 所以, 它与模型 (7.2.3) 的随机误差项 $\mu_t - \lambda\mu_{t-1}$ 相关. 而且这是一个与随机误差项**同期相关的**(omitting relevant variable) 随机解释变量问题. 即属于同期内生的, 是我们本节所要讨论的内生解释变量问题.

概括地讲, 同期内生解释变量通常源于如下的三个原因而发生: **第一, 解释变量与被解释变量具有双向因果关系**(simultaneous causality). 比如从宏观的角度讲, 国内生产总值 GDP 与固定资产投资 FI 之间的关系应该互为结果和原因, 模型设定为 $\text{GDP}_t = \beta_0 + \beta_1\text{FI}_t + \mu_t$, μ_t 影响 GDP_t, GDP_t 反过来影响 FI_t, 因此, FI_t 是

随机解释变量, 而且与 μ_t 相关. **第二, 模型设定偏误.** 如果模型设定时遗漏了比较重要的解释变量, 而且所遗漏的解释变量与模型中的内生解释变量是**同期相关的**. 比如, 考虑消费支出 C 与可支配收入 DI 之间的回归模型为 $C_t = \beta_0 + \beta_1 \mathrm{DI}_t + \mu_t$, 应该说, 当期价格水平 CPI_t 影响当期消费 (此模型内被包含于随机误差项中, 即 $\mu_t = f(\mathrm{CPI}_t, \varepsilon_t)$), 而且当期收入 DI_t 与当期价格水平 CPI_t 相关, 明显地, μ_t 与 DI_t 相关. **第三, 解释变量存在测量误差** (errors in variable).

7.3 内生解释变量的后果

如果计量经济学模型本身已经出现内生解释变量的问题, 仍然使用普通最小二乘法估计参数可能产生的后果不是统一的, 会随内生解释变量与随机误差项之间的相关性不同而有所区别. 为问题叙述的简洁, 假定一元线性回归模型:

$$Y_t = \beta_0 + \beta_1 X_t + \mu_t \tag{7.3.1}$$

中的解释变量 X_t 是内生解释变量. 第 2 章中, 我们已经给出了回归系数的离差形式 OLS 估计为

$$\hat{\beta}_1 = \frac{\sum x_t y_t}{\sum x_t^2} = \beta_1 + \frac{\sum x_t \mu_t}{\sum x_t^2} \tag{7.3.2}$$

因为, $\sum x_t \mu_t \approx n\mathrm{Cov}(X_t, \mu_t)$, 于是一个**直观的后果**是: 如果内生解释变量与随机误差项相关, 那么, OLSE 对模型 (7.3.1) 之截距和斜率的估计都不正确. 具体讲, 如果内生解释变量与误差项正相关, 那么, OLSE 高估斜率但低估截距; 如果内生解释变量与误差项负相关则可能低估斜率而高估截距 (图 7.3.1).

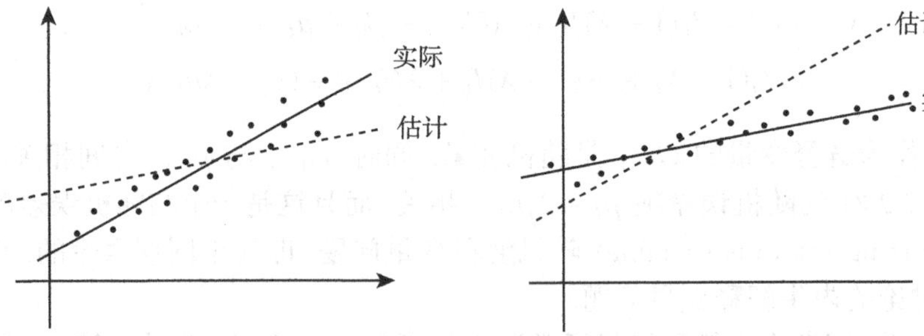

图 7.3.1 内生解释变量对参数估计的影响

在内生解释变量问题存在的背景下, 参数 OLSE 的理论统计性质会随该变量与误差项相关情况不同, 分为三种情形, 即:

(1) 如果X 与μ 不相关 (或者独立), 参数的 OLSE 仍旧是无偏、一致估计. (考虑一下, 参数估计是有效的吗?)

(2) 如果X_t 与μ_t 同期无关, 但异期相关, 参数的 OLSE 是有偏的, 但仍旧是一致估计.

事实上, 从 (7.3.2) 易见

$$E(\hat{\beta}_1) = \beta_1 + E\left(\sum \frac{x_t}{\sum x_t^2}\mu_t\right) = \beta_1 + \sum E(k_t\mu_t)$$

其中, $k_t = \dfrac{x_t}{\sum x_t^2}$. 即使 X_t 与 μ_t 同期无关, k_t 的分母中必然含有与 μ_t 相关的 t 期以外的 X 值, 于是 $E(k_t\mu_t) \neq 0$, 即 $E(\hat{\beta}_1) \neq \beta_1$. 亦即 β_1 的 OLSE 是有偏的. 然而

$$P\lim_{n\to+\infty}\left(\beta_1 + \frac{\sum x_t\mu_t}{\sum x_t^2}\right) = \beta_1 + \frac{P\lim\limits_{n\to+\infty}\left(\dfrac{1}{n}\sum x_t\mu_t\right)}{P\lim\limits_{n\to+\infty}\left(\dfrac{1}{n}\sum x_t^2\right)} = \beta_1 + \frac{\mathrm{Cov}(X_t,\mu_t)}{\mathrm{Var}(X_t)} = \beta_1$$

这表明, $\hat{\beta}_1$ 是 β_1 的一致估计. (问题, 估计的有效性如何?)

(3) 如果X_t 与 μ_t 同期相关, 参数的 OLSE 是有偏的, 且是非一致估计. 此时的后果是最为严重的, 一般称这样的内生解释变量具有内生性.

注释 事实上, 因为 $E(k_t\mu_t) \neq 0$, 所以

$$E(\hat{\beta}_1) = \beta_1 + E\left(\sum \frac{x_t}{\sum x_t^2}\mu_t\right) = \beta_1 + \sum E(k_t\mu_t) \neq \beta_1,$$

估计是有偏的. 同理, $\mathrm{Cov}(X_t,\mu_t) \neq 0$,

$$P\lim_{n\to+\infty}\left(\beta_1 + \frac{\sum x_t\mu_t}{\sum x_t^2}\right) = \beta_1 + \frac{P\lim\limits_{n\to+\infty}\left(\dfrac{1}{n}\sum x_t\mu_t\right)}{P\lim\limits_{n\to+\infty}\left(\dfrac{1}{n}\sum x_t^2\right)} = \beta_1 + \frac{\mathrm{Cov}(X_t,\mu_t)}{\mathrm{Var}(X_t)} \neq \beta_1$$

所以估计不是一致的①.

顺便指出, **如果内生解释变量属于被解释变量滞后值, 则 OLSE 最好也只是有偏的一致估计.** 因为, 纵然不出现同期相关 (这只是可能), 也必然会有异期相关存在. 比如 Y_{t-1} 与 μ_{t-1} 相关、Y_{t-2} 与 μ_{t-2} 相关 ······

① 鉴于这三结论, 狭义地讲, 内生解释变量问题应该是指模型中出现了与误差项同期相关的内生解释变量.

7.4　模型包含内生解释变量时参数的估计

前述分析表明, 如果内生解释变量与随机误差项不相关, 那么我们可以继续信任 OLS. 当内生解释变量与随机误差项相关时, OLSE 总是有偏估计, 但是一致性则不同, 应该分别处理. 如果内生解释变量与随机误差项同期不相关, 可以通过增大样本容量来凸显估计量在一致性方面的优越性. 但如果内生解释变量与随机误差项同期相关, 普通最小二乘估计量不具备一致性这一最基本统计性质, 此时, 最常用的方法是**工具变量**(instrument variable)**法**.

7.4.1　工具变量的选取

顾名思义, 工具变量是在参数估计过程中, 替代与随机误差项相关的内生解释变量的变量. 需要指出的是, 如果考虑变量 Z 作为内生解释变量 X_1 的工具变量, 那么 Z 至少应该同时满足以下条件:

(1) Z 与所替代的内生解释变量 X_1 高度相关;

(2) Z 与随机误差项同期不相关;

(3) Z 与模型中的其他解释变量不线性相关.

否则, 可能效果不佳, 也可能出现多重共线性等其他问题.

7.4.2　工具变量的使用

内生解释变量的后果存在于参数估计过程而非模型本身, 因此, 工具变量法只需克服内生解释变量与随机误差项相关性对参数估计的影响, 换言之, 工具变量的替身作用只能用于参数估计过程中, 需要消除解释变量与误差项相关的部分或者环节. 仍然以模型

$$Y_t = \beta_0 + \beta_1 X_t + \mu_t \tag{7.4.1}$$

为例进行说明. 不同参数估计方法的共同点在于, 参数估计都是基于正规方程组

$$\begin{cases}\sum Y_t = n\hat{\beta}_0 + \sum X_t\hat{\beta}_1 \\ \sum X_tY_t = \sum X_t\hat{\beta}_0 + \sum X_t^2\hat{\beta}_1\end{cases}$$

求解回归系数参数估计量. 正规方程组的样本矩条件为

$$\begin{cases}\dfrac{1}{n}\sum\left(Y_t - \hat{\beta}_0 - \hat{\beta}_1\sum X_t\right) = 0 \\ \dfrac{1}{n}\sum\left(Y_t - \hat{\beta}_0 - \hat{\beta}_1X_t\right)X_t = 0\end{cases}$$

这两个样本矩条件是以假定 $E(\mu_t)=0, E(X_t\mu_t)=0$ 作为总体矩条件得出的.

显然, 如果 X 是普通变量或者是与随机误差项不相关的内生解释变量, 这一切不存在任何问题. 但若与此相反, 则 $E(\mu_t)=0, E(X_t\mu_t)=0$ 不成立, 因而强行假

设其成立而得出的参数估计是有疑问的. 此时, 可以考虑选择工具变量替代 X, 以保证相应的总体矩条件成立.

如果依据工具变量的条件选定 Z 为 X 的工具变量, 则相应的总体矩条件为

$$E(\mu_t)=0,\quad \mathrm{Cov}(Z_t,\mu_t)=E(Z_t\mu_t)=0$$

记 β_0,β_1 的工具变量法估计量分别为 $\tilde{\beta}_0$, $\tilde{\beta}_1$, 则相应的样本矩条件为

$$\frac{1}{n}\sum\left(Y_t-\tilde{\beta}_0-\tilde{\beta}_1X_t\right)=0,\quad \frac{1}{n}\sum\left(Y_t-\tilde{\beta}_0-\tilde{\beta}_1X_t\right)Z_t=0$$

由此可以得到相应的正规方程组

$$\begin{cases}\sum Y_t=n\tilde{\beta}_0+\sum X_t\tilde{\beta}_1\\ \sum Z_tY_t=\sum Z_t\tilde{\beta}_0+\sum Z_tX_t\tilde{\beta}_1\end{cases}$$

于是可以得到对应的参数离差形式估计量

$$\tilde{\beta}_1=\frac{\sum z_ty_t}{\sum z_tx_t},\quad \tilde{\beta}_0=\bar{Y}-\tilde{\beta}_1\bar{X} \tag{7.4.2}$$

注意这一结果与 OLSE

$$\hat{\beta}_1=\frac{\sum x_ty_t}{\sum x_tx_t},\quad \hat{\beta}_0=\bar{Y}-\hat{\beta}_1\bar{X} \tag{7.4.3}$$

之间的区别. 我们将 (7.4.2) 称为**工具变量估计量**(instrumental variable estimator), 此种估计参数的方法被称为**工具变量法**.

更为一般地, 假设多元线性回归模型

$$\boldsymbol{Y}=\boldsymbol{XB}+\boldsymbol{N}$$

中的 X_1 是与随机误差项相关的内生解释变量, 选定的工具变量为 $\boldsymbol{Z}$, 得到的正规方程组为

$$\boldsymbol{Z}'\boldsymbol{Y}=\boldsymbol{Z}'\boldsymbol{XB}$$

从而可以获得 $\boldsymbol{B}$ 的工具变量估计量为

$$\hat{\boldsymbol{B}}=(\boldsymbol{Z}'\boldsymbol{X})^{-1}(\boldsymbol{Z}'\boldsymbol{Y})$$

其中

$$\boldsymbol{Z}=\begin{pmatrix}1 & Z_1 & X_{21} & \cdots & X_{k1}\\ 1 & Z_2 & X_{22} & \cdots & X_{k2}\\ \vdots & \vdots & \vdots & & \vdots\\ 1 & Z_n & X_{2n} & \cdots & X_{kn}\end{pmatrix}$$

显然, 对于没有选择其他变量作为工具变量的变量, 可以认为是用自身作为工具变量. 于是, 一般将 Z 称为工具变量矩阵. 很明显, OLS 可以被认为是工具变量法的一个特例.

7.4.3　工具变量法估计量的统计性质

对于存在内生解释变量问题的模型而言, 工具变量法估计量是一致估计, 但仍旧是有偏的. 为方便起见, 以一元线性回归为例证明.

事实上, $\tilde{\beta}_1=\beta_1+\dfrac{\sum z_t\mu_t}{\sum z_tx_t}$.

注释

$$
\begin{aligned}
\tilde{\beta}&=\frac{\sum z_ty_t}{\sum z_tx_t}=\frac{\sum z_t(Y_t-\bar{Y})}{\sum z_tx_t}=\frac{\sum z_tY_t-\bar{Y}\sum z_t}{\sum z_tx_t}=\frac{\sum z_tY_t}{\sum z_tx_t}\\
&=\frac{\sum z_t(\beta_0+\beta_1X_t+\mu_t)}{\sum z_tx_t}\\
&=\frac{\beta_0\sum z_t+\beta_1\sum z_t(x_t+\bar{X})+\sum z_t\mu_t}{\sum z_tx_t}=\frac{\beta_1\sum z_tx_t}{\sum z_tx_t}+\frac{\sum z_t\mu_t}{\sum z_tx_t}\\
&=\beta_1+\frac{\sum z_t\mu_t}{\sum z_tx_t}
\end{aligned}
$$

两端同时取概率极限有

$$
P\lim_{n\to+\infty}\left(\tilde{\beta}_1\right)=\beta_1+\frac{P\lim\limits_{n\to+\infty}\left(\dfrac{1}{n}\sum z_t\mu_t\right)}{P\lim\limits_{n\to+\infty}\left(\dfrac{1}{n}\sum z_tx_t\right)}
$$

于是, 只要工具变量选取得当, 即有

$$
P\lim_{n\to+\infty}\left(\frac{1}{n}\sum z_t\mu_t\right)=0
$$
$$
P\lim_{n\to+\infty}\left(\frac{1}{n}\sum z_tx_t\right)\neq 0
$$

则, $P\lim\limits_{n\to+\infty}(\tilde{\beta}_1)=\beta_1$. 即工具变量估计量是参数的一致估计. 另外, 又因为

$$
E\left(\frac{1}{\sum z_tx_t}\sum z_t\mu_t\right)\neq E\left(\frac{1}{\sum z_tx_t}\right)E\left(\sum z_t\mu_t\right)=0
$$

亦即

$$E(\tilde{\beta}_1) = \beta_1 + E\left(\frac{1}{\sum z_t x_t}\sum z_t \mu_t\right) \neq \beta_1 + 0 = \beta_1$$

$E(\tilde{\beta}_1) \neq \beta_1$. 故而, 工具变量估计量是有偏估计.

7.4.4 关于工具变量法的几点补充

初学者对于工具变量法的认识往往会有一些认知的误区和困惑, 如若不予澄清, 可能影响读者对这一方法的理解和信心.

(1) 工具变量法改变了模型. 事实上, 工具变量并未改变原模型, 而仅只是在参数估计过程中用工具变量替代内生解释变量, 模型依旧写成为原来的形式. 从另一角度理解, 工具变量法估计参数的过程可以分解为以下的两阶段进行:

第一步, 以普通最小二乘法建立内生解释变量 X 关于工具变量 Z 的回归

$$\hat{X}_t = \alpha_0 + \alpha_1 Z_t \tag{7.4.4}$$

第二步, 以 X 的回归值为解释变量, 仍然用普通最小二乘法估计

$$\hat{Y}_t = \beta_0 + \beta_1 \hat{X}_t \tag{7.4.5}$$

进而得到样本回归方程

$$\hat{Y}_t = \tilde{\beta}_0 + \tilde{\beta}_1 X_t \tag{7.4.6}$$

可见, 方程依旧是 Y_t 关于解释变量 X_t 的回归, 只是在参数估计过程中用工具变量替代了内生解释变量而已. 不难验证, (7.4.6) 中的参数估计 $\tilde{\beta}_1$ 与 (7.4.2) 式相同, 进而 $\tilde{\beta}_0$ 也相同. 将 (7.4.4) 式 $\hat{X}_t = \alpha_0 + \alpha_1 Z_t$ 代入 (7.4.5) 式 $\hat{Y}_t = \beta_0 + \beta_1 \hat{X}_t$, 则

$$\hat{Y}_t = \beta_0 + \beta_1(\alpha_0 + \alpha_1 Z_t) = (\beta_0 + \beta_1 \alpha_0) + \alpha_1 \beta_1 Z_t$$

这里所采用的、分两个阶段使用 OLS 估计参数的方法, 被称为**二阶段最小二乘法**(two stage least square).

(2) 一个内生解释变量有多个工具变量时应该如何选择? 容易理解, 能够替代某个内生解释变量的工具变量一般都不唯一的, 用不同工具变量估计结果是不同的, 究竟应该采用哪一个? 若一个内生解释变量可以找到数个相互独立的工具变量, 而研究者希望充分使用所有备选工具变量的信息, 就构成了**广义矩方法**(generalized method of moments, GMM). 广义矩方法为计量经济学近 20 年发展的主要方向之一. 显而易见, 工具变量法是 GMM 的特例, 普通最小二乘法也是 GMM 的特例.

(3) 工具变量与被替代内生解释变量对应关系不同是否会改变参数估计? 很多时候, 模型包含多个内生解释变量, 自然要为每一个内生解释变量各寻找一个工具变量, 一个自然的问题是: (通俗地讲) 谁该是谁的替身? 或者专业地说替代关系不同, 参数估计是否会不同? 答案是, 替代关系可以任意, 不同替代关系所得参数估计不变. 因为, 替代关系不同只改变正规方程组中方程的顺序, 线性代数告诉我们, 改变线性方程组的顺序不改变方程的解. 假设模型

$$Y_t = \beta_0 + \beta_1 X_{1t} + \beta_2 X_{2t} + \beta_3 X_{3t} + \mu_t \tag{7.4.7}$$

中 X_1, X_2 都是内生解释变量, Z_1, Z_2 是工具变量. 对于 $Z_1 \to X_1, Z_2 \to X_2$ 对应关系的正规方程组为

$$\begin{cases} n\hat{\beta}_0 + \sum X_{1t}\hat{\beta}_1 + \sum X_{2t}\hat{\beta}_2 + \sum X_{3t}\hat{\beta}_3 = \sum Y_t & (1) \\ \sum Z_{1t}\hat{\beta}_0 + \sum X_{1t}Z_{1t}\hat{\beta}_1 + \sum X_{2t}Z_{1t}\hat{\beta}_2 + \sum X_{3t}Z_{1t}\hat{\beta}_3 = \sum Z_{1t}Y_t & (2) \\ \sum Z_{2t}\hat{\beta}_0 + \sum X_{1t}Z_{2t}\hat{\beta}_1 + \sum X_{2t}Z_{2t}\hat{\beta}_2 + \sum X_{3t}Z_{2t}\hat{\beta}_3 = \sum Z_{2t}Y_t & (3) \\ \sum X_{3t}\hat{\beta}_0 + \sum X_{1t}X_{3t}\hat{\beta}_1 + \sum X_{2t}X_{3t}\hat{\beta}_2 + \sum X_{3t}^2\hat{\beta}_3 = \sum X_{3t}Y_t & (4) \end{cases} \tag{7.4.8}$$

如果对应关系改为: $Z_1 \to X_2, Z_2 \to X_1$, 正规方程组则为

$$\begin{cases} n\hat{\beta}_0 + \sum X_{1t}\hat{\beta}_1 + \sum X_{2t}\hat{\beta}_2 + \sum X_{3t}\hat{\beta}_3 = \sum Y_t & (1) \\ \sum Z_{2t}\hat{\beta}_0 + \sum X_{1t}Z_{2t}\hat{\beta}_1 + \sum X_{2t}Z_{2t}\hat{\beta}_2 + \sum X_{3t}Z_{2t}\hat{\beta}_3 = \sum Z_{2t}Y_t & (2) \\ \sum Z_{1t}\hat{\beta}_0 + \sum X_{1t}Z_{1t}\hat{\beta}_1 + \sum X_{2t}Z_{1t}\hat{\beta}_2 + \sum X_{3t}Z_{1t}\hat{\beta}_3 = \sum Z_{1t}Y_t & (3) \\ \sum X_{3t}\hat{\beta}_0 + \sum X_{1t}X_{3t}\hat{\beta}_1 + \sum X_{2t}X_{3t}\hat{\beta}_2 + \sum X_{3t}^2\hat{\beta}_3 = \sum X_{3t}Y_t & (4) \end{cases} \tag{7.4.9}$$

显而易见, (7.4.9) 是 (7.4.8) 方程 (2) 与 (3) 对换而得, 根据线性代数的有关知识, 我们知道方程组 (7.4.8) 与 (7.4.9) 为同解方程组.

(4) 如何寻找工具变量. 实践中要找到符合条件的工具变量并非易事. 考虑到同期测量误差是内生解释变量与随机误差项之间的相关主要原因, 所以, 可以考虑使用内生解释变量的滞后一期值为工具变量. 同理, 一般而言非内生解释变量的滞后一期值与内生解释变量滞后一期值之间高度相关, 与随机误差项之间不相关, 因此, 也可以考虑非内生解释变量的滞后一期值作为工具变量.

7.5 解释变量的内生性诊断

通过前面几节的讨论, 我们已经知道: 如果不得不使用内生解释变量, 至少应该保证它是**同期外生的** (contemporaneously exogenous), 但如何判断同期外生仍是一个问题. 经济学可以帮助我们从定性的角度进行预判. 例如, 由于投资行为通常无法在短期内完成, 多数情况下前期投资额都对当期投资额有影响, 反之, 当期投资额不会影响到前期投资额. 但是定性分析的结论需要定量分析的辅助, 在定量分析方法中, 其中一种较为重要的方法是**豪斯曼检验**(Hausman test).

假设二元线性回归模型

$$Y_t = \beta_0 + \beta_1 Z_{1t} + \beta_2 X_t + \mu_t \tag{7.5.1}$$

中 X, Z_1 都是内生解释变量. 同时, 明确已知 Z_{1t} 是同期外生变量, 但怀疑 X_t 是同期内生变量, 此时检验该如何进行?

豪斯曼检验的基本思想是: 若 X_t 是内生解释变量, 那么对 (7.5.1) 用工具变量法估计的模型与用普通最小二乘法估计的模型之间应该存在显著差异. 检验这种差异的显著性可以帮助判断 X_t 的内生性. 若显著, 则说明 X_t 为内生解释变量, 反之, 则说明 X_t 为外生解释变量.

由于工具变量法属于两阶段最小二乘法, 故而豪斯曼检验可以按照以下步骤进行.

第一, 寻找另一个外生变量 Z_{2t} 作为 X_t 的工具变量, 做辅助回归

$$X_t = \alpha_0 + \alpha_1 Z_{1t} + \alpha_2 Z_{2t} + \nu_t \tag{7.5.2}$$

其中, ν_t 满足经典假定. 以普通最小二乘法估计参数获取残差序列 $\hat{\nu}_t$.

第二, 再作辅助回归

$$Y_t = \beta_0 + \beta_1 Z_{1t} + \beta_2 X_t + \gamma\hat{\nu}_t + \varepsilon_t \tag{7.5.3}$$

假设 ε_t 满足所有的经典假定, 且与解释变量同期无关.

第三, 检验回归系数 γ 的显著性, 以判断 X_t 的内生性. 若 γ 显著不同于零, 那么 X_t 为同期内生解释变量, 反之, 若 γ 与零的差异不显著, 那么可以认为 X_t 为同期外生解释变量.

顺便指出, 如若怀疑多个内生解释变量与误差项同期相关, 首先, 寻找符合数量要求的外生变量. 其次, 将每个被怀疑的内生解释变量依次与其余的外生变量 (包含模型中原有的和后来寻找的) 进行辅助回归, 以获取残差序列. 然后, 将所得残差序列添入原回归模型进行辅助回归. 最后, 检验残差序列的显著性, 判断对应内生解释变量的内生性. 方法为 t 检验或者受约束回归的 F 检验.

7.6 案　例

7.6.1 案例 1

随着我国经济的不断发展, 私家汽车正迅速进入我国家庭. 近几年我国已经连续数年成为全球汽车生产量和销售量第一的国家. 汽车以及与汽车相关的产业正日益成为经济发展的支柱产业之一. 社会汽车拥有量与汽车维修、配件、美容等行业关联紧密. 为此, 我们拟研究我国私人小型汽车 (年末) 拥有量的影响因素, 考虑可能的影响因素包括上年私人小型汽车 (年末) 拥有量以及当年人均 GDP. 由于我国从 2002 年起开始统计该类数据, 因此, 我们选取 2002—2014 年的相关数据建立模型 (表 7.6.1).

表 7.6.1　私人小型载客汽车与人均 GDP

年份	私人小型载客汽车拥有量/万辆	人均 GDP/万元
2002	408.49	0.941994348
2003	586.90	1.056780704
2004	786.63	1.236378743
2005	1079.78	1.421699960
2006	1491.18	1.655838050
2007	1984.29	2.028467634
2008	2533.28	2.385142543
2009	3436.26	2.589952791
2010	4593.46	3.049444034
2011	5823.62	3.593153227
2012	7226.48	3.944661901
2013	8810.51	4.321379858
2014	10590.75	4.649076633

资料来源：http://data.stats.gov.cn/.

考虑建立的模型为

$$Q_t = \beta_0 + \beta_1 \text{GDPP}_t + \beta_2 Q_{t-1} + \mu_t$$

根据例 7.2.1, 即耐用品存量调整模型可知, 该模型存在内生解释变量问题, 而且与误差项是同期无关但异期相关的, 此时普通最小二乘估计是有偏的, 可以考虑使用工具变量法估计模型, 以保证参数估计是无偏的 (只要工具变量严格外生).

为使用工具变量法, 我们需要寻找替代 Q_{t-1} 的工具变量, 一个自然的选择是使用 GDPP_{t-1}. 但需要说明的是, 在 EViews 中, 工具变量法是通过两阶段最小二乘法实现的. 具体路径是：Quick/Estimate Equation/Specification (设置方程为: $Q_t=\beta_0+\beta_1\text{GDPP}_t+\beta_2Q_{t-1}+\mu_t$)/Method /TSLS/Instrument List 中填入变量 C GDPP GDPP(-1) 见图 7.6.1.

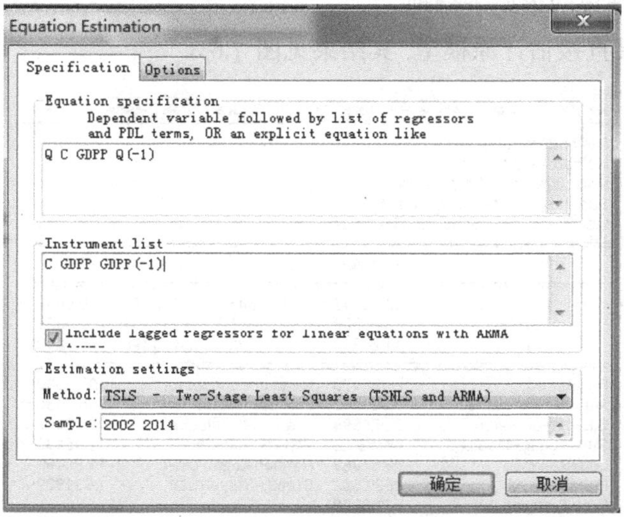

图 7.6.1　工具变量法设置

确定, 即得到图 7.6.2.

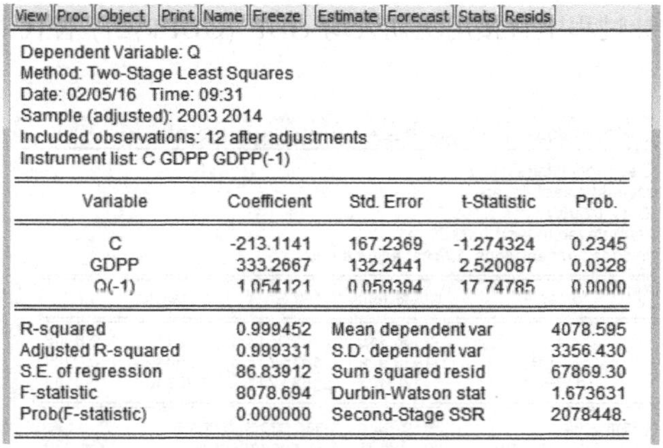

View Proc Object Print Name Freeze Estimate Forecast Stats Resids

Dependent Variable: Q
Method: Two-Stage Least Squares
Date: 02/05/16 Time: 09:31
Sample (adjusted): 2003 2014
Included observations: 12 after adjustments
Instrument list: C GDPP GDPP(-1)

Variable	Coefficient	Std. Error	t-Statistic	Prob.
C	-213.1141	167.2369	-1.274324	0.2345
GDPP	333.2667	132.2441	2.520087	0.0328
Q(-1)	1.054121	0.059394	17.74785	0.0000

R-squared	0.999452	Mean dependent var	4078.595
Adjusted R-squared	0.999331	S.D. dependent var	3356.430
S.E. of regression	86.83912	Sum squared resid	67869.30
F-statistic	8078.694	Durbin-Watson stat	1.673631
Prob(F-statistic)	0.000000	Second-Stage SSR	2078448.

图 7.6.2　工具变量法估计结果

于是可以得到样本回归方程为

$$\hat{Q}_t=-213.1141+333.2667\text{GDPP}_t+1.0541Q_{t-1}$$
$$t=(-1.2743)\quad(2.5201)\quad(17.7479)$$
$$R^2=0.9995,\quad F=8078.6940,\quad n=12,\quad \text{D.W.}=1.6736$$

该方程可以通过统计检验与计量经济学检验, 经济学检验虽有疑问, 那就是 Q_{t-1} 的系数大于 1, 与理论预期不一致. 但考虑到我国目前正处在私人汽车高速增长的时期, 这一结果应该属于合理.

注释　如果直接估计原模型, 其结果见图 7.6.3.

View Proc Object Print Name Freeze Estimate Forecast Stats Resids

Dependent Variable: Q
Method: Least Squares
Date: 02/05/16 Time: 09:44
Sample (adjusted): 2003 2014
Included observations: 12 after adjustments

Variable	Coefficient	Std. Error	t-Statistic	Prob.
C	-285.8745	124.1646	-2.302384	0.0468
GDPP	394.3309	93.55655	4.214894	0.0023
Q(-1)	1.026341	0.041522	24.71798	0.0000

R-squared	0.999478	Mean dependent var	4078.595
Adjusted R-squared	0.999362	S.D. dependent var	3356.430
S.E. of regression	84.75699	Akaike info criterion	11.92977
Sum squared resid	64653.73	Schwarz criterion	12.05100
Log likelihood	-68.57863	Hannan-Quinn criter.	11.88489
F-statistic	8620.652	Durbin-Watson stat	1.831929
Prob(F-statistic)	0.000000		

图 7.6.3　普通最小二乘估计结果

若在参数估计过程中直接用上期人均 GDP ($GDPP_{t-1}$) 替代 Q_{t-1}, 则结果见图 7.6.4.

View Proc Object Print Name Freeze Estimate Forecast Stats Resids

Dependent Variable: Q
Method: Least Squares
Date: 02/05/16 Time: 09:51
Sample (adjusted): 2003 2014
Included observations: 12 after adjustments

Variable	Coefficient	Std. Error	t-Statistic	Prob.
C	-2346.315	392.0513	-5.984715	0.0002
GDPP	-1938.929	1435.717	-1.350495	0.2098
GDPP(-1)	4925.182	1535.711	3.207103	0.0107

R-squared	0.983228	Mean dependent var	4078.595
Adjusted R-squared	0.979501	S.D. dependent var	3356.430
S.E. of regression	480.5608	Akaike info criterion	15.40010
Sum squared resid	2078448.	Schwarz criterion	15.52133
Log likelihood	-89.40061	Hannan-Quinn criter.	15.35522
F-statistic	263.8003	Durbin-Watson stat	1.303584
Prob(F-statistic)	0.000000		

图 7.6.4　内生解释变量直接置换后的结果

前一个结果不具有无偏性; 后一结果明显不合理, 当期收入对私人汽车拥有量的影响是反方向的, 它们均不如工具变量法. 它们与工具变量估计结果不同, 说明软件的工具变量的确只在参数估计过程中用工具变量替代内生解释变量. 工具变量法中工具变量选择的另种方式是使用内生解释变量的回归值作为工具变量. 这一做法的最终结果见图 7.6.5.

View Proc Object Print Name Freeze Estimate Forecast Stats Resids

Dependent Variable: Q
Method: Two-Stage Least Squares
Date: 06/26/17 Time: 11:30
Sample (adjusted): 2004 2014
Included observations: 11 after adjustments
Instrument list: C GDPP QF(-1)

Variable	Coefficient	Std. Error	t-Statistic	Prob.
C	-302.6317	156.4617	-1.934223	0.0891
GDPP	399.3977	111.2645	3.589625	0.0071
Q(-1)	1.026108	0.047593	21.56017	0.0000

R-squared	0.999432	Mean dependent var	4396.022
Adjusted R-squared	0.999290	S.D. dependent var	3325.982
S.E. of regression	88.64847	Sum squared resid	62868.41
F-statistic	7035.367	Durbin-Watson stat	1.848048
Prob(F-statistic)	0.000000	Second-Stage SSR	45953.65

图 7.6.5 以内生解释变量的回归值为工具变量的结果

这一结果同样也是合理的. 如果在模型中舍弃上年汽车拥有量, 则模型存在序列相关性.

综上所述, 这一问题正确的做法是使用耐用品存量调整模型, 用非内生解释变量的上期值或者内生解释变量的回归值作为内生解释变量的工具变量.

按照多数教科书的观点, 同期无关的内生解释变量, 工具变量法不是必需的. 我们给出案例 2.

7.6.2 案例 2

随着国家经济发展战略调整, 我国经济增长的引擎正逐渐从投资和对外贸易转变为居民消费, 居民消费在经济增长中的作用正在日益突显出来, 居民消费研究已经变成经济发展中一个重要的课题. 为此, 我们选取 1980—2013 年我国城镇居民的人均可支配收入与人均现金消费支出的数据 (表 7.6.2).

表 7.6.2　城镇居民人均可支配收入与人均现金消费支出

年份	人均可支配收入 PI_t/元	人均现金消费支出CC/元
1980	477.6	412.4
1981	500.4	456.8
1982	535.3	471.0
1983	564.6	505.9
1984	652.1	559.4
1985	739.1	673.2
1986	900.9	799.0
1987	1002.1	884.4
1988	1180.2	1104.0
1989	1373.9	1211.0
1990	1510.2	1278.9
1991	1700.6	1453.8
1992	2026.6	1671.7
1993	2577.4	2110.8
1994	3496.2	2851.3
1995	4283.0	3537.6
1996	4838.9	3919.5
1997	5160.3	4185.6
1998	5425.1	4331.6
1999	5854.0	4615.9
2000	6280.0	4998.0
2001	6859.6	5309.0
2002	7702.8	6029.9
2003	8472.2	6510.9
2004	9421.6	7182.1
2005	10493.0	7942.9
2006	11759.5	8696.6
2007	13785.8	9997.5
2008	15780.8	11242.9
2009	17174.7	12264.6
2010	19109.4	13471.5
2011	21809.8	15160.9
2012	24564.7	16674.3
2013	26955.1	18022.6

资料来源：http://www.stats.gov.cn/.

拟建立“合理预期消费函数模型”：

$$CC_t = \beta_0 + \beta_1 PI_t^e + \mu_t$$

其中, CC_t 为居民人均现金消费支出, PI_t^e 为人均预期收入. 人均预期收入 PI_t^e 不可观测, 于是假设

$$PI_t^e = (1-\lambda)PI_t + \lambda PI_{t-1}^e$$

可以推导出参数估计模型:

$$CC_t = \beta_0(1-\lambda) + \beta_1(1-\lambda)PI_t + \lambda CC_{t-1} + (\mu_t - \lambda\mu_{t-1})$$

将该模型记为

$$CC_t = \alpha_0 + \alpha_1 PI_t + \lambda CC_{t-1} + \nu_t$$

显而易见, 模型中的随机误差项 $\nu_t = \mu_t - \lambda\mu_{t-1}$ 与内生解释变量 CC_{t-1} 是同期相关的, 也就意味着普通最小二乘法是不适用的, 而必须使用工具变量法估计参数, 选取 PI_{t-1} 作为 CC_{t-1} 的工具变量, 经检验模型存在一阶自相关性, 用广义差分法估计模型, 结果见图 7.6.6.

View Proc Object Print Name Freeze Estimate Forecast Stats Resids

Dependent Variable: CC
Method: Two-Stage Least Squares
Date: 06/09/18 Time: 08:21
Sample (adjusted): 1982 2013
Included observations: 32 after adjustments
Convergence achieved after 42 iterations
Instrument list: C PI PI(-1)
Lagged dependent variable & regressors added to instrument list

Variable	Coefficient	Std. Error	t-Statistic	Prob.
C	22806.31	377658.5	0.060389	0.9523
PI	0.610135	0.054648	11.16476	0.0000
CC(-1)	-0.035720	0.093009	-0.384052	0.7038
AR(1)	0.997119	0.048494	20.56174	0.0000

R-squared	0.999757	Mean dependent var	5614.634
Adjusted R-squared	0.999731	S.D. dependent var	5125.353
S.E. of regression	83.99820	Sum squared resid	197559.5
F-statistic	38462.96	Durbin-Watson stat	1.652560
Prob(F-statistic)	0.000000	Second-Stage SSR	197559.5

Inverted AR Roots	1.00

图 7.6.6 工具变量法估计

容易注意到一个事实, 解释变量 CC_{t-1} 在统计上不显著. 但必须指出的是, 这一估计只是一个过渡结果, 统计显著自然最好, 但不显著也不是致命硬伤.

根据图 7.6.6 可以得到研究模型的参数估计:

$$\hat{\beta}_0 = \frac{\hat{\alpha}_0}{1-\hat{\lambda}} = \frac{22806.31}{1-(-0.035720)} = 22019.7640$$

$$\hat{\beta}_1 = \frac{\hat{\alpha}_1}{1-\hat{\lambda}} = \frac{0.610135}{1-(-0.035720)} = 0.5891$$

于是, 得到最终的样本回归方程:

$$\widehat{CC}_t = 22019.7640 + 0.5891 PI_t^e$$

前述讨论已经明确, 此时的估计至少具备一致性, 满足了对参数估计的最低要求.

练 习 题 7

7.1　内生解释变量问题有哪些类型? 对 OLSE 的影响分别是什么?

7.2　什么是工具变量? 选择时应该注意什么问题?

7.3　模型存在多个内生解释变量时, 工具变量的替代关系对于估计结果有影响吗? 为什么?

7.4　工具变量法与普通最小二乘法之间有什么关系?

7.5　货币发行量事关一个国家经济发展与安全, 金融经济学告诉我们, 货币发行量主要受经济规模和价格水平影响. 收集我国 1995 ~ 2014 年的广义货币 M_2 与国内生产总值 GDP、居民消费价格指数 CPI 的相关数据如下表.

年份	M_2/亿元	GDP/亿元	CPI/%
1995	60750.50	60356.6	117.1
1996	76094.90	70779.6	108.3
1997	90995.30	78802.9	102.8
1998	104498.50	83817.6	99.2
1999	119897.90	89366.5	98.6
2000	134610.30	99066.1	100.4
2001	158301.90	109276.2	100.7
2002	185006.97	120480.4	99.2
2003	221222.80	136576.3	101.2
2004	254107.00	161415.4	103.9
2005	298755.70	185998.9	101.8
2006	345577.90	219028.5	101.5
2007	403442.21	270844.0	104.8
2008	475166.60	321500.5	105.9
2009	610224.50	348498.5	99.3
2010	725851.80	411265.2	103.3
2011	851590.90	484753.2	105.4
2012	974148.80	539116.5	102.6
2013	1106524.98	590422.4	102.6
2014	1228374.81	644791.1	102.0

资料来源: http://data.stats.gov.cn.

考虑建立如下存量调整模型:

$$M_{2t}^e = \beta_0 + \beta_1 \mathrm{GDP}_t + \beta_2 \mathrm{CPI}_t + \mu_t$$

其中, M_{2t}^e 为理想状态货币供应量, 不可观测. 为估计该模型, 采用尼洛夫 (M. Nerlove) 存量调整假设:

$$M_{2t} - M_{2t-1} = \lambda(M_{2t}^e - M_{2t-1})$$

测算 M_{2t}^e. 要求:

(1) 推导出参数估计模型.

(2) 指出参数估计模型存在何种类型的内生解释变量问题.

(3) 估计, 并写出研究模型.

(4) 指出参数估计性质.

7.6 投资经济学认为, 投资额受经济增长预期的影响. 收集我国 1980 ~ 2014 年的固定资产投资额 FCI 与经济增长率 GR 的相关数据如下表.

年份	固定资产投资额FCI/亿元	经济增长率GR/%
1980	910.90	7.8
1981	961.00	5.1
1982	1230.40	9.2
1983	1430.10	11.0
1984	1832.90	15.3
1985	2543.20	13.2
1986	3120.60	8.6
1987	3791.70	11.6
1988	4753.80	11.3
1989	4410.40	4.3
1990	4517.00	4.1
1991	5594.50	9.2
1992	8080.10	14.1
1993	13072.30	13.6
1994	17042.10	13.1
1995	20019.30	9.4
1996	22913.50	10.1
1997	24941.10	9.6
1998	28406.20	7.3
1999	29854.70	8.0
2000	32917.73	8.6
2001	37213.49	8.1
2002	43499.91	9.6
2003	55566.61	10.5
2004	70477.43	10.5
2005	88773.61	10.9
2006	109998.16	11.3
2007	137323.94	14.7
2008	172828.40	10.1
2009	224598.77	8.5
2010	251683.77	10.3
2011	311485.13	9.0
2012	374694.74	8.6
2013	446294.09	7.1
2014	516060.65	8.3

资料来源: http://data.stats.gov.cn.

考虑构建的模型为

$$\mathrm{FCI}_t = \beta_0 + \beta_1 \mathrm{GR}_t^e + \mu_t$$

其中, GR_t^e 为预期经济增长率. 由于 GR_t^e 无法观测, 考虑使用适应性期望模型:

$$\mathrm{GR}_t^e = \lambda \mathrm{GR}_t + (1-\lambda)\mathrm{GR}_{t-1}^e$$

其中 $0 < \lambda < 1$ 为期望系数, 进行估算.

要求:

(1) 推导出参数估计的中间模型.

(2) 指出中间模型是否存在内生解释变量问题.

(3) 请问中间模型的普通最小二乘估计是一致估计吗?

(4) 使用工具变量法估计模型参数. 请问这是一致估计吗?

(5) 写出估计的初始模型.

第 8 章　时间序列计量经济学模型

经典回归分析通常的做法是：首先采用普通最小二乘法对回归模型进行估计，然后根据可决系数 R^2 或 F 检验统计量的大小来判定变量之间的相关程度，根据回归系数估计值的 t 统计量对系数的显著性进行判断，最后在回归系数显著不为零的基础上对回归系数估计值给予经济学解释.

然而，对于具有共同变化趋势的时间序列数据，即使它们之间没有任何实质的经济联系，也可能产生较高的可决系数. 下面是查萨 (W. W. Charemza) 等基于 30 次观测得到的回归：

$$\hat{Y}_t = 5.9200 \quad + \quad 0.0300X_t$$
$$t = (9.9000) \quad (21.2000)$$
$$R^2 = 0.9200 \quad \text{D.W.} = 0.0600$$

其中，$Y_1 = 1, Y_2 = 2, \cdots, Y_n = n$ 和 $X_1 = 1, X_2 = 4, \cdots, X_n = n^2$. ①

在现实经济问题中，尤其是对时间序列数据进行回归，即使两个变量间没有任何实质经济联系，往往也会得到较高的可决系数. 但问题在于许多经济变量的时间序列常常具有相同的变动趋势. 例如，价格指数、产出水平、就业水平等往往表现出在一段时间内同步上升或同步下降. 这意味着许多通过较高可决系数而“发现”的变量间的关系是虚假的. 这就是“伪回归问题 (spurious regression problem)”.

在经典的回归分析中，无论是单方程计量经济学模型还是联立方程计量经济学模型，都暗含着这样一个假设：这些数据是平稳的 (stationary)，即样本容量趋于无穷时，各个解释变量的样本方差收敛于有界常数，亦即 $\dfrac{1}{n}\sum_i (X_{ji} - \bar{X}_j)^2 \to Q_j(n \to +\infty)$. 否则，通常的 t 检验、F 检验等假设检验结论就可能不可信.

那么，当经济分析中涉及的变量是非平稳的，利用这样的变量直接作回归分析会导致什么样的后果？如何判断一个时间序列是否为平稳序列？在回归分析中遇到非平稳时间序列又应该如何处理？这些都是我们在建立经典线性模型之前必须理清的问题.

时间序列分析模型是计量经济学里的一大分支，它是通过揭示时间序列自身的变化规律为主线而展起来的全新的计量经济学方法论. 1987 年格兰杰 (C. Granger) 和恩格尔 (R. Engle) 提出“协整理论”，较好地解决了非平稳时间序列的回归问题.

---

① 资料来源：达摩达尔. N. 古扎拉蒂. 2000. 计量经济学 [M]. 北京：中国人民大学出版社：782.

8.1 时间序列

在计量经济学中,关于变量的观测值主要包括时间序列数据、截面数据和虚拟变量数据等. 就时间序列数据而言, 因为存在众多的因素以不同方式和程度影响着其观测值, 故对每一个固定的时间 t, 变量 X_t 是一个随机变量. 我们通常称一族随机变量的集合 $\{X_t, t \in T\}$ 为随机过程, 其中 X_t 是 t 的随机函数. 在每个时刻 t, X_t 是一个随机变量.

当 $t = 0, \pm 1, \pm 2, \cdots$, 即时间 t 只取整数时, 随机过程 $\{X_t, t \in T\}$ 可以写成 $\{X_t, t = 0, \pm 1, \pm 2, \cdots\}$. 此类随机过程 $\{X_t\}$ 是离散时间 t 的随机函数, 我们称它为随机时间序列, 简称为时间序列.

8.1.1 时间序列的数字特征

与描述随机变量一样, 随机时间序列也有各种数字特征 — 均值函数、协方差函数、自相关函数等都是用来描述时间序列基本统计特征的工具.

1. 均值函数

设 $\{X_t, t = 0, 1, 2, \cdots\}$ 是一个时间序列, 称

$$\mu_t = E(X_t), \quad t = 1, 2, \cdots \tag{8.1.1}$$

为时间序列 $\{X_t, t = 0, 1, 2, \cdots\}$ 的均值函数. 对于固定的 t, X_t 是一个随机变量, $E(X_t)$ 是一个确定的数. 当 t 变化时, μ_t 是 t 的一个函数, 它是时间序列 $\{X_t, t = 0, 1, 2, \cdots\}$ 所有样本函数在 t 时刻的函数值的平均.

2. 自协方差函数

设 $\{X_t, t = 0, 1, 2, \cdots\}$ 是一个时间序列, 称

$$\gamma(t, s) = \mathrm{Cov}(X_t, X_s) = E[(X_t - \mu_t)(X_s - \mu_s)], \quad t, s = 1,\ 2,\ \cdots \tag{8.1.2}$$

为时间序列 $\{X_t, t = 0, 1, 2, \cdots\}$ 的**自协方差函数**.

若 $t = s$, 则称

$$\gamma(t, t) = E[(X_t - \mu_t)^2] = \mathrm{Var}(X_t), \quad t = 1, 2, \cdots \tag{8.1.3}$$

为时间序列 $\{X_t, t = 0, 1, 2, \cdots\}$ 的**方差函数**, 记为 σ_t^2. 它表示时间序列 $\{X_t, t = 0, 1, 2, \cdots\}$ 在时刻 t 对于均值 μ_t 的偏离程度.

3. 自相关函数

设 $\{X_t, t = 0, 1, 2, \cdots\}$ 是一个时间序列, 称

$$\rho(t,s) = \frac{\gamma(t,s)}{\sqrt{\gamma(t,t)}\sqrt{\gamma(s,s)}} \tag{8.1.4}$$

为时间序列 $\{X_t, t = 0, 1, 2, \cdots\}$ 的**自相关函数**. 它反映了时间序列 $\{X_t, t = 0, 1, 2, \cdots\}$ 在两个不同时间取值的线性相关程度.

8.1.2 平稳的定义

定义 设 $\{X_t, t = 0, 1, 2, \cdots\}$ 是一个时间序列, 如果它同时满足下列条件:

(1) 均值 $E(X_t) = \mu$(与时间 t 无关的常数);

(2) 方差 $\mathrm{Var}(X_t) = \sigma^2$(与时间 t 无关的常数);

(3) 协方差 $\gamma(t, t+k) = \mathrm{Cov}(X_t, X_{t+k}) = \gamma(k)$, 只与时间间隔 k 有关, 是与时间 t 的具体数值无关的常数.

则称该随机时间序列是 (宽或弱)**平稳的**(stationary), 称该随机过程是一个**平稳随机过程**(stationary stochastic process).

根据平稳时间序列的定义, 可以推知它具有如下三个重要的统计性质:

(1) 常数均值: $E(X_t) = \mu, \forall t \in T$.

(2) 自协方差函数和自相关函数只依赖于时间的平移长度而与时间的起止点无关, 即具有平移不变性:

$$\gamma(t,s) = \gamma(k, k+s-t), \quad \forall t,s,k \in T$$

根据性质 (2), 可以将自协方差函数 $\gamma(t,s)$ 由二维简化为一维 $\gamma(s-t)$:

$$\gamma(s-t) \triangleq \gamma(t,s), \quad \forall t,s \in T$$

记 $\gamma(k) = \gamma(t, t+k) = \gamma(t,s)$, 它表示时间序列 X_t 延迟 k 阶的自协方差.

类似地有: $\rho(k) = \rho(t, t+k) = \dfrac{\gamma(k)}{\gamma(0)}$, 它表示时间序列 X_t 延迟 k 阶的自相关系数.

(3) 常数方差: $\mathrm{Var}(X_t) = \gamma(t,t) = \gamma(0)$.

例 8.1.1 一个最简单的随机时间序列是一具有零均值同方差的独立分布序列:

$$X_t = \varepsilon_t \tag{8.1.5}$$

式中, ε_t 满足 $E(\varepsilon_t) = 0, \mathrm{Var}(\varepsilon_t) = \sigma^2, \mathrm{Cov}(\varepsilon_t, \varepsilon_s) = 0, t \neq s$.

该序列常被称为是一个**白噪声** (white noise), 用符号表示为: $\varepsilon_t \sim \mathrm{IIDN}(0, \sigma^2)$ ①. 白噪声是一个 " 没有记忆" 的序列, 或者说它是一个纯随机序列. 由于

① $\varepsilon_t \sim \mathrm{IIDN}(0, \sigma^2)$ 表示 ε_t 独立且同分布于 $N(0, \sigma^2)$.

X_t 具有相同的均值与方差, 且协方差为零, 根据定义, 一个白噪声序列是平稳的.

例 8.1.2　另一个简单的随机时间序列被称为**随机游走** (random walk), 该序列由如下随机过程

$$X_t = X_{t-1} + \varepsilon_t \tag{8.1.6}$$

生成. 这里, ε_t 是一个白噪声. 我们来考察其是否具有平稳性, 首先看 X_t 的均值:

$$E(X_t) = E(X_{t-1} + \varepsilon_t) = E(X_{t-1})$$

表明 X_t 的均值不随时间而改变.

下面考察 X_t 的方差: 不妨设 X_t 的初值为常数 X_0, 对 $X_t = X_{t-1} + \varepsilon_t$ 进行迭代, 有

$$\begin{aligned} X_t &= X_{t-1} + \varepsilon_t = X_{t-2} + \varepsilon_{t-1} + \varepsilon_t = X_{t-3} + \varepsilon_{t-2} + \varepsilon_{t-1} + \varepsilon_t = \cdots \\ &= X_0 + \varepsilon_1 + \varepsilon_2 + \cdots + \varepsilon_t = X_0 + \sum_{i=1}^{t} \varepsilon_i \end{aligned}$$

$$\operatorname{Var}(X_t) = \operatorname{Var}\left(X_0 + \sum_{i=1}^{t} \varepsilon_i\right) = \sum_{i=1}^{t} \operatorname{Var}(\varepsilon_i) = t\sigma^2 \tag{8.1.7}$$

即 X_t 的方差与时间 t 有关而非常数, 它是一非平稳序列. 但是, 对 X_t 取**一阶差分**(first difference) 之后所得序列:

$$\Delta X_t = X_t - X_{t-1} = \varepsilon_t \tag{8.1.8}$$

因为, ε_t 是一个白噪声, 从而序列 $\{\Delta X_t\}$ 是平稳的.

8.1.3　平稳性检验的图示判断

在实际问题中, 当我们取得的数据为时间序列数据时, 首要的问题是判断它的平稳性. 时间序列平稳性常见的检验方法有三种: 时序图检验、自相关图检验和单位根检验, 下面先介绍前面两种方法.

1. 时序图检验

所谓时序图就是一个平面二维坐标图, 横轴表示时间, 纵轴表示序列取值. 根据平稳时间序列均值、方差为常数的性质, 一个平稳的时间序列在图形上往往表现出一种围绕其均值不断随机波动, 而且波动的范围相对固定、有界的特点. 如果观察到序列的时序图显示出该时间序列有明显的趋势或周期, 或者波动的幅度越来越大, 那它通常不是平稳时间序列.

例 8.1.3　绘制 1962 年 1 月至 1975 年 12 月平均每头奶牛月产奶量序列的时序图 (图 8.1.1), 判断其平稳性.

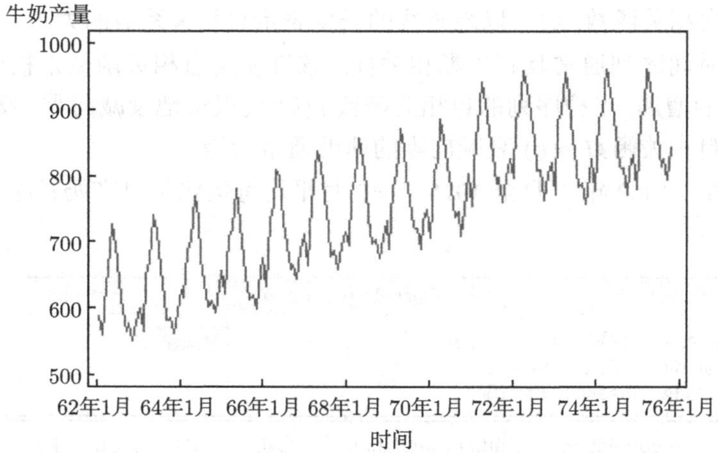

图 8.1.1 平均每头奶牛月产奶量序列的时序图

时序图清晰地显示了平均每头奶牛的月产奶量以年为周期呈现出规则的周期性 (即存在明显的季节性), 除此之外, 还有明显的逐年递增趋势. 显然该序列是一非平稳的时间序列.

例 8.1.4 绘制 1949—1998 年北京市每年最高气温序列的时序图 (图 8.1.2), 判断其平稳性.

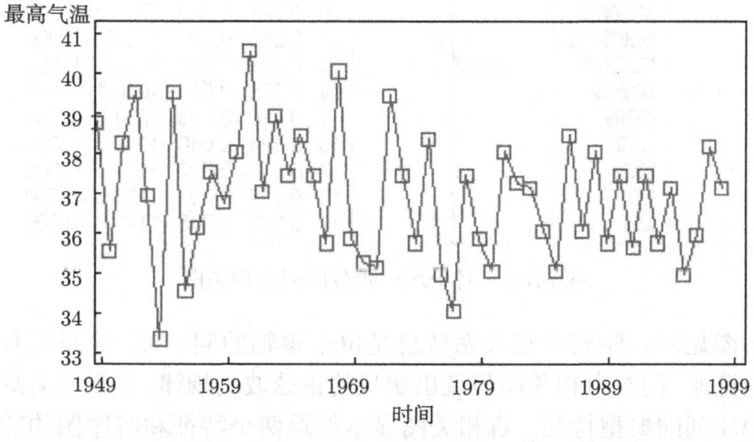

图 8.1.2 1949—1998 年北京市每年最高气温序列的时序图

时序图显示北京市每年的最高气温始终围绕在 37°C 附近随机波动, 没有明显的趋势或周期, 基本可以视为平稳序列.

2. 自相关图检验

自相关图是一个平面二维坐标悬垂线图, 一个坐标轴表示延迟时期数, 另一个坐标轴表示自相关函数, 通常以悬垂线的长度表示自相关系数的大小.

平稳的时间序列通常具有短期相关性. 该性质用自相关函数来描述就是随着延迟期数 k 的增加, 平稳序列的自相关函数 $\rho(k)$ 会很快地衰减向零. 反之, 非平稳时间序列的自相关函数 $\rho(k)$ 衰减向零的速度通常较慢.

例 8.1.5　1962 年 1 月至 1975 年 12 月平均每头奶牛月产奶量序列的自相关图, 见图 8.1.3.

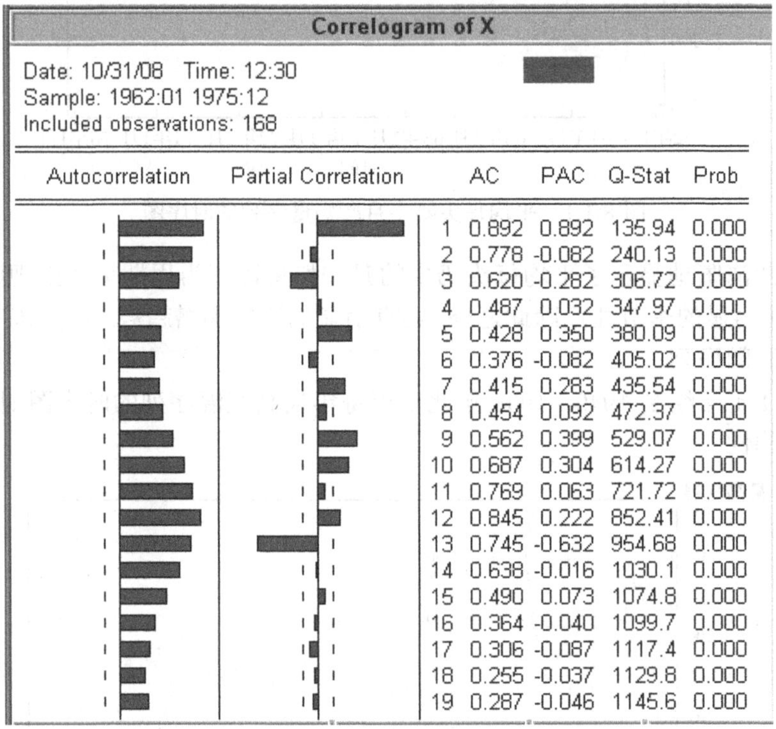

图 8.1.3　月平均产奶量序列自相关图

自相关图显示：序列自相关系数总是位于零轴的同一侧, 这是具有单调趋势序列的典型特征, 同时自相关图呈现出明显的正弦波动规律, 这是具有周期变化规律的非平稳序列的典型特征. 自相关图显示的这两个特征和时序图的特征是相吻合的, 且该序列的自相关系数衰减到零的速度非常缓慢, 由此可以判断该序列非平稳.

例 8.1.6　北京市 1949—1998 年每年最高气温序列的自相关图, 见图 8.1.4.

自相关图显示该序列的自相关系数比较接近于零, 且都落入 2 倍标准差范围之内, 可以认为该序列自始至终围绕零均值随机波动, 这是平稳序列的典型特征, 由此可以初步判断该序列平稳.

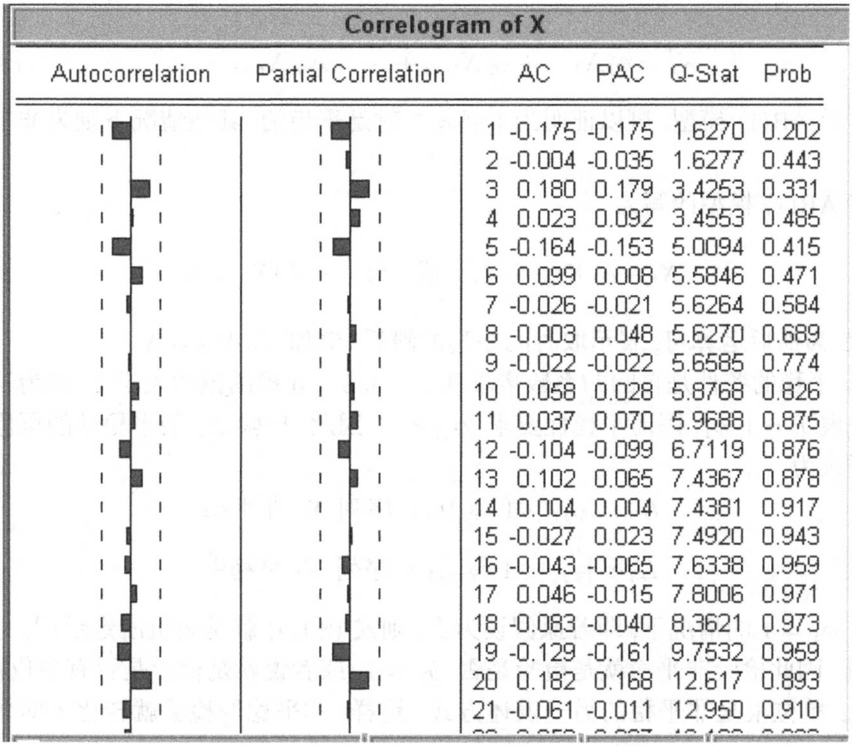

Correlogram of X

Autocorrelation	Partial Correlation		AC	PAC	Q-Stat	Prob
		1	-0.175	-0.175	1.6270	0.202
		2	-0.004	-0.035	1.6277	0.443
		3	0.180	0.179	3.4253	0.331
		4	0.023	0.092	3.4553	0.485
		5	-0.164	-0.153	5.0094	0.415
		6	0.099	0.008	5.5846	0.471
		7	-0.026	-0.021	5.6264	0.584
		8	-0.003	0.048	5.6270	0.689
		9	-0.022	-0.022	5.6585	0.774
		10	0.058	0.028	5.8768	0.826
		11	0.037	0.070	5.9688	0.875
		12	-0.104	-0.099	6.7119	0.876
		13	0.102	0.065	7.4367	0.878
		14	0.004	0.004	7.4381	0.917
		15	-0.027	0.023	7.4920	0.943
		16	-0.043	-0.065	7.6338	0.959
		17	0.046	-0.015	7.8006	0.971
		18	-0.083	-0.040	8.3621	0.973
		19	-0.129	-0.161	9.7532	0.959
		20	0.182	0.168	12.617	0.893
		21	-0.061	-0.011	12.950	0.910

图 8.1.4　北京市每年最高气温序列的自相关图

8.1.4　平稳性的单位根检验

图示检验法是一种操作简便、运用广泛的平稳性判别方法, 它的缺点是判别结论带有较强的主观色彩、缺乏客观标准. 因此, 最好能用统计检验方法来进行判断. 目前最常用的平稳性统计检验方法是**单位根检验** (unit root test).

1. *检验原理*

一般来讲, 由于经济系统惯性的作用, 经济时间序列往往存在着前后相关的依存关系, 这种依存关系是时间序列模型预测的基础. 假定 $\{X_t\}$ 是一个时间序列, 最简单的依存关系可以表示为

$$X_t = \phi_1 X_{t-1} + \varepsilon_t \tag{8.1.9}$$

即 X_t 仅与 X_{t-1} 有关, 而与 $X_{t-2}, X_{t-3}, \cdots$ 无关. 该模型称为**一阶自回归模型**, 记作 AR(1).

如果 X_t 不仅与 X_{t-1} 有关, 还与过去直到 X_{t-m} 的取值有关, 则 $\{X_t\}$ 的动态关系就需要使用包含 $X_{t-1}, \cdots, X_{t-m}$ 在内的 m 阶自回归模型 (记作 AR(m)) 来

描述:

$$X_t = \phi_1 X_{t-1} + \phi_2 X_{t-2} + \cdots + \phi_m X_{t-m} + \varepsilon_t \tag{8.1.10}$$

对于 AR(1) 模型, 可以证明当 $|\phi_1| < 1$ 时是平稳的, 其他情况下则为非平稳过程.

将 AR(1) 模型改写为

$$X_t - \phi_1 X_{t-1} = \varepsilon_t \quad \text{或} \quad (1 - \phi_1 L) X_t = \varepsilon_t \tag{8.1.11}$$

其中, L 为滞后运算符, 表示取时间序列的滞后, 例如, $L(X_t) = X_{t-1}$.

X_t 平稳的条件是自回归系数多项式 $1 - \phi_1 L = 0$ 根的范数大于 1. 因为该方程仅有一根 $L = 1/\phi_1$, 因而平稳性要求 $|\phi_1| < 1$. 因此, 检验 X_t 的平稳性的原假设和备择假设为

$$H_0: \ |\phi_1| \geqslant 1 \Leftrightarrow H_0: \text{序列 } X_t \text{ 非平稳}$$

$$H_1: \ |\phi_1| < 1 \Leftrightarrow H_1: \text{序列 } X_t \text{ 平稳}^{①}$$

在 $\phi_1 = 1$ 的情况下, 即若原假设为真, 则式 (8.1.9) 就是随机游走过程, 它是非平稳的. 因此检验非平稳就是检验是否 $\phi_1 = 1$, 或者说就是检验是否有单位根. 换句话说, 单位根是非平稳的另一表述方式. 这样, 非平稳的检验就转化为对单位根的检验.

更一般地, 我们将

$$X_t = \phi_1 X_{t-1} + \phi_2 X_{t-2} + \cdots + \phi_m X_{t-m} + \varepsilon_t$$

写成滞后算子表示的多项式形式:

$$(1 - \phi_1 L - \phi_2 L^2 - \cdots - \phi_m L^m) X_t = \varepsilon_t \tag{8.1.12}$$

如果自回归系数方程 $1 - \phi_1 L - \phi_2 L^2 - \cdots - \phi_m L^m = 0$ 的 m 个根的范数均大于 1, 则该 AR(m) 过程平稳, 否则为非平稳的. 如果其中有一个根为 1, 则 X_t 有一个单位根.

在 $X_t = \phi_1 X_{t-1} + \varepsilon_t$ 两端各减去 X_{t-1}, 得

$$X_t - X_{t-1} = (\phi_1 - 1) X_{t-1} + \varepsilon_t \tag{8.1.13}$$

即

$$\Delta X_t = (\phi_1 - 1) X_{t-1} + \varepsilon_t = \delta X_{t-1} + \varepsilon_t \tag{8.1.14}$$

① 由于现实生活中绝大多数序列都是非平稳序列, 所以单位根检验的原假设是序列 X_t 非平稳.

式中, Δ 为差分运算符, $\delta=\phi_1-1$.

假设 ϕ_1 为正 (因为对我们怀疑有单位根的序列而言, $\phi_1<0$ 的可能性很小①), 前面的假设可以写成

$$H_0:\ \delta \geqslant 0;\quad H_1:\ \delta<0$$

在 $\delta=0$ 的情况下, 即若原假设为真, 则相应的过程是非平稳的. 换句话说, 非平稳性或单位根问题, 可以表示为 $\phi_1=1$ 或 $\delta=0$. 从而对平稳性的检验可以转化为对参数 $\delta=0$ 的检验. 这类检验可分别用两个类似于 t 检验的检验来进行:

$$t_\delta=\frac{\hat{\delta}}{S_{\hat{\delta}}}\quad 或 \quad t_{\phi_1}=\frac{\hat{\phi}_1-1}{S_{\hat{\phi}_1}} \tag{8.1.15}$$

式中, $S_{\hat{\phi}_1}$ 和 $S_{\hat{\delta}}$ 分别为参数估计值 $\hat{\phi}_1$ 和 $\hat{\delta}$ 的标准误差.

实际应用中这里可能存在的问题是, 式 (8.1.15) 对应的统计量不服从普通 t 分布, 而是服从一个非标准的, 甚至是非对称的分布, 因此不能使用 t 分布表的临界值来检验.

2. DF 检验

迪克 (D. A. Dickey) 和费勒 (W. A. Fuller) 根据蒙特卡罗模拟的结果, 获得式 (8.1.15) 中 t 统计量的临界值表, 因为表中所列的已非传统的 t 统计量, 他们称之为 τ 统计量. 相应的单位根检验过程也称之为 DF 检验 (Dickey-Fuller test).

DF 检验通常用于如下三种序列的单位根检验:

第一类模型: 无漂移项、无趋势项的 1 阶自回归过程

$$\Delta X_t=\delta X_{t-1}+\varepsilon_t,\quad \varepsilon_t\sim \mathrm{IIDN}(0,\sigma^2) \tag{8.1.16}$$

第二类模型: 有漂移项、无趋势项的 1 阶自回归过程

$$\Delta X_t=\mu+\delta X_{t-1}+\varepsilon_t,\quad \varepsilon_t \sim \mathrm{IIDN}(0,\sigma^2) \tag{8.1.17}$$

第三类模型: 既有漂移项, 又有线性趋势项的 1 阶自回归过程

$$\Delta X_t=\mu+\beta t+\delta X_{t-1}+\varepsilon_t,\quad \varepsilon_t \sim \mathrm{IIDN}(0,\sigma^2) \tag{8.1.18}$$

其中 μ 称作位移项 (漂移项), βt 称为线性趋势项.

显然, 对于以上三个模型, 当 $\delta<0$ 时, X_t 是平稳的, 当 $\delta=0$ 时, X_t 是非平稳的.

---

① 杰弗里. M. 伍德里奇. 2015. 计量经济学导论: 现代观点 [M]. 5 版. 北京: 中国人民大学出版社: 517.

3. ADF 检验

DF 检验只适用于 1 阶自回归过程的平稳性检验, 但是实际上绝大多数时间序列都不会是一个简单的 AR(1) 过程. DF 检验同时假定随机误差项是不自相关的, 但在现实中, 随机误差项是自相关的. 为使 DF 检验能适用于 AR(m) 过程的平稳性检验, 人们对 DF 检验进行修正, 创立了增广 (或扩展) 的 DF 检验 (augmented Dickey-Fuller test), 简记为 ADF 检验.

对任一 AR(m) 过程:

$$X_t = \phi_1 X_{t-1} + \phi_2 X_{t-2} + \cdots + \phi_m X_{t-m} + \varepsilon_t$$

如果自回归系数方程 $1 - \phi_1 L - \phi_2 L^2 - \cdots - \phi_m L^m = 0$ 有一单位根, 则

$$\phi_1 + \phi_2 + \cdots + \phi_m = 1 \tag{8.1.19}$$

将 AR(m) 过程变形可得

$$\Delta X_t = (\phi_1 + \phi_2 + \cdots + \phi_m - 1) X_{t-1} - (\phi_2 + \cdots + \phi_m)\Delta X_{t-1} - \cdots - \phi_m \Delta X_{t-m} + \varepsilon_t$$

简记为

$$\Delta X_t = \delta X_{t-1} - \beta_1 \Delta X_{t-1} - \cdots - \beta_m \Delta X_{t-m} + \varepsilon_t \tag{8.1.20}$$

式中

$$\delta = \phi_1 + \phi_2 + \cdots + \phi_m - 1 \tag{8.1.21}$$

若序列 $\{X_t\}$ 平稳, 则 $\delta = \phi_1 + \phi_2 + \cdots + \phi_m - 1 < 0$; 反之, $\delta = 0$. 因此 ADF 检验的零假设和备则假设分别为

$$H_0: \ \delta = 0 \ (\text{序列 } X_t \text{ 非平稳}); \quad H_1: \ \delta < 0 \ (\text{序列 } X_t \text{ 平稳})$$

构造 ADF 统计量:

$$\tau_\delta = \frac{\hat{\delta}}{S_{\hat{\delta}}}$$

式中, $S_{\hat{\delta}}$ 为参数估计值 $\hat{\delta}$ 的标准误差.

与 DF 检验相同, ADF 检验也是基于如下三种类型的单位根检验:

模型 Ⅰ: 无漂移项、无趋势项的 m 阶自回归过程

$$\Delta X_t = \delta X_{t-1} + \sum_{i=1}^{m} \beta_i \Delta X_{t-i} + \varepsilon_t, \quad \varepsilon_t \sim \text{IIDN}(0, \sigma^2)$$

模型 Ⅱ: 有漂移项、无趋势项的 m 阶自回归过程

$$\Delta X_t = \alpha + \delta X_{t-1} + \sum_{i=1}^{m} \beta_i \Delta X_{t-i} + \varepsilon_t, \quad \varepsilon_t \sim \text{IIDN}(0, \sigma^2)$$

模型III：既有漂移项、又有线性趋势项的 m 阶自回归过程

$$\Delta X_t = \alpha + \beta t + \delta X_{t-1} + \sum_{i=1}^{m} \beta_i \Delta X_{t-i} + \varepsilon_t, \quad \varepsilon_t \sim \mathrm{IIDN}(0, \sigma^2)$$

4. **单位根检验的 EViews 操作**

从工作文件 (Work File) 中打开序列数据 (Series) 窗口. 点击 View 键, 选 Unit Root Test 功能 (图 8.1.5).

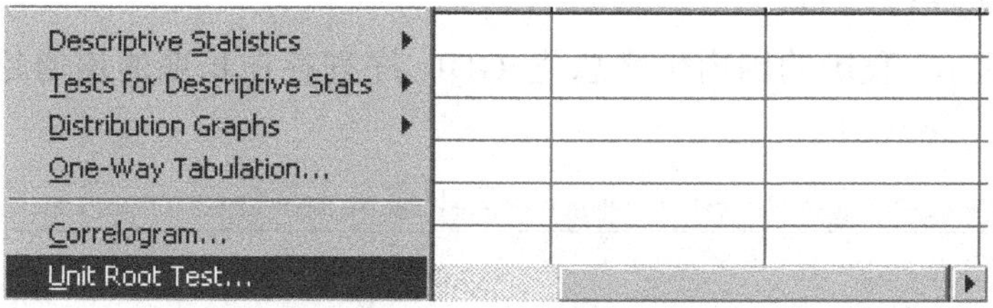

图 8.1.5　单位根检验路径

这时一个窗口被打开. 其中有如下选择 (图 8.1.6).

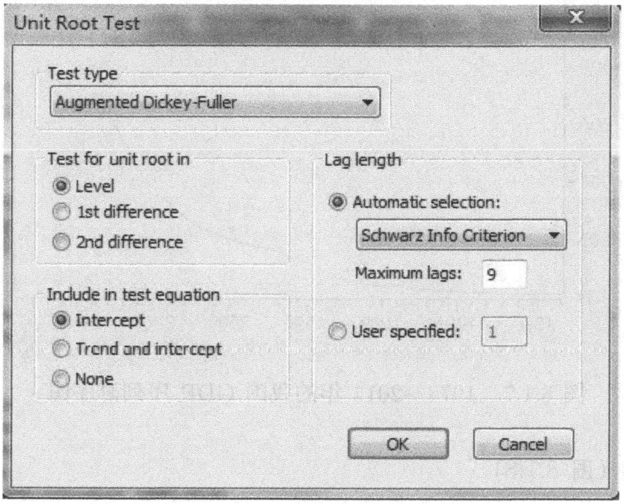

图 8.1.6　单位根检验设置

(1) ADF 检验还是 PP 检验 (默认状态是 ADF 检验).

(2) 检验对象是当前序列 (Level), 还是其一阶差分序列 (1st difference), 或二阶差分序列 (2nd difference). 默认状态是当前序列.

(3) 检验式中应包括的附加项. 有三种选择, “漂移项 (Intercept)”, “趋势项和漂移项 (Trend and intercept)”, “无附加项 (None)”. 默认状态是加漂移项.

(4) 检验式中滞后差分项的最大个数. 显示的数字随样本容量和数据格式的不同而不同 (EViews 6.0 以上版本, 软件自主选择).

8.1.5　案例

对 1978—2014 年的我国支出法 GDP 序列进行平稳性检验. 在 EViews 中建立 Work File, 录入 GDP 的数据. 双击 GDP 序列, 出现 Series: GDP 窗. 然后按如下操作: View/Graph/Line & Symbol, 即可得图 8.1.7.

1. 时序图 (图 8.1.7)

时序图显示, 我国的国内生产总值 GDP 序列存在长期的递增趋势, 序列非平稳.

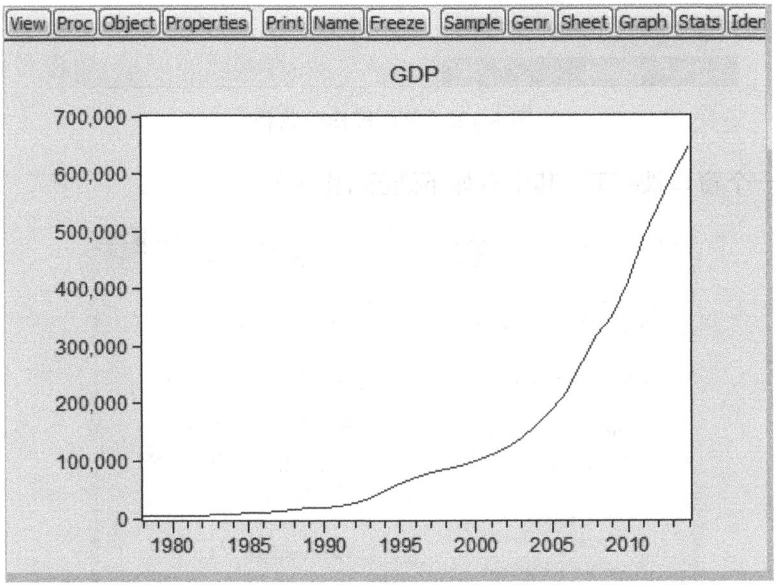

图 8.1.7　1978—2014 年的我国 GDP 序列时序图

2. 自相关图 (图 8.1.8)

打开工作文件/Quick/Series statistics/Correlogram, 即可得如图 8.1.8 示.

GDP 序列的自相关图显示, 其自相关系数衰减到零的速度相当缓慢, 在很长的延迟时期里, 自相关系数一直为正, 而后又一直为负, 是序列具有单增趋势的典型特征, 所以序列非平稳.

3. 单位根检验

从工作文件 (Work File) 中打开序列数据 (Series) 窗口, 下拉左上角的 View 菜单, 点击 Unit Root Test, 出现如下对话框, 见图 8.1.9.

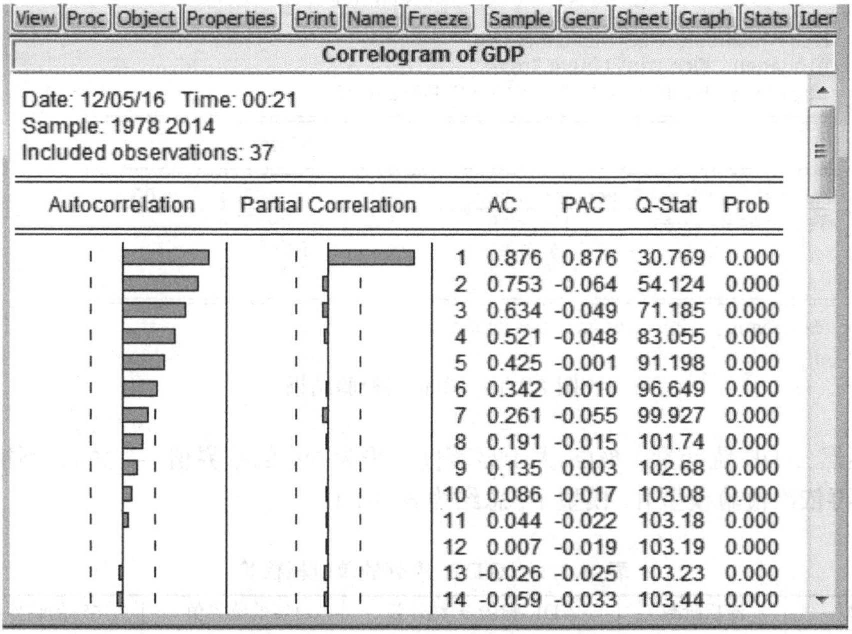

	AC	PAC	Q-Stat	Prob
1	0.876	0.876	30.769	0.000
2	0.753	-0.064	54.124	0.000
3	0.634	-0.049	71.185	0.000
4	0.521	-0.048	83.055	0.000
5	0.425	-0.001	91.198	0.000
6	0.342	-0.010	96.649	0.000
7	0.261	-0.055	99.927	0.000
8	0.191	-0.015	101.74	0.000
9	0.135	0.003	102.68	0.000
10	0.086	-0.017	103.08	0.000
11	0.044	-0.022	103.18	0.000
12	0.007	-0.019	103.19	0.000
13	-0.026	-0.025	103.23	0.000
14	-0.059	-0.033	103.44	0.000

图 8.1.8 1978—2014 年的我国 GDP 序列的自相关图

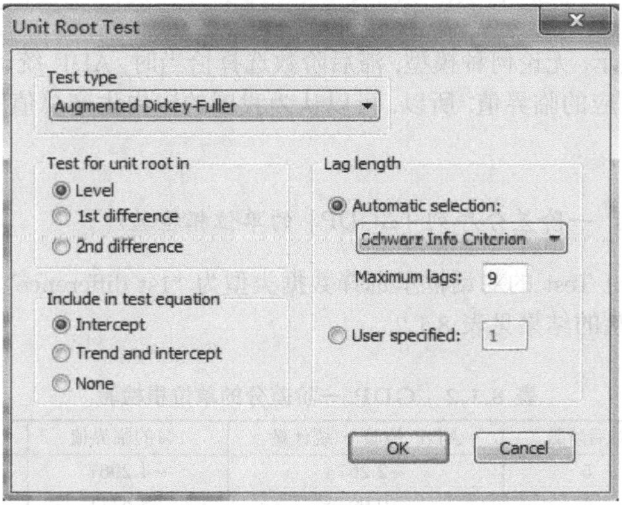

图 8.1.9 单位根检验设置

检验从 Trend and intercept(模型III) 开始, 软件 (EViews6.0) 自动筛选差分滞后期为 6 (此时, 检验模型的误差项无自相关), 得到如下输出结果 (图 8.1.10).

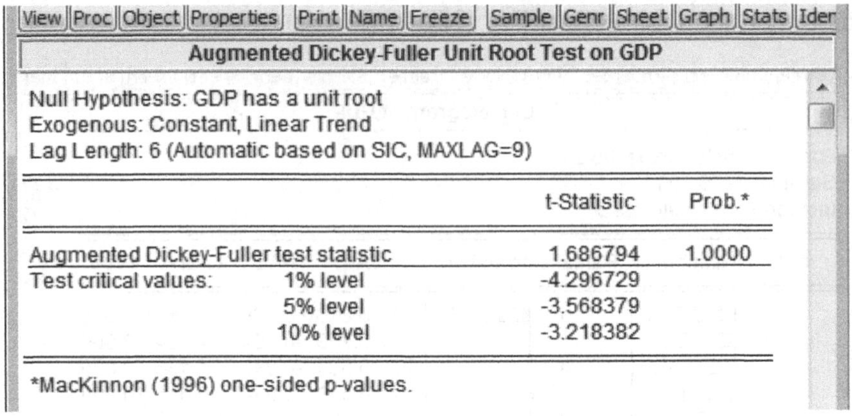

图 8.1.10　单位根检验结果

显然, ADF 统计量 1.6868 大于显著性水平为 5% 的临界值 −3.5530, 不拒绝原假设. 再依次检验模型 II, 模型 I, 总结为表 8.1.1.

表 8.1.1　GDP 序列的单位根检验

模型	滞后阶数	ADF 检验 τ 统计量	1%的临界值	5%的临界值
模型III	6	1.6868	−3.5530	−4.2627
模型 II	6	2.7083	−3.6702	−2.9640
模型 I	6	2.9225	−2.6443	−1.9525

检验结果显示, 无论何种模型, 滞后阶数选择恰当时, ADF 统计量均大于显著性水平为 5% 对应的临界值, 所以, 可以认为我国的国内生产总值序列 {GDP} 显著非平稳.

4. 我国 GDP 一阶差分序列 {ΔGDP} 的单位根检验

在 Unit Root Test 的对话框里选择数据类型为 “1st difference”, 重复进行前面的检验即可. 检验的结果见表 8.1.2.

表 8.1.2　GDP 一阶差分的单位根检验

模型	滞后阶数	ADF 检验 τ 统计量	1%的临界值	5%的临界值
模型III	5	−2.2674	−4.2967	−3.5684
模型 II	5	−0.9975	−3.6711	−2.9640
模型 I	5	−0.6155	−2.6443	−1.9525

检验结果表明, 一阶差分后的 ΔGDP 序列仍然不平稳 (相应的 ADF 统计量均大于 5% 显著性水平对应的临界值).

5. 我国 GDP 二阶差分序列 $\{\Delta^2\text{GDP}\}$ 的单位根检验

在 Unit Root Test 的对话框里选择数据类型为 "2nd Difference", 重复进行前述的检验过程. 检验的结果如表 8.1.3 所示.

表 8.1.3 GDP 二阶差分的单位根检验

模型	滞后阶数	ADF 检验 τ 统计量	1%的临界值	5%的临界值
模型 III	5	−2.2606	−4.3098	−3.5742
模型 II	1	−7.1785	−3.6463	−2.9540

检验结果显示, 2 阶差分后的序列 $\{\Delta^2\text{GDP}\}$ 在检验模型为模型 II (Intercept)、滞后阶数为 1 时, 其 ADF 统计量 −7.1785 小于对应于显著性水平 5% 下的临界值 −2.9540, 所以 $\{\Delta^2\text{GDP}\}$ 序列平稳. 此为 8.2 节所述的二阶单整.

8.2 协整与误差修正模型

8.2.1 单整与协整

1. 单整 (integration) 的概念

在单位根的检验过程中, 如果检验结果显著拒绝原假设, 即说明序列 $\{X_t\}$ 显著平稳, 不存在单位根, 这时称序列 $\{X_t\}$ 为零阶单整序列, 简记为 $X_t \sim I(0)$.

如果原假设不能被显著拒绝, 说明序列 $\{X_t\}$ 为非平稳序列, 存在单位根. 这时可以考虑对该序列进行适当阶数的差分, 消除单位根以实现平稳.

如果原序列本身非平稳, 而其一阶差分序列平稳, 说明序列存在一个单位根, 这时称原序列为一阶单整序列, 简记为 $X_t \sim I(1)$.

如果原序列本身及其 1 阶差分序列, 2 阶差分序列, $\cdots$, $d-1$ 阶差分序列都不平稳, 而其 d 阶差分序列平稳, 说明原序列存在 d 个单位根, 这时称原序列为 d 阶单整序列, 简记为 $X_t \sim I(d)$. 如, 前述案例中我国支出法 GDP 序列而言, 序列本身、其一阶差分序列都不平稳, 但其二阶差分序列平稳, 所以, 该序列是二阶单整的, 即 $\text{GDP}_t \sim I(2)$.

2. 单整序列的性质

为方便大家学习和深入理解单整的概念, 我们不加证明地给出单整的几个主要性质.

若 $X_t \sim I(0)$, 则对任意非零实数 a, b, 有 $a + bX_t \sim I(0)$.

若 $X_t \sim I(d)$, 则对任意非零实数 a, b, 有 $a + bX_t \sim I(d)$.

若 $X_t \sim I(0), Y_t \sim I(0)$, 则对任意非零实数 a, b, 有 $aX_t + bY_t \sim I(0)$.

若 $X_t \sim I(c), Y_t \sim I(d)$, 则对任意非零实数 a, b, 有 $aX_t + bY_t \sim I(k)$, $k \leqslant \max\{c, d\}$.

最后我们指出, 对于平稳序列之间的经典线性回归仍然需要警惕. 普遍存在的一种误解是: "伪回归" 只可能发生于非平稳序列之间, 平稳序列之间不存在 "伪回归". 古扎拉蒂 (D. N. Gujarati) 在其著作《计量经济学基础》中曾经写到过: **从逻辑上说, 一个统计关系式, 不论多强或多么具有启发性, 本身不可能意味着任何因果关系. 要谈因果关系, 必须来自统计学之外, 诉诸先验的或者理论上的思考.** 就是说, " 伪回归" 既可能发生于非平稳时间序列之间, 也可能发生在平稳时间序列和截面数据之间. 再明确一些, 平稳既不是非 "伪回归" 的必要性条件, 也不是充分条件.

正确的认识应该是, **"伪回归" 发生于非平稳时间序列之间的可能性较高, 是一个大概率事件; 而发生于平稳时间序列之间的可能性较低, 是个小概率事件, 但绝非不会发生.** 平稳性检验只应该被视为一种辅助手段.

3. 协整 (cointegration) 的概念

在现实建模中我们会发现, 绝大多数经济变量都是非平稳的. 多数变量 (序列) 具有一阶或二阶单整性. 那么, 是否意味着, 对于这样的数据, 构建经典线性回归模型一定会发生 "伪回归", 是没有意义的呢? 表面上看, 这些变量很难存在长期均衡关系, 而实际上某些非平稳经济变量的线性组合却有可能是平稳的. 经济理论指出, 这些变量存在长期稳定的均衡关系. 比如可支配收入与消费、政府支出与税收、工资与价格、进口与出口、货币供应量与价格水平、现货价格与期货价格以及男性人口数与女性人口数等都存在这种均衡关系. 虽然经济变量在变化中经常会离开均衡点, 但内在的均衡机制将不断地消除偏差以维持均衡关系.

非平稳经济变量间存在的这种长期稳定的均衡关系称作协整关系. 协整是对非平稳经济变量长期均衡关系的统计表述.

定义　设解释变量序列 $\{X_{1t}\}, \{X_{2t}\}, \cdots, \{X_{kt}\}$, 被解释变量序列 $\{Y_t\}$, 都是 d 阶单整的, 构建模型:

$$Y_t = \beta_0 + \sum_{i=1}^{k} \beta_i X_{it} + \mu_t \tag{8.2.1}$$

如果回归误差序列 $\{\mu_t\} \sim I(d-b)(b > 0)$, 我们称序列 $\{Y_t\}$ 与序列 $\{X_{1t}\}, \{X_{2t}\}, \cdots, \{X_{kt}\}$ 之间协整, 记为 $\{X_{1t}\}, \{X_{2t}\}, \cdots, \{X_{kt}\}; \{Y_t\} \sim \mathrm{CI}(d, b)$. 而称 $(1, -\beta_0, -\beta_1, \cdots, -\beta_k)$ 为协整向量.

必须指出, 以上关于协整的定义是出于统计学和数学逻辑需要而给出的, 在计量经济学建模实践中, **我们最为关注的或者最为需要的是** $\{X_{1t}\}, \{X_{2t}\}, \cdots, \{X_{kt}\};$

$\{Y_t\} \sim \mathrm{CI}(d,d)$, **即模型 (8.2.1) 的随机误差项** $\{\mu_t\} \sim I(0)$. **其中更为重要和常见的是** $\{X_t, Y_t\} \sim \mathrm{CI}(1,1)$.

由这一定义不难看出, 只有当所涉及序列单整阶数相等, 才可能协整; 单整阶数不相等的序列之间不可能协整.

协整的概念最早由恩格尔和格兰杰于 1987 年提出. 协整概念的提出有着非常重要的意义, 此前, 我们对建立非平稳序列之间的经典模型一直心存忌惮, 担心产生虚假回归的问题. 协整的概念告诉我们, 如果非平稳时间序列之间具有协整关系, 那么出现虚假回归问题的可能性就有可能大为降低.

8.2.2 协整检验

多元非平稳序列之间是否可以建立经典回归模型, 关键之一在于它们之间是否具有协整关系. 所以, 对多元非平稳时间序列建模必须先进行协整检验.

1. 检验的统计假设

由于现实经济生活中的绝大多数时间序列之间不具有协整关系, 所以检验的统计假设为

H_0: 多元非平稳序列之间不存在协整关系

H_1: 多元非平稳序列之间存在协整关系

因为协整关系主要通过考察随机误差序列 $\{\mu_t\}$ 的平稳性判断, 所以上述统计假设等价于:

H_0: 随机误差序列 $\{\mu_t\}$ 非平稳; H_1: 随机误差序列 $\{\mu_t\}$ 平稳

2. 检验方法与步骤

协整检验的方法主要有 E-G 检验 (Engle-Granger test, 恩格尔和格兰杰于 1987 年提出) 和 JJ 检验 (Jonhanson-Juselius test, 约翰森 (S. Jonhansen) 和居斯利斯 (K. Juselius) 于 1990 年提出) 两种. 此处我们重点介绍 E-G 检验, 也称为 E-G 两步法, 它由两个步骤构成.

第一步: 建立被解释变量序列与解释变量序列之间的回归方程:

$$\hat{Y}_t = \hat{\beta}_0 + \hat{\beta}_1 X_{1t} + \hat{\beta}_2 X_{2t} + \cdots + \hat{\beta}_k X_{kt}$$

式中, $\hat{\beta}_0, \hat{\beta}_1, \cdots, \hat{\beta}_k$ 是模型的普通最小二乘估计量. 这一回归通常被称为 "协整回归", 计算回归残差 $\{e_t\}$(又称非均衡误差的估计).

第二步: 对回归残差序列 $\{e_t\}$ 进行平稳性检验.

一般情况下, 我们主要采用单位根检验来检验回归残差序列 $\{e_t\}$ 的平稳性以替代 $\{\mu_t\}$ 的平稳性.

检验模型为

$$\Delta e_t = \delta e_{t-1} + \sum_{i=1}^{m} \gamma_i \Delta e_{t-i} + \varepsilon_t \tag{8.2.2}$$

检验假设为

$$H_0: \delta \geqslant 0; \quad H_1: \delta < 0$$

原假设拒绝域为: ADF $< C(\alpha, T, N)$, 其中 α 为显著性水平, T 为样本容量, N 为协整回归模型包含的变量数 (同时包含解释变量和被解释变量在内), $C(\alpha, T, N)$ 为相应临界值, 其计算公式为

$$C(\alpha, T, N) = \varphi_\infty + \frac{\varphi_1}{T} + \frac{\varphi_2}{T^2} \tag{8.2.3}$$

其中, $\varphi_\infty, \varphi_1, \varphi_2$ 一般只能通过查阅专门的 " 协整检验临界值表" 获得.

必须强调的是, 这里的 ADF 检验针对的是协整回归的残差而非真正的非均衡误差 $\{\mu_t\}$, 考虑到协整回归使用的参数估计方法为普通最小二乘法, 这可能造成 δ 的估计值是向下偏倚的, 可能导致更为容易得出残差序列平稳的结论, 即序列之间协整的结论 (请注意, 这是不正常的). 麦金农 (D. P. Mackinnon) 于 1991 年通过模拟实验的方式, 给出了协整检验的临界值表, 见附表 6.

3. 协整检验中应该注意的问题

计量经济学实践中流行这样一种做法, 用统计学形式表述的协整替代经济学中的长期均衡关系, 使用检验序列之间的协整性代替对变量长期均衡关系的经济学分析, 进而对具有协整关系的变量序列建立经典线性回归模型. 虽然, 不能说这种做法绝对错误, 但至少在逻辑上是不严谨的.

通俗地讲, 协整检验至少存在四方面的问题.

第一, 长期均衡是内容, 而协整是形式或者讲是工具. 从计量经济学的定义或者概念可以看出, 在计量经济学中, 经济学居于核心与灵魂的地位, 统计学与数学处于工具的地位. 可以讲长期均衡是内容, 而协整只是形式, 形式只能为内容服务但绝对不可以替代内容. 概略地讲, 协整关系可以近似地看作长期均衡关系的必要条件, 但不一定是充分条件, 即: 在经济学上存在长期均衡关系的时间序列之间是协整的; 然而, 统计学上存在协整关系的经济变量之间可以不存在长期均衡关系. 协整只是从统计学的角度阐释了长期均衡实现的机制, 同时给出一种量化的判别手段而已.

第二, 长期均衡方程要求随机误差项是均值为零的平稳序列, 而协整方程仅要求随机误差项是平稳的. 零均值的平稳序列一定是平稳的, 但平稳序列的均值可以不为零. 从 E-G 检验角度看, 只要协整回归的残差序列是平稳的, 我们就说序列之

间是协整的. 而长期均衡关系计量经济学方程中, 随机误差项必须是均值为零的平稳序列, 才能够满足模型的基本假设.

第三, 实际检验中用残差替代随机误差项, 所以检验结论是近似的. 由于随机误差项的不可观测性, 实践中我们是使用残差作为随机误差项的估计, 通过检验残差序列的单位根来实现检验随机误差项的平稳性, 易于理解, 检验结论只具有近似意义, 只能作为参考而不能当作绝对的结论.

第四, 协整检验的结论对检验模型中滞后差分项的滞后长度变化较为敏感. 当检验模型中滞后差分项长度选择不同时, 同一组序列对应的数据, 协整检验的结论可能不同, 实践中应该注意这一问题.

当然, 如果序列之间协整, 那么它们之间存在长期均衡关系的可能性会大大增加. 只要我们不用协整检验来替代长期均衡分析, 而仅只把它作为长期均衡分析的辅助手段. 那么, 协整检验的意义是积极的.

8.2.3 误差修正模型

误差修正模型 (error correction model, ECM), 最初由韩德瑞 (D.F. Hendry) 和安德森 (G. J. Anderson) 于 1977 年提出, 它常常作为协整回归模型的补充模型出现. 协整模型度量序列之间的长期均衡关系, 而误差修正模型则揭示序列之间的短期波动关系.

1. *误差修正模型的构造*

以一元线性回归为例:

$$Y_t = \beta_0 + \beta_1 X_t + \mu_t \tag{8.2.4}$$

假定 $\{Y_t\}$ 与 $\{X_t\}$ 之间存在协整关系, 则回归误差序列 $\{\mu_t\}$ 平稳. 由于在现实经济活动中, Y 与 X 很少处于均衡状态, 所以, 我们实际上只能观测到 Y 与 X 间短期的或非均衡关系, 于是可以考虑二者之间具有 $(1,1)$ 分布滞后关系:

$$Y_t = \alpha_0 + \alpha_1 X_t + \alpha_2 X_{t-1} + \rho Y_{t-1} + \mu_t \tag{8.2.5}$$

这一模型表明, 第 t 期的 Y 值不仅与 X 的变化有关, 而且与第 $t-1$ 期 X 与 Y 的非均衡状态有关.

因为, X 与 Y 可能是非平稳的, 同时还存在内生解释变量问题, 所以不能直接使用普通最小二乘法估计, 对 (8.2.5) 进行变形可得

$$\begin{aligned}\Delta Y_t &= \alpha_0 + \alpha_1 \Delta X_t + (\alpha_1 + \alpha_2) X_{t-1} - (1-\rho) Y_{t-1} + \mu_t \\ &= \alpha_1 \Delta X_t - (1-\rho)\left[Y_{t-1} - \left(\frac{\alpha_0}{1-\rho} + \frac{\alpha_1 + \alpha_2}{1-\rho} X_{t-1}\right)\right] + \mu_t\end{aligned} \tag{8.2.6}$$

或

$$\Delta Y_t = \alpha_1 \Delta X_t - \lambda[Y_{t-1} - (\beta_0 + \beta_1 X_{t-1})] + \mu_t$$

其中, $\lambda = 1 - \rho, \beta_0 = \alpha_0/(1-\rho), \beta_1 = (\alpha_1 + \alpha_2)/(1-\rho)$.

不难理解, (8.2.6) 中的参数 β_0, β_1, 与 (8.2.4) 中的对应参数相等, 因此 (8.2.6) 式中方括弧内就是第 $t-1$ 期的非均衡误差.

我们将上一期的非均衡误差, 记作 ECM_{t-1}, 则 (8.2.6) 式最终可整理成如下形式:

$$\Delta Y_t = \alpha_1 \Delta X_t - \lambda \mathrm{ECM}_{t-1} + \mu_t \tag{8.2.7}$$

$0 < \lambda < 1$, 这说明响应序列 $\{Y_t\}$ 的当期波动 $\{\Delta Y_t\}$ 主要会受到三方面的短期波动的影响:

(1) 解释变量序列 $\{X_t\}$ 的当期波动 $\{\Delta X_t\}$;

(2) 上一期的非均衡误差 ECM_{t-1};

(3) 纯随机波动 μ_t.

一般地, $0 < \rho < 1$, 所以, $0 < \lambda < 1$. 我们分析 (8.2.7) 的误差修正机制: 如果第 $t-1$ 期, Y_{t-1} 大于其长期均衡解 $\beta_0 + \beta_1 X_{t-1}$, $\mathrm{ECM}_{t-1} > 0$, 则 $\lambda \mathrm{ECM}_{t-1} > 0$, 使得 $\Delta Y_t < \alpha_1 \Delta X_t$; 如果第 $t-1$ 期, Y_{t-1} 小于其长期均衡解 $\beta_0 + \beta_1 X_{t-1}$, $\mathrm{ECM}_{t-1} < 0$, 则 $\lambda \mathrm{ECM}_{t-1} < 0$, 使得 $\Delta Y_t > \alpha_1 \Delta X_t$. 这体现了短期非均衡误差 ECM_{t-1} 对 Y 的控制, 揭示了长期均衡 (协整) 达成的原理.

2. 误差修正模型的估计

恩格尔和格兰杰建议采用下述两步法估计误差修正模型:

第一步: 估计协整回归模型

$$Y_t = \beta_0 + \beta_1 X_t + \mu_t$$

得到协整回归参数的最小二乘估计量 $\hat{\beta}_0, \hat{\beta}_1$, 以及回归误差序列的估计值 e_t (resid):

$$e_t = Y_t - (\hat{\beta}_0 + \hat{\beta}_1 X_t) \tag{8.2.8}$$

第二步: 使用 OLS 法估计下面的模型:

$$\Delta Y_t = \alpha_1 \Delta X_t + \delta e_{t-1} + \mu_t \tag{8.2.9}$$

式中, δ **称为误差修正系数**, 表示误差修正项对响应序列 $\{Y_t\}$ 的当期波动的修正力度. 根据误差修正模型的推导原理, 可以确定 $-1 < \delta < 0$, 即误差修正机制式是一个负反馈机制.

考虑到滞后效应的影响, 也可在短期波动关系模型中引入各变量的滞后差分项, 建立更精确的误差修正模型:

$$\Delta Y_t = \sum_{i=0}^{l} \alpha_i \Delta X_{t-i} + \sum_{j=1}^{m} \gamma_j \Delta Y_{t-j} + \delta e_{t-1} + \mu_t \tag{8.2.10}$$

模型仍然采用 OLS 估计, 对于各变量的滞后项, 需要进行从一般到特殊的检验, 在这个检验过程中, 不显著的差分项逐渐被剔除, 直至找到最佳形式为止. 滞后期通常在 $l = 0, 1, 2, 3$ 中进行试验, 评判的标准是模型不存在自相关时最小的 l.

8.2.4 案例

为了分析我国最终消费 (FCN) 和国内生产总值 (GDP) 之间的关系, 我们收集了 1978—2014 年的最终消费和GDP数据 (表 8.2.1).

表 8.2.1 我国最终消费和国内生产总值 单位/亿元

年份	国内生产总值GDP	最终消费FCN	年份	国内生产总值GDP	最终消费FCN
1978	3634.1	2232.9	1997	80024.8	47508.6
1979	4078.2	2578.3	1998	85486.3	51460.4
1980	4575.3	2966.9	1999	90823.8	56621.7
1981	4957.3	3277.3	2000	100567.8	63667.7
1982	5426.3	3575.6	2001	111250.2	68546.7
1983	6078.7	4059.6	2002	122292.1	74068.2
1984	7345.9	4784.4	2003	138314.7	79513.1
1985	9180.5	5917.9	2004	162742.1	89086.0
1986	10473.7	6727.0	2005	189190.4	101447.8
1987	12294.2	7638.7	2006	221206.5	114728.6
1988	15332.2	9423.0	2007	271699.3	136229.4
1989	17359.6	11033.3	2008	319935.8	157466.3
1990	19067.0	12001.4	2009	349883.3	172728.3
1991	22124.2	13614.2	2010	410708.3	198998.1
1992	27334.2	16225.1	2011	486037.8	241022.1
1993	35900.1	20796.7	2012	540988.9	271112.8
1994	48822.7	28272.3	2013	596962.9	300337.8
1995	61539.0	36197.9	2014	647181.7	328312.6
1996	72102.5	43086.8			

数据来源：http://data.stats.gov.cn.

1. *序列的平稳性检验*

根据 8.1 节单位根检验的结果： GDP 序列非平稳, 但二阶差分后的序列 $\{\Delta^2\text{GDP}\}$ 平稳, 因此 GDP 是 $I(2)$ 的. 对最终消费 FCN 序列的单位根检验表明: FCN 序列也是 $I(2)$ 的. GDP 和最终消费 FCN 同阶单整, 存在协整的可能, 下面进行协整检验.

2. *协整回归与协整检验*

在 Eviews 窗口的命令行键入 “LS FCN C GDP”, 回车, 得到如下输出结果 (图 8.2.1).

View | Proc | Object | Print | Name | Freeze | Estimate | Forecast | Stats | Resids

Dependent Variable: FCN
Method: Least Squares
Date: 12/05/16 Time: 18:29
Sample: 1978 2014
Included observations: 37

Variable	Coefficient	Std. Error	t-Statistic	Prob.
C	4276.355	957.6723	4.465364	0.0001
GDP	0.494839	0.004144	119.4240	0.0000

R-squared	0.997552	Mean dependent var	75331.50
Adjusted R-squared	0.997482	S.D. dependent var	90965.88
S.E. of regression	4564.635	Akaike info criterion	19.74260
Sum squared resid	7.29E+08	Schwarz criterion	19.82968
Log likelihood	-363.2382	Hannan-Quinn criter.	19.77330
F-statistic	14262.08	Durbin-Watson stat	0.160692
Prob(F-statistic)	0.000000		

图 8.2.1　最终消费对 GDP 回归的输出结果

相应的回归方程为

$$\widehat{\mathrm{FCN}}_t = 4276.355 + 0.4948\mathrm{GDP}_t \tag{8.2.11}$$

$$t = (4.4654) \quad (119.4240)$$

$$R^2 = 0.9976, \quad F = 14262.08, \quad \mathrm{D.W.} = 0.1607$$

对残差进行单位根检验, 在检验类型为模型III, 滞后阶数 15 时, 得到如下检验结果 (图 8.2.2).

Augmented Dickey-Fuller Unit Root Test on E

Null Hypothesis: E has a unit root
Exogenous: Constant, Linear Trend
Lag Length: 15 (Automatic based on SIC, MAXLAG=15)

		t-Statistic	Prob.*
Augmented Dickey-Fuller test statistic		-6.785300	0.0001
Test critical values:	1% level	-4.467895	
	5% level	-3.644963	
	10% level	-3.261452	

*MacKinnon (1996) one-sided p-values.

Augmented Dickey-Fuller Test Equation
Dependent Variable: D(E)
Method: Least Squares
Date: 12/05/16 Time: 19:03
Sample (adjusted): 1994 2014
Included observations: 21 after adjustments

图 8.2.2　残差的单位根检验

在显著性水平 $\alpha = 0.01$ 下, 协整检验的临界值为

$$C(0.01, 37, 2) = -3.9001 + \frac{-10.534}{37} + \frac{-30.03}{37^2} = -4.2067$$

可见 $\mathrm{ADF} = -6.7853 < -4.2067 = C(0.01, 37, 2)$, 所以拒绝原假设 $H_0: \delta = 0$, 即残差序列在 1% 的显著性水平下平稳. 也就是说我们可以以 99% 的把握认为我国最终消费 {FCN} 序列与我国国内生产总值 {GDP} 序列之间存在协整关系. 根据协整回归模型 (8.2.11), 我们可以得出结论: 从长期来看, 样本期间内的国内生产总值每增加 1 亿元, 最终消费平均增加 0.4948 亿元.

3. 误差修正模型

首先令 ECM 等于残差 (在 EViews 的命令行输入命令: GENR ECM=RESID, 回车), 然后估计误差修正模型:

$$\Delta \mathrm{FCN}_t = \alpha_1 \Delta \mathrm{GDP}_t + \delta \mathrm{ECM}_{t-1} + \nu_t \tag{8.2.12}$$

输入命令: LS D(FCN) D(GDP) ECM(-1); 回车, 输出如下 (图 8.2.3).

View Proc Object Print Name Freeze Estimate Forecast Stats Resids

Dependent Variable: D(FCN)
Method: Least Squares
Date: 12/05/16 Time: 19:41
Sample (adjusted): 1979 2014
Included observations: 36 after adjustments

Variable	Coefficient	Std. Error	t-Statistic	Prob.
D(GDP)	0.498163	0.011049	45.08757	0.0000
ECM(-1)	-0.079668	0.068438	-1.164102	0.2525

R-squared	0.972087	Mean dependent var	9057.769
Adjusted R-squared	0.971266	S.D. dependent var	10709.57
S.E. of regression	1815.378	Akaike info criterion	17.89993
Sum squared resid	1.12E+08	Schwarz criterion	17.98790
Log likelihood	-320.1987	Hannan-Quinn criter.	17.93063
Durbin-Watson stat	1.134706		

图 8.2.3 误差修正模型的估计结果

从图 8.2.3 的输出结果看, 误差修正项的系数为 -0.0797, t 统计量为 -1.1641, 对应的伴随概率为 0.2525, 不显著. 考虑到可能是滞后效应的影响造成误差修正项不显著, 我们在短期波动关系模型中引入各变量的差分滞后项, 建立更精确的误差修正模型:

$$\Delta \mathrm{FCN}_t = \sum_{i=0}^{l} \alpha_i \Delta \mathrm{GDP}_{t-i} + \sum_{j=1}^{m} \gamma_j \Delta \mathrm{FCN}_{t-j} + \delta \mathrm{ECM}_{t-1} + \nu_t \tag{8.2.13}$$

试估计滞后期为 $l=1,2,\cdots;m=1,2,\cdots$ 的模型 (图 8.2.4, 图 8.2.5).

View Proc Object Print Name Freeze Estimate Forecast Stats Resids

Dependent Variable: D(FCN)
Method: Least Squares
Date: 12/05/16 Time: 20:05
Sample (adjusted): 1980 2014
Included observations: 35 after adjustments

Variable	Coefficient	Std. Error	t-Statistic	Prob.
D(GDP)	0.425854	0.032954	12.92277	0.0000
D(GDP(-1))	-0.091893	0.096329	-0.953958	0.3475
D(FCN(-1))	0.351293	0.161290	2.178018	0.0371
ECM(-1)	-0.089802	0.060786	-1.477343	0.1497

图 8.2.4　滞后期 $l=1$ 的误差修正模型估计结果

View Proc Object Print Name Freeze Estimate Forecast Stats Resids

Dependent Variable: D(FCN)
Method: Least Squares
Date: 12/05/16 Time: 20:10
Sample (adjusted): 1981 2014
Included observations: 34 after adjustments

Variable	Coefficient	Std. Error	t-Statistic	Prob.
D(GDP)	0.432269	0.025562	16.91050	0.0000
D(GDP(-1))	-0.019090	0.077991	-0.244768	0.8084
D(GDP(-2))	-0.378363	0.072074	-5.249643	0.0000
D(FCN(-1))	0.381829	0.144004	2.651519	0.0130
D(FCN(-2))	0.559978	0.129159	4.335559	0.0002
ECM(-1)	-0.146304	0.046782	-3.127391	0.0041

图 8.2.5　滞后期 $l=2$ 的误差修正模型估计结果

从图 8.2.4 可以看出, 误差修正项依旧不显著; 引入二阶差分滞后项之后误差修正项的系数为 -0.1463, 符号正确, 伴随概率为 $0.0041<0.05=\alpha$, 在统计上显著. 但是 GDP 的一阶差分滞后项不显著. 将其删除后回归.

观察图 8.2.6 的估计结果可以看出, 在引入二阶滞后项后, 模型误差修正项显著, 符号正确, 且各变量的回归系数均显著. 但是模型是否恰当, 还应该进行自相关性检验, 使用 BG 检验, (为什么不用 D.W. 检验？) 结果见图 8.2.7.

这一结果的 $\mathrm{LM}=1.2399<3.84=\chi^2_{0.05}(1)$, 所以, 最后的误差修正模型不存在自相关性, 这表明最后的误差修正模型估计结果和统计检验结论是可信的. 最后我

们写出相应的误差修正方程:

$$
\begin{aligned}
\Delta\widehat{\mathrm{FCN}}_t = & \ 0.4283\Delta\mathrm{GDP}_t + 0.3828\Delta\mathrm{GDP}_{t-2} + 0.3497\Delta\mathrm{FCN}_{t-1} \\
t = & \ (22.0424) \qquad (-5.5819) \qquad (5.9788) \\
& + 0.5714\Delta\mathrm{FCN}_{t-2} - 0.1451\mathrm{ECM}_{t-1} \\
& \quad (4.8241) \qquad (-3.1708) \\
R^2 = & \ 0.9904, \quad \overline{R}^2 = 0.9890, \quad \mathrm{D.W.} = 1.6310
\end{aligned}
$$

View | Proc | Object | Print | Name | Freeze | Estimate | Forecast | Stats | Resids

Dependent Variable: D(FCN)
Method: Least Squares
Date: 12/05/16 Time: 21:37
Sample (adjusted): 1981 2014
Included observations: 34 after adjustments

Variable	Coefficient	Std. Error	t-Statistic	Prob.
D(GDP)	0.428298	0.019431	22.04239	0.0000
D(GDP(-2))	-0.382831	0.068585	-5.581873	0.0000
D(FCN(-1))	0.349727	0.058495	5.978780	0.0000
D(FCN(-2))	0.571411	0.118450	4.824064	0.0000
ECM(-1)	-0.145091	0.045758	-3.170831	0.0036

R-squared	0.990372	Mean dependent var	9568.991
Adjusted R-squared	0.989044	S.D. dependent var	10807.37
S.E. of regression	1131.225	Akaike info criterion	17.03504
Sum squared resid	37110452	Schwarz criterion	17.25951
Log likelihood	-284.5957	Hannan-Quinn criter.	17.11159
Durbin-Watson stat	1.631027		

图 8.2.6　滞后期 $l=2$ 的误差修正模型估计结果

Breusch-Godfrey Serial Correlation LM Test:

F-statistic	1.104564	Prob. F(1,28)	0.3023
Obs*R-squared	1.239942	Prob. Chi-Square(1)	0.2655

图 8.2.7　误差修正模型的自相关性检验

该误差修正方程的结果显示方程总体线性拟合优度很高, $R^2=0.9904$. 参数的显著性检验结果显示 GDP 的当期波动 ($\Delta\mathrm{GDP}_t$) 和前二期波动 ($\Delta\mathrm{GDP}_{t-2}$) 对最终消费支出的当期波动影响显著 (伴随概率 prob. 分别为 0.0000 和 0.0000), 最终消费的当期波动还受到其自身前一期波动 ($\Delta\mathrm{FCN}_{t-1}$) 的显著影响 (伴随概率 prob. 为 0.0000)、前二期波动 ($\Delta\mathrm{FCN}_{t-2}$) 的显著影响 (伴随概率 prob. 为 0.0000). 上期误差对最终消费的当期波动的影响显著 (伴随概率 prob. 为 0.0036), 从回归系数的绝对值大小可以看出上期误差 (ECM_{t-1}) 对最终消费短期偏离均衡的调整方向正确, 单位调整比例为 -0.1451.

8.3 随机时间序列分析

8.3.1 时间序列模型

1. 自回归模型 AR(p)

设 $\{X_t\}$ 为一平稳时间序列, 如果它满足如下的方程:

$$X_t = \phi_0 + \phi_1 X_{t-1} + \phi_2 X_{t-2} + \cdots + \phi_p X_{t-p} + \varepsilon_t, \quad t = 1, 2, \cdots, n \tag{8.3.1}$$

其中, ϕ_0 为常数, $\phi_i, i = 1, 2, \cdots, p$ 是自回归参数, ε_t 是均值为 0 的白噪声序列. 我们称 (8.3.1) 为 p 阶自回归模型 (auto regression model), 记作 AR(p).

用滞后算子表示为

$$(1 - \phi_1 L - \phi_2 L^2 - \cdots - \phi_p L^p)(X_t - \mu) = \varepsilon_t \tag{8.3.2}$$

或

$$\Phi(L)(X_t - \mu) = \varepsilon_t$$

其中, $\Phi(L) = 1 - \phi_1 L - \phi_2 L^2 - \cdots - \phi_p L^p$, 称为 p 阶自回归系数多项式, μ 为时间序列 $\{X_t\}$ 的均值:

$$\mu = \frac{\phi_0}{1 - \phi_1 - \cdots - \phi_p} \tag{8.3.3}$$

2. 移动平均模型 MA(q)

设 $\{X_t\}$ 为一平稳时间序列, 如果它满足如下的方程:

$$X_t = \mu + \varepsilon_t - \theta_1 \varepsilon_{t-1} - \theta_2 \varepsilon_{t-2} - \cdots - \theta_q \varepsilon_{t-q}, \quad t = 1, 2, \cdots, n \tag{8.3.4}$$

其中, 参数 μ 为常数, 表示时间序列 $\{X_t\}$ 的均值; $-\theta_1, -\theta_2, \cdots, -\theta_q$ 称为移动平均参数; ε_t 是均值为 0 的白噪声序列. 我们称 (8.3.4) 为 q 阶移动平均模型 (moving average model), 记作 MA(q).

运用滞后算子表示:

$$X_t - \mu = (1 - \theta_1 L - \theta_2 L^2 - \cdots - \theta_q L^q)\varepsilon_t \tag{8.3.5}$$

或

$$X_t - \mu = \Theta(L)\varepsilon_t$$

其中, $\Theta(L) = 1 - \theta_1 L - \theta_2 L^2 - \cdots - \theta_q L^q$ 称为 q 阶移动平均系数多项式.

3. ARMA(p,q) 模型

设 $\{X_t\}$ 为一平稳时间序列, 如果它满足如下的方程:

$$X_t = \phi_0 + \phi_1 X_{t-1} + \cdots \phi_p X_{t-p} + \varepsilon_t - \theta_1 \varepsilon_{t-1} - \cdots - \theta_q \varepsilon_{t-q} \tag{8.3.6}$$

式中, ϕ_0 为常数, $\phi_i, i = 1, 2, \cdots, p$ 是自回归参数; $-\theta_1, -\theta_2, \cdots, -\theta_q$ 称为移动平均参数; ε_t 是均值为 0 的白噪声序列. 我们称 (8.3.6) 为 ARMA(p,q) 模型 (auto regression moving average model).

显然, 它是 AR(p) 和 MA(q) 模型的组合形式, 称为混合模型. 当 $q = 0$ 时, ARMA(p,q) 就是 AR(p) 模型; 当 $p = 0$ 时, ARMA(p,q) 就是 MA(q) 模型.

运用滞后算子表示:

$$(1 - \phi_1 L - \phi_2 L^2 - \cdots - \phi_p L^p)(X_t - \mu) = (1 - \theta_1 L - \theta_2 L^2 - \cdots - \theta_q L^q)\varepsilon_t$$

或

$$\Phi(L)(X_t - \mu) = \Theta(L)\varepsilon_t \tag{8.3.7}$$

其中, $\Phi(L) = 1 - \phi_1 L - \phi_2 L^2 - \cdots - \phi_p L^p$ 称为 p 阶自回归系数多项式; μ 为时间序列 $\{X_t\}$ 的均值, $\mu = \dfrac{\phi_0}{1 - \phi_1 - \cdots - \phi_p}$, $\Theta(L) = 1 - \theta_1 L - \theta_2 L^2 - \cdots - \theta_q L^q$ 称为 q 阶移动平均系数多项式.

4. ARIMA(p,d,q) 模型

设 $\{X_t\}$ 为 d 阶单整序列, 如果经过 d 次差分后的序列 $\Delta^d X_t$ 满足:

$$(1 - \phi_1 L - \phi_2 L^2 - \cdots - \phi_p L^p)(\Delta^d X_t) = (1 - \theta_1 L - \theta_2 L^2 - \cdots - \theta_q L^q)\varepsilon_t \tag{8.3.8}$$

或

$$\Phi(L)\Delta^d X_t = \Theta(L)\varepsilon_t$$

我们称 (8.3.8) 为 ARIMA(p,d,q) 模型.

易于发现, 它是差分运算与 ARMA(p,q) 模型的组合, 即 $\{X_t\}$ 经过 d 次差分后的序列 $\Delta^d X_t$ 为一个 ARMA(p,q) 模型. 当 $d = 0$ 时, ARIMA(p,d,q) 模型就是 ARMA(p,q); 当 $q = 0$ 时, ARIMA(p,d,q) 模型就是 ARI(p,d) 模型; 当 $p = 0$ 时, ARIMA(p,d,q) 就是 IMA(d,q) 模型.

8.3.2　时间序列模型的平稳性与可逆性

1. AR(p) 模型的平稳性

对于 AR(p) 模型:

$$X_t = \phi_0 + \phi_1 X_{t-1} + \phi_2 X_{t-2} + \cdots + \phi_p X_{t-p} + \varepsilon_t$$

其自回归系数多项式 $\Phi(L) = 1 - \phi_1 L - \phi_2 L^2 - \cdots - \phi_p L^p$ 是 L 的 p 次多项式, 令

$$\Phi(z) = 1 - \phi_1 z - \phi_2 z^2 - \cdots - \phi_p z^p \tag{8.3.9}$$

则 $\Phi(z)$ 是 z 的 p 次多项式. AR(p) 模型平稳的条件是 $\Phi(z) = 0$ 的根全部落在单位圆外, 即根的范数 $|z_i| > 1, i = 1, 2, \cdots, p$.

在 AR(p) 模型平稳的情况下, 它可以表示成白噪声序列的线性组合:

$$X_t = \mu + \varepsilon_t + \xi_1 \varepsilon_{t-1} + \xi_2 \varepsilon_{t-2} + \xi_3 \varepsilon_{t-3} + \cdots = \mu + (1 + \xi_1 L + \xi_2 L^2 + \xi_3 L^3 + \cdots)\varepsilon_t$$

其中 $1 + \xi_1 L + \xi_2 L^2 + \xi_3 L^3 + \cdots = (1 - \phi_1 L - \phi_2 L^2 - \cdots - \phi_p L^p)^{-1}$.

例 8.3.1　有 AR(1) 模型: $X_t = 0.6X_{t-1} + \varepsilon_t$, 试判断其平稳性.

$$\Phi(L) = 1 - 0.6L, \quad \Phi(z) = 1 - 0.6z = 0$$

解得: $z_1 = \dfrac{5}{3}$, 显然 $|z_1| > 1$, 模型平稳.

例 8.3.2　有 AR(2) 模型: $X_t = 2 + 0.6X_{t-1} - 0.1X_{t-2} + \varepsilon_t$, 试判断其平稳性.

模型可变形为

$$(1 - 0.6L + 0.1L^2)(X_t - 4) = \varepsilon_t$$

$$\Phi(z) = 1 - 0.6z + 0.1z^2 = 0$$

解得: $z_1 = 3 + \mathrm{i}, z_2 = 3 - \mathrm{i}, |z_1| = |z_2| = \sqrt{10}$, 两根均在单位圆外, 模型平稳, 式中 $\mathrm{i} = \sqrt{-1}$.

例 8.3.3　有 AR(2) 模型: $X_t = 0.7X_{t-1} - 0.6X_{t-2} + \varepsilon_t$, 试判断其平稳性.

模型可变形为

$$(1 - 0.7L + 0.6L^2)X_t = \varepsilon_t$$

$$\Phi(z) = 1 - 0.7z + 0.6z^2 = 0$$

解得: $z_1 = -2, z_2 = 0.83$, 有一根在单位圆内, 模型非平稳.

2. MA(q) 模型的可逆性

对于 MA(q) 模型:

$$X_t = \mu + \varepsilon_t - \theta_1 \varepsilon_{t-1} - \cdots - \theta_q \varepsilon_{t-q}$$

$\Theta(L) = 1 - \theta_1 L - \theta_2 L^2 - \cdots - \theta_q L^q$ 为其移动平均系数多项式. 令

$$\Theta(z) = 1 - \theta_1 z - \theta_2 z^2 - \cdots - \theta_q z^q = 0 \tag{8.3.10}$$

若方程 $\Theta(z) = 0$ 的根都落在单位圆外, 则称 MA(q) 模型是可逆的. 当 MA(q) 模型可逆时, 它可以写成一个平稳的 AR(∞) 的形式:

$$(1 + \eta_1 L + \eta_2 L^2 + \eta_3 L^3 + \cdots)(X_t - \mu) = \varepsilon_t$$

式中: $1 + \eta_1 L + \eta_2 L^2 + \eta_3 L^3 + \cdots = (1 - \theta_1 L - \theta_2 L^2 - \cdots - \theta_q L^q)^{-1}$.

例 8.3.4 有 MA(2) 模型:

$$X_t = 0.50 + \varepsilon_t + 2.1\varepsilon_{t-1} - \varepsilon_{t-2}$$

将模型变形为

$$X_t = 0.50 + (1 + 2.1L - L^2)\varepsilon_t$$

$$\Theta(z) = 1 + 2.1z - z^2 = 0$$

解得: $z_1 = -2.5, z_2 = 0.4$, 有一根在单位圆内, 模型不可逆.

3. ARMA(p, q) 模型的平稳性与可逆性

ARMA(p, q) 模型: $X_t = \phi_0 + \phi_1 X_{t-1} + \cdots \phi_p X_{t-p} + \varepsilon_t - \theta_1 \varepsilon_{t-1} - \cdots - \theta_q \varepsilon_{t-q}$ 包含了一个自回归模型 AR(p) 和一个移动平均模型 MA(q), 用滞后算子多项式表示为

$$(1 - \phi_1 L - \phi_2 L^2 - \cdots - \phi_p L^p)(X_t - \mu) = (1 - \theta_1 L - \theta_2 L^2 - \cdots - \theta_q L^q)\varepsilon_t$$

或

$$\varPhi(L)(X_t - \mu) = \Theta(L)\varepsilon_t$$

根据 AR(p) 模型平稳的条件和 MA(q) 模型可逆的条件, 可知: ARMA(p, q) 模型平稳的条件是 $\varPhi(z) = 0$ 的根全在单位圆外; ARMA(p, q) 模型可逆的条件是 $\Theta(z) = 0$ 的根全在单位圆外.

例 8.3.5 设 ARMA(1, 2) 模型为

$$X_t = -0.8X_{t-1} + 0.5X_{t-2} + \varepsilon_t - 1.1\varepsilon_{t-1}$$

模型变形得:

$$(1+0.8L-0.5L^2)X_t=(1-1.1L)\varepsilon_t$$

由 $\Phi(z)=0$ 解得: $z_1=2.42, z_2=0.82$, 有一根在单位圆内, 模型非平稳.

由 $\Theta(z)=0$ 解得: $z_1=0.91$, 有一根在单位圆内, 模型不可逆.

4. ARIMA(p,d,q) 模型的平稳性

对于 ARIMA(p,d,q) 模型, 当 $d\neq 0$, ARIMA(p,d,q) 模型不平稳; 当 $d=0$ 时, 其平稳性和可逆性的讨论见 ARMA(p,q) 模型.

8.3.3 随机时间序列模型的识别

1. 自相关函数和偏自相关函数

时间序列 $\{X_t\}$ 滞后 k 阶的自相关函数由下式计算:

$$\rho_k=\frac{\sum\limits_{t=k+1}^{n}(X_t-\mu)(X_{t-k}-\mu)}{\sum\limits_{t=1}^{n}(X_t-\mu)^2} \tag{8.3.11}$$

其中 μ 为时间序列 $\{X_t\}$ 的样本均值. 称 ρ_k 为时间序列 $\{X_t\}$ 的自相关系数, 自相关函数可以部分地刻画一个随机过程的性质. 它告诉我们在序列 $\{X_t\}$ 的邻近数据之间存在多大程度的相关性. 通常 AR(p) 模型的自相关系数是随着 k 的增加而呈现指数衰减或者振荡式的衰减, 具体的衰减形式取决于 AR(p) 模型滞后项的系数.

偏自相关函数是在给定 $X_{t-1},X_{t-2},\cdots,X_{t-k+1}$ 的条件下, X_t 与 X_{t-k} 之间的条件相关性. 其相关程度用偏自相关系数 ϕ_{kk} 度量:

$$\phi_{kk}=\frac{E\left[(X_t-\mu)(X_{t-k}-\mu)\,|X_{t-1},X_{t-2},\cdots,X_{t-k+1}\right]}{E\left[(X_t-\mu)^2\,|X_{t-1},X_{t-2},\cdots,X_{t-k+1}\right]} \tag{8.3.12}$$

式中, μ 为时间序列 $\{X_t\}$ 的样本均值.

用 ϕ_{kj} 表示 k 阶自回归式中第 j 个回归系数, 则 k 阶自回归模型表示为

$$X_t=\phi_{k1}X_{t-1}+\phi_{k2}X_{t-2}+\cdots+\phi_{kk}X_{t-k}+\varepsilon_t \tag{8.3.13}$$

其中 ϕ_{kk} 是最后一个回归系数. 回归系数 ϕ_{kk} 恰好表示 X_t 与 X_{t-k} 在剔除了其中间变量 $X_{t-1},X_{t-2},\cdots,X_{t-k+1}$ 影响之后的自相关函数, 所以偏自相关函数由此得名.

2. AR(p) 模型的自相关函数和偏自相关函数

设 AR(p) 模型为

$$X_t = \phi_0 + \phi_1 X_{t-1} + \cdots \phi_p X_{t-p} + \varepsilon_t, \quad t = 1, 2, \cdots, n$$

将模型变形为

$$X_t - \mu = \phi_1(X_{t-1} - \mu) + \phi_2(X_{t-2} - \mu) + \cdots + \phi_p(X_{t-p} - \mu) + \varepsilon_t \tag{8.3.14}$$

式中 $\mu = \dfrac{\phi_0}{1 - \phi_1 - \cdots - \phi_p}$, 是时间序列 $\{X_t\}$ 的均值.

将 (8.3.14) 式两边同乘以 $X_{t-k} - \mu$, 然后取期望, 得

$$\gamma_k = \phi_1 \gamma_{k-1} + \phi_2 \gamma_{k-2} + \cdots + \phi_p \gamma_{k-p}, \quad k = 1, 2, \cdots \tag{8.3.15}$$

进而可以得到

$$\rho_k = \phi_1 \rho_{k-1} + \phi_2 \rho_{k-2} + \cdots + \phi_p \rho_{k-p}, \quad k = 1, 2, \cdots \tag{8.3.16}$$

可见, 无论 k 为多大的有限数, ρ_k 的计算与其 1 到 p 阶滞后的自相关函数有关, 因此不会很快变为零. 当 $k \to \infty, \rho_k$ 缓慢衰减直到零, 这种现象称为拖尾. 显然, 如果 AR(p) 是稳定的, 则其自相关函数是拖尾的.

根据偏自相关函数的定义, 在 AR(1) 中, 从 X_t 中去掉 X_{t-1} 的影响, 则只剩下随机干扰项 ε_t, 显然它与 X_{t-2} 无关, 因此我们说 X_t 与 X_{t-2} 的偏自相关函数为零, 记为 $\phi_{22} = 0$. 同样地, 在 AR(p) 过程中, 对所有的 $k > p$, X_t 与 X_{t-k} 间的偏自相关函数为零. 由此可见, AR(p) 的一个主要特征是: $k > p$ 时, $\phi_{kk} = 0$, 即偏自相关函数 ϕ_{kk} 在 p 以后是截尾的.

3. MA(q) 模型的自相关函数和偏自相关函数

设 $MA(q)$ 模型为

$$X_t = \mu + \varepsilon_t - \theta_1 \varepsilon_{t-1} - \cdots - \theta_q \varepsilon_{t-q}, \quad t = 1, 2, \cdots, n$$

其自协方差

$$\gamma_k = E[(X_t - \mu)(X_{t-k} - \mu)] = E\left[\left(\varepsilon_t - \sum_{j=1}^{q} \theta_j \varepsilon_{t-j}\right)\left(\varepsilon_t - \sum_{j=1}^{q} \theta_j \varepsilon_{t+k-j}\right)\right] \tag{8.3.17}$$

计算可得

$$\gamma_k = \begin{cases} \sigma_\varepsilon^2 1+\theta_1^2+\cdots+\theta_q^2, & k=0 \\ \sigma_\varepsilon^2 -\theta_k+\sum_{i=k}^{q-k}\theta_i\theta_{k+i}, & 1 \leqslant k \leqslant q \\ 0, & k>q \end{cases} \tag{8.3.18}$$

进而可得

$$\rho_k = \frac{\gamma_k}{\gamma_0} = \begin{cases} 1, & k=0 \\ \dfrac{-\theta_k+\sum_{i=k}^{q-k}\theta_i\theta_{k+i}}{1+\theta_1^2+\cdots+\theta_q^2}, & 1 \leqslant k \leqslant q \\ 0, & k>q \end{cases} \tag{8.3.19}$$

可见, 当 $k>q$ 时, X_t 与 X_{t-k} 不相关, 即存在截尾现象. 因此, MA(q) 的一个重要特征是自相关函数在 q 阶后截尾.

这里我们不加证明地指出, MA(q) 模型的偏自相关函数是拖尾的.

4. ARMA(p,q) 模型的自相关函数和偏自相关函数

ARMA(p,q) 的自相关函数, 可以看作 AR(p) 的自相关函数和 MA(q) 的自相关函数的混合物. 当 $p=0$ 时, 它具有截尾性质; 当 $q=0$ 时, 它具有拖尾性质; 当 p, q 都不为 0 时, 它具有拖尾性质.

从识别上看, 通常 ARMA(p,q) 过程的偏自相关函数可能在 p 阶滞后前有几项明显的尖柱, 但从 p 阶滞后项开始逐渐趋向于零; 而它的自相关函数则是在 q 阶滞后前有几项明显的尖柱, 从 q 阶滞后项开始逐渐趋向于零.

表 8.3.1　ARMA(p,q) 模型自相关函数 (ACF) 与偏自相关函数 (PACF) 的变动特征

模型	ACF	PACF
白噪声	截尾	截尾
AR(p)	拖尾	p 阶截尾
MA(q)	q 阶截尾	拖尾
ARMA(p,q)	q 阶后衰减趋于零	p 阶后衰减趋于零

8.3.4　时间序列模型的参数估计

对于一个非中心化的 ARMA(p,q) 模型, 有

$$X_t = \mu + \frac{\Theta_q(L)}{\Phi_p(L)}\varepsilon_t$$

式中

$$\begin{aligned}\varepsilon_t &\sim N(0,\sigma^2)\\ \Phi_p(L)&=1-\phi_1L-\phi_2L^2-\cdots-\phi_pL^p\\ \Theta_q(L)&=1-\theta_1L-\theta_2L^2-\cdots-\theta_qL^q\end{aligned}$$

该模型中共含有 $p+q+2$ 个未知参数：$\phi_1,\cdots,\phi_p,\theta_1,\cdots,\theta_q,\mu,\sigma^2$.

参数 μ 为序列均值, 通常采用矩估计方法, 用样本均值估计总体均值即可得到它的估计值:

$$\hat{\mu}=\bar{X}=\frac{\sum_{t=1}^{n}X_t}{n} \tag{8.3.20}$$

对剩下的 $p+q+1$ 个待估参数的估计方法常用的有极大似然估计和最小二乘估计.

1. **最大似然估计**

在最大似然准则下, 认为样本来自使该样本出现概率最大的总体. 因此, 未知参数的最大似然估计就是使得似然函数 (即联合密度函数) 达到最大的参数值.

$$L(\hat{\phi}_1,\cdots,\hat{\phi}_p,\hat{\theta}_1,\cdots,\hat{\theta}_q,\hat{\sigma}^2)=\max\left\{P(X_1,X_2,\cdots,X_n)\middle|\hat{\phi}_1,\cdots,\hat{\phi}_p,\hat{\theta}_1,\cdots,\hat{\theta}_q,\hat{\sigma}^2\right\}$$

使用最大似然估计必须已知总体的分布函数, 而在时间序列分析中, 序列总体的分布通常是未知的. 为了便于分析和计算, 通常假设序列服从多元正态分布.

$$X_t=\phi_1X_{t-1}+\cdots\phi_pX_{t-p}+\varepsilon_t-\theta_1\varepsilon_{t-1}-\cdots-\theta_q\varepsilon_{t-q}$$

记

$$\widetilde{\boldsymbol{X}}=(X_1,\ X_2,\ \cdots,\ X_n)',\quad \widetilde{\boldsymbol{\beta}}=(\phi_1,\ \cdots,\ \phi_p,\ \theta_1,\ \cdots,\ \theta_q)',\quad \boldsymbol{\Sigma}=E(\widetilde{\boldsymbol{X}}'\widetilde{\boldsymbol{X}})=\boldsymbol{\Omega}\sigma^2$$

式中 $\boldsymbol{\Omega}\sigma^2$ 为随机向量 $\tilde{\boldsymbol{X}}$ 的方差——协方差矩阵.

$\tilde{\boldsymbol{X}}$ 的似然函数为

$$\begin{aligned}L(\widetilde{\boldsymbol{\beta}};\ \widetilde{\boldsymbol{X}})&=P(X_1,X_2,\cdots,X_n;\ \widetilde{\boldsymbol{\beta}})\\ &=(2\pi)^{-n/2}|\boldsymbol{\Sigma}|^{1/2}\exp\left\{-\frac{\widetilde{\boldsymbol{X}}'\Sigma^{-1}\widetilde{\boldsymbol{X}}}{2}\right\}\\ &=(2\pi)^{-n/2}(\sigma^2)^{-n/2}|\boldsymbol{\Omega}|^{-1/2}\exp\left\{-\frac{\widetilde{\boldsymbol{X}}'\boldsymbol{\Sigma}^{-1}\widetilde{\boldsymbol{X}}}{2}\right\}\end{aligned} \tag{8.3.21}$$

即对数似然函数为

$$l(\widetilde{\boldsymbol{\beta}};\ \widetilde{\boldsymbol{X}})=-\frac{n}{2}\ln(2\pi)-\frac{n}{2}\ln(\sigma^2)-\frac{1}{2}\ln|\boldsymbol{\Omega}|-\frac{1}{2\sigma^2}\left[\widetilde{\boldsymbol{X}}'\boldsymbol{\Omega}^{-1}\widetilde{\boldsymbol{X}}\right] \tag{8.3.22}$$

对对数似然函数中的未知参数求偏导数, 得到似然方程组:

$$\begin{cases}\dfrac{\partial}{\partial\widetilde{\boldsymbol{\beta}}}\,l(\widetilde{\boldsymbol{\beta}};\widetilde{\boldsymbol{X}})=\dfrac{1}{2}\cdot\dfrac{\partial\ln|\boldsymbol{\Omega}|}{\partial\widetilde{\boldsymbol{\beta}}}+\dfrac{1}{\sigma^2}\cdot\dfrac{\partial S(\widetilde{\boldsymbol{\beta}})}{\partial\widetilde{\boldsymbol{\beta}}}=0\\ \dfrac{\partial}{\partial\sigma^2}\,l(\widetilde{\boldsymbol{\beta}};\widetilde{\boldsymbol{X}})=\dfrac{n}{2\sigma^2}-\dfrac{S(\widetilde{\boldsymbol{\beta}})}{2\sigma^4}=0\end{cases} \tag{8.3.23}$$

式中 $S(\widetilde{\boldsymbol{\beta}})=\widetilde{\boldsymbol{X}}'\boldsymbol{\Omega}^{-1}\widetilde{\boldsymbol{X}}$.

理论上, 求解方程组 (8.3.23) 即得到未知参数的最大似然估计值. 但是, 由于 $S(\widetilde{\boldsymbol{\beta}})$ 和 $\ln|\boldsymbol{\Omega}|$ 都不是 $\tilde{\boldsymbol{\beta}}$ 的显式表达式, 因而极大似然方程组 (8.3.23) 实际上是由 $p+q+1$ 个超越方程构成的, 通常需要经过复杂的迭代算法才能求出未知参数的解.

借助于先进的计算机技术, 利用现代的统计分析软件, 使得求 ARMA 模型的最大似然估计值成为一件很容易实现的事. 最大似然估计充分应用每一个观察值所提供的信息, 因而它的估计精度高, 同时还具有估计的一致性、渐进正态性和渐进有效性等许多优良的统计性质, 是一种非常优良的参数估计方法.

2. **最小二乘估计**

在 ARMA(p,q) 模型场合, 记

$$\widetilde{\boldsymbol{\beta}}=(\phi_1,\cdots,\phi_p,\theta_1,\cdots,\theta_q)'$$

$$F_t(\widetilde{\boldsymbol{\beta}})=\phi_1X_{t-1}+\cdots\phi_pX_{t-p}-\theta_1\varepsilon_{t-1}-\cdots-\theta_q\varepsilon_{t-q} \tag{8.3.24}$$

残差项为

$$\varepsilon_t=X_t-F_t(\widetilde{\boldsymbol{\beta}}) \tag{8.3.25}$$

残差平方和为

$$\begin{aligned}Q(\widetilde{\boldsymbol{\beta}})&=\sum_{t=1}^{n}\epsilon_t^2\\&=\sum_{t=1}^{n}[X_t-(\phi_1X_{t-1}+\cdots+\phi_pX_{t-p}-\theta_1\varepsilon_{t-1}-\cdots-\theta_q\varepsilon_{t-q})]^2\end{aligned} \tag{8.3.26}$$

使残差平方和达到最小的那组参数值即为 $\tilde{\boldsymbol{\beta}}$ 的最小二乘估计值.

与最大似然估计一样, 由于 $Q(\tilde{\boldsymbol{\beta}})$ 不是 $\tilde{\boldsymbol{\beta}}$ 的显性函数, 未知参数的最小二乘估计值通常也得借助迭代法求解. 由于充分利用了序列观测值的信息, 因而最小二乘估计值的精度很高.

在实际运用中, 最常用的是条件最小二乘估计法. 假定过去未观测到的序列值等于零, 即

$$X_t = 0, \quad t \leqslant 0$$

根据这个假定可以得到残差序列的有限项表达式:

$$\varepsilon_t = \frac{\Phi(L)}{\Theta(L)} X_t = X_t - \sum_{i=1}^{t} \pi_i X_{t-i} \tag{8.3.27}$$

于是残差平方和为

$$Q(\widetilde{\boldsymbol{\beta}}) = \sum_{t=1}^{n} \varepsilon_t^2 = \sum_{t=1}^{n} \left[X_t - \sum_{i=1}^{t} \pi_i X_{t-i} \right]^2 \tag{8.3.28}$$

通过迭代法, 使 (8.3.28) 式达到最小值的估计值即为参数 $\tilde{\boldsymbol{\beta}}$ 的条件最小二乘估计.

8.3.5 模型检验和优化

在 ARMA(p, q) 模型被估计出来后, 我们还要对该拟合模型进行必要的检验.

1. **模型显著性检验**

模型的显著性检验主要是检验模型的有效性. 一个模型是否显著有效主要看它提取的信息是否充分. 一个好的拟合模型应该能够提取观察值序列中几乎所有的样本相关信息, 换言之, 拟合模型的残差项中将不再蕴含任何相关信息, 即残差序列应该为白噪声序列. 这样的模型称为有效模型.

反之, 如果残差序列为非白噪声序列, 那就意味着残差序列中还残留着相关信息未被提取, 这就说明拟合模型不够有效, 通常需要选择其他模型, 重新拟合.

所以, 模型的显著性检验即为残差的白噪声检验. 设残差序列 $\{e_t\}$ 的 k 阶自相关系数为 $\rho_k, k = 1, 2, \cdots$. 检验的原假设和备择假设分别为

$$H_0: \ \rho_1 = \rho_2 = \cdots = \rho_m = 0, \ \forall\, m \geqslant 1$$

$$H_1: \ \text{至少存在某个}\ \rho_k \neq 0, \ \forall\, m \geqslant 1, k < m$$

$$\hat{\rho}_k = \frac{\sum\limits_{t=1}^{n-k} e_t e_{t+k}}{\sum\limits_{t=1}^{n} e_t^2}, \quad 0 < k < n, \ \text{为}\ \rho_k\ \text{的估计值}.$$

在零假设下, LB 统计量服从自由度为 m 的 χ^2 分布. 给定显著性水平 α, 查 χ^2 分布表, 得临界值 $\chi^2_\alpha(m)$, 如果 LB $< \chi^2_\alpha(m)$, 或者 LB 统计量的伴随概率 prob. $\geqslant \alpha$, 则不拒绝零假设, 即认为残差序列为白噪声, 拟合模型显著有效. 反之则拟合模型不够有效.

2. 参数显著性检验

参数的显著性检验就是要检验每一个未知参数是否显著不为零. 这一检验的目的是为了使模型最精简.

如果某个参数不显著, 即表示该参数所对应的那个自变量对因变量的影响不明显, 该自变量就可以从拟合模型中删除. 最终模型将由一系列参数显著非零的自变量表示.

检验的零假设和备择假设分别为

$$H_0: \ \beta_j = 0, \forall 1 \leqslant j \leqslant m; \quad H_1: \ \beta_j \neq 0, \forall 1 \leqslant j \leqslant m$$

对于线性拟合模型, 记 $\hat{\boldsymbol{\beta}}$ 为 $\boldsymbol{\beta}$ 的最小二乘估计, 类似多元线性回归模型, 有 $\hat{\beta}_j \sim N(\beta_j, c_{jj}\sigma^2), j = 1, \cdots, m$; 式中 $c_{jj}\sigma^2$ 为 $\mathrm{Var}(\hat{\beta}) = (\boldsymbol{X}'\boldsymbol{X})^{-1}\sigma^2$ 中的第 j 个对角线元.

由于 σ^2 不可观测, 常用其最小二乘估计 $\hat{\sigma^2} = \dfrac{Q(\widetilde{\boldsymbol{\beta}})}{n-m}$ 替代. 由此构造出检验未知参数显著性的 t 检验统计量:

$$T_j = \frac{\hat{\beta}_j - \beta_j}{S_{\hat{\beta}_j}} = \sqrt{n-m}\frac{\hat{\beta}_j}{\sqrt{c_{jj}Q(\widetilde{\beta})}} \sim t(n-m) \tag{8.3.29}$$

当 $|t_j| > t_{\alpha/2}(n-m)$ 或者 t 统计量的伴随概率 prob. 值 $< \alpha$ 时, 拒绝原假设, 认为该参数显著. 否则, 认为该参数不显著. 这时, 应该剔除不显著的参数所对应的自变量, 重新拟合模型, 构造出新的、结构更精炼的拟合模型.

3. 模型优化

当一个拟合模型通过了检验, 说明在一定的置信水平下, 该模型能有效地拟合观察值序列的波动, 但这种有效模型并不是唯一的.

当同一个序列可以构造出两个或两个以上的有效拟合模型时, 那么到底应该选择哪个模型用于统计推断呢?

为了解决这个问题, 引进 AIC 和 SC 信息准则的概念, 进行模型优化.

AIC 准则 Akaike information criterion, 由日本统计学家赤池弘次于 1973 年提出. SC 准则 (Schwartz information criterion) 由施瓦茨于 1978 年提出. 这两个准则的指导思想是认为一个拟合模型的好坏可以从两个方面去考察: 一方面是衡量拟合程度的似然函数值; 另一方面是模型中未知参数的个数.

通常似然函数值越大说明模型的拟合效果越好. 模型中未知参数的个数越多, 说明模型的自变量越多. 通常, 自变量越多, 模型拟合的准确度就会越高, 同时未知的风险越大. 而且, 参数估计的难度越大, 估计的精度越差. 所以, 一个好的拟合模型应该达到拟合精度和未知参数个数的综合最优配置.

AIC 准则和 SC 准则就是在这种考虑下提出的, 它们分别定义为

$$\mathrm{AIC} = -\frac{2l}{n} + \frac{2k}{n} \tag{8.3.30}$$

$$\mathrm{SC} = -\frac{2l}{n} + \frac{2k}{n}\ln n \tag{8.3.31}$$

式中 l 为 AMRA(p,q) 模型的最大似然函数对数值 (见最大似然估计部分), 在非中心化的情况下, $k=p+q+2$.

在所有通过检验的模型中使得 AIC 和 SC 准则达到最小的模型为相对最优模型.

8.3.6 序列预测

构造一个时间序列模型的最终目的是为了利用这个拟合模型对随机时间序列的未来发展进行预测. 所谓预测就是利用序列已观测到的样本值对序列在未来某个时刻的取值进行估计.

1. 预测值计算

鉴于 AR(p) 模型和 MA(q) 模型是 AMRA(p,q) 模型在 $q=0$ 和 $p=0$ 时的特例, 下面我们以 AMRA(p,q) 模型为例给出序列的预测方法.

对于 AMRA(p,q) 模型:

$$X_t = \phi_0 + \phi_1 X_{t-1} + \cdots + \phi_p X_{t-p} + \varepsilon_t - \theta_1\varepsilon_{t-1} - \theta_2\varepsilon_{t-2} - \cdots - \theta_q\varepsilon_{t-q}$$

在 t 时刻向前 l 步的预测值为 X_{t+l} 的条件期望:

$$\begin{aligned}\hat{X}_t(l) &= E\left(X_{t+l} \mid X_t,\ X_{t-1},\ \cdots,\ \varepsilon_t,\ \varepsilon_{t-1},\ \cdots\right)\\ &= E\left(\phi_0 + \phi_1 X_{t+l-1} + \cdots + \phi_p X_{t+l-p} + \varepsilon_{t+l} - \theta_1\varepsilon_{t+l-1} - \cdots\right.\\ &\qquad \left.- \theta_q\varepsilon_{t+l-q} \,|X_t,\ \cdots,\ \varepsilon_t,\ \cdots\right)\\ &= \begin{cases}\phi_0 + \phi_1\hat{X}_t(l-1) + \cdots + \phi_p\hat{X}_t(l-p) - \displaystyle\sum_{i=l}^{q}\theta_i\varepsilon_{t+l-i}, & l \leqslant q\\ \phi_0 + \phi_1\hat{X}_t(l-1) + \cdots + \phi_p\hat{X}_t(l-p), & l > q\end{cases}\end{aligned} \tag{8.3.32}$$

式中, 记 $l=k$, 有 $\hat{X}_t(k) = \begin{cases}\hat{X}_t(k), & k \geqslant 1,\\ X_{t+k}, & k \leqslant 0.\end{cases}$

2. 预测误差

对于 $X_t = \phi_0 + \phi_1 X_{t-1} + \cdots + \phi_p X_{t-p} + \varepsilon_t - \theta_1\varepsilon_{t-1} - \theta_2\varepsilon_{t-2} - \cdots - \theta_q\varepsilon_{t-q}$, 在

模型平稳的情况下, 即 AR(p) 部分平稳时, 它可以表示成白噪声序列的线性组合:

$$
\begin{aligned}
&(1-\phi_1 L-\phi_2 L^2-\cdots-\phi_p L^p)(X_t-\mu)=(1-\theta_1 L-\theta_2 L^2-\cdots-\theta_q L^q)\varepsilon_t\\
&X_t=\mu+\frac{(1-\theta_1 L-\theta_2 L^2-\cdots-\theta_q L^q)}{(1-\phi_1 L-\phi_2 L^2-\cdots-\phi_p L^p)}\varepsilon_t\\
&X_t=\mu+(1+\xi_1 L+\xi_2 L^2+\xi_3 L^3+\cdots)\varepsilon_t\\
&\quad\;=\mu+\varepsilon_t+\xi_1\varepsilon_{t-1}+\xi_2\varepsilon_{t-2}+\xi_3\varepsilon_{t-3}+\cdots
\end{aligned}
$$

因此

$$
\begin{aligned}
&X_{t+l}=\mu+\varepsilon_{t+l}+\xi_1\varepsilon_{t+l-1}+\xi_2\varepsilon_{t+l-2}+\cdots+\xi_{l-1}\varepsilon_{t+1}+\xi_l\varepsilon_t+\xi_{l+1}\varepsilon_{t-1}+\cdots\\
&\hat{X}_t(l)=E(X_{t+l}\mid X_t,\ X_{t-1},\ \cdots,\ \varepsilon_t,\ \varepsilon_{t-1},\ \cdots)\\
&\qquad\;\;=\mu+\xi_l\varepsilon_t+\xi_{l+1}\varepsilon_{t-1}+\cdots
\end{aligned}
$$

预测误差: $e_t(l)=\varepsilon_{t+l}+\xi_1\varepsilon_{t+l-1}+\xi_2\varepsilon_{t+l-2}+\cdots+\xi_{l-1}\varepsilon_{t+1}$.

预测方差: $\mathrm{Var}[e_t(l)]=(1+\xi_1^2+\xi_2^2+\cdots+\xi_{l-1}^2)\sigma_\varepsilon^2$.

假设白噪声服从正态分布 $N(0,\sigma_\varepsilon^2)$, 则 X_{t+l} 也服从正态分布 $N(\hat{X}_t(l), \mathrm{Var}[e_t(l)])$. 由此可得到在 t 时刻向前 l 步的置信水平为 $1-\alpha$ 的预测区间:

$$
\left(\hat{X}_t(l)-Z_{\frac{\alpha}{2}}\cdot\sqrt{\mathrm{Var}[e_t(l)]},\ \hat{X}_t(l)+Z_{\frac{\alpha}{2}}\cdot\sqrt{\mathrm{Var}[e_t(l)]}\right)
$$

8.3.7 案例

例 8.3.1　某地区连续 74 年的谷物产量 (单位/千吨) 数据如下 (行顺序):

0.97	0.45	1.61	1.26	1.37	1.43	1.32	1.23	0.84	0.89
1.18	1.33	1.21	0.98	0.91	0.61	1.23	0.97	1.10	0.74
0.80	0.81	0.80	0.60	0.59	0.63	0.87	0.36	0.81	0.91
0.77	0.96	0.93	0.95	0.65	0.98	0.70	0.86	1.32	0.88
0.68	0.78	1.25	0.79	1.19	0.69	0.92	0.86	0.86	0.85
0.90	0.54	0.32	1.40	1.14	0.69	0.91	0.68	0.57	0.94
0.35	0.39	0.45	0.99	0.84	0.62	0.85	0.73	0.66	0.76
0.63	0.32	0.17	0.46						

(1) 构建时间序列模型;

(2) 利用时间序列模型预测未来 5 年的谷物产量.

1. **绘出谷物产量 X_t 的时序图** (图 8.3.1)

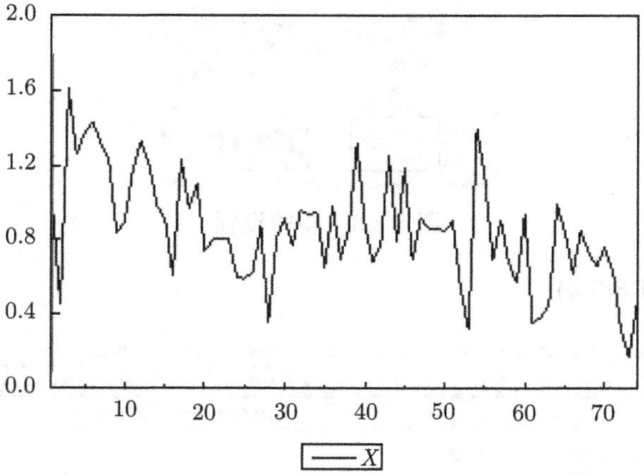

图 8.3.1 某地区谷物产量 X_t 的时序图

2. **绘制谷物产量 X_t 的自相关函数图并识别模型**

在 “series: X” 窗口下拉 “View” 菜单, 点击 “Correlrgram”, 见图 8.3.2.

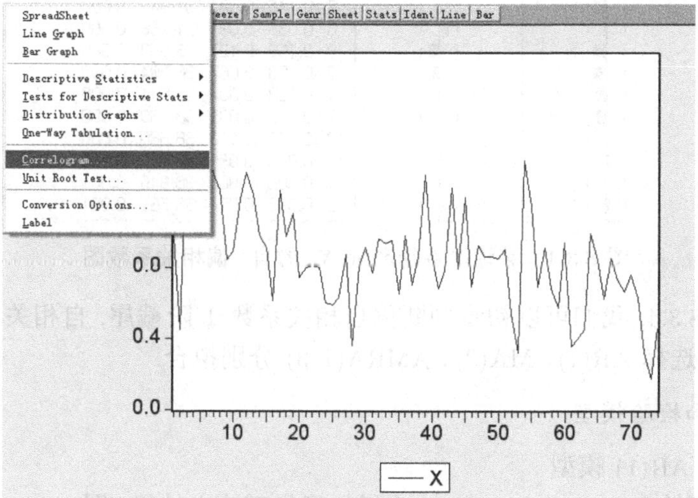

图 8.3.2 模型识别路径

在弹出的子窗口 “Correlogram Specification”, 选择 “Level” 按钮, “Lags to include:” 为默认值, 点击 “OK”, 见图 8.3.3.

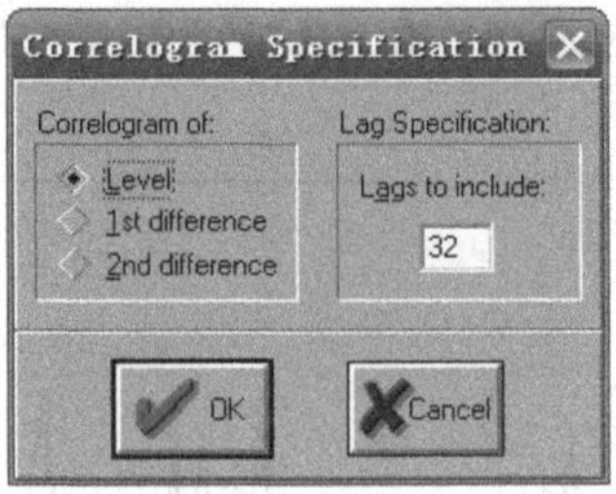

图 8.3.3　检验设置

输出如下 (图 8.3.4).

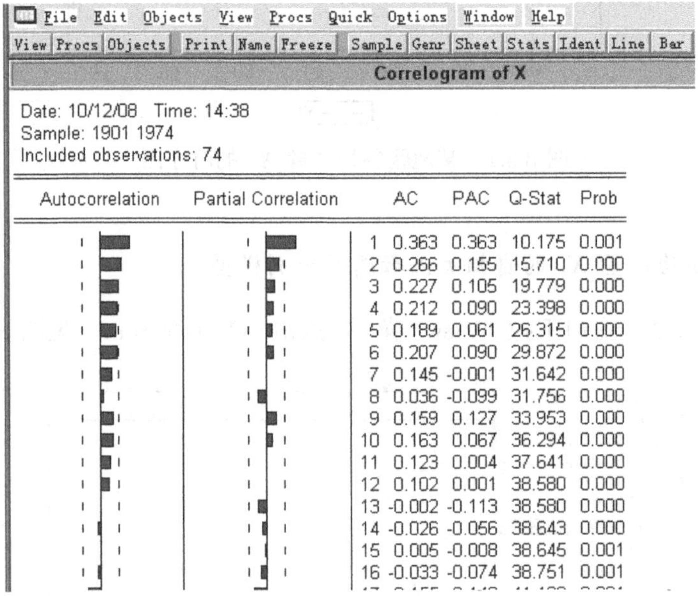

Correlogram of X

Date: 10/12/08　Time: 14:38
Sample: 1901 1974
Included observations: 74

Autocorrelation	Partial Correlation		AC	PAC	Q-Stat	Prob
		1	0.363	0.363	10.175	0.001
		2	0.266	0.155	15.710	0.000
		3	0.227	0.105	19.779	0.000
		4	0.212	0.090	23.398	0.000
		5	0.189	0.061	26.315	0.000
		6	0.207	0.090	29.872	0.000
		7	0.145	-0.001	31.642	0.000
		8	0.036	-0.099	31.756	0.000
		9	0.159	0.127	33.953	0.000
		10	0.163	0.067	36.294	0.000
		11	0.123	0.004	37.641	0.000
		12	0.102	0.001	38.580	0.000
		13	-0.002	-0.113	38.580	0.000
		14	-0.026	-0.056	38.643	0.000
		15	0.005	-0.008	38.645	0.001
		16	-0.033	-0.074	38.751	0.001

图 8.3.4　某地区谷物产量 X_t 的自、偏相关系数图

根据图 8.3.4, 我们可以初步判断偏自相关系数 1 阶截尾, 自相关系数 3 阶截尾, 因此可以选择 AR(1)、MA(3)、AMRA(1,3) 分别拟合.

3. 估计和检验模型

(1) 拟合 AR(1) 模型

在命令行输入 "LS X C AR(1)", 回车, 得如下输出结果 (图 8.3.5).

写出估计的模型:

$$\hat{X}_t = 0.8454 + \frac{1}{1-0.3726L}\,\varepsilon_t$$

$$\hat{\sigma} = 0.2786, \quad \text{AIC} = 0.3092, \quad \text{SC} = 0.3719$$

对模型进行显著性检验：

在 “Equation” 窗口, 下拉 “View” 菜单, 点击 “Residual Tests”, 再点击 “Correlogram—Q—statistics”(图 8.3.6).

View Proc Object Print Name Freeze Estimate Forecast Stats Resids

Dependent Variable: X
Method: Least Squares
Date: 06/26/17 Time: 16:11
Sample (adjusted): 2 74
Included observations: 73 after adjustments
Convergence achieved after 3 iterations

Variable	Coefficient	Std. Error	t-Statistic	Prob.
C	0.845441	0.052013	16.25427	0.0000
AR(1)	0.372564	0.111569	3.339322	0.0013

R-squared	0.135739	Mean dependent var	0.849589
Adjusted R-squared	0.123566	S.D. dependent var	0.297627
S.E. of regression	0.278633	Akaike info criterion	0.309169
Sum squared resid	5.512162	Schwarz criterion	0.371921
Log likelihood	-9.284671	Hannan-Quinn criter.	0.334177
F-statistic	11.15107	Durbin-Watson stat	2.068675
Prob(F-statistic)	0.001341		

Inverted AR Roots	.37

图 8.3.5 某地区谷物产量 X_t 的 AR(1) 模型估计结果

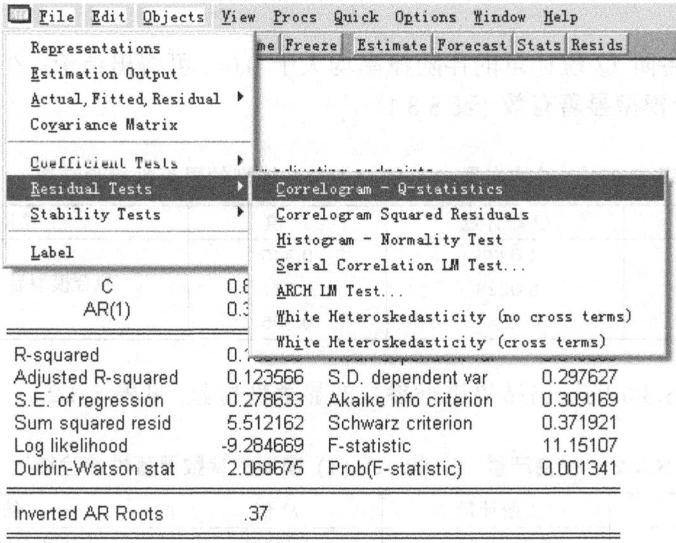

图 8.3.6 残差相关分析

得到残差的自相关函数 (correlogram of residuals) 见图 8.3.7.

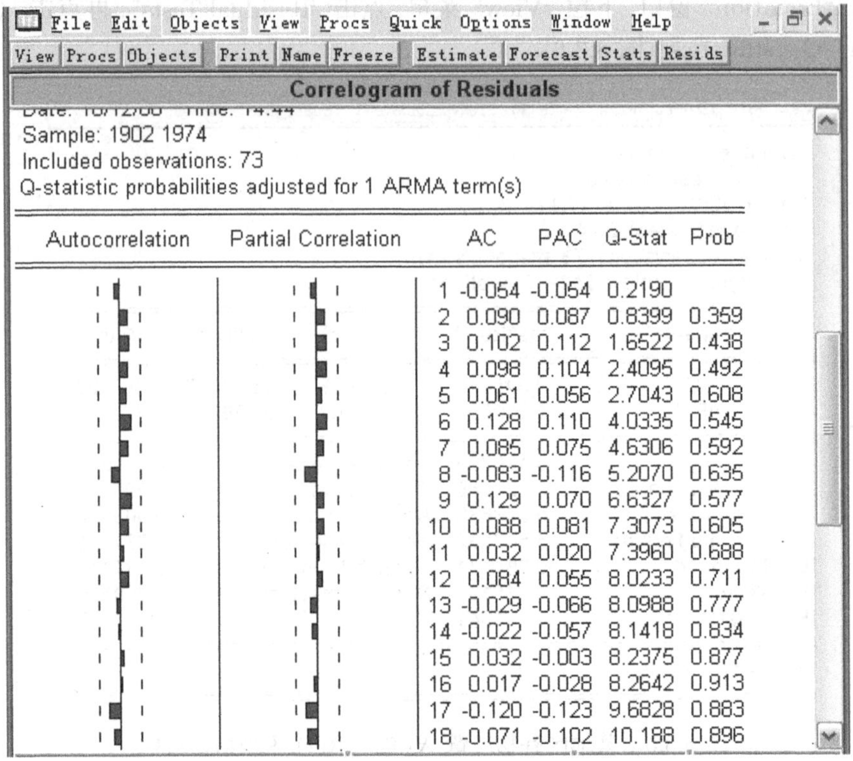

图 8.3.7　残差的白噪声检验

由残差的各阶 Q 统计量的伴随概率均大于 0.05, 可得出结论：在 5% 的显著性水平下, 拟合模型显著有效 (表 8.3.1).

表 8.3.1　谷物产量 X_t 的 AR(1) 模型的显著性检验结果

滞后阶数	Q 统计量	P 值	结论
6	4.0335	0.545	拟合模型显著非有效
12	8.0223	0.711	
18	10.188	0.896	

再根据图 8.3.5 的输出结果进行参数的显著性检验, 见表 8.3.2.

表 8.3.2　谷物产量 X_t 的 AR(1) 模型的参数显著性检验结果

变量	t 统计量	P 值	结论
均值 $\mu(C)$	16.2543	0.0000	在 5% 的显著性水平下, 参数均显著
ϕ_1	3.3393	0.0013	

(2) 拟合 MA(3) 模型

输入命令：LS X C MA(1) MA(2) MA(3); 得到

模型表示为

$$\hat{X}_t = 0.8470 + (1 + 0.2957L + 0.2066L^2 + 0.1420L^3)\varepsilon_t$$

$$\hat{\sigma} = 0.2789, \quad \text{AIC} = 0.3364, \quad \text{SC} = 0.4609$$

表 8.3.3 谷物产量 X_t 的 MA(3) 模型的显著性检验结果

滞后阶数	Q 统计量	P 值	结论
6	4.2078	0.240	拟合模型显著有效
12	8.2978	0.504	
18	10.893	0.760	

表 8.3.4 谷物产量 X_t 的 MA(3) 模型的参数显著性检验结果

变量	t 统计量	P 值	结论
均值 $\mu(C)$	15.9531	0.0000	在 5% 的显著性水平下，参数 μ 、θ_1 显著，但 θ_2，θ_3 不显著
θ_1	2.4970	0.0149	
θ_2	1.6879	0.0959	
θ_3	1.1623	0.2491	

删除 MA(3), 重新估计得

$$\hat{X}_t = 0.8490 + (1 + 0.2890L + 0.1839L^2)\varepsilon_t$$

$$\hat{\sigma} = 0.2797, \qquad \text{AIC} = 0.3292, \qquad \text{SC} = 0.4226$$

表 8.3.5 谷物产量 X_t 的 MA(2) 模型的显著性检验结果

滞后阶数	Q 统计量	P 值	结论
6	6.6445	0.156	拟合模型显著有效
12	11.629	0.311	
18	14.059	0.594	

表 8.3.6 谷物产量 X_t 的 MA(2) 模型的参数显著性检验结果

变量	t 统计量	P 值	结论
均值 $\mu(C)$	17.79786	0.0000	在 5% 的显著性水平下，参数 μ，θ_1 显著，但 θ_2 不显著
θ_1	2.483746	0.0154	
θ_2	1.570133	0.1208	

再删除 MA(2), 估计模型得

$$\hat{X}_t = 0.8510 + (1 + 0.2935L)\varepsilon_t$$

$$\hat{\sigma} = 0.2824, \quad \text{AIC} = 0.3354, \quad \text{SC} = 0.3976$$

表 8.3.7　谷物产量 X_t 的 MA(1) 模型的显著性检验结果

滞后阶数	Q 统计量	P 值	结论
2	4.2539	0.039	拟合模型非有效
6	10.422	0.064	
12	15.729	0.151	

表 8.3.8　谷物产量 X_t 的 MA(1) 模型的参数显著性检验结果

变量	t 统计量	P 值	结论
均值 $\mu(C)$	20.0926	0.0000	在 5% 的显著性水平下, 参数均显著
θ_1	2.61528	0.0109	

(3) 拟合 ARMA(1,3) 模型

输入命令 "LS X C AR(1) MA(1) MA(2) MA(3)", 回车, 得到

$$\hat{X}_t = 0.8551 + \frac{(1 + 0.8904L + 0.3264L^2 + 0.0811L^3)}{1 + 0.5109L}\varepsilon_t$$

$$\hat{\sigma} = 0.2696, \quad \text{AIC} = 0.2820, \quad \text{SC} = 0.4389$$

表 8.3.9　谷物产量 ARMA(1,3) 模型的显著性检验结果

滞后阶数	Q 统计量	P 值	结论
5	6.4912	0.011	拟合模型显著非有效
6	9.7639	0.008	
7	10.394	0.015	

表 8.3.10　谷物产量 ARMA(1,3) 模型的参数显著性检验结果

变量	t 统计量	P 值	结论
均值 $\mu(C)$	17.7719	0.0000	在 5% 的显著性水平下, 参数 μ, ϕ_1, θ_1、θ_2 均显著, 但 θ_3 不显著
ϕ_1	−3.3801	0.0012	
θ_1	7.1787	0.0000	
θ_2	3.1083	0.0027	
θ_3	0.7381	0.4630	

4. 模型优化和序列预测

(1) 模型优化

在所有拟合的模型中, 能通过模型显著性检验的有 AR(1), MA(1) 和 MA(2), 但在 5% 的显著性水平下, MA(3) 和 MA(2) 模型中存在不显著的系数. 如果我们

把参数显著性检验的要求放宽, 那么 MA(2) 模型的参数 θ_2 在 13% 的显著性水平下显著. 这样, 就有两个模型：AR(1) 和 MA(2) 是合格有效的模型. 我们可以根据 AIC 准则和 SC 准则选择一个相对较优的模型 (表 8.3.11).

表 8.3.11 AR(1) 和 MA(2) 的 AIC 和 SC 值

模型	AIC	SC
AR(1)	0.3092	0.3719
MA(2)	0.3292	0.4226

根据表 8.3.11 中的结果, 无论是 AIC 准则还是 SC 准则, AR(1) 模型都要优于 MA(2) 模型, 因此相对优化模型为 AR(1) 模型.

(2) 序列预测

首先扩大样本期, 在命令行输入：EXPAND 1901 1979, 然后回车.

估计 AR(1) 模型, 在 "Equation" 窗口, 点击 "Forecast", 设置参数见图 8.3.8.

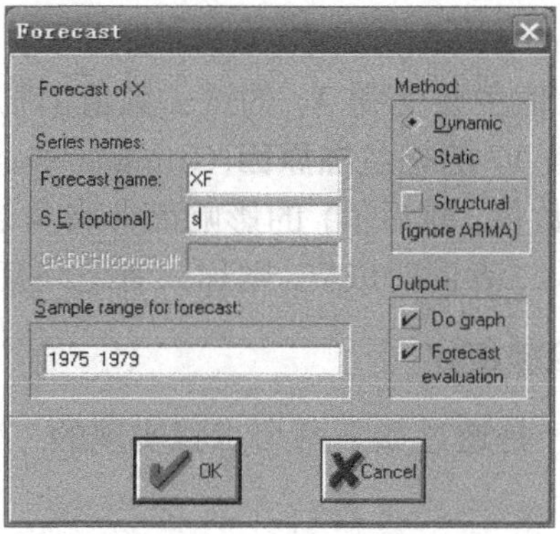

图 8.3.8 预测设置

点击 "OK", 回到 "Workfile" 窗口, 双击 "XF" 序列, 得到序列的预测值 XF, 双击 "s" 序列, 得到预测的标准误差. 最后计算得到相应的预测区间 (表 8.3.12).

表 8.3.12 谷物产量 X_t 未来五年的预测值和 95% 的置信区间

年份	预测值	预测的标准误差	95% 置信区间下限	95% 置信区间上限
1975	0.7018	0.2786	0.1557	0.5461
1976	0.7919	0.2973	0.2091	0.5828
1977	0.8255	0.2998	0.2378	0.5877
1978	0.8380	0.3002	0.2496	0.5884
1979	0.8427	0.3002	0.2542	0.5885

8.4 格兰杰因果关系检验

众所周知, 狭义计量经济学是研究因果关系的回归分析方法. 此前, 对于因果关系的 "鉴定" 主要依据经济学逻辑的定性分析, 这对关系单一、清晰的变量足够了. 但是对于有着相互影响关系的变量而言这是远远不够的. 如 GDP 的增长能够推动消费 C 的增长, 反过来, 消费 C 的增长也可以拉动 GDP 的增长. 现在的问题是, 究竟 GDP 是 C 增长的原因, 还是 C 是 GDP 增长的原因呢?

自回归分布滞后模型可以揭示某变量的变化受其自身及其他变量过去数值的影响, 应该可以帮助我们判断时间上有先导–滞后关系的变量之间的因果关系是单向的还是双向的.

8.4.1 格兰杰因果关系

格兰杰提出利用这一模型检验因果关系的一种统计检验方法 —— **格兰杰因果关系检验**(Granger test of causality). 为了叙述问题的方便, 我们假定仅涉及两个变量 X_t 与 Y_t. 如果 Y_t 的数值主要受到 X_t 的过去数值 (滞后值) 的影响而非自身过去数值的影响, 则称 X_t 是 Y_t 的**格兰杰原因**(Granger causality). 反之, 如果 X_t 的数值主要受到 Y_t 的过去数值 (滞后值) 的影响而非自身过去数值的影响, 则称 Y_t 是 X_t 的**格兰杰原因**. 如果二者同时成立, 则称二者之间互为**格兰杰原因**.

8.4.2 格兰杰因果关系检验概述

格兰杰因果关系检验, 是通过如下两个步骤实现的. 首先估计以下两个回归模型

$$Y_t = \beta_0 + \sum_{i=1}^{m} \beta_i Y_{t-i} + \sum_{i=1}^{l} \alpha_i X_{t-i} + \mu_t \tag{8.4.1}$$

$$X_t = \delta_0 + \sum_{i=1}^{m} \delta_i X_{t-i} + \sum_{i=1}^{l} \lambda_i Y_{t-i} + \nu_t \tag{8.4.2}$$

然后通过受约束回归的 F 检验, 检验以下四个假设:

$$H_{10}: \ \beta_1 = \beta_2 = \cdots = \beta_m = 0, \qquad H_{20}: \ \alpha_1 = \alpha_2 = \cdots = \alpha_l = 0$$

$$H_{30}: \ \delta_1 = \delta_2 = \cdots = \delta_m = 0, \qquad H_{40}: \ \lambda_1 = \lambda_2 = \cdots = \lambda_l = 0$$

检验统计量为

$$F = \frac{(\mathrm{RSS}_R - \mathrm{RSS}_U)/m}{\mathrm{RSS}_U/(n-m-l-1)} \sim F(m, n-m-l-1) \quad (\text{检验} H_{10}, H_{30}) \tag{8.4.3}$$

$$F=\frac{(\mathrm{RSS}_R-\mathrm{RSS}_U)/l}{\mathrm{RSS}_U/(n-m-l-1)}\sim F(l,n-m-l-1)\quad(\text{检验}H_{20},H_{40})\tag{8.4.4}$$

其中, RSS_R 为四个假设中某一假设成立时回归模型的残差平方和, RSS_U 为原模型的残差平方和.

原假设的拒绝域为

$$F>F_\alpha(m,n-m-l-1)\quad(\text{拒绝 }H_{10},H_{30})$$
$$F>F_\alpha(l,n-m-l-1)\quad(\text{拒绝 }H_{20},H_{40})$$

检验的结论可能有四种:

(1) $H_{10}:\ \beta_1=\beta_2=\cdots=\beta_m=0$ 不被拒绝, 但 $H_{20}:\ \alpha_1=\alpha_2=\cdots=\alpha_l=0$ 被拒绝, 表示**存在 X 到 Y 的单向格兰杰原因**.

(2) $H_{30}:\ \delta_1=\delta_2=\cdots=\delta_m=0$ 不被拒绝, 但 $H_{40}:\ \lambda_1=\lambda_2=\cdots=\lambda_l=0$ 被拒绝, 表示**存在 $\boldsymbol{Y}$ 到 $\boldsymbol{X}$ 的单向格兰杰原因**.

(3) $H_{20}:\ \alpha_1=\alpha_2=\cdots=\alpha_l=0$ 和 $H_{40}:\ \lambda_1=\lambda_2=\cdots=\lambda_l=0$ 都被拒绝, 表示 **$\boldsymbol{X}$ 与 $\boldsymbol{Y}$ 之间存在双向格兰杰因果关系.**

(4) $H_{20}:\alpha_1=\alpha_2=\cdots=\alpha_l=0$ 和 $H_{40}:\ \lambda_1=\lambda_2=\cdots=\lambda_l=0$ 都不被拒绝, 表示 **$\boldsymbol{X}$ 与 $\boldsymbol{Y}$ 之间不存在格兰杰因果关系.**①

8.4.3 使用中几个必须注意的问题

为保证格兰杰因果关系检验的使用效果, 不致无用和谬用, 使用过程中需要特别注意以下几个问题.

1. 滞后期长度选择问题

在如同 (8.4.1) 和 (8.4.2) 的回归中, 滞后项的个数是一个重要的实际问题, 具体讲就是检验结论严重依赖于滞后项的个数或者说格兰杰因果关系检验对分析中所用的滞后项数非常敏感, 就是说, 同样的数据, 在不同滞后期长度下, 检验得到的结论不同. 因此, 戴维森与麦金农建议滞后期项数宁多勿少.② 同时, 应该采信那些随机误差项不自相关背景下的结论.

2. 序列的平稳性问题

从理论角度讲, 格兰杰因果关系检验只能用于平稳时间序列, 非平稳序列不能直接使用 (因为此时, 检验的 F 统计量不再是 F 分布). 然而, 数据模拟实验表明, 当两个单整阶数相等的序列由平稳逐渐过渡成为非平稳序列过程中, 检验结论为因

---

① EViews 软件具备自动进行格兰杰因果关系检验的功能. 显然, 从组合的角度讲, 上述假设检验的组合结论不止给出的四种, 但与计量经济学有关联的是此四种.

② EViews 软件具备进行格兰杰因果关系检验过程中自动识别滞后项个数的功能.

果关系的概率呈现上升趋势, 但是上升的幅度不及两个序列实际因果关系显著性对应的程度, 简单地讲, 在一组包含因果关系的非平稳序列中, 格兰杰因果关系检验的检出率, 低于实际因果关系比率. 该方法对于单整阶数相等的非平稳序列检验结论具有某种程度的可靠性.

3. *形式与内容的问题*

因果关系是一个经济学概念, 是从逻辑关系角度定义的, 格兰杰因果关系是一种从预测角度定义的统计关系. 前者是灵魂和内容, 后者实为形式, 两者之间存在一定的差异. 简单地讲, 格兰杰因果关系检验结论为"因果关系" 实际上可能并非如此. 一个合理的做法是将格兰杰因果关系检验作为经济学定性分析的补充和旁证.

例 8.4.1　国内生产总值 (GDP) 与教育经费 (EF) 之间有着密切相互关系. 有理论认为 GDP 影响 EF, 也有理论认为 EF 影响 GDP, 还有理论认为二者之间相互影响. 搜集我国 1991—2013 年的国内生产总值和教育经费, 列于表 8.4.1. 使用格兰杰因果关系检验方法检验二者之间的因果关系.

表 8.4.1　国内生产总值与教育经费数据

年份	教育经费 EF/万元	国内生产总值 GDP/亿元
1991	7315028	21895.5
1992	8670491	27068.3
1993	10599374	35524.3
1994	14887813	48459.6
1995	18779501	61129.8
1996	22623394	71572.3
1997	25317326	79429.5
1998	29490592	84883.7
1999	33490416	90187.7
2000	38490806	99776.3
2001	46376626	110270.4
2002	54800278	121002.0
2003	62082653	136564.6
2004	72425989	160714.4
2005	84188391	185895.8
2006	98153087	217656.6
2007	121480663	268019.4
2008	145007374	316751.7
2009	165027065	345629.2
2010	195618471	408900.3
2011	238692936	484123.5
2012	286553052	534123.0
2013	303647182	588018.8

资料来源：http://www.stats.gov.cn/tjsj/.

使用 EViews 检验二者之间的因果关系, 滞后一阶检验的输出结果见图 8.4.1.

View Proc Object Print Name Freeze Sample Sheet Stats Spec

Pairwise Granger Causality Tests
Date: 02/24/16 Time: 17:48
Sample: 1991 2013
Lags: 1

Null Hypothesis:	Obs	F-Statistic	Prob.
GDP does not Granger Cause EF	20	0.69657	0.4155
EF does not Granger Cause GDP		0.90923	0.3537

图 8.4.1 格兰杰因果关系检验

实现路径为: 打开工作文件 ch8li4-1/ 选中 GDP、EF/Open/as Group/View/ Granger Causality / 改滞后阶数 (Lags to Include) 为 1/OK, 即得到图 8.4.1.

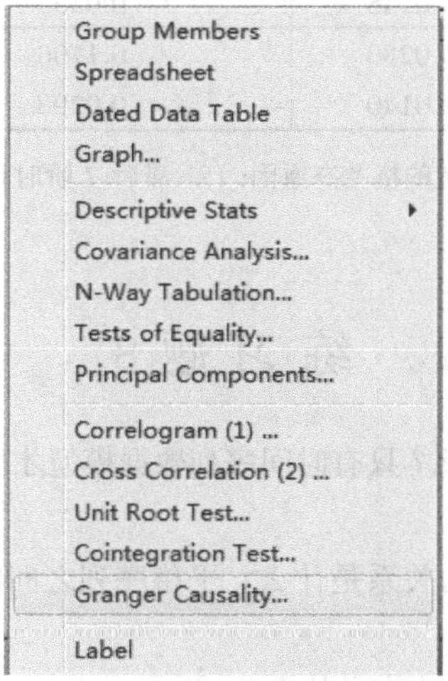

图 8.4.2 格兰杰检验路径

根据伴随概率可知, 在 5% 的显著性水平下, 拒绝 "GDP 不是 EF 格兰杰原因", 但不拒绝 " EF 不是 GDP 格兰杰原因" 的假设. 也就是说, 以一阶滞后的标准, GDP 是 EF 的格兰杰原因, 反之, EF 不是 GDP 的格兰杰原因. 同时, 相应的拉格朗日检验的伴随概率分别为 0.1509 和 0.1813, 表明后两个检验模型不存在严重的自相关性, 即这两个结论具有一定可信度. 为简单起见, 将滞后 $1 \sim 6$ 阶检验的相关结论列于表 8.4.2 中.

从表 8.4.2 可见, 滞后阶数不小于 2 后, 检验的结论都是拒绝原假设, 即国内生产总值 GDP 与教育经费 EF 之间存在相互的格兰杰因果关系. 最大滞后阶数 6 阶的模型无自相关性, 而且具有较小的 AIC 数值, 结论具有较好的可信度.

因此, 最终结论为: 国内生产总值 GDP 与教育经费 EF 之间存在相互的格兰杰因果关系.

表 8.4.2 国内生产总值 GDP 与教育经费 EF 的格兰杰因果关系检验

滞后阶数	假设	F 检验 p 值	一阶自相关 LM 检验 p 值	AIC 数值	结论
1	GDP $\xrightarrow{\times}$ EF	0.0002	0.1509	33.9034	拒绝
	EF $\xrightarrow{\times}$ GDP	0.1813	0.4579	21.4538	不拒绝
2	GDP $\xrightarrow{\times}$ EF	0.001	0.8837	33.6523	拒绝
	EF $\xrightarrow{\times}$ GDP	0.0022	0.1073	20.9723	拒绝
3	GDP $\xrightarrow{\times}$ EF	0.0038	0.5356	33.4211	拒绝
	EF $\xrightarrow{\times}$ GDP	0.0120	0.4874	20.9941	拒绝
4	GDP $\xrightarrow{\times}$ EF	0.0112	0.6573	33.4619	拒绝
	EF $\xrightarrow{\times}$ GDP	0.0377	0.6996	20.6710	拒绝
5	GDP $\xrightarrow{\times}$ EF	0.0226	0.1554	33.2007	拒绝
	EF $\xrightarrow{\times}$ GDP	0.0148	0.0355	20.1620	拒绝
6	GDP $\xrightarrow{\times}$ EF	0.0230	0.1706	32.325	拒绝
	EF $\xrightarrow{\times}$ GDP	0.0140	0.0798	18.3149	拒绝

注: (1) "$\xrightarrow{\times}$" 表示前者不是后者的格兰杰原因; (2) 滞后 7 阶时自相性无法检验.

练 习 题 8

8.1 "伪回归" 的含义是什么? 只有时间序列数据模型才可能发生 "伪回归" 吗?

8.2 平稳的含义是什么?

8.3 平稳性与 "伪回归" 的关系是什么? 平稳序列之间的回归一定不会发生 "伪回归" 吗?

8.4 单位根检验这一称谓的由来是什么?

8.5 简述 DF 检验的假定. 它与常规 t 检验之间是否存在差异?

8.6 相对于 DF 检验, ADF 检验的改进表现在哪些方面?

8.7 协整的含义是什么? 单整阶数不等的序列之间可能存在协整关系吗?

8.8 协整与长期均衡等价吗? 并简述二者的关系.

8.9 用 E-G 两步法检验变量协整性, 能否使用 EViews 给出的临界值?

8.10 简述误差修正模型成立的前提.

8.11 简述误差修正模型的机制和特征.

8.12 AR(p) 模型和 MA(q) 模型的自相关函数和偏自相关函数各自具有哪些特征?

8.13 具备什么特征的序列适合构建 ARMA(p,q) 模型?

8.14 下表给出了 1978—2014 年我国的居民消费价格指数, 试检验它的平稳性. 若不平稳, 请确定其单整的阶数.

年份	CPI (环比, %)	年份	CPI (环比, %)	年份	CPI (环比, %)	年份	CPI (环比, %)
1978	100.7	1988	118.8	1998	99.2	2008	105.9
1979	101.9	1989	118.0	1999	98.6	2009	99.3
1980	107.5	1990	103.1	2000	100.4	2010	103.3
1981	102.5	1991	103.4	2001	100.7	2011	105.4
1982	102.0	1992	106.4	2002	99.2	2012	102.6
1983	102.0	1993	114.7	2003	101.2	2013	102.6
1984	102.7	1994	124.1	2004	103.9	2014	102.0
1985	109.3	1995	117.1	2005	101.8		
1986	106.5	1996	108.3	2006	101.5		
1987	107.3	1997	102.8	2007	104.8		

资料来源: http://data.stats.gov.cn.

8.15 收集我国 1978—2014 年的货物进口额 IM 和货物出口额 EX (单位/人民币亿元, 当年价格), 分别取自然对数记为 LIM 和 LEX. 数据见下表:

年份	LIM	LEX	年份	LIM	LEX
1978	5.121580	5.872118	1997	9.626462	10.202380
1979	5.355170	6.119418	1998	9.630602	10.198010
1980	5.602857	6.345636	1999	9.690282	10.305490
1981	5.906995	6.600551	2000	9.934715	10.578300
1982	6.025383	6.648077	2001	9.999906	10.649790
1983	6.082904	6.757049	2002	10.201660	10.846970
1984	6.363890	7.090910	2003	10.499240	11.163130
1985	6.695675	7.633708	2004	10.801680	11.467290
1986	6.986659	7.855700	2005	11.045290	11.669260
1987	7.293018	8.034048	2006	11.259290	11.856330
1988	7.476869	8.248477	2007	11.446400	12.024030
1989	7.578657	8.332284	2008	11.516870	12.100280
1990	8.001623	8.623371	2009	11.314840	11.922700
1991	8.249863	8.885413	2010	11.580800	12.214650
1992	8.450262	9.118181	2011	11.721890	12.373290
1993	8.572590	9.329988	2012	11.770350	12.405580
1994	9.251655	9.922403	2013	11.828700	12.461370
1995	9.429620	10.064750	2014	11.876760	12.484540
1996	9.439577	10.091370			

资料来源: 李子奈, 潘文卿. 2015. 计量经济学 [M]. 4版. 北京: 高等教育出版社.

要求: (1) 分别检验 LIM 序列和 LEX 序列的平稳性. (2) 若 (1) 的结论是不平稳, 请分别检验 LIM 序列和 LEX 序列的单整性. (3) 由于我国的对外贸易中, 主要是委托加工贸易, 即进口拉动出口. 请检验两个序列的协整性. (4) 若二者是协整的, 请估计二者之间的误差修正模型. (检验的显著性水平 $\alpha = 0.05$).

8.16　下表给出了我国 1978—2010 年, GDP 与最终消费 FC 数据 (单位/人民币亿元, 当年价格).

年份	GDP	FC	年份	GDP	FC
1978	3605.6	2239.1	1995	63216.9	36748.2
1979	4092.6	2633.7	1996	74163.6	43919.5
1980	4592.9	3007.9	1997	81658.5	48140.6
1981	5008.8	3361.5	1998	86531.6	51588.2
1982	5590.0	3714.8	1999	91125.0	55636.9
1983	6216.2	4126.4	2000	98749.0	61516.0
1984	7362.7	4846.3	2001	109028.0	66933.9
1985	9076.7	5986.3	2002	120475.6	71816.5
1986	10508.5	6821.8	2003	136634.8	77685.5
1987	12277.4	7804.6	2004	160800.1	87552.6
1988	15388.6	9839.5	2005	187131.2	99051.3
1989	17311.3	11164.2	2006	222240.0	112631.9
1990	19347.8	12090.5	2007	265833.9	131510.1
1991	22577.4	14091.9	2008	314901.3	152346.6
1992	27565.2	17203.3	2009	346316.6	166820.1
1993	36938.1	21899.9	2010	394307.6	186905.3
1994	50217.4	29242.2			

资料来源：中国统计年鉴, 2011 年版.

要求：检验两个序列之间的格兰杰因果关系.

第 9 章　单方程模型的几个专门问题

在第 2 章至第 8 章中, 我们所讨论的模型存在诸多局限性. 第一, 所使用的变量都是数值型变量. 这限制了模型形式, 无法保证模型足够的精确度, 局限了模型的应用范围. 第二, 数据或为单纯的截面数据, 或为单纯的时间序列数据. 无法满足更多的分析要求. 当然, 局限不止于此, 但我们不可能逐一予以拓展. 考虑到教学目标, 结合读者基础, 本章将介绍在变量类型和数据类型两个方面对计量经济学模型进行的拓展.

基于变量拓展的模型, 主要包括虚拟解释变量模型和离散选择模型 (被解释变量为虚拟变量的计量经济学模型). 基于数据拓展的模型, 主要介绍面板数据模型.

9.1　虚拟变量模型

本节的目的是考虑线性模型中定性解释变量的作用, 介绍定性变量引入模型的方式等. 经过本节学习, 我们会发现定性解释变量的引入, 使得线性回归模型变成为一种极富灵活性的工具. 这一方法可以处理实际研究中遇到的许多有趣、但是有些许挑战性的问题.

9.1.1　虚拟变量的概念

引例：一位学生研究上市公司高管年薪 Y 与公司业绩 X 的关系. 选取上证交易所 90 家样本公司高管年薪与公司业绩的数据, 建立 Y 关于 X 的线性回归模型. 在模型的统计检验过程中发现, 公司业绩对高管年薪的影响不显著. 显而易见, 这一结论有悖常理. 指导教师分析发现, 90 家样本公司中既有国有上市公司, 也包含非国有上市公司. 于是建议：将国有公司与非国有公司拆分为两组样本, 分别建立回归模型. 分析结果：① 公司业绩对国有上市公司高管年薪的影响不显著. ② 公司业绩对非国有上市公司高管年薪的影响显著.

这一问题给我们的启示是：在某些问题研究中需要将影响被解释变量的定性因素纳入模型, 比如此问题中的企业经济类型 (也叫作所有制形式). 上述引例给我们提出的问题包含：① 能否将两样本的回归模型合而为一？② 定性变量影响模型的截距还是斜率？也就是公司经济类型是只影响高管起薪还是影响绩效薪酬, 抑或都有影响？③ 这样的变量专业中应该如何称谓?

诸如此类的问题还有许多, 譬如, 研究本科毕业学生的薪酬 Y, 只考虑与专业工作年限 X 之间的回归

$$Y_i = \beta_0 + \beta_1 X_i + \mu_i \tag{9.1.1}$$

显然是不够的. 其他一些因素, 如性别、工作行业、工作地域和毕业学校知名度等都可能对薪酬产生影响, 应该对它们进行适当量化处理, 将其影响纳入模型.

又比如, 研究职工薪酬 Y 与专业工作年限 X 之间关系, 一个必须考虑的定性因素是劳动者的受教育程度. 经过分析, 把受教育程度区分为高中以下 (含高中)、大学、大学以上. 现在的问题是: 如何量化定性因素才是合理的? 一个简单而直接的想法是

$$D = \begin{cases} 0, & \text{高中以下} \\ 1, & \text{大学} \\ 2, & \text{大学以上} \end{cases}$$

进一步将模型设定为

$$Y_i = \beta_0 + \beta_1 X_i + \beta_2 D_i + \mu_i \tag{9.1.2}$$

于是, 对应于不同受教育程度的回归方程可以分别表示为

高中以下: $$E(Y|\ X,\ D=0) = \beta_0 + \beta_1 X \tag{9.1.3}$$

大学: $$E(Y|\ X,\ D=1) = (\beta_0 + \beta_2) + \beta_1 X \tag{9.1.4}$$

大学以上: $$E(Y|\ X,\ D=2) = (\beta_0 + 2\beta_2) + \beta_1 X \tag{9.1.5}$$

稍加分析就可以发现这么做的问题: 大学与高中以下职工起薪的差别等于大学以上与大学之间的差别 (假定所对比劳动者的专业工作年限相同), 但在实际中这两种差别未必相等. 显然, 这需要以其他方式处理, 一个变形的处理方式是引入两个量化关系:

$$D_1 = \begin{cases} 0, & \text{高中以下} \\ 1, & \text{其他} \end{cases} \qquad D_2 = \begin{cases} 0, & \text{大学} \\ 1, & \text{其他} \end{cases}$$

这样做, 一方面解决了三种受教育程度的区分问题, 同时又可以避免上一种处理中的问题.

根据定性因素的属性类别或其存在与否, 人为规定的只取 “0” 和 “1” 两个数值的变量, 通常称为虚拟变量 (dummy variable), 也有人称之为 “ 哑变量” 或示性变量, 记为 *D*. 例如, 反映经济类型的虚拟变量可以设定为

$$D=\begin{cases}0, & \text{国有}\\ 1, & \text{其他}\end{cases}$$

一般而言, 在虚拟变量的设定中, 基础类型或肯定类型设定取值 1; 比较类型或否定类型设定取值 0. 例如, 反映性别的虚拟变量 (基础类型为女性) 可以设定为

$$S=\begin{cases}0, & \text{女性}\\ 1, & \text{男性}\end{cases}$$

当然, 也可以设定为

$$S=\begin{cases}0, & \text{男性}\\ 1, & \text{女性}\end{cases}$$

只需要注意到一点, 此时的基础类型为男性即可.

9.1.2 虚拟解释变量模型的种类

一个既含有普通解释变量又包含虚拟解释变量的模型称为虚拟变量模型或协方差分析 (analysis of covariance) 模型. 例如

$$I_i=\beta_0+\beta_1 A_i+\beta_2 D_i+\mu_i \tag{9.1.6}$$

其中, I 为收入, A 为专业工作年限, D 为反映行业垄断性的虚拟变量, 具体设定内容为

$$D=\begin{cases}0, & \text{垄断}\\ 1, & \text{非垄断}\end{cases}$$

即为一个协方差分析模型.

一个只含有虚拟解释变量的模型, 称之为 "方差分析 (analysis of variance) 模型", 简记为 "ANOVA 模型". 例如, 模型

$$Y_i=\beta_0+\beta_1 D_i+\mu_i$$

其中, Y 为教授年薪, D 为区分性别的虚拟变量, 且

$$D=\begin{cases}0, & \text{男性}\\ 1, & \text{女性}\end{cases}$$

即为一个方差分析模型.

9.1.3　虚拟变量的设置原则

这主要是一个关于虚拟变量数量的问题. 如研究某种特定商品销量, 除商品价格外还应该考虑地区和季节等定性因素; 再比如研究劳动者薪酬, 除必须考虑专业工作年限外, 也有要考虑性别、行业类别以及毕业学校知名度等定性因素.

理所当然的是: 不同定性因素必须单独设定不同虚拟变量, 比如地区和季节的虚拟变量自然应该不同. 问题在于同一个定性因素应该用几个虚拟变量, 一个还是多个? 若是多个, 那么具体用几个?

假设研究者准备研究白酒的销量 Q, 拟考虑的解释变量包含白酒价格 P, 地域 A (划分城市与乡村) 以及季节 S(区分为春、夏、秋、冬). 考虑用一个虚拟变量区分地域. 问题在于, 区分季节应该用几个呢? 不言自明的是, 用 1 个、2 个都不够, 问题只在于究竟是 3 个还是 4 个. 初始模型考虑为

$$Q_i = \beta_0 + \beta_1 P_i + \beta_2 A_i + \mu_i \tag{9.1.7}$$

如果使用 3 个虚拟变变量:

$$S_1 = \begin{cases} 1, & \text{夏季}, \\ 0, & \text{其他}, \end{cases} \quad S_2 = \begin{cases} 1, & \text{冬季}, \\ 0, & \text{其他}, \end{cases} \quad S_3 = \begin{cases} 1, & \text{春季} \\ 0, & \text{其他} \end{cases}$$

那么, 相应的虚拟变量模型为

$$Q_i = \beta_0 + \beta_1 P_i + \beta_2 A_i + \beta_3 S_{1i} + \beta_4 S_{2i} + \beta_5 S_{3i} + \mu_i \tag{9.1.8}$$

一年四季春、夏、秋、冬, 已经被区分开来. $S_1 = 1$, $S_2 = S_3 = 0$ 时为夏季, $S_2 = 1$, $S_1 = S_3 = 0$ 时为冬季, $S_3 = 1$, $S_1 = S_2 = 0$ 时为春季, $S_1 = S_2 = S_3 = 0$ 时为秋季.

如果把区分季节的虚拟变量设定为

$$S_1 = \begin{cases} 1, & \text{夏季}, \\ 0, & \text{其他}, \end{cases} \quad S_2 = \begin{cases} 1, & \text{冬季}, \\ 0, & \text{其他}, \end{cases} \quad S_3 = \begin{cases} 1, & \text{春季}, \\ 0, & \text{其他}, \end{cases} \quad S_4 = \begin{cases} 1 & \text{秋季} \\ 0 & \text{其他} \end{cases}$$

此时模型变为

$$Q_i = \beta_0 + \beta_1 P_i + \beta_2 A_i + \beta_3 S_{1i} + \beta_4 S_{2i} + \beta_5 S_{3i} + \beta_6 S_{4i} + \varepsilon_i \tag{9.1.9}$$

假设有一份包含 2 家公司一年四季之春、夏、秋、冬的样本数据, 那么设计矩阵的一部分为

$$
\boldsymbol{X}=\begin{pmatrix}
1 & \cdots & 1 & 0 & 0 & 0 & \cdots \\
1 & \cdots & 0 & 1 & 0 & 0 & \cdots \\
1 & \cdots & 0 & 0 & 1 & 0 & \cdots \\
1 & \cdots & 0 & 0 & 0 & 1 & \cdots \\
1 & \cdots & 1 & 0 & 0 & 0 & \cdots \\
1 & \cdots & 0 & 1 & 0 & 0 & \cdots \\
1 & \cdots & 0 & 0 & 1 & 0 & \cdots \\
1 & \cdots & 0 & 0 & 0 & 1 & \cdots
\end{pmatrix}
$$

不难发现: 中间四列分别与 -1 相乘后加到第一列上, 则第一列的元素全为零, 即模型出现了完全多重共线性, 进而导致 OLS 失效.

像模型 (9.1.9) 这样, 由于引入数量过多的虚拟变量, 导致模型发生 "完全共线性", 进而导致 OLS 失效的现象被称为 "**虚拟变量陷阱**". 这必须避免, 避免的方法主要有两种. 我们首先从具体问题的辨别入手, 在模型 (9.1.7) 中, 地区分为两个结果, 引入一个虚拟变量; 季节共四个结果, 引入 3 个虚拟变量 (若只关心四个季节中的某 3 个之间是否存在差异, 引入 2 个虚拟变量就足够了). 这样既能够把定性因素需要区分的类别区分开来, 又不会落入 "虚拟变量陷阱". 另一方面, 从纯理论的角度看, 如果模型 (9.1.7) 不含截距项, 我们不会被虚拟变量陷阱困扰, 因此, 只要删除模型中的截距项就可以避免虚拟变量陷阱. 但是对于计量经济学而言, 舍弃截距将会失去研究被解释变量基础均值差异的机会, 一般不作为避免虚拟变量陷阱的选择.

综合前后各部分, 我们给出设定和使用虚拟变量应该坚持的原则:

第一, 若有 k 个备选的定性因素, 则设置 k 组虚拟变量 (每组可以只有一个变量).

第二, 若某个定性因素共有 m 个不同类型需要区分, 则引入 $(m-1)$ 个虚拟变量.

第三, 虚拟变量取值仅限 "0" 和 "1"(0, 1 的设定在建模阶段可以没有限制, 但在对结果进行解释的时候应该把握 0 对应于对比分析的基础).

第四, 根据研究的目的和变量自身特点, 决定虚拟变量进入模型的形式.

以上讨论, 只解决了虚拟变量数值设置、虚拟变量数量等问题. 我们尚有虚拟变量进入模型方式需要讨论.

9.1.4 虚拟变量的引入

虚拟变量作为解释变量被引入模型的形式, 因分析的预期目的不同, 分为以下四种形式. 其中, 加法方式与乘法方式为基本形式.

1. 加法方式

其特征为, 虚拟变量拥有单独的回归系数. 以一元线性回归为例, 表示为

$$Y_i = \beta_0 + \beta_1 X_i + \beta_2 D_i + \mu_i \tag{9.1.10}$$

其中, X 为普通解释变量, D 为虚拟变量. 相应的回归方程为

$$E\left(Y|\,X_i\right) = \beta_0 + \beta_1 X_i + \beta_2 D_i \tag{9.1.11}$$

显而易见, $D = 0$ 时的回归方程为

$$E\left(Y|\,X_i,\ D = 0\right) = \beta_0 + \beta_1 X_i \tag{9.1.12}$$

$D = 1$ 时的回归方程为

$$E\left(Y|\,X_i,\ D = 1\right) = (\beta_0 + \beta_2) + \beta_1 X_i \tag{9.1.13}$$

不难发现, (9.1.11) 是 (9.1.12) 和 (9.1.13) 两个回归方程合并而成的, 二者的区别在于截距不同. 也可以讲, (9.1.11) 能够分解出 (9.1.12) 和 (9.1.13), 二者的区别表现在截距上.

因此, 加法形式引入虚拟变量的作用在于考察定性变量对模型截距的影响是否显著. 需要说明的是, 以加法方式引入虚拟变量是否有必要, 则需通过对虚拟变量 D 的系数 β_2 进行显著性检验.

例 9.1.1　一份关于 15 位大学教师年薪、教龄以及性别的数据见表 9.1.1.

表 9.1.1　大学教师年薪、教龄以及性别数据

年薪 Y/千元	教龄 X/年	性别 S	年薪 Y/千元	教龄 X/年	性别 S
23.0	1	1	25.0	5	0
19.5	1	0	28.0	5	1
24.0	2	1	29.5	6	1
21.0	2	0	26.0	6	0
25.0	3	1	27.5	7	0
22.0	3	0	31.5	7	1
26.5	4	1	29.0	8	0
23.1	4	0			

注: (1) 资料来源:达摩达尔.N. 古扎拉蒂. 2010. 计量经济学精要 [M]. 北京: 机械工业出版社.

(2) $S = 1$, 男性, $S = 0$, 女性.

考虑建立虚拟变量模型 $Y_i = \beta_0 + \beta_1 X_i + \beta_2 S_i + \mu_i$. 考察不同性别对应的起薪之间差异是否显著 $(\alpha = 0.01)$?

根据表 9.1.1 的数据, 得到的 OLS 回归简要结果见图 9.1.1.

Variable	Coeffcient	Std. Error	t-Statistic	Prob.
C	17.96929	0.191955	93.61191	0.0000
X	1.370714	0.035645	38.45442	0.0000
S	3.333571	0.155374	21.45518	0.0000
R-squared	0.993278	Mean dependent var	25.37333	
Adjusted R-squared	0.992157	S.D. dependent var	3.367591	
F statistic	886.5595	Durbin-Watson stat	1.892020	
Prob (F statistic)	0.000000			

图 9.1.1 (加法形式) 虚拟回归结果

由此可以得到合并样本的回归方程为

$$\hat{Y}_i = 17.9693 + 1.3707X_i + 3.3336S_i$$
$$t = (93.6119)\ (38.4544)\ (21.4552)$$
$$R^2 = 0.9933, \quad F = 886.5595, \quad n = 15, \quad \text{D.W.} = 1.8920$$

从这一简要的输出结果不难看出, 方程的统计学检验结论非常漂亮. 需要特别指出的是: 性别显著性 t 检验的伴随概率 prob. $\approx 0 \ll 0.01 = \alpha$, 因此, 应该拒绝原假设 $\beta_2 = 0$. 其经济学解释是, 性别对大学教师年薪的影响显著, 准确地讲性别对起薪的影响显著.

同时, 易见女性教师 ($S = 0$) 的样本回归方程为

$$\hat{Y}_i = 17.9693 + 1.3707X_i$$

男性教师 ($S = 1$) 的样本回归方程为

$$\begin{aligned}\hat{Y}_i &= (17.9693 + 3.3336) + 1.3707X_i \\ &= 21.3029 + 1.370714X_i\end{aligned}$$

显而易见, 二者的区别在于男性教师回归方程之截距较女性教师回归方程的大 3.3336. 两个方程的斜率相等, 因而, 此两条回归直线相互平行.

从例 9.1.1 中我们可以看出, 如果研究者希望考察定性因素对截距的影响是否显著, 或者如果研究者拟对比不同回归方程的截距差异是否显著, 可以考虑以加法的形式引入虚拟变量.

2. 乘法方式

若研究者希望了解定性因素对模型斜率影响是否显著, 那么可以考虑以乘法的方式引入虚拟变量, 其特征是, 虚拟变量与普通变量相乘之后共用一个回归系数.

仍以一元线性回归为例进行说明, 此时的回归模型为

$$Y_i=\beta_0+\beta_1X_i+\beta_2(X_iD_i)+\mu_i \tag{9.1.14}$$

相应的回归方程为

$$E(Y_i\mid X_i)=\beta_0+\beta_1X_i+\beta_2(X_iD_i) \tag{9.1.15}$$

显然, 对于否定型 $(D=0)$ 而言, 回归方程为

$$E(Y_i\mid X_i,\ D_i=0)=\beta_0+\beta_1X_i \tag{9.1.16}$$

而对于肯定型 $(D=1)$, 回归方程型为

$$E(Y_i\mid X_i,\ D_i=1)=\beta_0+(\beta_1+\beta_2)X_i \tag{9.1.17}$$

二者的差异在于斜率不同, 肯定型较之于否定型高出 β_2 $(=X_iD_i$ 的回归系数). 显然, (9.1.15) 是由 (9.1.16) 和 (9.1.17) 复合而成的. 乘法方式引入虚拟变量的目的在于, 考察或研究定性变量对回归模型斜率的影响是否显著; 或者对比不同模型斜率之间差异是否显著.

例 9.1.2 假定研究者拟研究例 9.1.1 中不同性别教师的教龄工资之间是否存在显著差异, 可以考虑建立虚拟变量模型

$$Y_i=\beta_0+\beta_1X_i+\beta_2(X_iS_i)+\mu_i$$

问: 男性教师与女性教师的教龄工资之间差异是否显著 $(\alpha=0.01)$?

以 EViews 估计此模型, OLS 回归的简要结果见图 9.1.2.

据此, 可以得到合并样本的虚拟变量回归方程为

$$\begin{aligned}\hat{Y}_i&=19.4923+1.0965X_i+0.6444(S_i\times X_i)\\ t&=(41.5458)\ (10.8870)\quad (7.1155)\\ R^2&=0.9493,\quad F=112.3544,\quad n=15,\quad \text{D.W.}=2.6265\end{aligned}$$

易见, 从统计学的角度看, 该模型各项基本指标优良. 特别需要指出的是, 变量 S_iX_i 显著性 t 检验的伴随概率 prob.$\approx 0 \ll 0.01=\alpha$, 所以, 拒绝原假设 $\beta_2=0$, 即不同性别教师的教龄工资之间的差异显著.

Variable	Coeffcient	Std. Error	t-Statistic	Prob.
C	19.49228	0.469176	41.54577	0.0000
X	1.096461	0.100713	10.88701	0.0000
S *X	0.644369	0.090558	7.115533	0.0000
R-squared	0.949305	Mean dependent var		25.37333
Adjusted R-squared	0.940856	S.D. dependent var		3.367591
F statistic	112.3544	Durbin-Watson stat		2.626527
Prob (F statistic)	0.000000			

图 9.1.2 (乘法) 虚拟变量模型估计

明显地, 可以从总方程中分解出女性教师 (令 $S=0$) 的回归方程

$$\hat{Y}_i = 19.4923 + 1.0965X_i$$

同理可以分解出男性教师 (令 $S=1$) 的回归方程

$$\begin{aligned}\hat{Y}_i &= 19.4923 + (1.0965 + 0.6444)X_i \\ &= 19.4923 + 1.7409X_i\end{aligned}$$

比较而言, 不同性别教师年薪回归方程之间的差别表现为斜率不同, 具体讲男性教师回归方程的斜率比女性教师的大 $0.6444 = \hat{\beta}_2$ (变量 X_iS_i 的回归系数估计值).

综合而言, 乘法方式引入虚拟变量能够检验定性因素对回归模型斜率的影响是否显著. 同时还可以用于检验不同方程斜率之间的差异是否显著.

3. 加法方式与乘法方式并用

假如研究者希望研究定性因素对不同方程的斜率和截距的影响是否同时存在, 应该将加法方式与乘法方式并用. 该类虚拟变量模型的基本形式中, 虚拟变量拥有自己单独的系数, 同时, 虚拟变量与普通变量乘积共有一个系数.

仍旧以一元线性回归为例, 此时的模型为

$$Y_i = \beta_0 + \beta_1 D_i + \beta_2 X_i + \beta_3(X_iD_i) + \mu_i \tag{9.1.18}$$

相应的回归方程为

$$E(Y_i \mid X_i) = \beta_0 + \beta_1 D_i + \beta_2 X_i + \beta_3(X_iD_i) \tag{9.1.19}$$

显然, 否定型 (令 $D=0$) 的回归方程为

$$E(Y_i \mid X_i)=\beta_0+\beta_2 X_i \tag{9.1.20}$$

肯定型 (令 $D=1$) 的回归方程为

$$E(Y_i \mid X_i,\ D_i=1)=(\beta_0+\beta_1)+(\beta_2+\beta_3)X_i \tag{9.1.21}$$

与加法方式、乘法方式明显不同的是, 此时分类回归方程的截距和斜率之间都可能存在差别.

依据对模型 (9.1.18) 中 β_1 与 β_3 统计检验的不同结论, 可能得出四种不同的回归. 这些结论的经济学解释自然应该随变量内容不同而区别, 但是其统计学内涵却是明确的. 具体讲, 这就是:

第一, 重合回归 (coincident regression). 即原假设 $\beta_1=0,\ \beta_3=0$ 均不被拒绝. 这时两条回归直线重合 (见图 9.1.3).

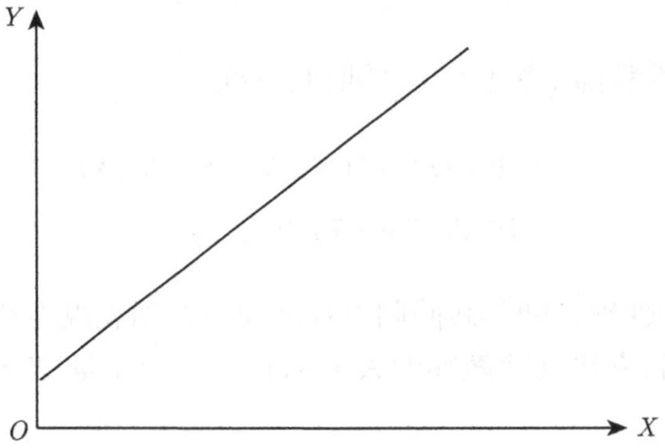

图 9.1.3　重合回归

第二, 平行回归 (parallel regression). 即 $\beta_1=0$ 被拒绝, 而 $\beta_3=0$ 不被拒绝. 亦即两条回归线的截距不同但斜率相同 (见图 9.1.4).

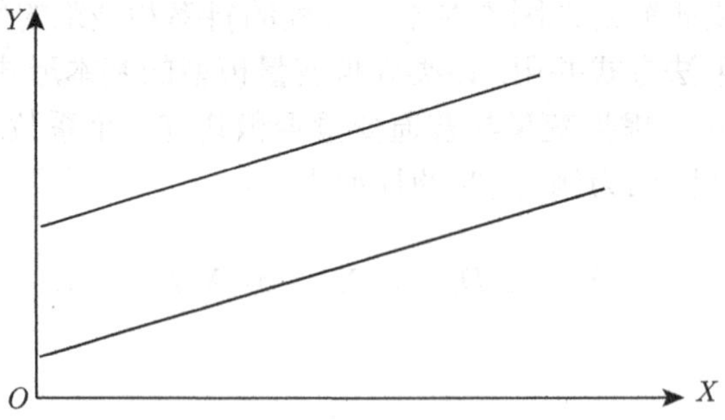

图 9.1.4　平行回归

第三, 汇合回归 (concurrent regression). 即 $\beta_1 = 0$ 不被拒绝, 而 $\beta_3 = 0$ 被拒绝. 亦即两条回归线的截距相同但斜率不同 (见图 9.1.5).

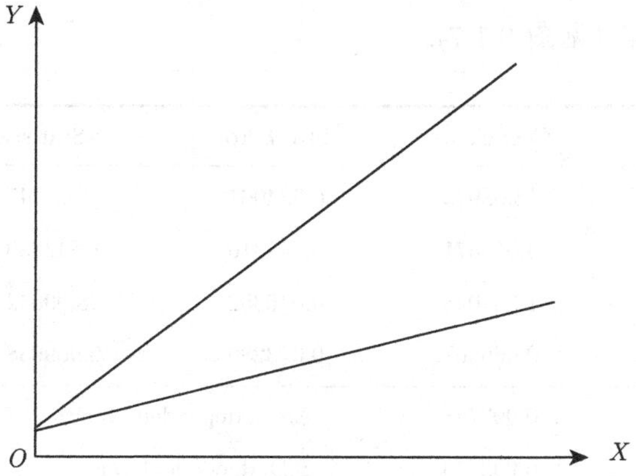

图 9.1.5 交汇回归

第四, 相异回归 (dissimilar regression). 即 $\beta_1 = 0$ 与 $\beta_3 = 0$ 同时被拒绝. 亦即两条回归线的截距和斜率都不相同 (见图 9.1.6).

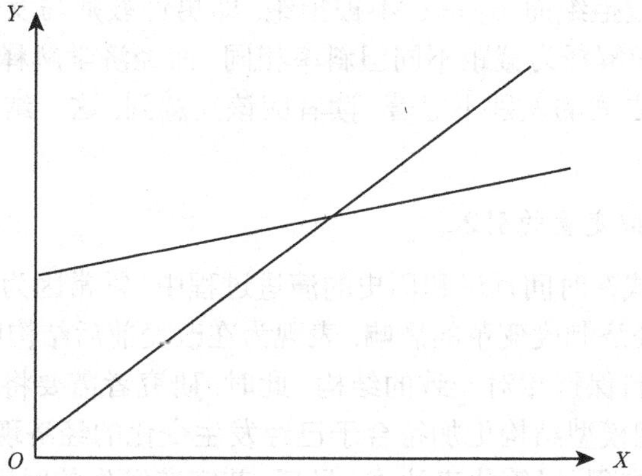

图 9.1.6 相异回归

不经意间, 虚拟变量模型派生出两个附加作用：可以实现两个不同回归方程之间差异显著的比较；也可以实现回归模型结构稳定性的检验, 且这一方式简单的程度明显优于邹氏检验.

例 9.1.3 利用例 9.1.1 的数据, 比较教师年薪回归模型之间的差异, 取 $\alpha = 0.05$.

使用 EViews 并以 OLS 估计模型

$$Y_i = \beta_0 + \beta_1 S_i + \beta_2 X_i + \beta_3(X_i S_i) + \mu_i$$

一个简化的输出结果 (见图 9.1.7).

Variable	Coeffcient	Std. Error	t-Statistic	Prob.
C	18.08929	0.234067	77.28247	0.0000
S	3.053571	0.345316	8.842830	0.0000
X	1.344048	0.046352	28.99642	0.0000
S *X	0.066667	0.073289	0.909638	0.3825
R-squared	0.993748	Mean dependent var		25.37333
Adjusted R-squared	0.992043	S.D. dependent var		3.367591
F statistic	582.8164	Durbin-Watson stat		1.474040
Prob (F statistic)	0.000000			

图 9.1.7　虚拟变量 (混合) 回归估计

显然, $\beta_1 = 0$ 被拒绝而 $\beta_3 = 0$ 不被拒绝, 即男性教师与女性教师的分类回归为平行回归. 统计学解释为截距不同但斜率相同, 而经济学解释则为: 起薪差异明显但平均教龄年薪之间的差别不显著. 读者应该注意到, 这一结论与单纯的乘法方式不同.

4. 临界指标虚拟变量的引入

经济行为与模式在时间行进和历史的演进过程中, 常常因为受到某些突发事件或经济政策推行、经济制度变革的影响, 表现为在改变前后结构明显不同, 而且, 在前阶段和后阶段各自保持相对一致的结构. 此时, 研究者需要将不同阶段数据作为样本分段回归, 以期模型结构更加符合于已经发生变化的经济现实. 抑或需要将两段回归统一为一个方程, 以简化表达式. 最后, 若突变发生的时间不明确, 则需要寻找并确认.

继续使用一元线性回归为范例进行说明, 此时使用的虚拟变量为临界指标虚拟变量, 模型的一般形式为

$$Y_t = \beta_0 + \beta_1 X_t + \beta_2(X_t - X_t^*)D_t + \mu_t \tag{9.1.22}$$

其中, X_t^* 为阈值或门限值, 即结构变化发生时间 t^* 所对应的解释变量数值 (不妨假设为已知的); D_t 为虚拟变量, 定义为

$$D_t = \begin{cases} 1, & t \geqslant t^* \\ 0, & t < t^* \end{cases}$$

可见, 当 $t \geqslant t^*$ $(D_t = 1)$ 时, 回归模型为

$$Y_t = (\beta_0 - \beta_2 X_t^*) + (\beta_1 + \beta_2) X_t + \nu_t \tag{9.1.23}$$

而当 $t < t^*$ $(D_t = 0)$ 时, 回归模型变为

$$Y_t = \beta_0 + \beta_1 X_t + \varepsilon_t \tag{9.1.24}$$

显然, 从统计学的角度看, (9.1.23) 与 (9.1.24) 的斜率和截距都不同. 但需指出的是, 这与加法方式和乘法方式并用的模型不同, 此处的截距与阈值有关.

例 9.1.4 1994 年我国实施税制改革, 推行中央政府与地方政府分税制度, 从理论上讲这样的政策应该影响政府税收收入模式. 那么现实中影响是否显著存在? 如果存在, 那么影响的具体形式和数量如何? 我们将以我国 1978—2014 年的税收收入总额 (记为TR), 国内生产总值 (记为GDP) 数据为基础, 来证实上述的猜测. 数据见表 9.1.2.

表 9.1.2 我国 1978—2014 年国内生产总值与税收收入总额

年份	GDP/亿元	TR/亿元	年份	GDP/亿元	TR/亿元
1978	3678.7	519.28	1997	78802.9	8234.04
1979	4100.5	537.82	1998	83817.6	9262.80
1980	4587.6	571.70	1999	89366.5	10682.58
1981	4933.7	629.89	2000	99066.1	12581.51
1982	5380.5	700.02	2001	109276.2	15301.38
1983	6043.8	775.59	2002	120480.4	17636.45
1984	7314.2	947.35	2003	136576.3	20017.31
1985	9123.6	2040.79	2004	161415.4	24165.68
1986	10375.4	2090.73	2005	185998.9	28778.54
1987	12166.6	2140.36	2006	219028.5	34804.35
1988	15174.4	2390.47	2007	270844.0	45621.97
1989	17188.4	2727.40	2008	321500.5	54223.79
1990	18923.3	2821.86	2009	348498.5	59521.59
1991	22050.3	2990.17	2010	411265.2	73210.79
1992	27208.2	3296.91	2011	484753.2	89738.39
1993	35599.2	4255.30	2012	539116.5	100614.30
1994	48548.2	5126.88	2013	590422.4	110530.70
1995	60356.6	6038.04	2014	644791.1	119175.30
1996	70779.6	6909.82			

资料来源：http://data.stats.gov.cn.

我们拟用临界指标虚拟变量回归模型解决此问题, 模型设定为

$$\mathrm{TR}_t = \beta_0 + \beta_1 \mathrm{GDP}_t + \beta_2 (\mathrm{GDP}_t - \mathrm{GDP}_t^*) S_t + \mu_t$$

记 $\mathrm{GDP1}_t = (\mathrm{GDP}_t - \mathrm{GDP}_t^*) S_t$, 其中 $\mathrm{GDP}_t^* = 48548.2$, 而

$$S_t = \begin{cases} 1, & t \geqslant 1994 \\ 0, & t < 1994 \end{cases}$$

以 EViews 之 OLS 估计模型, 输出结果 (见图 9.1.8).

View Proc Object Print Name Freeze Estimate Forecast Stats Resids

Dependent Variable: TR
Method: Least Squares
Date: 07/03/17 Time: 20:16
Sample: 1978 2014
Included observations: 37

Variable	Coefficient	Std. Error	t-Statistic	Prob.
C	1172.594	371.0035	3.160600	0.0033
GDP	0.037089	0.011383	3.258332	0.0025
GDP1	0.158427	0.012100	13.09287	0.0000

R-squared	0.999022	Mean dependent var	23827.35
Adjusted R-squared	0.998964	S.D. dependent var	34032.29
S.E. of regression	1095.164	Akaike info criterion	16.91280
Sum squared resid	40779052	Schwarz criterion	17.04342
Log likelihood	-309.8868	Hannan-Quinn criter.	16.95885
F-statistic	17364.87	Durbin-Watson stat	0.489330
Prob(F-statistic)	0.000000		

图 9.1.8　普通最小二乘回归结果

按计量经济学标准, 此模型存在自相关性, 经检验证实模型同时存在 1 阶和 2 阶自相关. 用广义差分法估计模型, 结果 (见图 9.1.9).

Variable	Coefficient	Std. Error	t-Statistic	Prob.
C	1112.156	649.2207	1.713064	0.0970
GDP	0.044897	0.019483	2.304356	0.0283
GDP1	0.148487	0.020729	7.163350	0.0000
AR(1)	1.212890	0.179665	6.750840	0.0000
AR(2)	-0.598176	0.188188	-3.178615	0.0034

R-squared	0.999685	Mean dependent var	25158.71
Adjusted R-squared	0.999643	S.D. dependent var	34533.60
S.E. of regression	652.3807	Akaike info criterion	15.93070
Sum squared resid	12768018	Schwarz criterion	16.15289
Log likelihood	-273.7872	Hannan-Quinn criter.	16.00740

图 9.1.9　广义差分回归结果

进而可以得到优化的样本回归方程

$$
\begin{aligned}
\widehat{\mathrm{TR}}_t &= 1112.1560 + 0.0449\mathrm{GDP}_t + 0.1485(\mathrm{GDP}_t - 48548.2)S_t \\
t &= (1.7131) \quad (2.3044) \quad (7.1634) \\
R^2 &= 0.9997, \quad F = 23810.3200, \quad n = 35, \quad \mathrm{D.W.} = 2.0020
\end{aligned}
$$

于是可以得到分税制前我国税收收入与国内生产总值的回归方程为

$$\widehat{\mathrm{TR}}_t = 1112.1560 + 0.0449\mathrm{GDP}_t$$

同理可得, 分税制后我国税收收入与国内生产总值的回归方程为

$$\widehat{\mathrm{TR}}_t = -6097.2517 + 0.1934\mathrm{GDP}_t$$

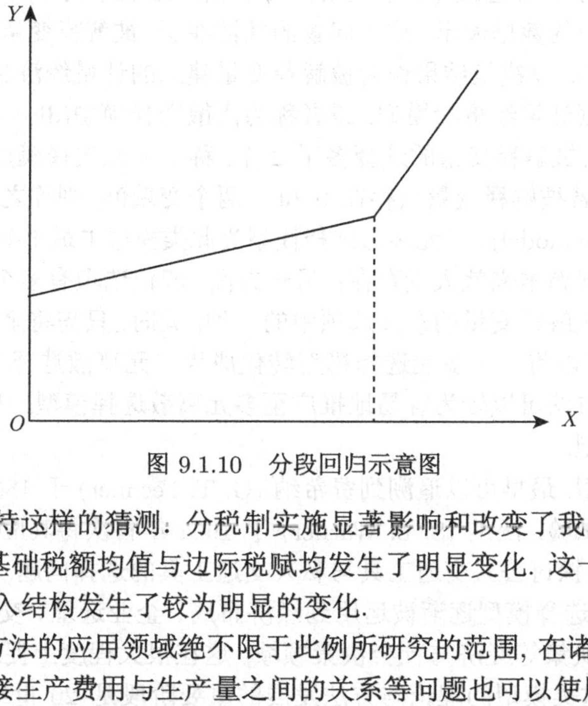

图 9.1.10 分段回归示意图

这一结果支持这样的猜测: 分税制实施显著影响和改变了我国税收收入结构. 实施前后, 无论基础税额均值与边际税赋均发生了明显变化. 这一结果表明, 分税制使我国税收收入结构发生了较为明显的变化.

当然, 这一方法的应用领域绝不限于此例所研究的范围, 在诸如销售佣金与销售额的关系、间接生产费用与生产量之间的关系等问题也可以使用.

顺便指出, 如果变化发生的时间不确定, 可以尝试 t^* 依次取 $2, 3, \cdots, n-1$, 进行相应回归, 并进行显著性检验. 只要有显著的时间存在, 就可以得出结构发生了变化的结论; 假如尝试完所有时间, 都没有显著的, 则表明结构变化可能没有发生.

最后, 我们在以上讨论中, 始终只涉及那些既有普通解释变量也有虚拟变量的协方差模型 (因为这是较为常见的形式), 方差分析模型主要见诸心理学和教育学

等领域；如果涉及两个以上的虚拟变量，也可以分为加法、乘法以及加法乘法混合模型，只是应该注意，虚拟变量之间的乘法测定的影响被称为 "交互作用效应".

9.2 二元离散选择模型

经典计量经济学模型中的被解释变量，通常被设定成为具有某一分布的连续型随机变量. 但是，在微观领域中，我们常常面临许多决策问题或选择问题，即人们在几个备选方案中做出选择. 例如，一个求职者可能根据工作时间长度 (连续变量) 和薪酬 (连续变量) 来决定受聘或拒聘 (定性结果，可以转化为虚拟变量值 0 或 1). 又比如，对于市政府的某项建设方案，市民可能依据所需投资数额和对自己出行时间的影响 (连续型变量) 等方面的综合考量，进而表现为：强烈反对、反对、中立、支持和积极支持等 5 种态度 (定性数据)，可以相应地表示为 0, 1, 2, 3, 4. 这些备选方案可以用离散的数据表示. 这类问题的共性在于，被解释变量为离散型变量或者说虚拟变量. 这类以决策结果作为被解释变量建立的计量经济学模型，被称为离散被解释变量数据计量经济学模型，或者称为离散选择模型(discrete choice model, DCM). 一般地，若被解释变量的选择多于 2 个，称为多元选择模型(multiple choice model). 特别地，若被解释变量只存在 0 和 1 两个变量值，则称之为二元离散选择模型(binary choice model). 二元离散选择模型为此类模型中最重要的一种，一方面，选项只有两个的问题本来就大量存在；另一方面，即使选项有多个，通常情况是研究者往往只关心被解释变量的众多选项中的一种，此时，只需将余下的选项全都当作其对立面，即可以将一个多元选择模型转化成为二元离散选择模型. 同时，二元离散选择模型的方法可以较为容易地推广至多元离散选择模型. 因此，我们只介绍二元离散选择模型.

离散选择模型，最早可以追溯到费希纳 (G. T. Fechner) 于 1860 年所进行的动物二元条件反射试验. 沃纳 (S. L. Warner) 于 1962 年首次将其应用于经济学研究领域. 最初被用来探讨公共交通工具与私人交通工具的选择问题. 直到 20 世纪 70 至 80 年代，离散选择模型逐渐被运用到经济布局、企业选址、交通问题、就业问题以及消费购买决策等经济与社会决策领域，这在很大程度上促进了离散选择模型的迅速发展. 这类模型的理论与方法发展的重要阶段是 20 世纪 80 年代，这可以从 "离散选择的计量经济学分析 (econometric analysis of discrete choice)" (Börsh-Supan, 1987) 所引用文献中看出些许端倪. 麦克法登因在离散选择模型领域的杰出贡献，与赫克曼分享了 2000 年诺贝尔经济学奖.

9.2.1 二元离散选择模型的经济学背景

在现实的经济活动与管理实践中，人们常常面临各式各样的选择性问题. 其中较为典型的有这样几种.

第一, 交通工具选择问题. 交通拥堵问题, 今天已经成为交通参与者 (包括乘客、驾驶人员和行人) 和管理者 (政府) 双方共同的一个难题, 各国各地解决的共同思路都是发展公共交通, 引导居民选择使用公共交通工具出行. 而居民通常在公共交通工具与私人交通工具之间选择. 选择基于两个方面的考虑: 一方面是关于交通工具的因素, 包含准时率、成本、乘车环境等; 另一方面是居民自身的, 包含收入、年龄、性别、职业和健康状况等. 统计表明, 选择结果与影响因素之间存在依存关系, 揭示这一关系并将其用于预测, 对于政府制定交通发展规划具有十分重要的意义. 这就需要建立选择结果"公共交通工具"和"私人交通工具"为被解释变量的计量经济模型.

第二, 购买决策问题. 消费者对于某种商品的购买过程, 实质上是一个购买决策过程. 消费者一方面考虑商品的性能、价格以及使用的便利程度等, 同时结合自身的收入、社会地位以及个人偏好等因素综合考虑之后, 做出"购买"或"放弃"的决策. 消费经济学和市场营销学告诉我们, 消费者的购买决策模型是成立的, 建立此类模型对于商家具有相当价值. 这是一个关于"购买"与"放弃"为被解释变量的选择性模型. 需要说明的一点是, 此处所言之消费者可以是批发商、零售商和私人消费者, 同时商品也可以是金融和保险等服务产品.

第三, 求职者的职业选择问题. 求职者一般根据职业提供的收入、工作环境以及成长空间等因素, 同时结合自身的年龄、职业技能、文化水平以及个人理想 (或职业偏好) 进而做出"接受"或"拒绝"该职业的决策. 人力资源管理学的相关知识告诉我们, 职业选择模型是研究求职者职业选择问题的有力工具. 这同样是一个关于"接受"和"拒绝"这类选择结果作为被解释变量的计量经济学模型问题.

夸张一些讲, 诸如此类的问题我们这里给出的例子不足冰山之一角. 由此可见, 二元离散选择模型是一类应用领域非常广泛的计量经济学模型.

9.2.2 二元离散选择模型概述

以上的讨论, 只明确了二元离散选择模型的被解释变量是选项为二的定性变量, 并未明确模型的具体形式.

1. 线性概率模型

对于前述的二元离散选择模型问题, 我们自然想借鉴熟悉的模式, 将模型表示成为

$$Y_i = \boldsymbol{X}_i \boldsymbol{B} + \mu_i \tag{9.2.1}$$

其中, Y_i 为虚拟被解释变量, 其观测值只取 0 和 1 两个值. $\boldsymbol{X}$ 为解释变量, 包含选择对象和选择主体两方面的因素 (既可以有定量因素, 也可以有定性因素). 该模型

称为**线性概率模型**(linear probability model).

对于一个离散随机变量而言, 其规律性一般表现为概率. 我们依旧可以预期在 (9.2.1) 中有 $E(\mu_i)=0$, 于是

$$E(Y_i \mid \boldsymbol{X}_i)=\boldsymbol{X}_i\boldsymbol{B}$$

同时注意到, Y 是一个只取 0 和 1 的随机变量, 因此, 其概率分布为

$$P(Y_i=1)=p_i,\quad P(Y_i=0)=1-p_i$$

所以

$$E(Y_i\,|\boldsymbol{X}_i)=1\cdot P(Y_i=1)+0\cdot P(Y_i=0)=1\cdot p_i+0\cdot(1-p_i)=p_i$$

亦即

$$E(Y_i\,|\boldsymbol{X}_i)=P(Y_i=1)=p_i=\boldsymbol{X}_i\boldsymbol{B} \tag{9.2.2}$$

容易注意到, (9.2.2) 式右端的 $\boldsymbol{X}_i\boldsymbol{B}$ 未必满足 $0\leqslant\boldsymbol{X}_i\boldsymbol{B}\leqslant 1$, 但左端 $p_i=P(Y_i=1)$, 所以 $0\leqslant p_i\leqslant 1$, 于是 (9.2.2) 的左右两端是相互矛盾的.

又因为 $\boldsymbol{X}_i\boldsymbol{B}+\mu_i$ 必须等于 0 或者 1, 因此, 其随机误差项必有

$$\mu_i=\begin{cases}1-\boldsymbol{X}_i\boldsymbol{B}, & 当\ Y_i=1,\quad 其概率为\ \boldsymbol{X}_i\boldsymbol{B}\\ -\boldsymbol{X}_i\boldsymbol{B}, & 当\ Y_i=0,\quad 其概率为\ 1-\boldsymbol{X}_i\boldsymbol{B}\end{cases}$$

容易证明

$$\mathrm{Var}\,(\mu_i\mid\boldsymbol{X}_i)=\boldsymbol{X}_i\boldsymbol{B}(1-\boldsymbol{X}_i\boldsymbol{B})$$

即模型存在异方差性. 事实上, 随机误差项也不满足正态性的假定.

基于以上三点, 模型 (9.2.1) 不适合作为研究二元离散选择问题的模型.

2. 效用模型

为了获得现实可用的离散选择模型, 我们有必要换个角度来考虑问题, 即这是一类决策问题模型, 而决策主体在进行决策的过程中主要依据的是决策结果为其带来的效用. 具体讲, 决策主体依据决策选项为其带来的效用差别进行决策, 即选择那种能为其带来更大效用的选项.

决策主体从两种决策选项中获得的效用, 我们将其记为 U^1, U^0. 比如, U^1 可以是主体选择公共交通工具或者是购买商品的效用; U^0 是主体选择私人交通工具或者是放弃购买商品的效用. 自然地, 这种效用是随机的. 比如背景相同的乘客可能选择不同的交通工具, 源自于当时环境的不同, 比如眼看下雨了. 于是有相应的效用函数

$$U_i^1 = \boldsymbol{X}_i\boldsymbol{B}^1 + \mu_i^1 \tag{9.2.3}$$

和

$$U_i^0 = \boldsymbol{X}_i\boldsymbol{B}^0 + \mu_i^0 \tag{9.2.4}$$

必须指出, 模型 (9.2.3) 和 (9.2.4) 中的效用都是非数量化的. 但是基于决策主体所做选择的结果可以观测, 即 0 和 1. 显然地, 若决策主体选项对应于 1, 那么 $U^1 > U^0$. 比如, 乘客选择公共交通工具, 那么表明选择公共交通工具的效用大于私人交通工具的. 相反地, 若决策主体选项对应于 0, 那么 $U^1 \leqslant U^0$. 比如乘客选择私人交通工具, 那么表明选择私人交通工具的效用大于公共交通工具的. 概括地讲, 选择的结果取决于 $U^1 - U^0$ 大于零, 还是小于等于零.

将 (9.2.3) 与 (9.2.4) 相减, 得

$$U_i^1 - U_i^0 = \boldsymbol{X}_i(\boldsymbol{B}^1 - \boldsymbol{B}^0) + (\mu_i^1 - \mu_i^0)$$

记为

$$Y_i^* = \boldsymbol{X}_i\boldsymbol{B} + \mu_i^* \tag{9.2.5}$$

此即讨论所依据的二元离散选择模型. 这应该是一个非线性模型, 其中 Y_i^* 为被解释变量 (取 0 和 1), $\boldsymbol{X}_i$ 为解释变量 (包含选择方案和决策主体的相关因素), $\boldsymbol{B}$ 为待估计参数, μ_i^* 为随机误差项.

现在再来考察个体选择的概率, 显然

$$P(Y_i = 1) = P(Y_i^* > 0) = P(\mu_i^* > -\boldsymbol{X}_i\boldsymbol{B}) \tag{9.2.6}$$

和

$$P(Y_i = 0) = P(Y_i^* \leqslant 0) = P(\mu_i^* \leqslant -\boldsymbol{X}_i\boldsymbol{B}) \tag{9.2.7}$$

显而易见, (9.2.7) 与 (9.2.6) 互为对立事件的概率, 只需讨论其中之一即可. 一个合理的取向是讨论 (9.2.6).

3. 参数估计的思路

模型 (9.2.6) 可以被估计的前提之一是: μ_i^* 的分布类型是已知的. 计量经济学实践中常用的分布主要有标准正态分布和逻辑分布(logistic). 从而形成了二元离散选择模型的两种基本形式, 即 Probit 模型和 Logit 模型.

两种分布的分布函数虽有差异, 但相同之处在于分布关于纵坐标对称, 即若记分布函数为 $F(x)$, 则无论标准正态分布还是逻辑分布, 总有

$$F(-x) = 1 - F(x)$$

于是 (9.2.6) 可以被改写成为

$$
\begin{aligned}
P(Y_i=1) &= P(Y_i^*>0) = P(\mu_i^* > -\boldsymbol{X}_i\boldsymbol{B}) \\
&= 1 - P(\mu_i^* \leqslant -\boldsymbol{X}_i\boldsymbol{B}) \\
&= 1 - F(-\boldsymbol{X}_i\boldsymbol{B}) = F(\boldsymbol{X}_i\boldsymbol{B})
\end{aligned} \tag{9.2.8}
$$

从而可以得到 (9.2.6) 的似然函数

$$
P(y_1,\ y_2,\ \cdots,\ y_n) = \prod_{y_i=1} F(\boldsymbol{x}_i\boldsymbol{B}) \prod_{y_i=0} [1 - F(\boldsymbol{x}_i\boldsymbol{B})] \tag{9.2.9}
$$

即

$$
\mathrm{L} = \prod_{i=1}^{n} [F(\boldsymbol{x}_i\boldsymbol{B})]^{y_i} [1 - F(\boldsymbol{x}_i\boldsymbol{B})]^{1-y_i} \tag{9.2.10}
$$

其中, $y_1,\ y_2,\ \cdots,\ y_n$ 表示样本观测值而非离差, $\boldsymbol{x}_i$ 为解释变量的第 i 次观测值. 从而可以获得对数似然函数

$$
\ln L = \sum_{i=1}^{n} \{y_i \ln F(\boldsymbol{x}_i\boldsymbol{B}) + (1-y_i)\ln[1 - F(\boldsymbol{x}_i\boldsymbol{B})]\} \tag{9.2.11}
$$

其极大化的一阶条件为

$$
\frac{\partial \ln L}{\partial \boldsymbol{B}} = \sum_{i=1}^{n} \left[\frac{y_i f_i}{F_i} + (1-y_i)\frac{-f_i}{1-F_i} \right] \boldsymbol{x}_i = \boldsymbol{0} \tag{9.2.12}
$$

其中, f_i 为 μ_i^* 的概率密度函数. 只要 f_i, F_i 的分布形式已知, 同时有样本数据支持, 求解该方程组即可以获得模型的参数估计 (需要指出的是, 该方程组是非线性的).

9.2.3　二元 Probit 离散选择模型的参数估计

二元 Probit 离散选择模型, 是假设模型 (9.2.6) 的随机误差项 μ_i^* 的分布为标准正态分布给出的. 源于多数变量的分布是正态分布或近似于正态分布, 因此二元 Probit 离散选择模型是二元离散选择模型中最为常见的形式. 标准正态的分布函数为

$$
\Phi(x) = \int_{-\infty}^{x} (2\pi)^{-\frac{1}{2}} \exp\left(-\frac{t^2}{2}\right) \mathrm{d}t \tag{9.2.13}
$$

而概率密度函数为

$$\varphi(x) = (2\pi)^{-\frac{1}{2}} \exp\left(-\frac{x^2}{2}\right) \tag{9.2.14}$$

1. 无重复决策主体

当观测值没有重复的时候, (9.2.12) 可以写成为

$$\begin{aligned}\frac{\partial \ln L}{\partial \boldsymbol{B}} &= \sum_{i=1}^{n} \frac{-\varphi_i}{1-\varPhi_i}\boldsymbol{x}_i + \sum_{i=1}^{n} \frac{\varphi_i}{\varPhi_i}\boldsymbol{x}_i \\ &= \sum_{i=1}^{n} \left[\frac{q_i\varphi(q_i\boldsymbol{x}_i\boldsymbol{B}_i)}{\varPhi(q_i\boldsymbol{x}_i\boldsymbol{B}_i)}\right]\boldsymbol{x}_i \\ &= \sum_{i=1}^{n} \lambda_i\boldsymbol{x}_i = \boldsymbol{0}\end{aligned} \tag{9.2.15}$$

其中, $q_i = 2y_i - 1$. (9.2.15) 是关于参数向量 $\boldsymbol{B}$ 的非线性函数, 无法以初等函数的形式直接给出估计量. 计量经济学中采用完全信息最大似然法中的迭代法求解.

最后明确一点, 所谓重复观测值无法得到表示, 一个决策主体只有一个观测值. 多个相同的观测值被视为来自多个不同决策主体.

例 9.2.1 在一项研究生招生评审工作中, 评审结果为：接受或不接受. 即被解释变量 $Y=1$ 表示接受, $Y=0$ 表示不接受；评价指标 (解释变量) 为 GRE 数量和词汇分数, 分别记为 Q 和 V, 数据见表 9.2.1.

表 9.2.1 研究生申请计划评审结果

序号	Y	V	Q	Y_f
1	1	550	760	0.999997
2	0	350	600	2.22E-16
3	0	320	720	0.000330
4	1	630	710	0.999994
5	0	430	530	0.000000
6	0	570	650	0.502396
7	1	500	800	1.000000
8	1	680	650	0.998296
9	0	660	520	0.000158
10	0	250	800	0.057785
11	0	480	670	0.071858
12	1	520	670	0.344787
13	1	710	780	1.000000

资料来源：达摩达尔. N. 古扎拉蒂. 2000. 计量经济学 [M]. 3 版. 北京：中国人民大学出版社.

使用 EViews 6.0 估计 Probit 模型. 实现路径见图 9.2.1.

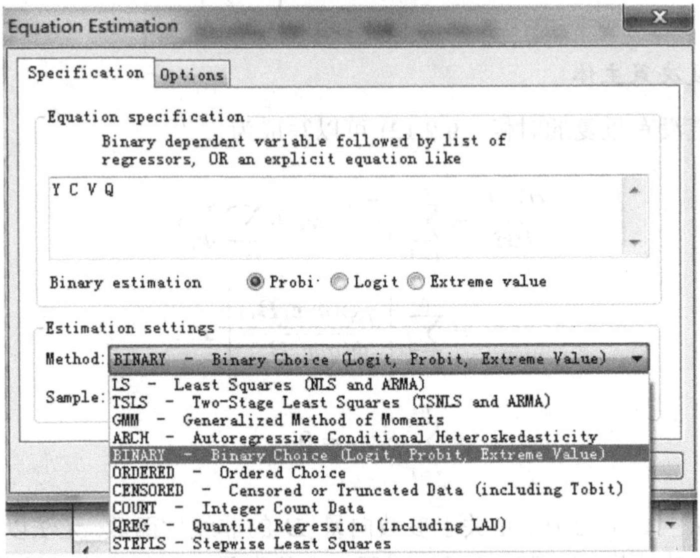

图 9.2.1　Probit 模型估计

得到输出结果见图 9.2.2.

Dependent Variable: Y
Method: ML - Binary Probit (Quadratic hill climbing)
Date: 06/25/17　Time: 22:13
Sample: 1 13
Included observations: 13
Convergence achieved after 8 iterations
Covariance matrix computed using second derivatives

Variable	Coefficient	Std. Error	z-Statistic	Prob.
C	-45.13056	70.92275	-0.636334	0.5246
Q	0.046144	0.078122	0.590669	0.5547
V	0.026566	0.036382	0.730218	0.4653

McFadden R-squared	0.788343	Mean dependent var	0.461538
S.D. dependent var	0.518875	S.E. of regression	0.262719
Akaike info criterion	0.753704	Sum squared resid	0.690212
Schwarz criterion	0.884077	Log likelihood	-1.899076
Hannan-Quinn criter.	0.726906	Restr. log likelihood	-8.972414
LR statistic	14.14668	Avg. log likelihood	-0.146083
Prob(LR statistic)	0.000847		

Obs with Dep=0	7	Total obs	13
Obs with Dep=1	6		

图 9.2.2　Probit 模型估计结果

点击该界面右上角的 “Forecast” 既可以得到预测结果, 见表 9.2.1 中的 Y_f.

2. 有重复决策主体

无论从理论还是就实际讲“重复观测值可以得到”都是合理的假定, 即对于每个决策主体有多个重复的观测值. 比如, 某个决策主体在条件相同的情形之下多次“购买”某种商品或者多次“放弃”购买某种商品. 在此类背景之下, 计量经济学一般使用广义最小二乘法估计模型参数.

假设第 i 个决策主体共有 n_i 次重复选择了 $Y_i=1$, 那么选择 $Y_i=1$ 的次数的比例 p_i(频率) 可以作为真实概率 P_i 的估计. 于是

$$p_i = P_i + e_i = \varPhi(\boldsymbol{x}_i\boldsymbol{B}) + \varepsilon_i \tag{9.2.16}$$

其中

$$E(\varepsilon_i) = 0$$

$$\mathrm{Var}(\varepsilon_i) = \frac{p_i(1-p_i)}{n_i} \quad (\text{模型存在异方差})$$

定义“观测到的概率单位”为

$$\nu_i = \varPhi^{-1}(p_i) = \varPhi^{-1}(P_i + \varepsilon_i) \tag{9.2.17}$$

其中, $\varPhi^{-1}$ 表示标准正态分布分布函数的反函数. 基于此, 有人把 Probit 模型称为“概率单位模型”. 由于模型关于所要估计的 P_i 而言是非线性的, 使用泰勒级数展开 (9.2.17) , 取一次项, 则

$$\varPhi^{-1}(P_i + \varepsilon_i) \approx \varPhi^{-1}(P_i) + \frac{\varepsilon_i}{\varphi[\varPhi^{-1}(P_i)]} \tag{9.2.18}$$

因此, (9.2.17) 可以改写成为

$$\nu_i \approx \varPhi^{-1}(P_i) + \mu_i$$

其中

$$E(\mu_i) = 0$$

$$\mathrm{Var}(\mu_i) = \frac{P_i(1-P_i)}{n_i\{\varphi[\varPhi^{-1}(P_i)]\}^2}$$

又因为

$$\varPhi^{-1}(P_i) = \boldsymbol{X}_i\boldsymbol{B}$$

于是

$$\nu_i = \boldsymbol{X}_i\boldsymbol{B} + \mu_i \tag{9.2.19}$$

或

$$\boldsymbol{V}=\boldsymbol{XB}+\boldsymbol{N}$$

显然, 模型 (9.2.19) 存在异方差性, 根据第 4 章的结论, 应该使用广义最小二乘法估计 (9.2.19), 得 GLSE 为

$$\hat{\boldsymbol{B}}=(\boldsymbol{X}'\boldsymbol{\Omega}^{-1}\boldsymbol{X})^{-1}X'\boldsymbol{\Omega}^{-1}\boldsymbol{V} \tag{9.2.20}$$

其中, $\boldsymbol{\Omega}$ 为 $\boldsymbol{N}$ 的方差–协方差矩阵. 实际的估计中一般使用其估计量替代它, 即

$$\hat{\boldsymbol{B}}=(\boldsymbol{X}'\hat{\boldsymbol{\Omega}}^{-1}\boldsymbol{X})^{-1}\boldsymbol{X}'\hat{\boldsymbol{\Omega}}^{-1}\boldsymbol{V} \tag{9.2.21}$$

特别地, $\hat{\boldsymbol{\Omega}}$ 一般由 P_i 的估计量 p_i 构成. 若想要提高估计质量, 可以采用迭代法反复估计 P_i.

必须指出的一点是, (9.2.21) 中的向量 $\boldsymbol{V}$ 的观测值, 需要通过求解标准正态分布函数

$$p_i=\int_{-\infty}^{\nu_i}(2\pi)^{-\frac{1}{2}}\exp\left(-\frac{x^2}{2}\right)\mathrm{d}x$$

的反函数获得, p_i 则为实际发生的频率. 经验表明, 为了保证 p_i 对 P_i 估计的可靠性和准确性, 要求对每个决策主体都进行不低于 10 次的重复观测.

9.2.4 二元 Logit 离散选择模型的参数估计

这是二元离散选择模型的另一基本形式. 伯尔施和舒佩恩 (Börsch-Supan) 建议, 如果选择是按照效用最大化原则进行的, 极限存在的逻辑分布是较好的选择. 那么, 二元离散选择模型应该更多采用 Logit 模型. 此时只需用 Logit 分布置换 (9.2.8) 中 μ_i^* 的分布即可以. 逻辑分布的分布函数基本形式为

$$F(x)=\frac{1}{1+\mathrm{e}^{-x}},\quad -\infty<x<+\infty \tag{9.2.22}$$

相应的概率密度函数为

$$f(x)=\frac{\mathrm{e}^{-x}}{(1+\mathrm{e}^{-x})^2},\quad -\infty<x<+\infty \tag{9.2.23}$$

当然, 逻辑分布之分布函数专业化表示形式为

$$\Lambda(x)=\frac{\mathrm{e}^{x}}{1+\mathrm{e}^{x}}=F(x),\quad -\infty<x<+\infty \tag{9.2.24}$$

而概率分布密度函数专业化表示为

$$f(x)=\frac{\mathrm{e}^x}{(1+\mathrm{e}^x)^2}=\Lambda(x)\left[1-\Lambda(x)\right],\quad -\infty<x<+\infty \tag{9.2.25}$$

显然, (9.2.24) 和 (9.2.25) 分别为 (9.2.22) 和 (9.2.23) 的简单变形.

同样地, 源于决策模型的特殊性, 参数估计通常可以按照决策主体重复与否, 分为两种不同情形而分别采用不同的方法估计.

1. **无重复决策主体**

当样本数据对应的决策主体彼此不同时, 把 (9.2.24) 和 (9.2.25) 代入 (9.2.12) 即得

$$\begin{aligned}\frac{\partial \ln L}{\partial \boldsymbol{B}}&=\sum_{i=1}^{n}\left[\frac{y_i f_i}{F_i}+(1-y_i)\frac{-f_i}{1-F_i}\right]\boldsymbol{x_i}\\&=\sum_{i=1}^{n}[y_i-\Lambda(\boldsymbol{x_i}\boldsymbol{B})]\boldsymbol{x_i}=\boldsymbol{0}\end{aligned} \tag{9.2.26}$$

这是关于 $\boldsymbol{B}$ 的非线性函数, 估计量无法表示为初等函数形式, 一般采用完全信息最大似然法中的迭代方法求解估计值. 通常直接使用软件估计.

例 9.2.2　对例 9.2.1 的数据, 构建二元 Logit 离散选择模型, 估计参数以及预测结果.

参数估计, 在 EViews6.0 之下的实现路径: Quick/Estimate Equation/录入方程简化式/在 Method 下拉菜单中选择 BINARY/Binary Estimate 中设置 Logit (图 9.2.3).

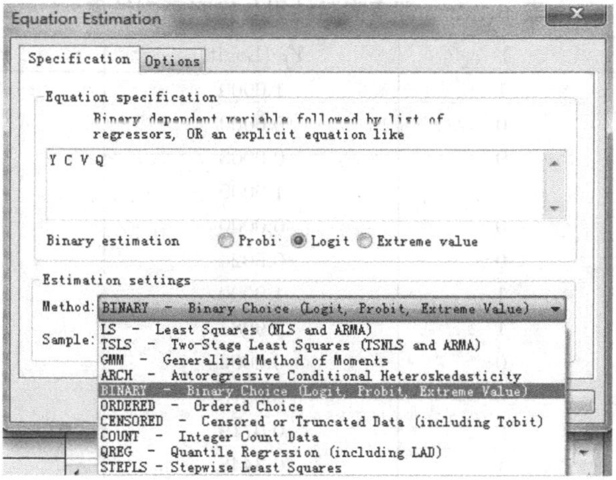

图 9.2.3　Logit 模型估计的实现路径

点击确定, 即可得如图 9.2.4 的输出结果.

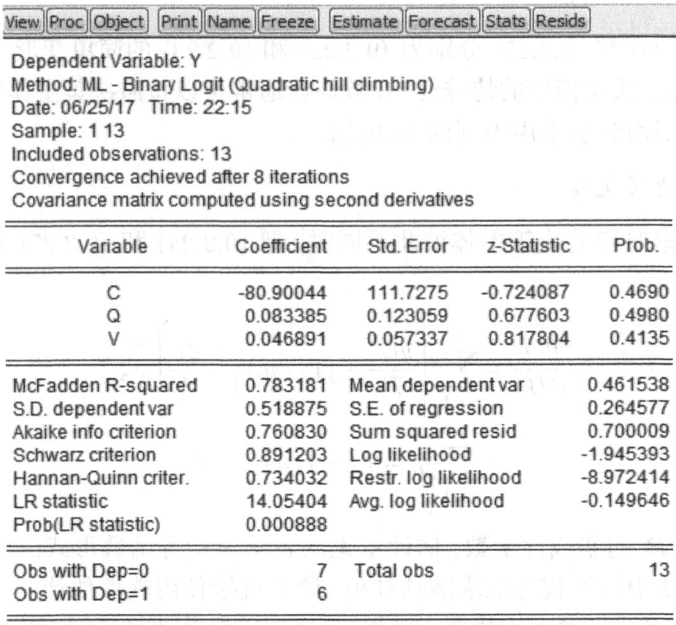

View | Proc | Object | Print | Name | Freeze | Estimate | Forecast | Stats | Resids

Dependent Variable: Y
Method: ML - Binary Logit (Quadratic hill climbing)
Date: 06/25/17　Time: 22:15
Sample: 1 13
Included observations: 13
Convergence achieved after 8 iterations
Covariance matrix computed using second derivatives

Variable	Coefficient	Std. Error	z-Statistic	Prob.
C	-80.90044	111.7275	-0.724087	0.4690
Q	0.083385	0.123059	0.677603	0.4980
V	0.046891	0.057337	0.817804	0.4135

McFadden R-squared	0.783181	Mean dependent var	0.461538
S.D. dependent var	0.518875	S.E. of regression	0.264577
Akaike info criterion	0.760830	Sum squared resid	0.700009
Schwarz criterion	0.891203	Log likelihood	-1.945393
Hannan-Quinn criter.	0.734032	Restr. log likelihood	-8.972414
LR statistic	14.05404	Avg. log likelihood	-0.149646
Prob(LR statistic)	0.000888		

Obs with Dep=0	7	Total obs	13
Obs with Dep=1	6		

图 9.2.4　Logit 模型估计结果

点击该界面右上的 “Forecast” 即可以得到预测结果 (表 9.2.2).

表 9.2.2　评审实际结果与回归预测结果

序号	Y	Y_f (Logit)	Y_f (Probit)
1	1	1.0000	0.9997
2	0	0.0000	0.0000
3	0	0.0003	0.0028
4	1	1.0000	0.9996
5	0	0.0000	0.0000
6	0	0.5024	0.5069
7	1	1.0000	0.9999
8	1	0.9983	0.9944
9	0	0.0002	0.0014
10	0	0.0578	0.0780
11	0	0.0719	0.0741
12	1	0.3448	0.3431
13	1	1.0000	1.0000

注: 表中数据根据软件输出结果对小数点后第五位作四舍五入处理.

表格最后两列分别为同一学生的数据分别用 Logit 模型和 Probit 模型预测的结果. 从中可见整体结论无明显差异, 只是各个结果的概率值略有不同.

2. 有重复决策主体

对于有决策主体多次参与决策的情况 (结果或选项可能不相同), 我们依旧可以采用广义最小二乘法估计 Logit 模型参数.

假设第 i 个决策主体重复决策 n_i 次, 其选择 "$Y_i=1$" 的比例记为 p_i. 那么 p_i 可以作为真实概率 P_i 的一个估计. 由此可得与 Probit 模型相似的结果, 即

$$p_i = P_i + \varepsilon_i = F(\boldsymbol{x}_i\boldsymbol{B}) + \varepsilon_i$$

其中

$$E(\varepsilon_i) = 0$$

$$\mathrm{Var}(\varepsilon_i) = \frac{p_i(1-p_i)}{n_i} \quad (\text{模型存在异方差})$$

利用重复观测样本估计得到的 p_i, 我们可以构造 "成败比例" $\dfrac{p_i}{1-p_i}$, 取对数后再用泰勒级数展开 (取一阶项), 得

$$\ln\frac{p_i}{1-p_i} \approx \ln\frac{P_i}{1-P_i} + \frac{\varepsilon_i}{P_i(1-P_i)} \tag{9.2.27}$$

注意到, 对于 Logit 分布而言

$$P_i = F(\boldsymbol{X}_i\boldsymbol{B}), \quad \frac{F(x)}{1-F(x)} = \mathrm{e}^x$$

总成立, 因此将其代入 (9.2.27) 可得

$$\ln\frac{p_i}{1-p_i} \approx \ln\mathrm{e}^{\boldsymbol{X}_i\boldsymbol{B}} + \mu_i = \boldsymbol{X}_i\boldsymbol{B} + \mu_i$$

记 $\nu_i = \ln\dfrac{p_i}{1-p_i}$, 则

$$\nu_i = \boldsymbol{X}_i\boldsymbol{B} + \mu_i \tag{9.2.28}$$

或

$$\boldsymbol{V} = \boldsymbol{X}\boldsymbol{B} + \boldsymbol{N}$$

使用广义最小二乘法估计 (9.2.28), 可以得到

$$\hat{\boldsymbol{B}} = (\boldsymbol{X}\hat{\boldsymbol{\Omega}}^{-1}\boldsymbol{X})^{-1}\boldsymbol{X}\hat{\boldsymbol{\Omega}}^{-1}\boldsymbol{V} \tag{9.2.29}$$

其中, $\hat{\boldsymbol{\Omega}}$ 为 P_i 的估计 p_i 构成的矩阵. 同样的道理, 为提高估计质量, 一般采用迭代法反复估计 P_i.

顺便指出, 我们之所以展开 $\ln \dfrac{p_i}{1-p_i}$, 是因为唯此可以简化估计的过程和结果. 同时, $\boldsymbol{V}$ 的观测值由 P_i 的估计值 p_i 直接构成, 无须求解概率分布函数的反函数, 这是 Logit 模型与 Probit 模型相比的又一优越性.

9.2.5 二元离散选择模型的检验

一个与经典回归相同的问题是: 经过估计得到的模型是否是一个好的模型? 要回答该问题, 仍然需要对模型进行检验. 检验的主要内容包含拟合优度检验、总体显著性检验、变量显著性检验、预测 (回代) 检验、异方差性检验和模型设定偏误检验等. 变量显著性检验的原理和检验统计量与经典线性回归模型的相同, 于此不再赘述. 异方差性和模型形式设定偏误检验的原理和统计量都较为复杂, 考虑到我们的课程定位, 予以省略. 此处主要介绍拟合优度检验、总体显著性检验和预测 (回代) 检验等内容.

需要特别说明的一个问题是, 经典单方程模型的参数估计基于普通最小二乘法, 相应的统计学检验方法多数都是以残差平方和为基础构建的. 包含离散选择模型在内的非经典计量经济学模型, 大多采用最大似然法估计参数, 故而, 其检验统计量一般是以似然函数为基础构建的. 例如 Wald 统计量、LR 统计量以及 LM 统计量等, 无一例外均以似然函数为基础.

1. 拟合优度检验

将所有解释变量回归系数同时为零对应的似然函数值记为 L_0, 那么

$$\ln L_0 = n[P\ln P + (1-P)\ln(1-P)]$$

这里, P 为样本观测值中被解释变量取值为 1 的比例, n 为样本容量. 而将模型估计得到的似然函数值记为 L, 那么我们可以构造统计量

$$R_M^2 = 1 - \frac{\ln L}{\ln L_0} \tag{9.2.30}$$

作为拟合优度检验统计量.

易于理解, 若模型完全没有拟合样本观测值, 那么 $L = L_0$, 则 $R_M^2 = 0$; 若模型完全拟合样本观测值, 那么 $L = 1$ $(\ln L = \ln 1 = 0)$, 则 $R_M^2 = 1$. 所以, R_M^2 越接近于 1, 模型拟合优度越高, 反之则越低. 该统计量一般被认为最早由麦克法登提出, 因此在 EViews 的输出结果中被表述成为 “McFadden R-Squared”.

在例 9.2.1 和例 9.2.2 中, 该统计量分别为 0.7883 和 0.7832, 表明模型拟合优度较高.

2. 总体显著性检验

检验的目的在于判断解释变量整体是否有效, 这与经典方程模型显著性检验的目的是相同的, 并且检验统计假设也无差异, 即

$$H_0: \beta_1=\beta_2=\cdots=\beta_k=0; \quad H_1: \beta_1, \beta_2, \cdots, \beta_k \text{不全为 } 0$$

检验的统计量为

$$\mathrm{LR}=-2(\ln L_0-\ln L) \dot{\sim} \chi^2(k) \tag{9.2.31}$$

因为 LR$=\ln(L/L_0)^2$, 故该统计量一般被称为似然比(likelihood ratio). 其中, L_0, L 的内容与拟合优度检验中相同. 显而易见, 方程的作用越显著, (L/L_0) 越大. 所以, 原假设的拒绝域为

$$\mathrm{LR}>\chi_\alpha^2(k) \tag{9.2.32}$$

必须指出的是, 计算结果并不能保证 LR 恒为非负. 若出现小于零的状况, 将其视作为零即可.

在例 9.2.1 与例 9.2.2 中 LR 分别为 14.1467 和 14.0540, 均大于 $5.9915=\chi_{0.05}^2(2)$, 拒绝原假设 $\beta_1=\beta_2=0$, 即模型整体非常显著.

3. 回代检验

计量经济学模型是对现实经济活动的数学模拟和再现, 模拟结果与实际结果之间的一致性是衡量模型质量高低的终极标准, 这对于离散选择模型更不应该例外. 在二元离散选择模型被估计之后, 将所有解释变量的样本观测值代入方程, 求得被解释变量样本观测值取 1 的概率, 并将其与实际结果比较, 根据二者间的一致性来判断模型的质量高低, 这种检验方法称为模型的预测 (回代) 检验.

例 9.2.1 和例 9.2.2 的回代结果见表 9.2.2 中最后两列.

鉴于概率取值于区间 [0,1], 一个事先必须明确的问题是: 那些预测 (模拟) 值与 0 和 1 差异比较大的结果如何归类处理? 首先需要确定概率的临界值. 这一概率临界值的主要作用是: 处理预测结果为 0.5 左右的概率值. 具体标准为, 大于等于临界值的转换为 1, 而小于临界值的转换为 0.

确定概率临界值的方法有许多种, 常用的主要有三种. 第一种叫 "朴素法", 即以 0.50 为临界值 (使用的前提为 0, 1 在样本中出现的次数相同). 例 9.2.1 和例 9.2.2 中, 回代正确率均为 $0.8462=11/13$ 接近于 100% , 表明模型质量较好.

第二种叫 "先验法", 即以全部样本中取 1 (选择 1) 的样本所占的比例为临界值 (使用的前提为估计模型的数据为总体数据而非样本数据). 例 9.2.1 和例 9.2.2 中, 概率临界值为 0.4615, 按这一临界值归类后, 回代正确率为 $0.8462 = 11/13$ 接近于 100%, 表明模型质量较好.

第三种叫 "最优法", 以犯 "第一类错误" 的概率最小为原则确定临界值的方法. 即以既定临界值之下, 按样本数据计算的 " 弃真" 比例最小为标准, 反过来确定临界值. 例 9.2.1 和例 9.2.2 中, 以 0.5000 为临界概率有 2 个样本发生 "弃真"(序号 6, 12 的样本), 而以 0.4615 为临界概率也有 2 个样本发生 "弃真"(序号为 6, 12). 所以, 对于本例的数据而言用 0.5000 或 0.4615 为临界概率, 评价结果相同.

9.3　面板数据模型简介

从严格定义上讲, 这属于现代计量经济学的范畴, 就学科体系而言它属于中高级计量经济学的内容. 但这是近 20 余年里计量经济学发展最为迅速的学科分支之一, 它兼具截面数据模型和时间序列模型优势的同时还有自身的优越性, 具有较高的应用价值, 相关知识大家有必要了解. 因此, 本课程虽以初级计量经济学为主, 我们仍然选择一部分最基本的面板数据模型介绍给大家.

必须指出的是, 本节中我们主要介绍单因素误差模型中的固定效应面板数据模型 (panel data model with fixed-effect) 和随机效应面板数据模型 (panel data model with random-effect). 而对于固定效应面板数据模型, 只介绍变截距模型和变系数模型, 诸如面板数据动态模型、离散选择模型以及时间序列分析等内容, 本书概不涉及.

9.3.1　面板数据模型

面板数据是英文 Panel Data 的直译, 也译作平行数据. 一般而言, 面板数据是指一部分家庭 (个人)、企业或国家 (地区) 在一段时间内的观测值所构成的数据集合. 也可以表述成为在时间序列上取多个截面, 在这些截面上同时选取样本观测值所构成的数据. 这类数据既包含相同对象沿时间变动的轨迹, 也包含不同对象循空间不同的变化, 即是一类兼有时间纵深和空间跨度的二维数据. 个体调查资料通常称为微观面板(micro panels), 数据的特点是个体数 n 很大 (通常成百, 甚至数千), 但时长 T 较短 (最少 2 年, 最多不超过 10 年或 20 年); 与微观数据相反, 涉及一段时间内不同国家或地区的数据称为宏观面板(macro panels), 这类数据的特点是包含适度规模的个体 n (7 到 100 或 200 之间) 和较长的时长 T, 一般在 20—60 年.

顺便指出一点, 我们在说面板数据或平行数据时, 并不区分微观面板数据还是宏观面板数据, 但二者在计量方法上是有区别的.

1. 经济分析中使用面板数据的必要性

在初级计量经济学分析的背景下, 我们仅使用截面数据或者时间序列数据建立计量经济学模型. 但对于精细的经济学分析而言, 这样做是远远不够的. 因为在现代经济学分析中, 结构随时间变化的规律性始终是经济学分析的核心问题之一. 面板数据模型被广泛适用的具体缘由很多, 但主要有四个方面.

第一, 分析规模效应与技术进步的关联性. 例如要分析投入要素与产出的关系问题. 假如只用截面数据, 即选择同一截面上不同规模的企业数据为样本, 虽然可以分析产出与企业规模的关系, 但却不能分析技术进步对于产出的影响; 反过来, 假如仅使用时间序列数据建立模型, 即选择同一企业在不同时间的产出与要素投入的数据为样本, 我们可以实现对技术进步的分析, 但又无法分析规模对产出的影响. 若采用面板数据, 就可以在不同时间上选择规模大小不一企业的数据为样本观测值, 则既可以完成产出与企业规模之间关系的分析, 还能够实现产出与技术进步关系的分析.

第二, 分析结构沿着时间维度的变化. 结构通常是指对象在静止的状态下, 不同部分与总体的对比或者是不同部分之间的数量联系. 因此, 截面数据只能计算和估计结构, 但是无法分析结构的变化. 通常情况下结构具有相对稳定性, 需要较长时间才会发生变化. 比如, 现今世界各国都普遍存在结构性失业问题, 它既受不同地区产业结构的影响 (这表现在截面上), 同时也受到政府 (国家) 在各个时期宏观政策的影响. 若只使用截面数据, 即选择同一时期不同地区的数据为样本观测值, 虽然可以分析不同地区结构性失业的差别, 但却无法分析国家宏观政策对不同地区结构性失业的影响; 反过来, 若只使用时间序列数据建立模型, 固然可以分析国家宏观政策对同一地区结构性失业的影响, 但又无法分析这种影响在不同地区之间的差异性. 只有采用面板数据, 即在不同时间上选择同一组地区的数据作为样本观测值, 建立面板数据模型, 才能够在分析不同地区产业结构对结构性失业影响的同时, 还能够分析国家宏观政策对不同地区结构性失业在时间上产生的影响.

第三, 控制个体异质性, 减少模型的设定偏误. 透过面板数据, 我们可以发现不同个体、家庭、企业、省区市或国家 (地区) 之间普遍存在着的异质性. 时间序列模型和截面数据模型都没有对这种异质性进行控制, 因而其结果极有可能是有偏差的. 面板数据模型能够将解释变量中变化较快的和变化较慢的区分开来, 同时还可以发现异质性个体, 并对其进行干预和控制, 从而能够提高模型形式的准确性.

第四, 减轻多重共线性程度、提供更多自由度和更高的效率. 时间序列数据常常存在样本性的多重共线性, 面板数据具有更多信息、更大的变异性, 从而能够减轻数据多重共线性的程度. 同时, 由于增加截面个体数量能够有效增加样本数据的个数, 进而能够在参数估计之后为误差估计留下较大自由度, 这可以更大限度地保证统计检验结论的可靠性.

面板数据模型的优越性远不止以上所言, 还包含可以描述更为复杂的行为、适合研究动态调整等. 正是因为面板数据模型的众多优越性, 它在经济学分析中被使用的广泛性仅次于经典单方程模型. 面板数据模型同样不能游离于二分法之外, 它也存在一些固有的缺点, 诸如数据不易获得、检验方法无法完全菜单实现以及测量误差扭曲等.

2. 面板数据模型的基本形式

从逻辑的角度看, 单方程面板数据模型的一般形式为

$$Y_{it} = \alpha_i + \boldsymbol{X}_{it}\boldsymbol{B}_i + \mu_{it}, \quad i = 1,\ 2,\ \cdots,\ n, \quad t = 1,\ 2,\ \cdots,\ T \tag{9.3.1}$$

其中 $\boldsymbol{X}_{it} = (X_{it_1}, X_{it_2}, \cdots, X_{it_k})$ 为 $1 \times k$ 向量, $\mathbf{B}_i = (\beta_{i1}, \beta_{i2}, \cdots, \beta_{ik})'$ 为 $k \times 1$ 向量, k 为解释变量的个数 (一般而言, 此时不再有恒取 1 的虚变量); 随机误差项 μ_{it} 服从均值为零、方差同为 σ_μ^2 且相互独立的正态分布.

就现实经济问题而言, 模型 (9.3.1) 的常见形式主要有以下三种:

模型 1 $Y_{it} = \alpha + \boldsymbol{X}_{it}\boldsymbol{B} + \mu_{it}, \quad i = 1,\ 2,\ \cdots,\ n, \quad t = 1,\ 2,\ \cdots,\ T$ (9.3.2)

此时, 在横截面上的个体无影响、结构没有变化, 等价于将多个时间的截面资料归集在一起作为一个样本, 组成一个混合模型. 普通最小二乘法就可以给出参数的一致、有效估计.

模型 2 $Y_{it} = \alpha_i + \boldsymbol{X}_{it}\boldsymbol{B} + \mu_{it}, \quad i = 1,\ 2,\ \cdots,\ n, \quad t = 1,\ 2,\ \cdots,\ T$ (9.3.3)

这里, 在横截面上的个体存在影响, 个体差异表现为被忽略的反映个体差异的变量影响, 这种影响还可以被分为固定效应(fixed-effect) 和随机效应(random-effect), 这类模型被称为变截距模型(panel data model with variable intercept).

模型 3 $Y_{it} = \alpha_i + \boldsymbol{X}_{it}\boldsymbol{B}_i + \mu_{it}, \quad i = 1,\ 2,\ \cdots,\ n, \quad t = 1,\ 2,\ \cdots,\ T$ (9.3.1)

此处, 不仅存在个体影响, 还存在横截面的结构的变化, 即结构参数在不同的截面个体上不同, 相同地, 影响依然被区分为固定效应和随机效应. 这类模型被称为变系数模型(panel data model with variable coefficient).

面板数据中较为多见的是时期少但横截面单位数多的数据, 变化主要表现在截面的不同个体之间. 因此, 面板数据模型方法和技术主要集中在研究截面变化和异方差性方面 (经典线性回归模型的讨论已经指出, 截面资料易于发生异方差性).

诚然, 截面个体之间的变化是面板数据模型的主体, 但绝非全部. 如果变化发生在不同截面之间, 即时间维度上, 分析方法与时间序列方法相似.

9.3.2 模型选择

一方面, 面板数据模型构造的行为方程与现实接近的程度远高于单独使用截面数据或时间序列数据建立的模型, 极大地充实和丰富了计量经济学的学科内容. 另一方面, 我们也必须清楚地认识到, 面板数据的变化可能同时表现在横截面和时间两个维度上, 这就意味着因模型设定不当而产生的误差会沿着两个方向扩散, 甚至还可能发生交叉而倍增, 从而致使估计结果与现实之间的差距放大. 因此, 在面板数据模型构建过程中必须控制不可观测的个体、时间特征对模型设定的影响, 以期保证参数估计的精确性和有效性.

面板数据模型是对复杂经济活动过程的描述, 如果我们依旧假设被解释变量 Y 来自参数化的分布函数 $P(y \mid \beta)$, 必然是不合理的. 无视参数在横截面和时间上的本质差异, 可能导致参数估计的非一致性, 甚至毫无意义. 比如, 在模型 (9.3.1) 中, 假定真实模型的参数 α_i, β_i 在相同横截面的样本点 (同一横截面的不同个体) 之间不同, 而在不同时间上相同. 于是, 在同一横截面的不同样本点之间, Y 的分布是不同的, 而在不同时间的同一个体 (样本点) 上的分布却是相同的. 此时, 若研究者将模型设定成为

$$Y_{it} = \alpha + \boldsymbol{X}_{it}\boldsymbol{B} + \mu_{it}, \quad i = 1,\ 2,\ \cdots,\ n, \quad t = 1,\ 2,\ \cdots,\ T$$

则参数的普通最小二乘估计将是非一致的而且可能是错误的.

有鉴于此, 建立面板数据模型的首要问题是检验参数是否在不同横截面和时间上固定不变, 即确定所研究的问题应该用前述 3 个模型中哪一个来描述. 目前被普遍使用的方法是协变分析检验(analysis of covariance), 又叫 F 检验.

1. 统计假设

这一检验的原理为本书第 3 章介绍过的参数约束检验, 检验以下两个假设:

假设 1 H_1 : $\alpha_i \neq \alpha_j$, $\boldsymbol{B}_i = \boldsymbol{B}_j$ 即模型为 (9.3.3), 亦即斜率在不同横截面和时间都相同, 但截距不同.

假设 2 H_2 : $\alpha_i = \alpha_j$, $\boldsymbol{B}_i = \boldsymbol{B}_j$ 即模型为 (9.3.2), 亦即截距和斜率在不同横截面和时间都相同.

检验始于对假设 2 的检验, 如果假设 2 不被拒绝, 则检验停止, 即模型为 (9.3.2); 若检验拒绝假设 2, 则应该继续检验假设 1, 若检验结论为拒绝, 则模型应为 (9.3.1); 而若结论为不拒绝假设 1, 则模型为 (9.3.3).

显而易见, 模型 (9.3.3) 就是对模型 (9.3.1) 实施约束 $\alpha_i = \alpha_j$; 模型 (9.3.2) 就是对模型 (9.3.1) 实施约束 $\alpha_i = \alpha_j$, $\boldsymbol{B}_i = \boldsymbol{B}_j$. 于是我们可以根据参数线性约束检验的原理构建检验假设 2 和假设 1 的统计量.

2. 检验统计量的构建

为了表述的简洁, 我们引入以下记号:

$$\bar{X}_i = \frac{1}{T}\sum_{t=1}^{T} X_{it}$$

$$\bar{Y}_i = \frac{1}{T}\sum_{t=1}^{T} Y_{it}$$

若以普通最小二乘法估计模型 (9.3.1), 估计量记为

$$\begin{cases} \hat{\boldsymbol{B}}_i = \boldsymbol{S}_{\boldsymbol{XX},i}^{-1}\boldsymbol{S}_{\boldsymbol{X}Y,i} \\ \hat{\alpha}_i = \bar{Y}_i - \bar{\boldsymbol{X}}_i\hat{\boldsymbol{B}}_i \end{cases}$$

这一估计被称为群内估计. 其中

$$\boldsymbol{S}_{\boldsymbol{X}Y,i} = \sum_{t=1}^{T}(\boldsymbol{X}_{it} - \bar{\boldsymbol{X}}_i)'(Y_{it} - \bar{Y}_i), \quad i = 1,\ 2,\ \cdots,\ n$$

$$\boldsymbol{S}_{\boldsymbol{XX},i} = \sum_{t=1}^{T}(\boldsymbol{X}_{it} - \bar{\boldsymbol{X}}_i)'(\boldsymbol{X}_{it} - \bar{\boldsymbol{X}}_i), \quad i = 1,\ 2,\ \cdots,\ n$$

$$S_{YY,i} = \sum_{t=1}^{T}(Y_{it} - \bar{Y}_i)^2, \quad i = 1,\ 2,\ \cdots,\ n$$

记第 i 群的残差平方和为 $\mathrm{RSS}_i = S_{YY,i} - \boldsymbol{S}'_{\boldsymbol{X}Y,i}\boldsymbol{S}_{\boldsymbol{XX},i}^{-1}\boldsymbol{S}_{\boldsymbol{X}Y,i}$, 则模型 (9.3.1) 的残差平方和为

$$S_1 = \sum_{i=1}^{n}\mathrm{RSS}_i \tag{9.3.4}$$

记模型 (9.3.3) 的普通最小二乘估计为

$$\begin{cases} \hat{\boldsymbol{B}}_s = \boldsymbol{S}_{\boldsymbol{XX}}^{-1}\boldsymbol{S}_{\boldsymbol{X}Y} \\ \hat{\alpha}_i = \bar{Y}_i - \bar{\boldsymbol{X}}_i\hat{\boldsymbol{B}}_s \end{cases}$$

其中, $\boldsymbol{S}_{\boldsymbol{XX}} = \sum_{i=1}^{n}\boldsymbol{S}_{\boldsymbol{XX},i}$, $\boldsymbol{S}_{\boldsymbol{X}Y} = \sum_{i=1}^{n}\boldsymbol{S}_{\boldsymbol{X}Y,i}$. 记

$$S_{YY} = \sum_{i=1}^{n} S_{YY,i}$$

则模型 (9.3.3) 的残差平方和为

$$S_2 = S_{YY} - \boldsymbol{S}'_{\boldsymbol{X}Y}\boldsymbol{S}^{-1}_{\boldsymbol{X}\boldsymbol{X}}\boldsymbol{S}_{\boldsymbol{X}Y} \tag{9.3.5}$$

将模型 (9.3.2) 的普通最小二乘估计量记为

$$\begin{cases} \hat{\boldsymbol{B}} = \boldsymbol{T}^{-1}_{\boldsymbol{X}\boldsymbol{X}}\boldsymbol{T}_{\boldsymbol{X}Y} \\ \hat{\alpha} = \bar{Y} - \boldsymbol{X}\hat{\boldsymbol{B}} \end{cases}$$

其中

$$\boldsymbol{T}_{\boldsymbol{X}\boldsymbol{X}} = \sum_{i=1}^{n}\sum_{t=1}^{T}(\boldsymbol{X}_{it} - \bar{\boldsymbol{X}})'(\boldsymbol{X}_{it} - \bar{\boldsymbol{X}})$$

$$\boldsymbol{T}_{\boldsymbol{X}Y,i} = \sum_{i=1}^{n}\sum_{t=1}^{T}(\boldsymbol{X}_{it} - \bar{\boldsymbol{X}})'(Y_{it} - \bar{Y})$$

$$T_{YY} = \sum_{i=1}^{n}\sum_{t=1}^{T}(Y_{it} - \bar{Y})'(Y_{it} - \bar{Y})$$

$$\bar{Y} = \frac{1}{nT}\sum_{i=1}^{n}\sum_{t=1}^{T}Y_{it}, \quad \bar{\boldsymbol{X}} = \frac{1}{nT}\sum_{i=1}^{n}\sum_{t=1}^{T}\boldsymbol{X}_{it}$$

则模型 (9.3.2) 的残差平方和为

$$S_3 = T_{YY} - \boldsymbol{T}'_{\boldsymbol{X}Y}\boldsymbol{T}^{-1}_{\boldsymbol{X}\boldsymbol{X}}\boldsymbol{T}_{\boldsymbol{X}Y} \tag{9.3.6}$$

可以证明, 在随机误差项满足假定的条件下, 以下结论成立:

(1) $S_1/\sigma^2_\mu \sim \chi^2[n(T-k-1)]$;

(2) 假设 2 成立, $S_3/\sigma^2_\mu \sim \chi^2[nT-(k+1)]$, $(S_3-S_1)/\sigma^2_\mu \sim \chi^2[(n-1)(k+1)]$;

(3) S_1/σ^2_μ, $(S_3-S_1)/\sigma^2_\mu$ 相互独立.

所以, 可以得到检验假设 2 的 F 统计量为

$$F_2 = \frac{(S_3 - S_1)/[(n-1)(k+1)]}{S_1/[nT - n(k+1)]} \sim F\left[(n-1)(k+1),\ n(T-k-1)\right] \tag{9.3.7}$$

拒绝域为 $\{F_2 > F_\alpha[(n-1)(k+1),\ n(T-k-1)]\}$.

同时还可以证明:

(1) 假设 1 成立, $S_2/\sigma^2_\mu \sim \chi^2[n(T-1)-k]$, $(S_2-S_1)/\sigma^2_\mu \sim \chi^2[(n-1)k]$;

(2) S_2/σ^2_μ, $(S_2-S_1)/\sigma^2_\mu$ 相互独立.

由此可以得到检验假设 1 的 F 统计量为

$$F_1 = \frac{(S_2 - S_1)/[(n-1)k]}{S_1/[nT - n(k+1)]} \sim F[(n-1)k,\ n(T-k-1)]$$

拒绝域为 $\{F_1 > F_\alpha[(n-1)k,\ n(T-k-1)]\}$.

需要注意的是, 在 EViews 6.0 中, 该项检验不能菜单实现.

9.3.3 固定效应变截距模型

前面已经指出过, 在三种常见面板数据模型中最为常见的是变截距模型, 该模型可以表示成为

$$Y_{it} = \alpha_i + \boldsymbol{X}_{it}\boldsymbol{B} + \mu_{it}, \quad i = 1,\ 2,\ \cdots,\ n, \quad t = 1,\ 2,\ \cdots,\ T$$

其中, $\boldsymbol{X}_{it} = (X_{it_1}, X_{it_2}, \cdots, X_{it_k})$ 为 $1\times k$ 向量, $\boldsymbol{B} = (\beta_1, \beta_2, \cdots, \beta_k)'$ 为 $k\times 1$ 向量; α_i 为个体影响, 表示模型中被忽略的反映个体差异变量的影响; μ_{it} 为随机误差项, 表示被模型忽略的横截面和时间变化等因素的影响, 服从均值为零、方差为 σ_μ^2 且相互独立的正态分布, 而且假定 μ_{it} 与 $\boldsymbol{X}_{it}$ 不相关. 若横截面的个体影响可以用常数项 α_i 的差别来说明, 注意此时 α_i 是一个待估计参数, 相应的模型被称为固定效应变截距模型. 若横截面的个体影响可以表示为不变的常数项与变化的随机项之和 $\alpha + \varepsilon_i$, 则将相应的模型称之为随机效应变截距模型.

在固定效应变截距模型中, 截距 α_i 为一个待估计的参数. 为了简化模型的表达形式, 我们引入记号: Y_i, $\boldsymbol{X}_i$ 分别表示第 i 个个体的 T 个观测向量和设计矩阵, $\boldsymbol{\mu}_i$ 为随机误差项向量, 则模型 (9.3.2) 可以写成

$$\boldsymbol{Y}_i = \boldsymbol{1}\alpha_i + \boldsymbol{X}_i\boldsymbol{B} + \boldsymbol{\mu}_i, \quad i = 1,\ 2,\ \cdots,\ n \tag{9.3.8}$$

其中, $\boldsymbol{Y}_i = (Y_{1i}, Y_{2i}, \cdots, Y_{Ti})'$, $\boldsymbol{1} = (1,\ 1,\ \cdots,\ 1)'$, $\boldsymbol{B} = (\beta_1, \beta_2, \cdots, \beta_k)'$, $\boldsymbol{\mu}_i = (\mu_{1i}, \mu_{2i}, \ \cdots, \mu_{Ti})'$, 以及

$$\boldsymbol{X}_i = \begin{pmatrix} X_{1i_1} & X_{1i_2} & \cdots & X_{1i_k} \\ X_{2i_1} & X_{2i_2} & \cdots & X_{2i_k} \\ \vdots & \vdots & & \vdots \\ X_{Ti_1} & X_{Ti_2} & \cdots & X_{Ti_k} \end{pmatrix}$$

自然地, 模型 (9.3.8) 可以改写成

$$\boldsymbol{Y} = (\boldsymbol{d}_1,\ \boldsymbol{d}_2,\ \cdots,\ \boldsymbol{d}_n;\ \boldsymbol{X})\begin{pmatrix} \boldsymbol{\alpha} \\ \boldsymbol{\beta} \end{pmatrix} + \boldsymbol{\mu} \tag{9.3.9}$$

其中, $\boldsymbol{Y} = (Y_1, Y_2, \cdots, Y_n)'$ 为 $nT\times 1$ 向量; $\boldsymbol{X} = (\boldsymbol{X}_1,\ \boldsymbol{X}_2,\ \cdots,\ \boldsymbol{X}_n)'$ 为 $nT\times k$ 矩阵; $\boldsymbol{\alpha} = (\alpha_1, \alpha_2, \cdots, \alpha_n)'$; $\boldsymbol{\mu} = (\boldsymbol{\mu}_1, \boldsymbol{\mu}_2, \cdots, \boldsymbol{\mu}_n)'$ 为 $nT\times 1$ 向量; 记第 i 个个体对应的虚拟变量为 $\boldsymbol{d}_i$, 则

$$\boldsymbol{D}=(\boldsymbol{d}_1,\ \boldsymbol{d}_2,\ \cdots,\ \boldsymbol{d}_n)=\begin{pmatrix}\mathbf{1} & \mathbf{0} & \cdots & \mathbf{0}\\ \mathbf{0} & \mathbf{1} & \cdots & \mathbf{0}\\ \vdots & \vdots & & \vdots\\ \mathbf{0} & \mathbf{0} & \cdots & \mathbf{1}\end{pmatrix}_{nT\times n}$$

于是, (9.3.9) 式可以写成

$$\boldsymbol{Y}=\boldsymbol{D}\boldsymbol{\alpha}+\boldsymbol{X}\boldsymbol{B}+\boldsymbol{\mu} \tag{9.3.10}$$

该模型一般被称为**最小二乘虚拟变量模型**(least-square dummy-variable model), 有人将其称之为**协方差分析模型**(analysis of covariance model)(同时包含定量解释变量和定性解释变量). 当 n 足够小时, 可以将此模型视作为包含 $n+k$ 个参数的多元线性回归模型, 直接使用普通最小二乘法估计参数.

如果 n 很大, 普通最小二乘法在现有计算机技术之下可能是不能实现的, 这时一般采用的方法是分块回归, 实质就是先消去参数 $\boldsymbol{\alpha}$, 首先估计参数 $\boldsymbol{B}$; 然后在各个截面个体上利用变量的观测值和参数 $\boldsymbol{B}$ 之估计值, 求得 $\boldsymbol{\alpha}$ 的估计值. 具体估计量为

$$\hat{\boldsymbol{B}}=\left(\sum_{i=1}^{n}\boldsymbol{X}_i'\boldsymbol{Q}\boldsymbol{X}_i\right)^{-1}\left(\sum_{i=1}^{n}\boldsymbol{X}_i'\boldsymbol{Q}\boldsymbol{Y}_i\right) \tag{9.3.11}$$

注释 记 $\boldsymbol{Q}=\boldsymbol{I}_T-\dfrac{1}{T}\mathbf{1}\mathbf{1}'$, 同时注意到 $\boldsymbol{I}_T\mathbf{1}=\dfrac{1}{T}\mathbf{1}\mathbf{1}'\mathbf{1}$, 于是 $\boldsymbol{Q}\mathbf{1}=0$, 进而依据 $Y_i=\mathbf{1}\alpha_i+\boldsymbol{X}_i\boldsymbol{B}+\mu_i,\ i=1,\ 2,\ \cdots,\ n$, 可得

$$\boldsymbol{Q}\boldsymbol{Y}_i=\boldsymbol{Q}\mathbf{1}\alpha_i+\boldsymbol{Q}\boldsymbol{X}_i\boldsymbol{B}+\boldsymbol{Q}\boldsymbol{\mu}_i$$

从而

$$\boldsymbol{X}_i'\boldsymbol{Q}\boldsymbol{Y}_i=\boldsymbol{X}_i'\boldsymbol{Q}\boldsymbol{X}_i\boldsymbol{B}+\boldsymbol{X}_i'\boldsymbol{Q}\boldsymbol{\mu}_i$$

$$\sum_i\boldsymbol{X}_i'\boldsymbol{Q}\boldsymbol{Y}_i=\left(\sum_i\boldsymbol{X}_i'\boldsymbol{Q}\boldsymbol{X}_i\right)\boldsymbol{B}+\sum_i\boldsymbol{X}_i'\boldsymbol{Q}\boldsymbol{\mu}_i$$

由此可得

$$\hat{\boldsymbol{B}}=\left(\sum_{i=1}^{n}\boldsymbol{X}_i'\boldsymbol{Q}\boldsymbol{X}_i\right)^{-1}\left(\sum_{i=1}^{n}\boldsymbol{X}_i'\boldsymbol{Q}\boldsymbol{Y}_i\right)$$

和

$$\hat{\alpha}_i = \bar{Y}_i - \bar{\boldsymbol{X}}_i \hat{\boldsymbol{B}} \tag{9.3.12}$$

而且, 方差的无偏估计量为

$$\hat{\sigma}_\mu^2 = \frac{\sum_{i=1}^{n}\sum_{t=1}^{T}(Y_{it} - \hat{\alpha}_i - \boldsymbol{X}_i\hat{\boldsymbol{B}})^2}{nT - n - k} \tag{9.3.13}$$

其中

$$\boldsymbol{Q} = \boldsymbol{I}_T - \frac{1}{T}\mathbf{1}\mathbf{1}'$$

而 $\boldsymbol{I}_T$ 为 T 阶单位矩阵.

可以证明, $\boldsymbol{B}$ 的这一估计 $\hat{\boldsymbol{B}}$ (又称为协方差估计) 是无偏估计, 且关于 n 或 T 是一致估计; α 的估计 $\hat{\alpha}$ 是无偏估计, 且关于 T 是一致估计.

至于假设 H_0: $\alpha_i = \alpha_j$ 的检验可以使用 F 检验实现, 检验统计量为

$$F = \frac{(R_U^2 - R_R^2)/(n-1)}{(1 - R_U^2)/(nT - n - k)} \sim F(n-1,\ nT-n-k) \quad (H_0 \text{ 真}) \tag{9.3.14}$$

其中, R_U^2 为无约束回归的判定系数; R_R^2 为受约束回归的判定系数. 原假设的拒绝域为 $F > F_\alpha(n-1,\ nT-n-k)$.

9.3.4 固定效应变系数模型

固定效应变截距模型中截距的差异, 反映的是未包含变量对被解释变量的影响, 或随截面个体单独变化, 或随时间而改变. 但在现实经济活动过程中, 经济结构的变化或者不同经济社会背景因素可能还会使得响应参数 (又称结构参数) 也会随时间或横截面个体不同而不同.

如果变量之间的关系设定得当, 但数据无法支持不变响应参数模型的时候, 就有必要考虑建立在时间上或横截面上系数变化的变系数模型. 系数随横截面上个体不同而改变的模型之一般形式为

$$Y_{it} = \boldsymbol{X}_{it}\boldsymbol{B}_i + \mu_{it}, \quad i = 1,\ 2,\ \cdots,\ n, \quad t = 1,\ 2,\ \cdots,\ T \tag{9.3.15}$$

其中 $\boldsymbol{X}_{it}$ 和 $\boldsymbol{B}_i$ 为解释变量与参数向量. 上式还可以表示为

$$\boldsymbol{Y}_i = \boldsymbol{X}_i\boldsymbol{B}_i + \boldsymbol{\mu}_i, \quad i = 1,\ 2,\ \cdots,\ n \tag{9.3.16}$$

此处

$$\boldsymbol{Y}_i=\begin{pmatrix}Y_{1i}\\Y_{2i}\\\vdots\\Y_{Ti}\end{pmatrix}_{T\times1},\quad \boldsymbol{X}_i=\begin{pmatrix}X_{1i_1}&X_{1i_2}&\cdots&X_{1i_k}\\X_{2i_1}&X_{2i_2}&\cdots&X_{2i_k}\\\vdots&\vdots&&\vdots\\X_{Ti_1}&X_{Ti_2}&\cdots&X_{Ti_k}\end{pmatrix}_{T\times k},$$

$$\boldsymbol{B}_i=\begin{pmatrix}\beta_{i1}\\\beta_{i2}\\\vdots\\\beta_{ik}\end{pmatrix}_{k\times1},\ \boldsymbol{\mu}_i=\begin{pmatrix}\mu_{1i}\\\mu_{2i}\\\vdots\\\mu_{Ti}\end{pmatrix}_{T\times1}$$

特别地, 当 $\boldsymbol{B}_i$ 可以被视为固定不变的常数时, 模型被称为固定效应变系数模型. 此时模型可以写成

$$\boldsymbol{Y}=\boldsymbol{X}\boldsymbol{B}+\boldsymbol{\mu} \tag{9.3.17}$$

其中

$$\boldsymbol{Y}=\begin{pmatrix}\boldsymbol{Y}_1\\\boldsymbol{Y}_2\\\vdots\\\boldsymbol{Y}_n\end{pmatrix}_{nT\times1},\quad \boldsymbol{X}=\begin{pmatrix}\boldsymbol{X}_1&\mathbf{0}&\cdots&\mathbf{0}\\\mathbf{0}&\boldsymbol{X}_2&\cdots&\mathbf{0}\\\vdots&\vdots&&\vdots\\\mathbf{0}&\mathbf{0}&\cdots&\boldsymbol{X}_n\end{pmatrix}_{nT\times k},$$

$$\boldsymbol{B}=\begin{pmatrix}\boldsymbol{B}_1\\\boldsymbol{B}_2\\\vdots\\\boldsymbol{B}_n\end{pmatrix}_{nk\times1},\quad \boldsymbol{\mu}=\begin{pmatrix}\boldsymbol{\mu}_1\\\boldsymbol{\mu}_2\\\vdots\\\boldsymbol{\mu}_n\end{pmatrix}_{nT\times1}$$

显而易见, 若不同横截面个体之间的随机误差项之间不相关, 即 $E(\boldsymbol{\mu}_i\boldsymbol{\mu}_i')=\sigma_i^2\boldsymbol{I}$, 那么该模型的参数估计较为简单, 只需以每个横截面个体的时间序列数据为样本, 采用经典单方程计量经济学模型方法分别估计参数即可. 因为, 可以证明, 此时采用广义最小二乘法同时估计 $\boldsymbol{B}=(\boldsymbol{B}_1',\ \boldsymbol{B}_2',\ \cdots,\ \boldsymbol{B}_n')'$ 与分别估计的结果相同.

但是, 如果不同横截面上个体的随机误差项之间相关, 即 $E(\boldsymbol{\mu}_i\boldsymbol{\mu}_j')\neq\mathbf{0},\ i\neq j$, 则应该采用广义最小二乘估计参数. 估计量的一般形式为

$$\hat{\boldsymbol{B}}_{\mathrm{GLS}}=(\boldsymbol{X}'\boldsymbol{\Omega}^{-1}\boldsymbol{X})^{-1}(\boldsymbol{X}'\boldsymbol{\Omega}^{-1}\boldsymbol{Y}) \tag{9.3.18}$$

其中

$$\boldsymbol{\Omega} = \begin{pmatrix} \boldsymbol{\Omega}_{11} & \boldsymbol{\Omega}_{12} & \cdots & \boldsymbol{\Omega}_{1n} \\ \boldsymbol{\Omega}_{21} & \boldsymbol{\Omega}_{22} & \cdots & \boldsymbol{\Omega}_{2n} \\ \vdots & \vdots & & \vdots \\ \boldsymbol{\Omega}_{n1} & \boldsymbol{\Omega}_{n2} & \cdots & \boldsymbol{\Omega}_{nn} \end{pmatrix}_{nT\times nT}$$

而且

$$\boldsymbol{\Omega}_{ij} = E(\boldsymbol{\mu}_i\boldsymbol{\mu}_j')$$

还有一个必须明确的问题是, 如何能够得到方差矩阵的估计, 被普遍采用的一种方法是：首先使用经典单方程计量经济学模型估计法, 分别估计每个横截面上个体的 $\boldsymbol{B}_i$, 求得残差的近似值；然后, 用残差近似值估计方差矩阵.

关于面板数据模型, 还有三个问题需要说明：第一, 面板数据需要很多个时间点吗？第二, 基于面板数据一定可以得到面板数据模型吗？第三, 面板数据模型所需要的基本时间点是多少？对于第一个问题, 从逻辑上讲, 只要两个以上时间点就可以构成面板数据, 比如, 上证交易所所有上市公司 2 年以上的资本收益率与营业额之间的数据, 即可以构成面板数据. 对于第二个问题, 面板数据模型是指能够在面板数据基础上估计得到参数的模型, 简言之, 面板数据未必能够支持面板数据模型的参数估计. 对于第三个问题, 我们以一个简单的例子来说明, 例如, 对于一个固定效应变系数模型, 假定不同截面个体的随机误差项之间不自相关, 于是可以将每个截面个体的时间序列数据作为样本, 采用经典单方程模型的参数估计方法, 分别估计参数. 同时再假设模型包含 5 个待估计参数, 按照经典单方程模型关于“满足基本要求的样本容量”的标准, 样本量至少应该为待估计参数的 3 倍, 于是时间序列的时间点至少应该是 15 个. 否则, “面板数据模型”的模型设定检验都无法实现, 自然就更谈不上构造和建立“面板数据模型”.

9.3.5　案例

农村居民消费水平提升, 是我国未来经济增长潜力所在. 现实中, 我国东部与西部农村居民消费之间应该存在差异. 至于这种差异是否显著？是在截距或斜率上单独表现出差异性、还是截距和斜率都能体现出差异性？尚需要实证. 为此我们收集 2003—2012 年我国 17 个省 (自治区、直辖市) 农村居民人均现金消费支出 ZC 与人均纯收入 SR 的相关数据构成面板数据集合 (考虑增强差异性的需要, 东部地区未考虑东北三省和西部地区的内蒙古；考虑到从 2013 年起数据统计组织形式的改变和数据缺失, 因此选用 2003—2012 年数据), 表 9.3.1 (表格上半段为支出, 下半段为收入).

表 9.3.1 17 个省 (自治区、直辖市) 农村居民收入与消费数据 单位/元

	北京	上海	天津	江苏	浙江	福建	广东	山东
消费	4147.3	5669.6	2319.5	2704.4	4285.1	2319.5	2927.4	2133.2
	4616.9	6328.8	2642.1	2992.5	4659.1	2642.1	3240.8	2389.3
	5315.7	7277.9	3036.0	3567.1	5433.0	3036.0	3707.7	2735.8
	5724.5	8006.0	3341.1	4135.2	6057.2	3341.1	3886.0	3143.8
	6399.3	8844.9	3538.3	4786.2	6801.6	3538.3	4202.3	3621.6
	7284.7	9119.7	3825.4	5328.4	7534.1	3825.4	4872.5	4077.1
	8897.6	9804.4	4273.2	5804.5	7731.7	4273.2	5019.8	4417.2
	9254.8	10210.5	4936.7	6542.9	8928.9	4936.7	5515.6	4807.2
	11077.7	11049.3	6725.4	8094.6	9965.1	6725.4	6725.6	5900.6
	11878.9	11971.5	8336.5	9138.2	10652.7	8336.5	7458.6	6776.0
收入	5601.6	6653.9	4566.0	4239.3	5389.0	3733.9	4054.6	3150.5
	6170.3	7066.3	5019.5	4753.9	5944.1	4089.4	4365.9	3507.4
	7346.3	8247.8	5579.9	5276.3	6660.0	4450.4	4690.5	3930.6
	8275.5	9138.7	6227.9	5813.2	7334.8	4834.8	5079.8	4368.3
	9439.6	10144.6	7010.1	6561.0	8265.2	5467.1	5624.0	4985.3
	10661.9	11440.3	7910.8	7356.5	9257.9	6196.1	6399.8	5641.4
	11668.6	12482.9	8687.6	8003.5	10007.3	6680.2	6906.9	6118.8
	13262.3	13978.0	10074.9	9118.2	11302.6	7426.9	7890.3	6990.3
	14735.7	16053.8	12321.2	10805.0	13070.7	8778.6	9371.7	8342.1
	16475.7	17803.7	14025.5	12202.0	14551.9	9967.2	10542.8	9446.5

	贵州	云南	四川	重庆	西藏	青海	宁夏	甘肃	新疆
消费	1185.2	1405.7	1747.0	1583.3	1030.1	1563.2	1637.1	1336.9	1465.3
	1296.3	1571.0	2015.7	1853.9	1470.7	1676.4	1926.8	1464.3	1689.9
	1552.4	1789.0	2274.2	2142.1	1723.8	1976.0	2094.5	1819.6	1924.4
	1627.1	2195.6	2395.0	2205.2	2002.2	2179.0	2247.0	1855.5	2032.4
	1913.7	2637.2	2747.3	2526.7	2217.6	2446.5	2528.8	2017.2	2350.6
	2165.7	2990.6	3127.9	2884.9	2199.6	2896.6	3094.9	2401.0	2691.8
	2422.0	2924.9	4141.4	3142.1	2399.5	3209.4	3347.9	2766.5	2950.6
	2852.5	3398.3	3897.5	3624.6	2666.9	3774.5	4013.2	2942.0	3457.9
	3455.8	3999.9	4675.5	4502.1	2741.6	4536.8	4726.6	3664.9	4397.8
	3901.7	4561.3	5366.7	5018.6	2967.6	5338.9	5351.4	4146.2	5301.3
收入	1564.7	1697.1	2229.9	2214.6	1690.8	1794.1	2043.3	1673.1	2106.2
	1721.6	1864.2	2518.9	2510.4	1861.3	1957.7	2320.1	1852.2	2244.9
	1877.0	2041.8	2802.8	2909.3	2077.9	2151.5	2508.9	1979.9	2482.2
	1984.6	2250.5	3002.4	2873.8	2435.0	2358.4	2760.1	2134.1	2737.3
	2374.0	2634.1	3546.7	3509.3	2788.2	2683.8	3180.8	2328.9	3183.0
	2796.9	3102.6	4121.2	4126.2	3175.8	3061.2	3681.4	2723.8	3502.9
	3005.4	3396.3	4462.1	4478.4	3531.7	3346.2	4048.3	2980.1	3883.1
	3471.9	3952.0	5086.9	5276.7	4138.7	3862.7	4674.9	3424.7	4642.7
	4145.4	4722.0	6128.6	6480.4	4904.3	4608.5	5410.0	3909.4	5442.2
	4753.0	5416.5	7001.4	7383.3	5719.4	5364.4	6180.3	4506.7	6393.7

资料来源：http://data.stats.gov.cn.

鉴定与选择模型：用 EViews 6.0 分别估计固定效应变系数模型、固定效应变截距模型和截距系数不变模型. 操作过程如下.

第一, 构建工作文件, 录入数据.

(1) 建立工作文件.

Wfcreate unban_iz a 2003 2012.

(2) 建立新对象 Pool.

Object/New Object, 在弹出对话框中选择 Pool 类型, 并命名为 iz, 单击 OK 按钮, 打开 Pool 对象窗口 (见图 9.3.1)

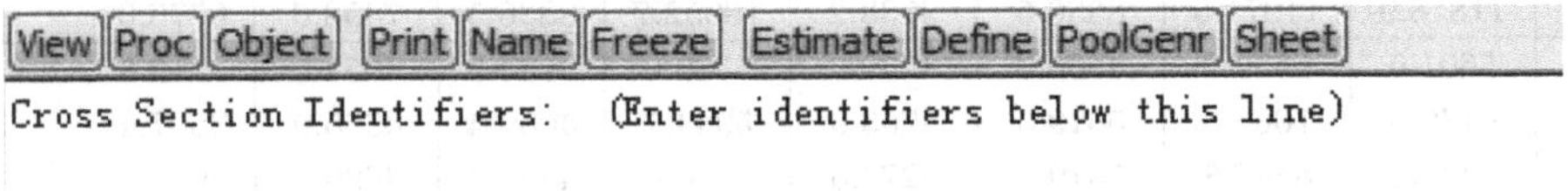

图 9.3.1　定义对象 iz

在图 9.3.1 中, 定义各个截面个体标识, 即 17 个省区市的标识, 如, 北京可以命名为 _BJ.

在 Pool 窗口中单击工具栏 Sheet, 在弹出窗口 (图 9.3.2) 定义变量名, 各个变量名之间以空格隔开.

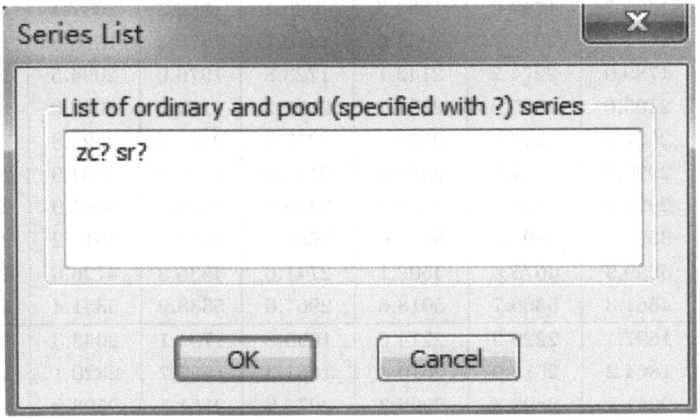

图 9.3.2　变量命名

单击 OK, 在显示的空白表格中录入或复制粘贴数据.

第二, 分别估计固定效应变系数模型、固定效应变截距模型和截距系数不变模型三种形式的模型.

(1) 固定效应变系数模型估计.

单击 iz, 打开数据集合 /Proc/Estimate/设置方程 (图 9.3.3)/确定.

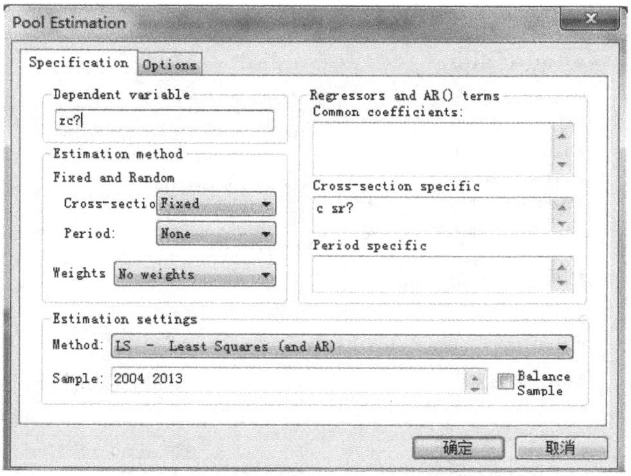

图 9.3.3 固定效应变系数模型设定

(2) 固定影响效应变截距模型估计.
单击 iz, 打开数据集合 /Proc/Estimate/设置方程 (如图 9.3.4)/确定.

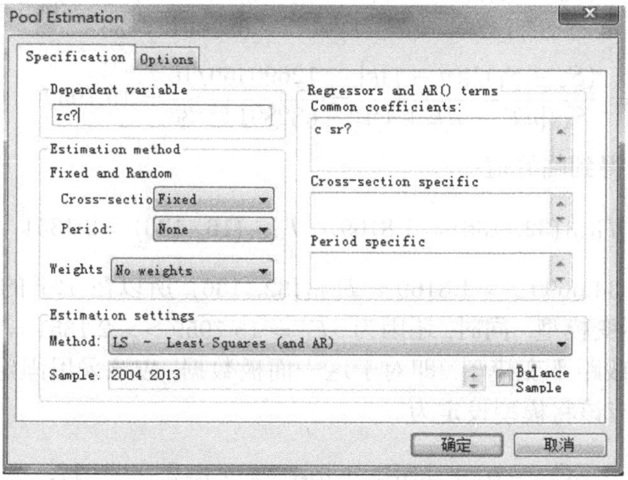

图 9.3.4 固定变截距模型设定

(3) 截距系数不变模型估计.
单击 iz, 打开数据集合/Proc/Estimate/设置方程 (如图 9.3.5)/确定.
计算得相应的残差平方和如下：

$$S_1 = 6828914, \quad S_2 = 19519383, \quad S_3 = 62535179$$

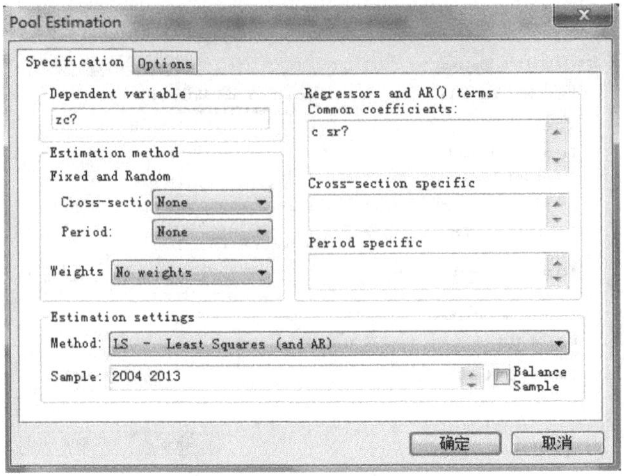

图 9.3.5　截距系数不变模型设定

又因为, $n=17,\ T=10,\ k+1=2$. 从而可以计算得到

$$F_2=\frac{(S_3-S_1)/[(n-1)(k+1)]}{S_1/[nT-n(k+1)]}=\frac{55706265/32}{6828914/136}=34.6690$$

$$F_1=\frac{(S_2-S_1)/[(n-1)k]}{S_1/[nT-n(k+1)]}=\frac{12690469/16}{6828914/136}=15.7959$$

使用 Excel 计算得到临界值:

$$F_{0.01}(32,\ 136)=1.8169,\quad F_{0.01}(16,\ 136)=2.1351$$

因为 $F_2=34.6690>>1.8169=F_{0.01}(32,\ 136)$, 所以在 1% 的显著性水平下, 应该拒绝系数不变模型. 同时, 还因为 $F_1=15.7959>>2.1351=F_{0.01}(16,\ 136)$, 所以, 应该拒绝截距不变模型. 即对于这一面板数据, 应该采用固定效应变系数模型的形式, 亦即应该将模型设定为

$$\begin{aligned}&\text{ZC}_{it}=\alpha_i+\beta_i\text{SR}_{it}+\mu_{it},\quad i=1,\ 2,\ \cdots,\ 17,\\&t=2003,\ 2004,\ \cdots,\ 2012\end{aligned}\tag{9.3.19}$$

由于同一时间点上, 诸如宏观经济形势、消费环境对不同地区农村居民的消费都产生影响, 但这在模型中并未明确设定, 都被归入随机误差项中, 使得不同地区模型的随机误差项之间存在自相关, 因此, 选择广义最小二乘法估计固定效应变系数模型 (采用同一时点下不同个体的截面数据回归的残差构建矩阵 $\boldsymbol{\Omega}$). 实现方式见图 9.3.6.

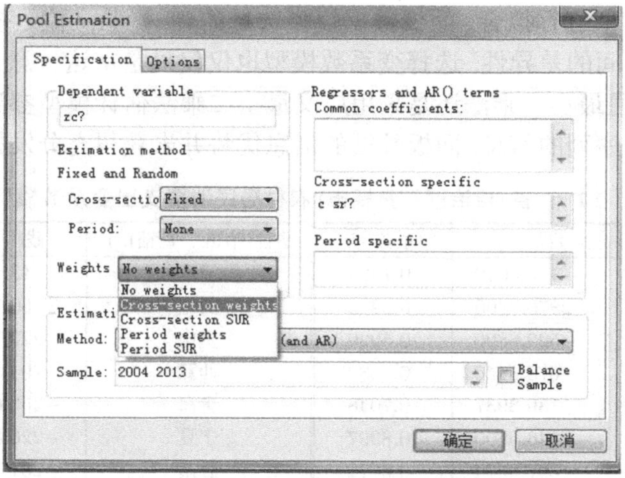

图 9.3.6 广义最小二估计设定

单击 Options/设定权数 (图 9.3.7)/确定.

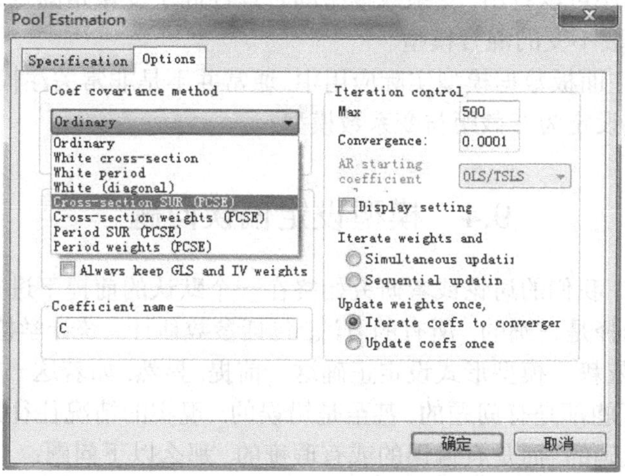

图 9.3.7 权数设定

根据估计结果, 整理得表 9.3.2.

结果分析: ① 东部与西部地区相比, 西部地区农村居民消费的饱和度整体低于东部地区; 同一地域内部不同地区消费饱和度存在差异; 西部地区自发性消费之间差异小于东部地区; 西藏自治区消费饱和度非正常偏高与该地区消费习惯的独特性和消费环境不够完备有直接关系; 上海市, 消费饱和度高、自发性消费水平较高与实际情况相一致; 青海省处于严重的消费饥渴状态, 一方面源于收入相对偏低, 但消费水平与收入相比偏高而致. ② 模型选择的检验结果表明, 这一面板数据适合用变系数模型进行拟合. 面板数据模型选择的 F 检验, 主要考察不同类型模型残差平方和之间的差异性. 选择变系数模型也仅仅只是从这一意义的角度讲. 但是, 无论采用普通最小二乘法还是采用广义最小二乘法估计模型参数, 使用的主要是各个地区时间序列的信息, 面板数据的信息优势并未获得充分发挥.

表 9.3.2　17 个省(自治区、直辖市)农村居民消费支出变系数模型估计结果

省(自治区、直辖市)	截距 $\hat{\alpha}_i$	系数 $\hat{\beta}_i$	省(自治区、直辖市)	截距 $\hat{\alpha}_i$	系数 $\hat{\beta}_i$
北京	−115.5040	0.7309	云南	213.4986	0.8153
上海	2870.7800	0.5272	四川	150.7397	0.7550
天津	−522.6890	0.5920	重庆	222.7121	0.6527
江苏	−679.8640	0.8080	西藏	794.8230	0.4168
浙江	736.3937	0.7048	青海	−353.6500	1.0624
福建	−1246.6800	0.8997	宁夏	−226.8870	0.9030
广东	397.9074	0.6712	甘肃	−261.1940	0.9823
山东	−79.5720	0.7223	新疆	−324.6320	0.8605
贵州	−117.3190	0.8502			

从这一结果还可以看出, 变系数模型的合理性高于变截距固定效应模型, 更优于截距不变、系数不变的混合模型.

顺便指出, 在面板数据模型实际应用中, 通常并不是非常关注模型选择与设定, 而是将模型直接设定为变截距与变系数模型.

9.4　模型设定偏误问题

截止到目前, 我们的讨论或者研究始终在一个默认的前提下进行, 那就是模型形式的设定或选择是正确的. 所有的方法, 包括参数估计、统计学检验以及计量经济学检验等, 都依赖于模型形式设定正确这一前提, 显然, 如若这一前提不成立, 此前所有的方法可能都是有问题的, 甚至是错误的. 现实的情况往往是, 模型形式的设定未必总是正确的, 而是有偏误的或有瑕疵的. 那么以下问题:

(1) 设定偏误的含义或性质.

(2) 设定偏误的后果.

(3) 设定偏误如何侦测或发现.

(4) 存在偏误的补救措施.

就是有必要回答的.

9.4.1　设定偏误的类型

设定偏误, 从字面上讲就是研究者选定的随机方程式与真实的方程式之间存在差异, 理论上讲认定设定偏误需要事先知道正确的形式. 从产生的原因和表现出的形式上看, 模型设定偏误主要有四种形式或类型.

1. 遗漏一个有关变量

研究者常常出于节约考量或条件限制甚至工作疏忽, 而遗漏了正确模型本应包含的解释变量. 如, 一般认为描述生产总成本 C 与生产量 Q 之间关系的模型, 其正确形式为

$$C_i = \alpha_0 + \alpha_1 Q_i + \alpha_2 Q_i^2 + \alpha_3 Q_i^3 + \mu_i \tag{9.4.1}$$

假设出于某种原因 (如忽略了散点图的环节或文献查阅), 研究者设定的模型为

$$C_i = \beta_0 + \beta_1 Q_i + \beta_2 Q_i^2 + \nu_i \tag{9.4.2}$$

由于 (9.4.1) 被认为是正确的, 采用 (9.4.2) 就意味着事实上的设定偏误, 即遗漏掉一个相关变量 Q_i^3, 从而导致模型 (9.4.2) 真实的随机误差项为

$$\nu_i = \mu_i + \alpha_3 Q_i^3 \tag{9.4.3}$$

又比如说, 税收经济学告诉我们, 税收总额 T 与税率 R 之间正确的关系应该是拉弗曲线模型, 即

$$T_i = \alpha_0 + \alpha_1 R_i + \alpha_2 R_i^2 + \mu_i \tag{9.4.4}$$

但研究者将其形式设定为

$$T_i = \beta_0 + \beta_1 R_i + \nu_i \tag{9.4.5}$$

同样地, 模型 (9.4.5) 遗漏一个相关解释变量 R_i^2, 因此, 模型 (9.4.5) 的随机误差项事实上就成为

$$\nu_i = \mu_i + \alpha_2 R_i^2 \tag{9.4.6}$$

这样的随机误差项, 势必出现自相关性. (虽然是虚假的, 但也是会有后果的. 请读者自己思考, 模型还会出现哪些问题?)

2. 包含一个无关变量

与前一情形相反, 可能源于研究者手头拥有太多资源或者研究者盲目追求模型较高的可决系数, 而在模型中添加了不必要的解释变量.

现在假设另一个研究者使用模型

$$C_i = \gamma_0 + \gamma_1 Q_i + \gamma_2 Q_i^2 + \gamma_3 Q_i^3 + \gamma_4 Q_i^4 + \varepsilon_i \tag{9.4.7}$$

描述生产总成本 C 与产量 Q 之间的关系. 因为 (9.4.1) 是对这一关系的真实描述, 于是这构成了另一种设定偏误, 那就是包含了一个无关或多余变量的偏误. 新模型的误差项为

$$\varepsilon_i = \mu_i - \gamma_4 Q_i^4 \tag{9.4.8}$$

3. 错误的函数形式

除变量外, 构成模型的主要要素就是函数表达式, 源于研究者自身的局限或者数据本身的限制, 研究者可能选择一个与正确函数形式不同的函数表达式.

依旧使用生产总成本与生产量模型, 如果某研究者为使得回归系数能成为相应弹性, 误将模型 (9.4.1) 设定成为对数线性模型

$$\ln C_i = \lambda_0 + \lambda_1 \ln Q_i + \lambda_2 \ln Q_i^2 + \lambda_3 \ln Q_i^3 + \eta_i \tag{9.4.9}$$

和真实模型 (9.4.1) 比较, (9.4.9) 构成了错误函数形式的设定偏误.

4. 测量误差的偏误

通常情况下, 研究者用于建模的数据多为来自他人工作取得的二手资料, 对于数据的准确性无能为力；或者出于经费限制, 调查数据质量不高而产生偏误. 这一偏误明显地不同于此前的三种偏误, 前三者主要源于研究者自身的主观因素, 此类偏误却主要是源自于研究者以外的客观因素.

考虑研究者使用的理论模型是 (9.4.1), 但由于测量误差的存在, 现实的模型为

$$C_i^* = \alpha_0^* + \alpha_1^* Q_i^* + \alpha_2^* {Q_i^*}^2 + \alpha_3^* {Q_i^*}^3 + \mu_i^* \tag{9.4.10}$$

其中, $C_i^* = C_i + \xi_i$, $Q_i^* = Q_i + \omega_i$, 而 ξ_i, ω_i 均为测量误差. (9.4.10) 的偏误在于, 研究者没有使用准确的变量, 而使用了含有测量误差的变量 (需要说明的是, 此处所说的测量误差应该是指超过正常误差范围的误差).

设定偏误产生的主要原因有: 有时研究者明确知道模型的正确形式, 但苦于无法获得必要的数据, 而被迫使用存在偏误的模型. 比如一般的研究者都清楚, 消费者的消费水平同时取决于其可支配收入和财富, 但财富数据的获取是存在困难的, 只有舍弃. 有时研究者知道模型应该包含哪些变量, 而且数据的获取也不存在问题, 但却无法给出相关变量的正确函数表达. 事实上, 对于多数经济学问题, 经济理论自身仍存有认识盲区.

最后, 也是最为重要的一点是, 模型的真实形式仍是未知的.

9.4.2　设定偏误的后果

当模型出现设定偏误时, 不论偏误的形式是什么, 模型的估计结果都会与“真

实" 的结果存有偏差. 准确地讲应该是, 偏差比模型设定正确时的更大. 这种偏差的具体数值、方向和程度与偏误的类型有着密切关系.

为叙述方便, 尤其是为了更好地说明前两种偏误的后果, 我们设定一个大家都知道的, 可以自然推广至多元回归的二元线性回归模型来阐述相关问题.

1. 遗漏一个相关变量

假设正确的模型是

$$Y_i = \alpha_0 + \alpha_1 X_{1i} + \alpha_2 X_{2i} + \mu_i \tag{9.4.11}$$

但却被错误的设定为

$$Y_i = \beta_0 + \beta_1 X_{1i} + \nu_i \tag{9.4.12}$$

即遗漏了相关变量 X_2. 并且使用 OLS 估计 (9.4.12), 则 β_1 的 OLSE 为

$$\hat{\beta}_1 = \frac{\sum x_{1i} y_i}{\sum x_{1i}^2} \tag{9.4.13}$$

将设定正确模型的离差形式

$$y_i = \alpha_1 x_{1i} + \alpha_2 x_{2i} + \mu_i - \bar{\mu}$$

代入 (9.4.13) 得

$$\begin{aligned}\hat{\beta}_1 &= \frac{\sum x_{1i} y_i}{\sum x_{1i}^2} = \frac{\sum x_{1i}(\alpha_1 x_{1i} + \alpha_2 x_{2i} + \mu_i - \bar{\mu})}{\sum x_{1i}^2} \\ &= \alpha_1 + \alpha_2 \frac{\sum x_{1i} x_{2i}}{\sum x_{1i}^2} + \frac{\sum x_{1i}(\mu_i - \bar{\mu})}{\sum x_{1i}^2} \\ &= \alpha_1 + \alpha_2 r_{12} \sqrt{\frac{\sum x_{2i}^2}{\sum x_{1i}^2}} + \frac{\sum x_{1i}(\mu_i - \bar{\mu})}{\sum x_{1i}^2}\end{aligned} \tag{9.4.14}$$

注意到 α_1 是正确设定的数值, $\hat{\beta}_1$ 为错误设定时的数值. 显然, 后果与 X_1, X_2 之间的相关性有关系. 具体讲, 遗漏 X_2 的后果包含:

(1) 若 X_1, X_2 相关 $(r_{12} \neq 0)$, 则 α_1 的 OLSE 是有偏的, 且非一致.

(2) 若 X_1, X_2 不相关 $(r_{12} = 0)$, 则 α_1 的 OLSE 是无偏的, 而且是一致的; α_0 的 OLSE 是有偏的.

(3) 随机误差项方差 σ^2 的估计不正确.

(4) 由误设模型给出的 $\hat{\alpha}_1$ 的方差估计不正确, 即标准误的估计错误.

$$\mathrm{Var}(\hat{\beta}_1)=\frac{\sigma^2}{\sum x_{1i}^2}\quad (\text{基于 (9.4.12), 错误的})$$

$$\mathrm{Var}(\hat{\alpha}_1)=\frac{\sigma^2}{\sum x_{1i}^2(1-r_{12}^2)}\quad (\text{基于 (9.4.11), 正确的})$$

(5) 置信区间和假设检验得出的结论可能错误.

以上结果主要是遗漏相关变量对细节的影响, 根据方程拟合优度评价的结论我们知道, 遗漏相关解释变量可能使得模型的拟合程度降低.

最后一点, 一般的经济变量之间都是相关的, 因此, 只要遗漏就会导致回归系数的 OLSE 是有偏的, 更为不能容忍的是连一致性这一基本标准都不满足. 应该切记: 根据相关理论设定的理论模型, 从中省略任何一个变量都应该非常谨慎.

2. 包含一个无关变量

假定正确模型为

$$Y_i=\alpha_0+\alpha_1X_{1i}+\mu_i \tag{9.4.15}$$

但被错误地设定为

$$Y_i=\beta_0+\beta_1X_{1i}+\beta_2X_{2i}+\nu_i \tag{9.4.16}$$

显然, (9.4.15) 可以被视为对 (9.4.16) 实施约束 $\beta_2=0$ 获得的. 若 (9.4.16) 满足所有的经典假定, 则基于 (9.4.16) 得出的 OLSE 满足无偏性和一致性. 问题主要表现为

(1) OLSE 通常不再具有有效性 (除非冗余变量 X_2 与必须变量 X_1 之间完全无关, 这在现实经济活动中几乎不可能).

(2) 估计量效率损失, 且极有可能招致多重共线性.

从拟合优度评价的角度看, 模型包含冗余或无关解释变量将会导致回归平方和增大而残差平方和减小, 从而导致模型拟合优度被 “高估”.

3. 函数形式偏误

当选择了错误形式的函数, 并对其施行参数估计. 后果应该是多方面的, 即: 参数的优良统计性质可能遭到破坏、模型的拟合优度下降以及参数的经济学含义不正确等.

比如“真实”的回归函数是对数线性回归模型, 那么回归系数的含义为相应弹性, 若被误设为线性回归模型, 则参数的含义变成相应的边际量. 而且二者在数值上一般也不相等.

4. 测量误差的偏误

由于测量误差存在于所有计量经济学模型中, 同时误差的大小达到什么量级算是测量误差偏误并无客观标准, 因此, 其后果无法量化, 但可以肯定其后果一定是不良的. 既然如此, 其检验方法构造也就失去方向, 截至目前, 主要的方法就是判断“奇异点”是否存在.

9.4.3 设定偏误的诊断

既然模型存在设定偏误情况下, 参数的常规估计方法遭遇到了一系列问题, 那么就应该避免这种不良影响的发生. 一种合理的想法当然是, 在参数估计之前先鉴定模型是否存在设定偏误.

不同偏误在形式上和后果的表现形式上都存在区别, 因此, 检验方法也只能针对不同形式的偏误分别进行.

1. 含有无关解释变量的检验

既然模型的设定偏误表现为包含冗余变量, 冗余变量对被解释变量没有贡献或者贡献不多, 那么误设模型的解释能力与正设模型解释能力之间不存在显著差别. 于是检验的基本思想就是: 检验疑为冗余变量参数的显著性 (如果仅有一个变量被怀疑冗余); 检验误设模型与正设模型之间解释能力之间的差异性是否显著.

(1) 包含一个无关解释变量的检验.

假设正确设定的模型应该为

$$Y_i = \beta_0 + \beta_1 X_{1i} + \nu_i$$

被误设成为

$$Y_i = \alpha_0 + \alpha_1 X_{1i} + \alpha_2 X_{2i} + \mu_i$$

如果怀疑 X_2 为冗余变量, 那么只需直接估计 (9.4.11), 然后检验 $H_0:\ \alpha_2 = 0$ 即可. 若原假设被拒绝那就表明 X_2 不是冗余变量, 反之, 原假设不被拒绝, 那么表明 X_2 是冗余变量.

(2) 可能包含多个无关变量的检验.

如果被怀疑的冗余变量不是一个而是多个时, 最为直接的检验方法是受约束回归之下的 F 检验. 例如, 正确设定的模型为

$$Y_i = \alpha_0 + \alpha_1 X_{1i} + \alpha_2 X_{2i} + \mu_i$$

研究者设定的模型却是

$$Y_i = \beta_0 + \beta_1 X_{1i} + \beta_2 X_{2i} + \beta_3 X_{3i} + \beta_4 X_{4i} + \nu_i$$

那么显然, 前者是对后者实施约束

$$H_0: \beta_3 = \beta_4 = 0$$

得到的结果, 于是可以用受约束回归 F 检验进行, 检验统计量为

$$F = \frac{(\mathrm{RSS}_R - \mathrm{RSS}_U)/2}{\mathrm{RSS}_U/(n-5)} \sim F(2,\ n-5)$$

若 $F \leqslant F_\alpha(2,\ n-5)$, 则不拒绝原假设, 即 X_3, X_4 可能都是冗余变量, 反之, 则不是.

2. 是否遗漏解释变量或函数形式偏误的检验

按照模型设定偏误后果的分析, 遗漏相关变量和函数形式设定偏误的后果是最为严重的. 不仅估计量是有偏的、非一致的, 随机误差项方差常常被错误估计致使统计学检验的结论存疑, 甚至参数的经济意义都不合理. 因此, 这类设定偏误的检验变得十分重要.

(1) 残差图示法.

这两类设定偏误共同的特点是, 模型对被解释变量的 "解释" 不充分、有缺失, 这种缺失可能表现为残差的某种规律. 于是, 我们设想借助时间与残差或疑被遗漏变量与残差的散点图来对设定偏误的存在性进行初步判断.

具体做法为, 先对设定的模型使用 OLS 估计参数, 进而获得残差近似值 e_t, 继而作 $t-e_t$ 或 $X-e_t$ 散点图. 当模型存在设定偏误, 那么散点图可能表现出一定的规律性. 以下是两种较为常见的规律性变化图谱 (图 9.4.1).

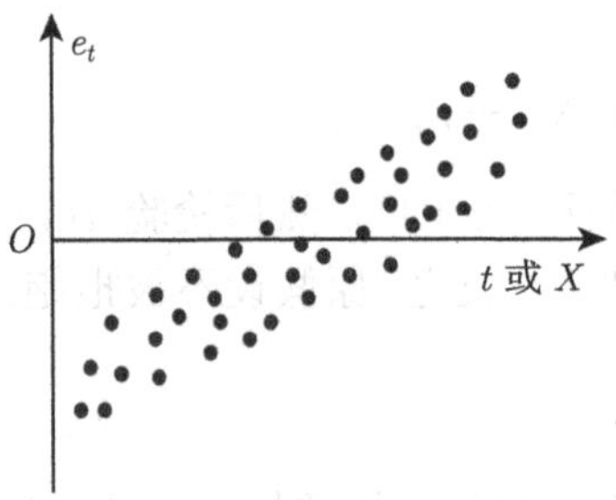

(a) 趋势变化

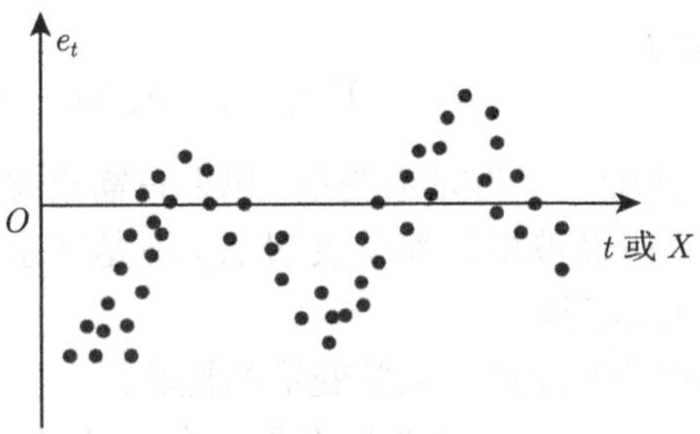

(b) 循环变化

图 9.4.1 残差序列变化图

e_t 关于时间序号 t 的散点图, 一般用于遗漏解释变量类型的设定偏误. 如果是函数形式设定偏误类的偏误, 一般应该使用 $X-Y$ 类的散点图. 下图是一个被误设为线性模型的幂函数模型, 那么其残差散点图应该表现为先正、后负、再正 …… 的特征. 见图 9.4.2.

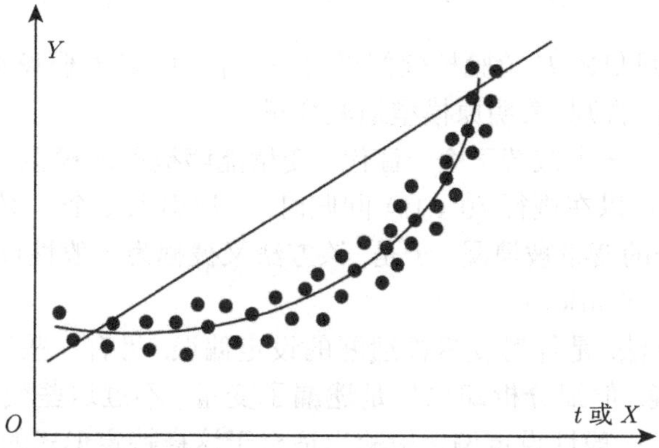

图 9.4.2 模型形式设定偏误时残差序列的正负交替变化

(2) 一般性设定偏误检验.

所有图示法共有的局限在于结论具有一定的主观性, 只能作初步判断而不能作为决定性结论的依据. 而且, 此处的图示法适用的前提是遗漏变量是已知的, 这在实践中几乎不可能发生. 因此, 需要寻找新的检验方法. 其中最为有效和常用的方法是由拉姆齐(J. B. Ramsey) 提出和建议的 **RESET 检验**(regression error specification test).

这一检验的思路是: 寻找一个变量来替代那个被遗漏的变量, 如果这个替代变量的 t 检验是显著的, 那么模型存在遗漏解释变量问题, 否则不存在. 问题是用谁来作为替代者呢? 拉姆齐认为, 可以考虑使用误设模型中被解释变量的回归估计值的某次幂来作为替代变量.

假设正确设定的模型为

$$Y_i = \alpha_0 + \alpha_1 X_{1i} + \alpha_2 X_{2i} + \alpha_3 X_{i3} + \mu_i \tag{9.4.17}$$

但研究者误将模型设定为

$$Y_i = \beta_0 + \beta_1 X_{1i} + \beta_2 X_{2i} + \nu_i \tag{9.4.18}$$

当然, 研究者本人并不知道遗漏的变量是 X_3. 我们如何发现变量被遗漏了呢? RESET 检验的做法是第一, 以 OLS 估计 (9.4.18), 进而获得 Y 的回归值 $\hat{Y}$.

第二, 依据 $e_t - \hat{Y}_t$ 高次幂图形确定引入替代者 $\hat{Y}_t$ 的方次, 并进行相应的辅助回归. 如呈现的形式为曲线, 可以考虑的模型为

$$Y_i = \beta_0 + \beta_1 X_{1i} + \beta_2 X_{2i} + \beta_3 \hat{Y}_i^2 + \beta_4 \hat{Y}_i^3 + \varepsilon_i \tag{9.4.19}$$

第三, 以约束回归之 F 检验检验假设 $\beta_3 = \beta_4 = 0$, 若原假设不被拒绝, 表明原模型没有遗漏变量, 否则, 表明原模型遗漏变量.

如果检验表明, 一个或若干个 "替代" 变量能够被引入模型, 则表明模型遗漏相关变量. 我们还可以在进行 (9.4.19) 回归时, 一次引入多个 " 替代" 变量来判断是否存在多于一个的变量被遗漏. 于是, 该方法又被称为一般性设定偏误检验(test for general mis-specification).

前述介绍的方法, 是针对变量被遗漏的设定偏误. 另有一些设定偏误, 表面看是函数形式不正确, 但细分析却也只是遗漏了变量, 不过这些变量表现为已有变量的高次方. 因此, 一般性设定偏误检验也适合于这样特定形式的函数形式偏误的检验.

例如, 一个一元回归模型的真实形式为非线性函数, 使用泰勒级数应该近似写成

$$Y = \alpha_0 + \alpha_1 X + \alpha_2 X^2 + \alpha_3 X^3 + \mu \tag{9.4.20}$$

但被研究者误设为

$$Y = \alpha_0 + \alpha_1 X + \nu \tag{9.4.21}$$

表面看, 这是一个将三次曲线误设为一次函数, 但仔细分析可以发现 (9.4.21) 只是遗漏了 X^2, X^3. 此时, 只需使用受约束回归 F 检验和普通 t 检验就可以判断模型形式是否被误设.

对于多元回归模型, 可能关于部分变量是非线性函数, 也可能关于全部解释变量是非线性的. 这时候, 前述的方法无效, 但是可以使用 RESET 检验进行判断. 例如, 一个二元非线性回归模型疑被误设为

$$Y_i = \alpha_0 + \alpha_1 X_1 + \alpha_2 X_2 + \mu$$

那么, 先以 OLS 估计这个 "误设" 模型, 以获得 Y 的回归值 $\hat{Y}$, 并以其若干次幂为 "替代" 变量, 进行以下回归

$$Y = \beta_0 + \beta_1 X_1 + \beta_2 X_2 + \beta_3 \hat{Y}^2 + \beta_4 \hat{Y}^3 + \mu$$

再判断各“误设”变量的参数是否显著地不为零, 若显著不为零, 则表明误设模型, 反之, 则表明模型设定无偏误. 此处之所以采用 Y 高次幂是因为这样既可以避免自由度损失和多重共线性, 而且还可以替代解释变量高次幂以及交叉项的信息.

(3) 线性模型与双对数模型的选择.

线性模型和双对数模型都是计量经济学中最为常见的模型形式, 研究者常常纠结于究竟用哪个. 对于一元回归的情形问题较容易解决, 使用散点图即可以确定.

对于多元线性回归, 因为不同变量的图形变化和趋势可能不同, 图形判断难以得出较为一致的结论. 有人也许会想到直接通过判定系数辅助决策, 此时的问题是不同模型包含的解释变量数目不同, 这将导致可决系数是不恰当的. **博克斯–考克斯 (Box-Cox) 变换**可以帮助我们解决两类模型之间比较的困难.

第一, 计算被解释变量的几何平均数

$$\overline{Y} = (Y_1Y_2\cdots Y_n)^{\frac{1}{n}} = \sqrt[n]{Y_1Y_2\cdots Y_n}$$

第二, 作变换

$$Y_i^* = \frac{Y_i}{\overline{Y}}$$

获得被解释变量的新序列 $Y_1^*, Y_2^*, \cdots, Y_n^*$.

第三, 以 Y^* 为被解释变量, 分别进行线性模型和双对数线性模型回归. 将它们的残差平方和分别记为 RSS_1, RSS_2(不妨假设 $\text{RSS}_2 > \text{RSS}_1$), 计算检验统计量:

$$\chi^2 = \frac{n}{2}\ln\left(\frac{\text{RSS}_2}{\text{RSS}_1}\right) \mathrel{\dot\sim} \chi^2(1)^{①}$$

第四, 若 $\chi^2 > \chi^2_\alpha(1)$, 则拒绝原假设, 即两个模型之间存在显著差异, 于是, 应该选择那个残差平方和最小的模型.

以上检验方法, 仅只是几种主流的方法, 而并非设定偏误检验的全部方法. 至于设定偏误被确定后应如何修正, 应该是自然而明确的.

练 习 题 9

9.1 何为虚拟变量? 将其引入模型的作用应该做何理解?

9.2 一位研究者准备建立薪金 SR 与专业工作时间 WT 的回归模型

$$\text{SR} = \beta_0 + \beta_1\text{WT} + \mu$$

① 扎瑞姆布卡 (Zarembka) 于 1968 年提出. 原假设为两个模型的残差平方和无差异, 即两个模型无差别.

同时考虑学历的影响, 研究范围内劳动者的学历分为: 中学、大专、本科和硕士研究生. 准备设定以下所谓虚拟变量:

$$D = \begin{cases} 0 \\ 1 \\ 2 \\ 3 \end{cases}$$

其中: 0——中学、1——专科、2——本科、3——硕士研究生. 考虑将模型设定为

$$\mathrm{SR} = \beta_0 + \beta_1 \mathrm{WT} + \beta_2 D + \mu$$

试问: 这么做有何不妥? 应该怎么做才合理?

9.3 用不同方式将虚拟变量引入模型, 可以实现哪些目的?

9.4 虚拟变量的主要用途有哪些?

9.5 有研究者准备使用啤酒销售量 Q 和价格 P 的季度数据构建模型, 同时考虑季节对销量影响, 请问: 应该如何设定虚拟变量? 要考察季节对平均基础销量的影响应该如何引入虚拟变量? 如果要考察季节对边际销量的影响又该如何引入? 如果两种影响都考虑又应该如何引入?

9.6 一位研究者准备建立薪金 SR 与工作时间 WT 的回归模型,

$$\mathrm{SR} = \beta_0 + \beta_1 \mathrm{WT} + \mu$$

除了考虑学历的影响外还应该考虑哪些定性因素的影响?

9.7 书籍销售商拟考虑分析影响书籍销售量的因素, 首先考虑家庭收入和户主职业, 请你考虑一下还应该考虑哪些定性因素作为虚拟变量?

9.8 假如有一份多个年份的月度数据, 为了检验以下假设, 应该引入几个虚拟变量: (1) 一年的 12 个月均表现出季节变动; (2) 仅只有 1, 3, 5, 7, 9, 11 月表现出季节变动.

9.9 下面给出的是 318 位兼职者的工资 W_m(美元/小时) 与相关变量: W_0—业主工资 (美元/小时), RACE—种族 (0 表示白种人, 1 表示非白种人), URBAN—居住地 (0 表示城镇人, 1 表示非城镇人), REG—汽车牌照 (0 表示非西部, 1 表示西部), HISCH—学历 (0 表示非中学毕业, 1 表示中学毕业), AGE—年龄的回归结果:

$$\widehat{W}_m = 37.07 + 0.403W_0 - 90.06\mathrm{RACE} + 75.51\mathrm{URBAN}$$

$$\qquad (0.062) \qquad (24.47) \qquad (21.60)$$

$$47.33\mathrm{HISCH} + 113.64\mathrm{REG} + 2.26\mathrm{AGE}$$

$$(23.42) \qquad (27.62) \qquad (0.94)$$

$$R^2 = 0.34, \qquad \mathrm{df} = 311$$

请问: (1) 兼职者的小时工资是怎样决定的? (2) 参照此回归方程分别导出: 白种人、非城镇、西部且中学毕业; 非白种人、非城镇、非西部且非中学毕业; 白种人, 非城镇、非西部且中学毕业; 白种人、城镇、西部且非中学毕业; 非白种人、城镇、西部且中学毕业等五种兼职者工资的回归方程.

9.10 如果要研究城镇居民人均收入 DI、农村居民人居收入 INP 与家庭储蓄额 FS 的储蓄函数在平均储蓄额和边际储蓄之间的差异, 应该如何设计模型?

9.11 如果准备研究汇率管理制度改革前后, 企业换汇行为是否存在在差异, 应该如何设计模型?

9.12 对于二元选择问题, 若使用普通线性回归模型进行描述会有哪些问题?

9.13 Probit 模型和 Logit 模型的联系和区别是什么?

9.14 与使用普通线性回归模型相比, 使用 Probit 模型或者 Logit 模型描述二元离散选择问题, 优越性是什么?

9.15 应该如何理解二元离散选择模型中回代检验中的最优法?

9.16 模型 $Y_i = \alpha_i + \boldsymbol{X}_{it}\boldsymbol{B} + \mu_{it}$, $i = 1, 2, \cdots, n$, $t = 1, 2, \cdots, T$, 适合描述什么样的问题?

9.17 为分析个人收入与公司工龄、学历以及是否为管理人员之间的关系, 从某公司获得数据如下.

序号	收入 SR/元	工龄 CA/年	受教育状况 E	是否为管理人员 M	序号	收入 SR/元	工龄 CA/年	受教育状况 E	是否为管理人员 M
1	13876	1	高中	是	24	22884	6	本科	是
2	11608	1	研究生	否	25	16978	7	高中	是
3	18701	1	研究生	是	26	14803	8	本科	否
4	11283	1	本科	否	27	17404	8	高中	是
5	11767	1	研究生	否	28	22184	8	研究生	是
6	20872	2	本科	是	29	13548	8	高中	否
7	11772	2	本科	否	30	14467	10	高中	否
8	10535	2	高中	否	31	15942	10	本科	否
9	12195	2	研究生	否	32	23174	10	研究生	是
10	12313	3	本科	否	33	23780	10	本科	是
11	14975	3	高中	是	34	25410	11	本科	是
12	21371	3	本科	是	35	14861	11	高中	否
13	19800	3	研究生	是	36	16882	12	本科	否
14	11417	4	高中	否	37	24170	12	研究生	是
15	20263	4	研究生	是	38	15990	13	高中	否
16	13231	4	研究生	否	39	26330	13	本科	是
17	12884	4	本科	否	40	17949	14	本科	否
18	13245	5	本科	否	41	25685	15	研究生	是
19	13677	5	研究生	否	42	27837	16	本科	是
20	15965	5	高中	是	43	18838	16	本科	否
21	12336	6	高中	否	44	17483	16	高中	否
22	21352	6	研究生	是	45	19207	17	本科	否
23	13839	6	本科	否	46	19346	20	高中	否

资料来源：庞皓. 2014. 计量经济学 [M]. 3版. 北京：科学出版社.

要求：(1) 构造用于描述学历和身份 (是否为管理者) 的虚拟变量，设定并估计收入影响因素计量经济学模型，分析估计结果. (2) 如果要考虑学历与身份之间是否存在交互效应，模型应如何设定？分析估计结果并绘制残差图，能得出什么结论？(3) 请根据残差图的信息，对模型进行完善.

9.18　收集 1990 年至 2013 年，我国城镇居民名义人均可支配收入、居民消费价格指数、恩格尔系数；农村居民名义可支配收入、居民消费价格指数、恩格尔系数如下.

年份	城镇居民名义人均可支配收入/元	CPI (1978年为100%) (城镇)	恩格尔系数 (城镇)	农村居民名义人均纯收入/元	CPI (1978年为100%) (农村)	恩格尔系数 (农村)
1990	1510.2	198.1	54.2	686.3	311.2	58.8
1991	1700.6	212.4	53.8	708.6	317.4	57.6
1992	2026.6	232.9	53.0	784.0	336.2	57.6
1993	2577.4	255.1	50.3	921.6	346.9	58.1
1994	3496.2	276.8	50.0	1221.0	364.3	58.9
1995	4283.0	290.3	50.1	1577.7	383.6	58.6
1996	4838.9	301.6	48.8	1926.1	418.1	56.3
1997	5160.3	311.9	46.6	2090.1	437.3	55.1
1998	5425.1	329.9	44.7	2162.0	456.1	53.4
1999	5854.0	360.6	42.1	2210.3	473.5	52.6
2000	6280.0	383.7	39.4	2253.4	483.4	49.1
2001	6859.6	416.3	38.2	2366.4	503.7	47.7
2002	7702.8	472.1	37.7	2475.6	527.9	46.2
2003	8472.2	514.6	37.1	2622.2	550.6	45.6
2004	9421.6	554.2	37.7	2936.4	588.0	47.2
2005	10493.0	607.4	36.7	3254.9	624.5	45.5
2006	11759.5	670.7	35.8	3587.0	670.7	43.0
2007	13785.8	752.5	36.3	4140.4	734.4	43.1
2008	15780.8	815.7	37.9	4760.6	793.2	43.7
2009	17174.7	895.4	36.5	5153.2	860.6	41.0
2010	19109.4	965.2	35.7	5919.0	954.4	41.1
2011	21809.8	1046.3	36.3	6977.3	1063.2	40.4
2012	24564.7	1146.7	36.2	7916.6	1176.9	39.3
2013	26955.1	1227.0	35.0	8895.9	1286.4	37.7

资料来源：http://www.stats.gov.cn/tjsj/.

要求：(1) 构建适当模型，判断城镇居民和农村居民恩格尔系数关于收入的回归模型是否相同. (2) 使用虚拟变量法将样本合并后估计模型, 分别写出城镇、农村的回归方程, 并与分别估计的模型进行比较.

9.19 Greene 为了对比在讲授计量经济学中采用不同教学法对学生成绩的影响, 搜集到下表的资料.

序号	GRADE	GPA	TUCE	PSI	序号	GRADE	GPA	TUCE	PSI
1	0	2.66	20	0	17	0	2.75	25	0
2	0	2.89	22	0	18	0	2.83	19	0
3	0	3.28	24	0	19	0	3.12	23	1
4	0	2.92	12	0	20	1	3.16	25	1
5	1	4	21	0	21	0	2.06	22	1
6	0	2.86	17	0	22	1	3.62	28	1
7	0	2.76	17	0	23	0	2.89	14	1
8	0	2.87	21	0	24	0	3.51	26	1
9	0	3.03	25	0	25	1	3.54	24	1
10	1	3.92	29	0	26	1	2.83	27	1
11	0	2.63	20	0	27	1	3.39	17	1
12	0	3.32	23	0	28	0	2.67	24	1
13	0	3.57	23	0	29	1	3.65	21	1
14	0	3.26	25	0	30	1	4	23	1
15	0	3.53	26	0	31	0	3.1	21	1
16	0	2.74	19	0	32	1	2.39	19	1

资料来源：庞皓. 2014. 计量经济学[M]. 3版. 北京：科学出版社.

其中, GRADE 表示学生成绩变化 (GRADE=1, 表示成绩提高, GRADE=0, 表示成绩没有提高), GPA 为平均绩点, TUCE 为非期末考试成绩, PSI 为教学方法 (PSI=1, 表示采用新教学法, PSI=0 表示采用常规教学法). 要求:

(1) 分别使用 Logit 模型和 Probit 模型拟合以上数据.

(2) 评价模型的拟合度.

(3) 检验模型的显著性 ($\alpha = 0.05$).

(4) 对新教学法的效应进行分析.

(5) 进行回代检验.

9.20 收集北京、天津、河北、内蒙古、辽宁、吉林、上海、江苏、浙江、福建、山东、河南、湖北、湖南、广东、重庆、四川、云南、陕西和甘肃等 20 个省区市, 2004—2013 年城镇居民家庭人均可支配年收入 SR 与家庭人均消费年支出 ZC 共 200 组数据为样本 (数据见表).

20 个省 (自治区、直辖市) 城镇居民支出与收入数据 (上段支出, 下段收入) 表 单位/元

	北京	天津	河北	内蒙古	辽宁	吉林	上海	江苏	浙江	福建
	12200	8802	5819	6219	6543	6069	12631	7332	10636	8161
	13244	9653	6700	6929	7369	6795	13773	8622	12254	8794
	14825	10548	7343	7667	7989	7353	14762	9629	13349	9808
	15330	12029	8235	9281	9430	8560	17255	10715	14091	11055
	16460	13422	9087	10829	11231	9729	19398	11978	15158	12501
支出	17893	14801	9679	12370	12325	10914	20992	13153	16684	13451
	19934	16562	10318	13995	13280	11679	23200	14357	17858	14750
	21984	18424	11609	15878	14790	13010	25102	16782	20347	16661
	24046	20024	12531	17717	16594	14614	26253	18825	21545	18593
	26275	21712	13641	19249	18030	15932	28155	20372	23257	20093
	15678	11467	7951	8123	8008	7841	16683	10482	14546	11175
	17653	12639	9107	9137	9108	8691	18645	12319	16294	12321
	19978	14283	10305	10358	10370	9775	20668	14084	18265	13753
	21989	16357	11690	12378	12300	11286	23623	16378	20574	15506
	24725	19423	13119	14432	14393	12829	26675	18680	22727	17961
收入	26748	21402	14718	15849	15761	14006	28838	20552	24611	19577
	29073	24293	16263	17698	17713	15411	31838	22944	27359	21781
	32903	26921	18292	20408	20467	17797	36230	26341	30971	24907
	36469	29626	20543	23150	23223	20208	40188	29677	34550	28055
	40321	32294	22580	25497	25578	22275	43581	32538	37851	30816

	山东	河南	湖北	湖南	广东	重庆	四川	云南	陕西	甘肃
	6674	5294	6399	6885	10695	7973	6371	6837	6233	5937
	7457	6038	6737	7505	11810	8623	6891	6997	6656	6529
	8468	6685	7397	8169	12432	9399	7525	7380	7553	6974
	9667	7827	8701	8991	14337	9890	8692	7922	8427	7876
	11007	8837	9478	9946	15528	11147	9679	9077	9772	8309
支出	12013	9567	10294	10828	16858	12144	10860	10202	10706	8891
	13118	10838	11451	11825	18490	13335	12105	11074	11823	9895
	14561	12336	13164	13403	20252	14974	13696	12248	13783	11189
	15778	13733	14496	14609	22396	16573	15050	13884	15333	12847
	17112	14822	15750	15887	24133	17814	16344	15156	16680	14021
	9438	7705	8023	8617	13628	9221	7710	8871	7492	7377
	10745	8668	8786	9524	14770	10243	8386	9266	8272	8087
	12192	9810	9803	10505	16016	11570	9350	10070	9268	8921
	14265	11477	11486	12294	17699	12591	11098	11496	10763	10012
	16305	13231	13153	13821	19733	14368	12633	13250	12858	10969
收入	17811	14372	14367	15084	21575	15749	13839	14424	14129	11930
	19946	15930	16058	16566	23898	17532	15461	16065	15695	13189
	22792	18195	18374	18844	26897	20250	17899	18575	18245	14989
	25755	20443	20840	21319	30227	22968	20307	21075	21075	17157
	28264	22398	22906	23414	33090	25216	22368	23236	23236	18965

资料来源：李子奈，潘文卿. 2015. 计量经济学 [M]. 4 版. 北京：高等教育出版社.

要求：估计城镇居民消费模型.

主要参考文献

达摩达尔. N. 古扎拉蒂. 2000. 计量经济学 [M]. 3 版. 北京：中国人民大学出版社.

达摩达尔. N. 古扎拉蒂. 2010. 计量经济学精要 [M]. 北京：机械工业出版社.

达摩达尔. N. 古扎拉蒂. 2011. 计量经济学基础 [M]. 北京：中国人民大学出版社.

高铁梅. 2010. 计量经济分析与建模 EViews 应用及实例 [M]. 2 版. 北京：清华大学出版社.

何晓群, 刘文卿. 2014. 应用回归分析 [M]. 3 版. 北京：中国人民大学出版社.

杰弗里. M. 伍德里奇. 2009. 横截面与截面数据的计量经济分析 [M]. 北京：中国人民大学出版社.

杰弗里. M. 伍德里奇. 2015. 计量经济学导论：现代观点 [M]. 5 版. 北京：中国人民大学出版社.

李子奈, 潘文卿. 2010. 计量经济学 [M]. 3 版. 北京：高等教育出版社.

李子奈, 潘文卿. 2015. 计量经济学 [M]. 4 版. 北京：高等教育出版社.

罗伯特.S. 平狄克, 丹尼尔.L. 鲁宾费尔德. 2000. 计量经济学模型与预测 [M]. 北京：机械工业出版社.

潘省初. 2013. 中级计量经济学 [M]. 2 版. 北京：清华大学出版社.

潘文卿, 李子奈, 高吉丽. 2005. 计量经济学习题集 [M]. 北京：高等教育出版社.

庞皓. 2007. 计量经济学 [M]. 北京：科学出版社.

庞皓. 2014. 计量经济学 [M]. 3 版. 北京：科学出版社.

威廉. H. 格林. 2011. 计量经济学分析 [M]. 6 版. 北京：中国人民大学出版社.

易丹辉. 2008. 数据分析与 EViews 应用 [M]. 北京：中国人民大学出版社.

附表 1　标准正态分布数值表

$$P(Z \leqslant z_\alpha) = \int_{-\infty}^{z_\alpha} \frac{1}{\sqrt{2\pi}} e^{-\frac{x^2}{2}} dx = \Phi(z_\alpha)$$

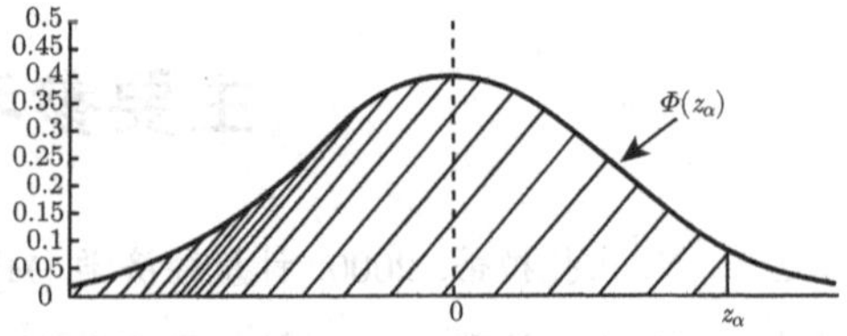

z	0.00	0.01	0.02	0.03	0.04	0.05	0.06	0.07	0.08	0.09
0.00	0.5000	0.5040	0.5080	0.5120	0.5160	0.5199	0.5239	0.5279	0.5319	0.5359
0.10	0.5398	0.5438	0.5478	0.5517	0.5557	0.5596	0.5636	0.5675	0.5714	0.5753
0.20	0.5793	0.5832	0.5871	0.5910	0.5948	0.5987	0.6026	0.6064	0.6103	0.6141
0.30	0.6179	0.6217	0.6255	0.6293	0.6331	0.6368	0.6406	0.6443	0.648	0.6517
0.40	0.6554	0.6591	0.6628	0.6664	0.6700	0.6736	0.6772	0.6808	0.6844	0.6879
0.50	0.6915	0.6950	0.6985	0.7019	0.7050	0.7088	0.7123	0.7157	0.7190	0.7224
0.60	0.7257	0.7291	0.7324	0.7357	0.7389	0.7422	0.7454	0.7486	0.7517	0.7549
0.70	0.7580	0.7611	0.7642	0.7673	0.7704	0.7734	0.7764	0.7794	0.7823	0.7852
0.80	0.7881	0.7910	0.7939	0.7967	0.7995	0.8023	0.8051	0.8078	0.8106	0.8133
0.90	0.8159	0.8186	0.8212	0.8238	0.8264	0.8289	0.8315	0.8340	0.8365	0.8389
1.00	0.8413	0.8438	0.8461	0.8485	0.8508	0.8531	0.8554	0.8577	0.8599	0.8621
1.10	0.8643	0.8665	0.8686	0.8708	0.8729	0.8749	0.8770	0.8790	0.8810	0.8830
1.20	0.8849	0.8869	0.8888	0.8907	0.8925	0.8944	0.8962	0.8980	0.8997	0.9015
1.30	0.9032	0.9049	0.9066	0.9082	0.9099	0.9115	0.9131	0.9147	0.9162	0.9177
1.40	0.9192	0.9207	0.9222	0.9236	0.9251	0.9265	0.9279	0.9292	0.9306	0.9319
1.50	0.9332	0.9345	0.9357	0.9370	0.9382	0.9394	0.9406	0.9418	0.9429	0.9441
1.60	0.9452	0.9463	0.9474	0.9484	0.9495	0.9505	0.9515	0.9525	0.9535	0.9545
1.70	0.9554	0.9564	0.9573	0.9582	0.9591	0.9599	0.9608	0.9616	0.9625	0.9633
1.80	0.9641	0.9649	0.9656	0.9664	0.9671	0.9678	0.9686	0.9693	0.9699	0.9706
1.90	0.9713	0.9719	0.9726	0.9732	0.9738	0.9744	0.9750	0.9756	0.9761	0.9767
2.00	0.9772	0.9778	0.9783	0.9788	0.9793	0.9798	0.9803	0.9808	0.9812	0.9817
2.10	0.9821	0.9826	0.9830	0.9834	0.9838	0.9842	0.9846	0.9850	0.9854	0.9857
2.20	0.9861	0.9864	0.9868	0.9871	0.9875	0.9878	0.9881	0.9884	0.9887	0.9890
2.30	0.9893	0.9896	0.9898	0.9901	0.9904	0.9906	0.9909	0.9911	0.9913	0.9916
2.40	0.9918	0.9920	0.9922	0.9925	0.9927	0.9929	0.9931	0.9932	0.9934	0.9936
2.50	0.9938	0.9940	0.9941	0.9943	0.9945	0.9946	0.9948	0.9949	0.9951	0.9952
2.60	0.9953	0.9955	0.9956	0.9957	0.9959	0.9960	0.9961	0.9962	0.9963	0.9964
2.70	0.9965	0.9966	0.9967	0.9968	0.9969	0.9970	0.9971	0.9972	0.9973	0.9974
2.80	0.9974	0.9975	0.9976	0.9977	0.9977	0.9978	0.9979	0.9979	0.9980	0.9981
2.90	0.9981	0.9982	0.9982	0.9983	0.9984	0.9984	0.9985	0.9985	0.9986	0.9986
3.00	0.9987	0.9990	0.9993	0.9995	0.9997	0.9998	0.9998	0.9999	0.9999	1.0000

注：表中第一行数值系函数值即 $\Phi(0.00), \Phi(0.01), \Phi(0.02), \cdots, \Phi(0.09)$，例如，$\Phi(0.05) = 0.5199$.

附表 2　t 分布数值表

$P(t(n) > t_\alpha(n)) = \alpha$

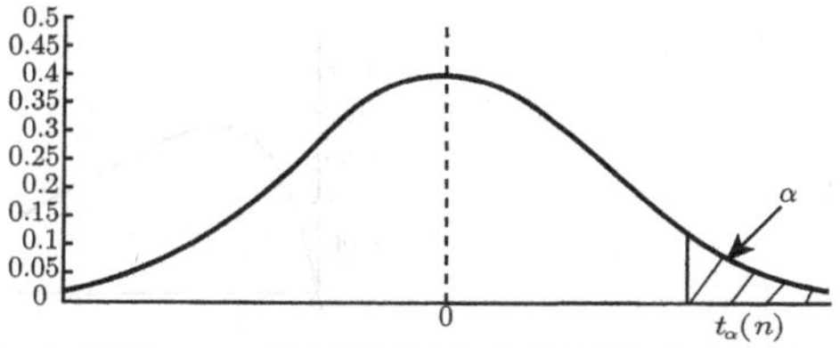

n \ α	0.25	0.1	0.05	0.025	0.01	0.005	0.0005
1	1.0000	3.0777	6.3138	12.7062	31.8205	63.6567	636.6192
2	0.8165	1.8856	2.9200	4.3027	6.9646	9.9248	31.5991
3	0.7649	1.6377	2.3534	3.1824	4.5407	5.8409	12.9240
4	0.7407	1.5332	2.1318	2.7764	3.7469	4.6041	8.6103
5	0.7267	1.4759	2.0150	2.5706	3.3649	4.0321	6.8688
6	0.7176	1.4398	1.9432	2.4469	3.1427	3.7074	5.9588
7	0.7111	1.4149	1.8946	2.3646	2.9980	3.4995	5.4079
8	0.7064	1.3968	1.8595	2.3060	2.8965	3.3554	5.0413
9	0.7027	1.3830	1.8331	2.2622	2.8214	3.2498	4.7809
10	0.6998	1.3722	1.8125	2.2281	2.7638	3.1693	4.5869
11	0.6974	1.3634	1.7959	2.2010	2.7181	3.1058	4.4370
12	0.6955	1.3562	1.7823	2.1788	2.6810	3.0545	4.3178
13	0.6938	1.3502	1.7709	2.1604	2.6503	3.0123	4.2208
14	0.6924	1.3450	1.7613	2.1448	2.6245	2.9768	4.1405
15	0.6912	1.3406	1.7531	2.1314	2.6025	2.9467	4.0728
16	0.6901	1.3368	1.7459	2.1199	2.5835	2.9208	4.0150
17	0.6892	1.3334	1.7396	2.1098	2.5669	2.8982	3.9651
18	0.6884	1.3304	1.7341	2.1009	2.5524	2.8784	3.9216
19	0.6876	1.3277	1.7291	2.0930	2.5395	2.8609	3.8834
20	0.6870	1.3253	1.7247	2.0860	2.5280	2.8453	3.8495
21	0.6864	1.3232	1.7207	2.0796	2.5176	2.8314	3.8193
22	0.6858	1.3212	1.7171	2.0739	2.5083	2.8188	3.7921
23	0.6853	1.3195	1.7139	2.0687	2.4999	2.8073	3.7676
24	0.6848	1.3178	1.7109	2.0639	2.4922	2.3969	3.7454
25	0.6844	1.3163	1.7081	2.0595	2.4851	2.7874	3.7251
26	0.6840	1.3150	1.7056	2.0555	2.4786	2.7787	3.7066
27	0.6837	1.3137	1.7033	2.0518	2.4727	2.7707	3.7000
28	0.6834	1.3125	1.7011	2.0484	2.4671	2.7633	3.6739
29	0.6830	1.3114	1.6991	2.0452	2.4620	2.7564	3.6594
30	0.6828	1.3104	1.6973	2.0423	2.4573	2.7500	3.6460
40	0.6807	1.3031	1.6839	2.0211	2.4233	2.7045	3.5510
60	0.6786	1.2958	1.6706	2.0003	2.3901	2.6603	3.4602
120	0.6765	1.2886	1.6577	1.9799	2.3578	2.6174	3.3735
∞	0.6745	1.2816	1.6449	1.9600	2.3263	2.5758	3.2905

注：n 为自由度.

附表 3 χ^2 分布数值表

$P(\chi^2(n) > \chi^2_\alpha(n)) = \alpha$

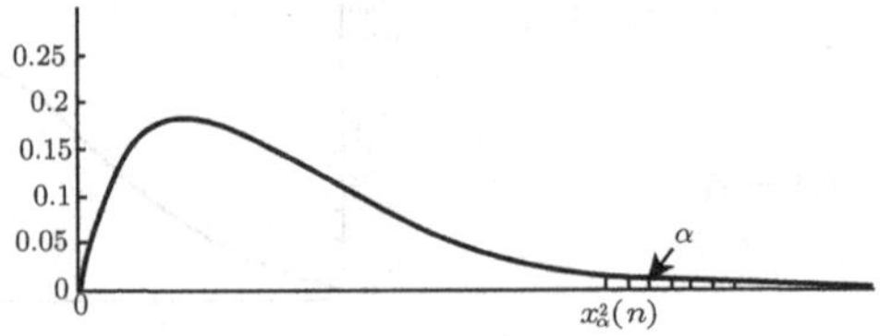

n \ α	0.995	0.99	0.975	0.95	0.90	0.10	0.05	0.025	0.01	0.005
1	—	—	0.001	0.004	0.016	2.706	3.841	5.024	6.635	7.879
2	0.010	0.020	0.051	0.103	0.211	4.605	5.991	7.378	9.210	10.597
3	0.072	0.115	0.216	0.352	0.584	6.251	7.815	9.348	11.345	12.838
4	0.207	0.297	0.484	0.711	1.064	7.779	9.488	11.143	13.277	14.860
5	0.412	0.554	0.831	1.145	1.610	9.236	11.071	12.833	15.086	16.750
6	0.676	0.872	1.237	1.635	2.204	10.645	12.592	14.449	16.812	18.548
7	0.989	1.239	1.690	2.167	2.833	12.017	14.067	16.013	18.475	20.278
8	1.344	1.646	2.180	2.733	3.490	13.362	15.507	17.535	20.090	21.955
9	1.735	2.088	2.700	3.325	4.168	14.684	16.919	19.023	21.666	23.589
10	2.156	2.558	3.247	3.940	4.865	15.987	18.307	20.483	23.209	25.188
11	2.603	3.053	3.816	4.575	5.578	17.275	19.675	21.920	24.725	26.757
12	3.074	3.571	4.404	5.226	6.304	18.549	21.026	23.337	26.217	28.300
13	3.565	4.107	5.009	5.892	7.042	19.812	22.362	24.736	27.688	29.819
14	4.075	4.660	5.629	6.571	7.790	21.064	23.685	26.119	29.141	31.319
15	4.601	5.229	6.262	7.261	8.547	22.307	24.996	27.488	30.578	32.801
16	5.142	5.812	6.908	7.962	9.312	23.542	26.296	28.845	32.000	34.267
17	5.697	6.408	7.564	8.672	10.085	24.769	27.587	30.191	33.409	35.718
18	6.265	7.015	8.231	9.390	10.865	25.989	28.869	31.526	34.805	37.156
19	6.844	7.633	8.907	10.117	11.651	27.204	30.144	32.852	36.191	38.582
20	7.434	8.260	9.591	10.851	12.443	28.412	31.410	34.170	37.566	39.997
21	8.034	8.897	10.283	11.591	13.240	29.615	32.671	35.479	38.932	41.401
22	8.643	9.542	10.982	12.338	14.042	30.813	33.924	36.781	40.289	42.796
23	9.260	10.196	11.689	13.091	14.848	32.007	35.172	38.076	41.638	44.181
24	9.886	10.856	12.401	13.848	15.659	33.196	36.415	39.364	42.980	45.559
25	10.520	11.524	13.120	14.611	16.473	34.382	37.652	40.646	44.314	46.928
26	11.160	12.198	13.844	15.379	17.292	35.563	38.885	41.923	45.642	48.290
27	11.808	12.879	14.573	16.151	18.114	36.741	40.113	43.194	46.693	49.645
28	12.461	13.565	15.308	16.928	18.939	37.916	41.337	44.461	48.278	50.993
29	13.121	14.257	16.047	17.708	19.768	39.087	42.557	45.722	49.588	52.336
30	13.787	14.953	16.791	18.493	20.599	40.256	43.773	46.979	50.892	53.672

续表

n \ α	0.995	0.99	0.975	0.95	0.90	0.10	0.05	0.025	0.01	0.005
31	14.458	15.655	17.539	19.281	21.343	41.422	44.985	48.232	52.191	55.003
32	15.134	16.362	18.291	20.072	22.271	42.585	46.194	49.480	53.486	56.238
33	15.815	17.074	19.047	20.867	23.110	43.745	47.400	50.725	54.776	57.684
34	16.501	17.789	19.806	21.664	23.952	44.903	48.062	51.966	56.061	58.964
35	17.912	18.509	20.569	22.456	24.797	46.059	49.802	53.203	57.342	60.275
36	17.887	19.233	21.336	23.269	25.643	47.212	50.998	54.437	58.619	61.581
37	18.586	19.960	22.106	24.075	26.492	48.363	52.192	55.668	59.892	62.883
38	19.289	20.691	22.787	24.884	27.343	49.513	53.384	56.896	61.162	64.181
39	19.996	21.426	23.654	25.695	28.196	50.660	54.572	58.120	62.428	65.476
40	20.707	22.164	24.433	26.509	29.051	51.805	55.758	59.342	63.691	66.766
41	21.421	22.906	25.215	27.326	29.907	52.949	56.942	60.561	64.950	68.053
42	22.138	23.650	25.999	28.144	30.765	54.090	58.124	61.777	66.206	69.336
43	22.859	24.398	26.785	28.965	31.625	55.230	59.304	62.990	67.459	70.616
44	23.584	25.148	27.575	29.787	32.487	56.369	60.481	64.201	68.710	71.893
45	24.311	25.901	28.366	30.612	33.350	57.505	61.656	65.410	69.597	73.166
46	25.041	26.657	29.160	31.439	34.215	58.641	62.830	66.617	71.201	74.437
47	25.775	27.416	29.956	32.268	35.081	59.774	64.001	67.821	72.443	75.704
48	26.511	28.177	30.755	33.098	35.949	60.907	65.171	69.023	73.683	76.969
49	27.249	28.941	31.555	33.930	36.818	62.038	66.339	70.222	74.919	78.231
50	27.991	29.707	32.357	34.764	37.689	63.167	67.505	71.420	76.154	79.490
51	28.735	30.475	33.162	35.600	38.560	64.295	68.669	72.616	77.386	80.747
52	29.481	31.246	33.968	36.437	39.433	65.422	69.832	73.810	78.616	82.001
53	30.230	32.018	34.776	37.276	40.308	66.548	70.993	75.002	79.843	83.253
54	30.981	32.793	35.586	38.116	41.183	67.673	72.153	76.192	81.069	84.502
55	31.735	33.570	36.398	38.958	42.060	68.796	73.311	77.380	82.292	85.749
56	32.490	34.350	37.212	39.801	42.937	69.919	74.468	78.567	83.513	86.994
57	33.248	35.131	38.027	40.646	43.816	71.040	75.624	79.752	84.733	88.236
58	34.008	35.913	38.844	41.492	44.696	72.160	76.778	80.936	85.950	89.477
59	34.770	36.698	39.662	42.339	45.577	73.280	77.931	82.117	87.166	90.715
60	35.534	37.485	40.482	43.188	46.459	74.397	79.082	83.298	88.379	91.952
65	39.383	41.444	44.603	47.450	50.883	79.973	84.821	89.177	94.422	96.105
70	43.275	45.442	48.758	51.739	55.329	85.527	90.531	95.023	100.425	104.215
75	47.206	49.475	52.942	56.054	59.795	91.061	96.217	100.839	106.393	110.286

续表

n \ α	0.995	0.99	0.975	0.95	0.90	0.10	0.05	0.025	0.01	0.005
80	51.172	53.540	57.153	60.391	64.278	96.578	101.879	106.629	112.329	116.321
85	55.170	57.634	61.389	64.749	68.777	102.079	107.522	112.393	118.236	122.325
90	59.196	61.754	65.647	69.126	73.291	107.565	113.145	118.136	124.116	128.299
95	63.250	65.898	69.925	73.520	77.818	113.038	118.752	123.858	129.973	134.247
100	67.328	70.065	74.222	77.929	82.358	118.498	124.342	129.561	135.807	140.169
110	75.550	78.458	82.867	86.792	91.471	129.385	135.480	140.917	147.414	151.948
120	83.852	86.923	91.573	95.705	100.624	140.233	146.567	152.211	158.950	163.648
400	330.903	337.155	346.482	354.641	364.207	436.649	447.632	457.305	468.724	476.606

注: 1. 其中 n 为自由度.

2. α 为显著性水平.

附表 4　F 分布数值表

$$P\left(F\left(m,n\right)>F_{\alpha}\left(m,n\right)\right)=\alpha$$

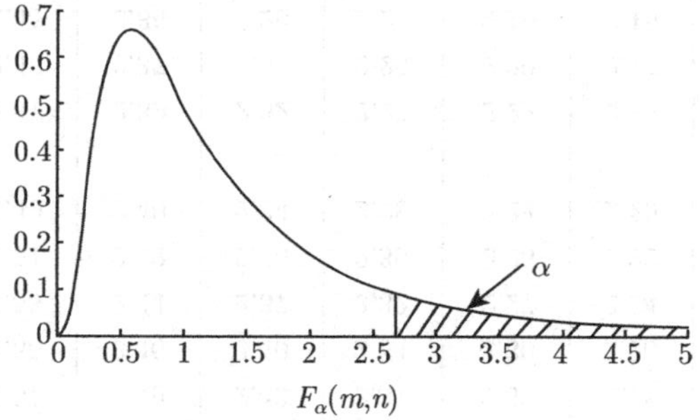

$\alpha=0.05$

n \ m	1	2	3	4	5	6	7	8	9	10	11	12	13	14
1	161.4	199.5	215.7	224.6	230.2	234	236.8	238.9	240.5	241.9	243	243.9	244.69	245.36
2	18.51	19.00	19.16	19.25	19.30	19.33	19.35	19.37	19.38	19.39	19.40	19.41	19.42	19.42
3	10.13	9.55	9.28	9.12	9.01	8.94	8.89	8.85	8.81	8.79	8.76	8.74	8.73	8.71
4	7.71	6.94	6.59	6.39	6.26	6.16	6.09	6.04	6.00	5.96	5.94	5.91	5.89	5.87
5	6.61	5.79	5.41	5.19	5.05	4.95	4.88	4.82	4.77	4.74	4.70	4.68	4.66	4.64
6	5.99	5.14	4.76	4.53	4.39	4.28	4.21	4.15	4.10	4.06	4.03	4.00	3.98	3.96
7	5.59	4.74	4.35	4.12	3.97	3.87	3.79	3.73	3.68	3.64	3.60	3.57	3.55	3.53
8	5.32	4.46	4.07	3.84	3.69	3.58	3.50	3.44	3.39	3.35	3.31	3.28	3.26	3.24
9	5.12	4.26	3.86	3.63	3.48	3.37	3.29	3.23	3.18	3.14	3.10	3.07	3.05	3.03
10	4.96	4.10	3.71	3.48	3.33	3.22	3.14	3.07	3.02	2.98	2.94	2.91	2.87	2.86

续表

n \ m	1	2	3	4	5	6	7	8	9	10	11	12	13	14
11	4.84	3.98	3.59	3.36	3.20	3.09	3.01	2.95	2.90	2.85	2.82	2.79	2.76	2.74
12	4.75	3.89	3.49	3.26	3.11	3.00	2.91	2.85	2.80	2.75	2.72	2.69	2.66	2.64
13	4.67	3.81	3.41	3.18	3.03	2.92	2.83	2.77	2.71	2.67	2.63	2.60	2.58	2.55
14	4.60	3.74	3.34	3.11	2.96	2.85	2.76	2.70	2.65	2.60	2.57	2.53	2.51	2.48
15	4.54	3.68	3.29	3.06	2.90	2.79	2.71	2.64	2.59	2.54	2.51	2.48	2.45	2.42
16	4.49	3.63	3.24	3.01	2.85	2.74	2.66	2.59	2.54	2.49	2.46	2.42	2.4	2.37
17	4.45	3.59	3.20	2.96	2.81	2.70	2.61	2.55	2.49	2.45	2.41	2.38	2.35	2.33
18	4.41	3.55	3.16	2.93	2.77	2.66	2.58	2.51	2.46	2.41	2.37	2.34	2.31	2.29
19	4.38	3.52	3.13	2.90	2.74	2.63	2.54	2.48	2.42	2.38	2.34	2.31	2.28	2.26
20	4.35	3.49	3.10	2.87	2.71	2.60	2.51	2.45	2.39	2.35	2.31	2.28	2.25	2.22
21	4.32	3.47	3.07	2.84	2.68	2.57	2.49	2.42	2.37	2.32	2.28	2.25	2.22	2.20
22	4.30	3.44	3.05	2.82	2.66	2.55	2.46	2.40	2.34	2.30	2.26	2.23	2.2	2.17
23	4.28	3.42	3.03	2.80	2.64	2.53	2.44	2.37	2.32	2.27	2.24	2.20	2.18	2.15
24	4.26	3.40	3.01	2.78	2.62	2.51	2.42	2.36	2.30	2.25	2.22	2.18	2.15	2.13
25	4.24	3.39	2.99	2.76	2.60	2.49	2.40	2.34	2.28	2.24	2.20	2.16	2.14	2.11
26	4.23	3.37	2.98	2.74	2.59	2.47	2.39	2.32	2.27	2.22	2.18	2.15	2.12	2.09
27	4.21	3.35	2.96	2.73	2.57	2.46	2.37	2.31	2.25	2.20	2.17	2.13	2.1	2.08
28	4.20	3.34	2.95	2.71	2.56	2.45	2.36	2.29	2.24	2.19	2.15	2.10	2.09	2.06
29	4.18	3.33	2.93	2.70	2.55	2.43	2.35	2.28	2.22	2.18	2.14	2.10	2.08	2.05
30	4.17	3.32	2.92	2.69	2.53	2.42	2.33	2.27	2.21	2.16	2.13	2.09	2.06	2.04

续表

n \ m	1	2	3	4	5	6	7	8	9	10	11	12	13	14
40	4.08	3.23	2.84	2.61	2.45	2.34	2.25	2.18	2.12	2.08	2.04	2.00	1.97	1.95
50	4.03	3.18	2.79	2.56	2.40	2.29	2.20	2.13	2.07	2.03	1.99	1.95	1.92	1.89
60	4.00	3.15	2.76	2.53	2.37	2.25	2.17	2.10	2.04	1.99	1.95	1.92	1.89	1.86
70	3.98	3.13	2.74	2.50	2.35	2.23	2.14	2.07	2.02	1.97	1.93	1.89	1.86	1.84
80	3.96	3.11	2.72	2.49	2.33	2.21	2.13	2.06	2.00	1.95	1.91	1.88	1.84	1.82
100	3.94	3.09	2.70	2.46	2.31	2.19	2.10	2.03	1.97	1.93	1.89	1.85	1.82	1.79
200	3.89	3.04	2.65	2.42	2.26	2.14	2.06	1.98	1.93	1.88	1.84	1.80	1.77	1.74
400	3.86	3.02	2.63	2.39	2.24	2.12	2.03	1.96	1.90	1.85	1.81	1.78	1.74	1.72
∞	3.84	3.00	2.60	2.37	2.21	2.10	2.01	1.94	1.88	1.83	1.79	1.75	1.72	1.69

n \ m	15	16	17	18	19	20	25	30	40	50	100	200	500	∞
1	245.95	246.46	246.92	247.32	247.69	248.01	249.26	250.1	251.14	251.77	253.04	253.68	254.06	254.31
2	19.43	19.43	19.44	19.44	19.44	19.45	19.46	19.46	19.47	19.48	19.49	19.49	19.49	19.50
3	8.70	8.69	8.68	8.67	8.67	8.66	8.63	8.62	8.59	8.58	8.55	8.54	8.53	8.53
4	5.86	5.84	5.83	5.82	5.81	5.80	5.77	5.75	5.72	5.70	5.66	5.65	5.64	5.63
5	4.62	4.60	4.59	4.58	4.57	4.56	4.52	4.50	4.46	4.44	4.41	4.39	4.37	4.36
6	3.94	3.92	3.91	3.90	3.88	3.87	3.83	3.81	3.77	3.75	3.71	3.69	3.68	3.67
7	3.51	3.49	3.48	3.47	3.46	3.44	3.40	3.38	3.34	3.32	3.27	3.25	3.24	3.23
8	3.22	3.20	3.19	3.17	3.16	3.15	3.11	3.08	3.04	3.02	2.97	2.95	2.94	2.93
9	3.01	2.99	2.97	2.96	2.95	2.94	2.89	2.86	2.83	2.80	2.76	2.73	2.72	2.71
10	2.85	2.83	2.81	2.80	2.79	2.77	2.73	2.70	2.66	2.64	2.59	2.56	2.55	2.54

续表

n \ m	15	16	17	18	19	20	25	30	40	50	100	200	500	∞
11	2.72	2.70	2.69	2.67	2.66	2.65	2.60	2.57	2.53	2.51	2.46	2.43	2.42	2.40
12	2.62	2.60	2.58	2.57	2.56	2.54	2.50	2.47	2.43	2.40	2.35	2.32	2.31	2.30
13	2.53	2.51	2.50	2.48	2.47	2.46	2.41	2.38	2.34	2.31	2.26	2.23	2.22	2.21
14	2.46	2.44	2.43	2.41	2.40	2.39	2.34	2.31	2.27	2.24	2.19	2.16	2.14	2.13
15	2.40	2.38	2.37	2.35	2.34	2.33	2.28	2.25	2.20	2.18	2.12	2.10	2.08	2.07
16	2.35	2.33	2.32	2.30	2.29	2.28	2.23	2.19	2.15	2.12	2.07	2.04	2.02	2.01
17	2.31	2.29	2.27	2.26	2.24	2.23	2.18	2.15	2.10	2.08	2.02	1.99	1.97	1.96
18	2.27	2.25	2.23	2.22	2.20	2.19	2.14	2.11	2.06	2.04	1.98	1.95	1.93	1.92
19	2.23	2.21	2.20	2.18	2.17	2.16	2.11	2.07	2.03	2.00	1.94	1.91	1.89	1.88
20	2.20	2.18	2.17	2.15	2.14	2.12	2.07	2.04	1.99	1.97	1.91	1.88	1.86	1.84
21	2.18	2.16	2.14	2.12	2.11	2.10	2.05	2.01	1.96	1.94	1.88	1.84	1.83	1.81
22	2.15	2.13	2.11	2.10	2.08	2.07	2.02	1.98	1.94	1.91	1.85	1.82	1.80	1.78
23	2.13	2.11	2.09	2.08	2.06	2.05	2.00	1.96	1.91	1.88	1.82	1.79	1.77	1.76
24	2.11	2.09	2.07	2.05	2.04	2.03	1.97	1.94	1.89	1.86	1.80	1.77	1.75	1.73
25	2.09	2.07	2.05	2.04	2.02	2.01	1.96	1.92	1.87	1.84	1.78	1.75	1.73	1.71
26	2.07	2.05	2.03	2.02	2.00	1.99	1.94	1.90	1.85	1.82	1.76	1.73	1.71	1.69
27	2.06	2.04	2.02	2.00	1.99	1.97	1.92	1.88	1.84	1.81	1.74	1.71	1.69	1.67
28	2.04	2.02	2.00	1.99	1.97	1.96	1.91	1.87	1.82	1.79	1.73	1.69	1.67	1.65
29	2.03	2.01	1.99	1.97	1.96	1.94	1.89	1.85	1.81	1.77	1.71	1.67	1.65	1.64
30	2.01	1.99	1.98	1.96	1.95	1.93	1.88	1.84	1.79	1.76	1.70	1.66	1.64	1.62

续表

n \ m	15	16	17	18	19	20	25	30	40	50	100	200	500	∞
40	1.92	1.90	1.89	1.87	1.85	1.84	1.78	1.74	1.69	1.66	1.59	1.55	1.53	1.51
50	1.87	1.85	1.83	1.81	1.80	1.78	1.73	1.69	1.63	1.60	1.52	1.48	1.46	1.44
60	1.84	1.82	1.80	1.78	1.76	1.75	1.69	1.65	1.59	1.56	1.48	1.44	1.41	1.39
70	1.81	1.79	1.77	1.75	1.74	1.72	1.66	1.62	1.57	1.53	1.45	1.40	1.37	1.35
80	1.79	1.77	1.75	1.73	1.72	1.70	1.64	1.60	1.54	1.51	1.43	1.38	1.35	1.32
100	1.77	1.75	1.73	1.71	1.69	1.68	1.62	1.57	1.52	1.48	1.39	1.34	1.31	1.28
200	1.72	1.69	1.67	1.66	1.64	1.62	1.56	1.52	1.46	1.41	1.32	1.26	1.22	1.19
400	1.69	1.67	1.65	1.63	1.61	1.60	1.53	1.49	1.42	1.38	1.28	1.22	1.17	1.13
∞	1.67	1.64	1.62	1.60	1.59	1.57	1.51	1.46	1.39	1.35	1.24	1.17	1.11	1.00

$\alpha = 0.01$

n \ m	1	2	3	4	5	6	7	8	9	10	11	12	13	14
1	4052	4999.5	5403	5625	5764	5859	5928	5982	6022	6056	6083	6106	6125.86	6142.67
2	98.49	99.00	99.17	99.25	99.30	99.33	99.36	99.37	99.39	99.40	99.41	99.42	99.42	99.43
3	34.12	30.82	29.46	28.71	28.24	27.91	27.67	27.49	27.35	27.23	27.13	27.05	26.98	26.92
4	21.20	18.00	16.69	15.98	15.52	15.21	14.98	14.80	14.66	14.54	14.45	14.37	14.31	14.25
5	16.26	13.27	12.06	11.39	10.97	10.67	10.45	10.29	10.16	10.05	9.96	9.89	9.82	9.77
6	13.75	10.92	9.78	9.15	8.75	8.47	8.26	8.10	7.98	7.87	7.79	7.72	7.66	7.60
7	12.25	9.55	8.45	7.85	7.46	7.19	6.99	6.84	6.72	6.62	6.54	6.47	6.41	6.36
8	11.26	8.65	7.59	7.01	6.63	6.37	6.18	6.03	5.91	5.81	5.73	5.67	5.61	5.56
9	10.56	8.02	6.99	6.42	6.06	5.80	5.61	5.47	5.35	5.26	5.18	5.11	5.05	5.01
10	10.04	7.56	6.55	5.99	5.64	5.39	5.20	5.06	4.94	4.85	4.77	4.71	4.65	4.60

续表

n \ m	1	2	3	4	5	6	7	8	9	10	11	12	13	14
11	9.65	7.21	6.22	5.67	5.32	5.07	4.89	4.74	4.63	4.54	4.46	4.40	4.34	4.29
12	9.33	6.93	5.95	5.41	5.06	4.82	4.64	4.50	4.39	4.30	4.22	4.16	4.1	4.05
13	9.07	6.70	5.74	5.21	4.86	4.62	4.44	4.30	4.19	4.10	4.02	3.96	3.91	3.86
14	8.86	6.51	5.56	5.03	4.69	4.46	4.28	4.14	4.03	3.94	3.86	3.80	3.74	3.70
15	8.68	6.36	5.42	4.89	4.56	4.32	4.14	4.00	3.89	3.80	3.73	3.67	3.61	3.56
16	8.53	6.23	5.29	4.77	4.44	4.20	4.03	3.89	3.78	3.69	3.62	3.55	3.5	3.45
17	8.40	6.11	5.18	4.67	4.34	4.10	3.93	3.79	3.68	3.59	3.52	3.45	3.4	3.35
18	8.29	6.01	5.09	4.58	4.25	4.01	3.84	3.71	3.60	3.51	3.43	3.37	3.32	3.27
19	8.18	5.93	5.01	4.50	4.17	3.94	3.77	3.63	3.52	3.43	3.36	3.30	3.24	3.19
20	8.10	5.85	4.94	4.43	4.10	3.87	3.70	3.56	3.46	3.37	3.29	3.23	3.18	3.13
21	8.02	5.78	4.87	4.37	4.04	3.81	3.64	3.51	3.40	3.31	3.24	3.17	3.12	3.07
22	7.95	5.72	4.82	4.31	3.99	3.76	3.59	3.45	3.35	3.26	3.18	3.12	3.07	3.02
23	7.88	5.66	4.76	4.26	3.94	3.71	3.54	3.41	3.30	3.21	3.14	3.07	3.02	2.97
24	7.82	5.61	4.72	4.22	3.90	3.67	3.50	3.36	3.26	3.17	3.09	3.03	2.98	2.93
25	7.77	5.57	4.68	4.18	3.85	3.63	3.46	3.32	3.22	3.13	3.06	2.99	2.94	2.89
26	7.72	5.53	4.64	4.14	3.82	3.59	3.42	3.29	3.18	3.09	3.02	2.96	2.9	2.86
27	7.68	5.49	4.60	4.11	3.78	3.56	3.39	3.26	3.15	3.06	2.99	2.93	2.87	2.82
28	7.64	5.45	4.57	4.07	3.75	3.53	3.36	3.23	3.12	3.03	2.96	2.90	2.84	2.79
29	7.60	5.42	4.54	4.04	3.73	3.50	3.33	3.20	3.09	3.00	2.93	2.87	2.81	2.77
30	7.56	5.39	4.51	4.02	3.70	3.47	3.30	3.17	3.07	2.98	2.91	2.84	2.79	2.74

续表

n \ m	1	2	3	4	5	6	7	8	9	10	11	12	13	14
40	7.31	5.18	4.31	3.83	3.51	3.29	3.12	2.99	2.89	2.80	2.73	2.66	2.61	2.56
50	7.17	5.06	4.20	3.72	3.41	3.19	3.02	2.89	2.78	2.70	2.63	2.56	2.51	2.46
60	7.08	4.98	4.13	3.65	3.34	3.12	2.95	2.82	2.72	2.63	2.56	2.50	2.44	2.39
70	7.01	4.92	4.07	3.60	3.29	3.07	2.91	2.78	2.67	2.59	2.51	2.45	2.4	2.35
80	6.96	4.88	4.04	3.56	3.26	3.04	2.87	2.74	2.64	2.55	2.48	2.42	2.36	2.31
100	6.90	4.82	3.98	3.51	3.21	2.99	2.82	2.69	2.59	2.50	2.43	2.37	2.31	2.27
200	6.76	4.71	3.88	3.41	3.11	2.89	2.73	2.60	2.50	2.41	2.34	2.27	2.22	2.17
400	6.70	4.66	3.83	3.37	3.06	2.85	2.68	2.56	2.45	2.37	2.29	2.23	2.17	2.13
∞	6.63	4.61	3.78	3.32	3.02	2.80	2.64	2.51	2.41	2.32	2.25	2.18	2.13	2.08

n \ m	15	16	17	18	19	20	25	30	40	50	100	200	500	∞
1	6157.3	6170.6	6181.43	6191.53	6200.58	6208.73	6239.83	6260.65	6286.78	6302.52	6334.11	6349.97	6359.5	6365.86
2	99.43	99.44	99.44	99.44	99.45	99.45	99.46	99.47	99.47	99.48	99.49	99.49	99.50	99.50
3	26.87	26.83	26.79	26.75	26.72	26.69	26.69	26.50	26.41	26.35	26.24	26.18	26.15	26.13
4	14.20	14.15	14.11	14.07	14.05	14.02	13.91	13.84	13.75	13.69	13.58	13.52	13.49	13.46
5	9.72	9.68	9.64	9.61	9.58	9.55	9.45	9.38	9.29	9.24	9.13	9.07	9.04	9.02
6	7.56	7.52	7.48	7.45	7.42	7.40	7.30	7.29	7.14	7.09	6.99	6.93	6.90	6.88
7	6.31	6.28	6.24	6.21	6.18	6.16	6.06	5.99	5.91	5.86	5.75	5.70	5.67	5.65
8	5.52	5.48	5.44	5.41	5.38	5.36	5.26	5.20	5.12	5.06	4.96	4.91	4.88	4.86
9	4.96	4.92	4.89	4.86	4.83	4.81	4.71	4.65	4.57	4.52	4.41	4.36	4.33	4.31
10	4.56	4.52	4.49	4.46	4.43	4.41	4.31	4.25	4.17	4.12	4.01	3.96	3.93	3.91

续表

n \ m	15	16	17	18	19	20	25	30	40	50	100	200	500	∞
11	4.25	4.21	4.18	4.15	4.12	4.10	4.01	3.94	3.86	3.81	3.71	3.66	3.62	3.60
12	3.97	3.98	3.94	3.91	3.88	3.86	3.76	3.70	3.62	3.57	3.47	3.41	3.38	3.36
13	3.82	3.78	3.75	3.72	3.69	3.66	3.57	3.51	3.43	3.38	3.27	3.22	3.19	3.17
14	3.66	3.62	3.59	3.56	3.53	3.51	3.41	3.35	3.27	3.22	3.11	3.06	3.03	3.00
15	3.52	3.49	3.45	3.42	3.40	3.37	3.28	3.21	3.13	3.08	2.98	2.92	2.89	2.87
16	3.41	3.37	3.34	3.31	3.28	3.26	3.16	3.10	3.02	2.97	2.86	2.81	2.78	2.75
17	3.31	3.27	3.24	3.21	3.19	3.16	3.07	3.00	2.92	2.87	2.76	2.71	2.68	2.65
18	3.23	3.19	3.16	3.13	3.10	3.08	2.98	2.92	2.83	2.78	2.68	2.62	2.59	2.57
19	3.15	3.12	3.08	3.05	3.03	3.00	2.91	2.84	2.76	2.71	2.60	2.55	2.51	2.49
20	3.09	3.05	3.02	2.99	2.96	2.94	2.84	2.78	2.69	2.64	2.54	2.48	2.44	2.42
21	3.03	2.99	2.96	2.93	2.90	2.88	2.79	2.72	2.64	2.58	2.48	2.42	2.38	2.36
22	2.98	2.94	2.91	2.88	2.85	2.83	2.73	2.67	2.58	2.53	2.42	2.36	2.33	2.31
23	2.93	2.89	2.86	2.83	2.80	2.78	2.69	2.62	2.54	2.48	2.37	2.32	2.28	2.26
24	2.89	2.85	2.82	2.80	2.76	2.74	2.64	2.58	2.49	2.44	2.33	2.27	2.24	2.21
25	2.85	2.81	2.78	2.75	2.72	2.70	2.60	2.54	2.45	2.40	2.29	2.23	2.19	2.17
26	2.81	2.78	2.75	2.72	2.69	2.66	2.57	2.50	2.42	2.36	2.25	2.19	2.16	2.13
27	2.78	2.75	2.71	2.68	2.66	2.63	2.54	2.47	2.38	2.33	2.22	2.16	2.12	2.10
28	2.75	2.72	2.68	2.65	2.63	2.60	2.51	2.44	2.35	2.30	2.19	2.13	2.09	2.06
29	2.73	2.69	2.66	2.63	2.60	2.57	2.48	2.41	2.33	2.27	5.16	2.10	2.06	2.03
30	2.70	2.66	2.63	2.60	2.57	2.55	2.45	2.39	2.30	2.25	2.13	2.07	2.03	2.01

续表

n \ m	15	16	17	18	19	20	25	30	40	50	100	200	500	∞
40	2.52	2.48	2.45	2.42	2.39	2.37	2.27	2.20	2.11	2.06	1.94	1.87	1.83	1.80
50	2.42	2.38	2.35	2.32	2.29	2.27	2.17	2.10	2.01	1.95	1.82	1.76	1.71	1.68
60	2.35	2.31	2.28	2.25	2.22	2.20	2.10	2.03	1.94	1.88	1.75	1.68	1.63	1.60
70	2.31	2.27	2.23	2.20	2.18	2.15	2.05	1.98	1.89	1.83	1.70	1.62	1.57	1.54
80	2.27	2.23	2.20	2.17	2.14	2.12	2.01	1.94	1.85	1.79	1.65	1.58	1.53	1.49
100	2.22	2.19	2.15	2.12	2.09	2.07	1.97	1.89	1.80	1.74	1.60	1.52	1.47	1.43
200	1.13	2.09	2.06	2.03	2.00	1.97	1.89	1.79	1.69	1.63	1.48	1.39	1.33	1.28
400	2.08	2.05	2.01	1.98	1.95	1.92	1.82	1.75	1.64	1.58	1.42	1.32	1.25	1.19
∞	2.04	2.00	1.97	1.93	1.90	1.88	1.77	1.70	1.59	1.52	1.36	1.25	1.15	1.00

注: 1. 其中 m, n 分别为分子（第一）自由度和分母（第二）自由度.

2. 表中未列出的临界值可以使用 Excel 计算求解.

附表 5　D.W. 检验上下界表

显著性水平 $\alpha = 5\%$

n	$k=2$		$k=3$		$k=4$		$k=5$		$k=6$	
	d_L	d_U	d_L	d_U	d_L	d_U	d_L	d_U	d_L	d_U
15	1.08	1.36	0.95	1.54	0.82	1.75	0.69	1.97	0.56	2.21
16	1.10	1.37	0.98	1.54	0.86	1.73	0.74	1.93	0.62	2.15
17	1.13	1.38	1.02	1.54	0.90	1.71	0.78	1.90	0.67	2.10
18	1.16	1.39	1.05	1.53	0.93	1.69	0.82	1.87	0.71	2.06
19	1.18	1.40	1.08	1.53	0.97	1.68	0.86	1.85	0.75	2.02
20	1.20	1.41	1.10	1.54	1.00	1.68	0.90	1.83	0.79	1.99
21	1.22	1.42	1.13	1.54	1.03	1.67	0.93	1.81	0.83	1.96
22	1.24	1.43	1.15	1.54	1.05	1.66	0.96	1.80	0.86	1.94
23	1.26	1.44	1.17	1.54	1.08	1.66	0.99	1.79	0.90	1.92
24	1.27	1.45	1.19	1.55	1.10	1.66	1.01	1.78	0.93	1.90
25	1.29	1.45	1.21	1.55	1.12	1.66	1.04	1.77	0.95	1.89
26	1.30	1.46	1.22	1.55	1.14	1.65	1.06	1.76	0.98	1.88
27	1.32	1.47	1.24	1.56	1.16	1.65	1.08	1.76	1.01	1.86
28	1.33	1.48	1.26	1.56	1.18	1.65	1.10	1.75	1.03	1.85
29	1.34	1.48	1.27	1.56	1.20	1.65	1.12	1.74	1.05	1.84
30	1.35	1.49	1.28	1.57	1.21	1.65	1.14	1.74	1.07	1.83
31	1.36	1.50	1.30	1.57	1.23	1.65	1.16	1.74	1.09	1.83
32	1.37	1.50	1.31	1.57	1.24	1.65	1.18	1.73	1.11	1.82
33	1.38	1.51	1.32	1.58	1.26	1.65	1.19	1.73	1.13	1.81
34	1.39	1.51	1.33	1.58	1.27	1.65	1.21	1.73	1.15	1.81
35	1.40	1.52	1.34	1.58	1.28	1.65	1.22	1.73	1.16	1.80
36	1.41	1.52	1.35	1.59	1.29	1.65	1.24	1.73	1.18	1.80
37	1.42	1.53	1.36	1.59	1.31	1.66	1.25	1.72	1.19	1.80
38	1.43	1.54	1.37	1.59	1.32	1.66	1.26	1.72	1.21	1.79
39	1.43	1.54	1.38	1.60	1.33	1.66	1.27	1.72	1.22	1.79
40	1.44	1.54	1.39	1.60	1.34	1.66	1.29	1.72	1.23	1.79
45	1.48	1.57	1.43	1.62	1.38	1.67	1.34	1.72	1.29	1.78
50	1.50	1.59	1.46	1.63	1.42	1.67	1.38	1.72	1.34	1.77
55	1.53	1.60	1.49	1.64	1.45	1.68	1.41	1.72	1.38	1.77
60	1.55	1.62	1.51	1.65	1.48	1.69	1.44	1.73	1.41	1.77
65	1.57	1.63	1.54	1.66	1.50	1.70	1.47	1.73	1.44	1.77
70	1.58	1.64	1.55	1.67	1.52	1.70	1.49	1.74	1.46	1.77
75	1.60	1.65	1.57	1.68	1.54	1.71	1.51	1.74	1.49	1.77
80	1.61	1.66	1.59	1.69	1.56	1.72	1.53	1.74	1.51	1.77
85	1.62	1.67	1.60	1.70	1.57	1.72	1.55	1.75	1.52	1.77
90	1.63	1.68	1.61	1.70	1.59	1.73	1.57	1.75	1.54	1.78
95	1.64	1.69	1.62	1.71	1.60	1.73	1.58	1.75	1.56	1.78
100	1.65	1.69	1.63	1.72	1.61	1.74	1.59	1.76	1.57	1.78

显著性水平 $\alpha = 1\%$

n	$k=2$		$k=3$		$k=4$		$k=5$		$k=6$	
	d_L	d_U	d_L	d_U	d_L	d_U	d_L	d_U	d_L	d_U
15	0.81	1.07	0.70	1.25	0.59	1.46	0.49	1.70	0.39	1.96
16	0.84	1.09	0.74	1.25	0.63	1.44	0.53	1.66	0.44	1.90
17	0.87	1.10	0.77	1.25	0.67	1.43	0.57	1.63	0.48	1.85
18	0.90	1.12	0.80	1.26	0.71	1.42	0.61	1.60	0.52	1.80
19	0.93	1.13	0.83	1.26	0.74	1.41	0.65	1.58	0.56	1.77
20	0.95	1.15	0.86	1.27	0.77	1.41	0.68	1.57	0.60	1.74
21	0.97	1.16	0.89	1.27	0.80	1.41	0.72	1.55	0.63	1.71
22	1.00	1.17	0.91	1.28	0.83	1.40	0.75	1.54	0.66	1.69
23	1.02	1.19	0.94	1.29	0.86	1.40	0.77	1.53	0.70	1.67
24	1.04	1.20	0.96	1.30	0.88	1.41	0.80	1.53	0.72	1.66
25	1.05	1.21	0.98	1.30	0.90	1.41	0.83	1.52	0.75	1.65
26	1.07	1.22	1.00	1.31	0.93	1.41	0.85	1.52	0.78	1.64
27	1.09	1.23	1.02	1.32	0.95	1.41	0.88	1.51	0.81	1.63
28	1.10	1.24	1.04	1.32	0.97	1.41	0.90	1.51	0.83	1.62
29	1.12	1.25	1.05	1.33	0.99	1.42	0.92	1.51	0.85	1.61
30	1.13	1.26	1.07	1.34	1.01	1.42	0.94	1.51	0.88	1.61
31	1.15	1.27	1.08	1.34	1.02	1.42	0.96	1.51	0.90	1.60
32	1.16	1.28	1.10	1.35	1.04	1.43	0.98	1.51	0.92	1.60
33	1.17	1.29	1.11	1.36	1.05	1.43	1.00	1.51	0.94	1.59
34	1.18	1.30	1.13	1.36	1.07	1.43	1.01	1.51	0.95	1.59
35	1.19	1.31	1.14	1.37	1.08	1.44	1.03	1.51	0.97	1.59
36	1.21	1.32	1.15	1.38	1.10	1.44	1.04	1.51	0.99	1.59
37	1.22	1.32	1.16	1.38	1.11	1.45	1.06	1.51	1.00	1.59
38	1.23	1.33	1.18	1.39	1.12	1.45	1.07	1.52	1.02	1.58
39	1.24	1.34	1.19	1.39	1.14	1.45	1.09	1.52	1.03	1.58
40	1.25	1.34	1.20	1.40	1.15	1.46	1.10	1.52	1.05	1.58
45	1.29	1.38	1.24	1.42	1.20	1.48	1.16	1.53	1.11	1.58
50	1.32	1.40	1.28	1.45	1.24	1.49	1.20	1.54	1.16	1.59
55	1.36	1.43	1.32	1.47	1.28	1.51	1.25	1.55	1.21	1.59
60	1.38	1.45	1.35	1.48	1.32	1.52	1.28	1.56	1.25	1.60
65	1.41	1.47	1.38	1.50	1.35	1.53	1.31	1.57	1.28	1.61
70	1.43	1.49	1.40	1.52	1.37	1.55	1.34	1.58	1.31	1.61
75	1.45	1.50	1.42	1.53	1.39	1.56	1.37	1.59	1.34	1.62
80	1.47	1.52	1.44	1.54	1.42	1.57	1.39	1.60	1.36	1.62
85	1.48	1.53	1.46	1.55	1.43	1.58	1.41	1.60	1.39	1.63
90	1.50	1.54	1.47	1.56	1.45	1.59	1.43	1.61	1.41	1.64
95	1.51	1.55	1.49	1.57	1.47	1.60	1.45	1.62	1.42	1.64
100	1.52	1.56	1.50	1.58	1.48	1.60	1.46	1.63	1.44	1.65

注：1. d_L 为下限；d_U 为上限；n 为样本容量.

2. k 为包含截距在内的参数个数.

附表 6　协整检验临界值表

N	模型模式	α	φ_∞	φ_1	φ_2
1	无漂移项, 无趋势项	0.01	−2.5658	−1.960	−10.04
		0.05	−1.9393	−3.098	0.00
		0.10	−1.6156	−0.181	0.00
	漂移项, 无趋势项	0.01	−3.4336	−5.999	−29.25
		0.05	−2.8621	−2.738	−8.36
		0.10	−2.5671	−1.438	−4.48
	漂移项, 趋势项	0.01	−3.9638	−8.353	−47.44
		0.05	−3.4126	−4.039	−17.83
		0.10	−3.1279	−2.418	−7.58
2	常数项, 无趋势项	0.01	−3.9001	−10.534	−30.03
		0.05	−3.3377	−5.967	−8.98
		0.10	−3.0462	−4.069	−6.73
	常数项, 趋势项	0.01	−4.3266	−15.531	−34.03
		0.05	−3.7809	−9.421	−15.06
		0.10	−3.4959	−7.203	−4.01
3	漂移项, 无趋势项	0.01	−4.2981	−13.790	−46.37
		0.05	−3.7429	−8.352	−13.41
		0.10	−3.4518	−6.241	−2.79
	漂移项, 趋势项	0.01	−4.6676	−18.492	−49.35
		0.05	−4.1193	−12.024	−13.13
		0.10	−3.8344	−9.188	−4.85
4	漂移项, 无趋势项	0.01	−4.6493	−17.188	−59.20
		0.05	−4.1000	−10.745	−21.57
		0.10	−3.8110	−8.317	−5.19
	漂移项, 趋势项	0.01	−4.9695	−22.504	−50.22
		0.05	−4.4294	−14.501	−19.54
		0.10	−4.1474	−11.165	−9.88
5	漂移项, 无趋势项	0.01	−4.9587	−22.140	−37.29
		0.05	−4.4185	−13.641	−21.16
		0.10	−4.1327	−10.638	−5.48
	漂移项, 趋势项	0.01	−5.2497	−26.606	−49.56
		0.05	−4.7154	−17.432	−16.50
		0.10	−4.4345	−13.654	−5.77

续表

N	模型模式	α	φ_∞	φ_1	φ_2
6	漂移项, 无趋势项	0.01	−5.2400	−26.278	−41.65
		0.05	−4.7048	−17.120	−11.17
		0.10	−4.4242	−13.347	0.00
	漂移项, 趋势项	0.01	−5.5127	−30.735	−52.50
		0.05	−4.9767	−20.883	−9.05
		0.10	−4.6999	−16.445	0.00

注：1. 临界值计算公式为 $C_\alpha = \varphi_\infty + \frac{\varphi_1}{T} + \frac{\varphi_2}{T^2}$, 其中 T 为样本容量.

2. N 为协整回归模型包含的变量个数 (含解释变量与被解释变量, 但是不含与截距对应的虚变量).

3. α 为显著性水平.

4. $N = 1$ 即为单变量序列平稳性的 ADF 检验.